Andrea Schurig
„Republikflucht“ (§§ 213, 214 StGB/DDR)
Gesetzgeberische Entwicklung, Einfluss des MfS
und Gerichtspraxis am Beispiel von Sachsen

Juristische Zeitgeschichte
Abteilung 3, Band 45

Juristische Zeitgeschichte
Hrsg. von Prof. Dr. Dr. Thomas Vormbaum
(FernUniversität in Hagen, Institut für Juristische Zeitgeschichte)

Abteilung 3:
Beiträge zur modernen deutschen Strafgesetzgebung
Materialien zu einem historischen Kommentar
Hrsg. von Prof. Dr. Dr. Thomas Vormbaum

Band 45

Redaktion: Christoph Hagemann

De Gruyter

Andrea Schurig

„Republikflucht" (§§ 213, 214 StGB/DDR)

Gesetzgeberische Entwicklung, Einfluss des MfS und Gerichtspraxis am Beispiel von Sachsen

De Gruyter

ISBN 978-3-11-049553-9
e-ISBN (PDF) 978-3-11-049613-0
e-ISBN (EPUB) 978-3-11-049294-1

Library of Congress Cataloging-in-Publication Data

A CIP catalog record for this book has been applied for at the Library of Congress.

Bibliografische Information der Deutschen Nationalbibliothek

Die Deutsche Nationalbibliothek verzeichnet diese Publikation in der Deutschen Nationalbibliografie; detaillierte bibliografische Daten sind im Internet über http://dnb.dnb.de abrufbar.

Druck und Bindung: CPI books GmbH, Leck
♾ Gedruckt auf säurefreiem Papier

Printed in Germany

www.degruyter.com

Vorwort

Die vorliegende Arbeit wurde im Januar 2016 von der Rechtswissenschaftlichen Fakultät der FernUniversität in Hagen als Dissertation angenommen.

Seit 2009 hat mich mein Doktorvater Herr Prof. Dr. Dr. Vormbaum auf diesem langen Weg mit großem Engagement, motivierendem Zuspruch und kritischer Unterstützung begleitet. Zudem hat er mir einen Zeitzeugenkontakt vermittelt. Hierfür gebührt ihm mein besonderer Dank. Weiterhin danke ich Herrn Prof. Dr. Stübinger für die rasche Erstellung des Zweitgutachtens.

Ferner danke ich den Beschäftigten des Hauptstaatsarchivs in Dresden sowie Herrn Sven Scharl, BStU, Außenstelle Dresden, für deren Hilfe und Unterstützung hinsichtlich der Vorbesprechung sowie Bereitlegung von Akten des Staatsanwalts der Stadt Dresden und Materialien des MfS.

Bezüglich der letzten Wochen der Fertigstellung möchte ich mich besonderes bei Dana Manner-Theil sowie Markus Kobus für die Korrekturlesung der Arbeit bedanken, sowie bei allen anderen Mitarbeitern und ehemaligen Kollegen/innen des Lehrgebietes Strafrecht an der FernUnversität in Hagen, hier allen voran Anne Gipperich. Diese haben mir während der ganzen Dissertationsphase immer wieder Zuspruch gegeben. Insbesondere Christoph Hagemann danke ich von ganzem Herzen für die in diesem Zusammenhang geleistete Redaktionsarbeit für die Veröffentlichung.

Ein liebevoller Dank auch an meine Eltern und „Schwiegereltern", die mich mit dem Fortgang der Arbeit an Ihren Erfahrungen aus der DDR-Zeit teilhaben ließen und mir insbesondere emotionale Einblicke gewährten.

Widmen möchte ich diese Arbeit jedoch zwei ganz besonderen Menschen. Meinem Verlobten Jörg Heilfort sowie meiner Freundin Katharina Kühne. Mit viel Liebe, aufbauenden Worten sowie offener Kritik haben sie das Voranschreiten der Arbeit über 7 Jahre hinweg begleitet. Ohne diese Unterstützung wäre die Vollendung der vorliegenden Publikation nicht möglich geworden. Ich danke Euch hierfür von Herzen.

Dettenhausen, im Juni 2016

Inhaltsverzeichnis

Abkürzungsverzeichnis

a.a.O.	am angegebenen Ort
Abs.	Absatz
a.D.	außer Dienst
a.F.	alte Fassung
Art.	Artikel
BG	Bezirksgericht
BdVP	Bezirksdirektionen der Volkspolizei
BRD	Bundesrepublik Deutschland
bzw.	beziehungsweise
CDU	Christlich Demokratische Union
ČSSR	Congregatio Sanctissimi Redemptoris = Tschechoslowakei
CSU	Christlich-Soziale Union
DBD	Demokratische Bauernpartei Deutschlands
DDR	Deutsche Demokratische Repulik
dFA	dringende Familienangelegenheiten
d.h.	das heißt
DM	Deutsche Mark
DUG	Datenbank „Ungesetzliche Grenzübertritte“
DVP	Deutsche Volkspolizei, vgl. auch VP
DzD	Dokumente zur Deutschlandpolitik
Ebd.	Ebenda
EOS	Erweiterte Oberschule
GBl.	Gesetzblatt
Güst	Grenzübergangsstelle
HA	Hauptabteilung
i.d.R.	in der Regel

IM	inoffizieller Mitarbeiter
i.R.	im Rahmen
i.S.d.	im Sinne des
i.V.m.	in Verbindung mit
KG	Kreisgericht
KGB	Komitee für Staatssicherheit (russ.)
KoKo	Kommerzielle Koordinierung
KPD	Kommunistische Partei Deutschlands
KSZE	Konferenz über Sicherheit und Zusammenarbeit in Europa
LDPD	Liberal-Demokratische Partei Deutschlands
LG	Landgericht
LPG	Landwirtschaftliche Produktionsgenossenschaft
MdI	Ministerium des Inneren
MdJ	Ministerium der Justiz
MfS	Ministerium für Staatssicherheit
m.w.N.	mit weiteren Nachweisen
NDPD	National-Demokratische Partei Deutschlands
NSW	Nichtsozialistisches Wirtschaftsgebiet
OG	Oberstes Gericht
RSFSR	Russische Sozialistische Föderative Sowjetrepublik
S.	Seite
S.	Satz (im Zusammenhang mit einer Norm)
s.	siehe
SächsHStA	Sächsisches Hauptstaatsarchiv (hier Dresden)
SED	Sozialistische Einheitspartei Deutschlands
SMAD	Sowjetische Militäradministration in Deutschland
sog.	sogenannte(r)
SPD	Sozialdemokratische Partei Deutschlands

StÄG	Strafrechtsänderungsgesetz
StEG	Strafrechtsergänzungsgesetz
SBZ	Sowjetische Besatzungszone
Trapo	Transportpolizei
u.a.	und andere
u.ä.	und ähnliche
UdSSR	Union der Sozialistischen Sowjetrepubliken
US	United States
u.s.w.	und so weiter
UK	Ugolownyi Kodex (Strafgesetzbuch)
Var.	Variante
vgl.	Vergleiche
VO	Verordnung
VP	Volkspolizei
VPKÄ	Volkspolzeikreisämter
vs.	versus
z.B.	zum Beispiel
Ziff.	Ziffer
Zit.	Zitiert
ZK	Zentralkomitee der SED Deutschlands

ERSTER TEIL:
DAS DDR-SYSTEM UND SEINE ORGANISATION

Erstes Kapitel: Einleitung – Untersuchungsgegenstand

Das Thema „Deutsche Demokratischen Republik[1] und Justiz" beschäftigt auch heute noch viele Menschen. Zum 26. Mal jährte sich 2015 der Tag der „friedlichen Revolution". Aus diesem Anlass soll ein Stück DDR-Geschichte aufgearbeitet und eine Arbeit zu einer Strafrechtsnorm vorgelegt werden, die in 40 Jahren DDR fast jede Familie tangierte. Die vorliegende Dissertation beschäftigt sich mit der sog. „Republikflucht". Im Schrifttum existieren zwar bereits zahlreiche Quellen, aber darin wurden zumeist die gesellschaftlichen Hintergründe für die Ausreisewilligkeit der DDR-Bürger sowie die Problematik des Schusswaffengebrauchs gegenüber Flüchtenden beleuchtet. Beispielhaft zu nennen sind hier *Wolfgang Mayer*, Flucht und Ausreise von 2002; *Hoffmann / Schwartz / Wentker*, Vor dem Mauerbau von 2003 oder auch *Roth*, Innerdeutsche Bestandsaufnahme der Bundesrepublik 1969–1989 von 2014, die sich der Frage gesellschaftspolitisch angenommen haben, sowie die Ausführungen zu den Mauerschützenfällen von *Giuliano Vassalli*, Radbruch'sche Formel und Strafrecht von 2010.

Bemerkenswert sind insbesondere die Schriften des Hannah-Ahrendt-Instituts für Totalitarismusforschung an der Technischen Universität Dresden. Hervorzuheben ist diesbezüglich die Arbeit von *Johannes Raschka*, Justizpolitik im SED-Staat, welcher die Ära Honecker und seine rechtlich-politische Umsetzung beleuchtet, wobei einige Tatbestände beispielhaft hervorgehoben werden. *Johannes Raschka* beschäftigt sich jedoch mit der Justizpolitik als solcher.

Weniger im Fokus standen die Tatbestände der §§ 213, 214 StGB-DDR[2] und deren rechtliche Betrachtung. Dies ist Ziel dieser Abhandlung. Damit knüpft sie an eine Dissertation von *Jürgen Mohr*, Der Straftatbestand der „Republikflucht" im Recht der DDR, aus dem Jahre 1971 an. Der Verfasser hat sich darin mit den einzelnen dem § 213 vorangehenden Verordnungen und Gesetzen sowie dem Rechtszustand 1968 auseinandergesetzt. Diese Arbeit konzentriert sich im Wesentlichen auf die Zeit ab 1957 bis 1990 unter Heranziehung der Rechtsprechung des Obersten Gerichts sowie der Berücksichtigung der Maßnahmen des MfS.

---

1 Im Folgenden nur noch kurz DDR.

2 Alle Paragrafen in der vorliegenden Arbeit ohne Gesetzesangabe sind solche des StGB-DDR in der jeweils benannten Fassung. Die §§ 213, 214 sind im Anhang dieser Arbeit mit den jeweiligen Änderungen abgedruckt.

Aufgezeigt wird die Entwicklung der §§ 213, 214 und deren rechtliche Ausgestaltung sowie die Auslegung dieser Normen. Im Blickpunkt steht dabei ausschließlich der Täter der §§ 213, 214. Der sog. „Schießbefehl" bezüglich der handelnden Soldaten an der Grenze bleibt daher außer Betracht.

Der Erste Teil enthält eine Darstellung des politischen Systems und des in der DDR vertretenen Rechtsverständnisses. Dem Leser wird ein Einblick in die tragenden gesellschaftspolitischen Entwicklungen in der DDR gegeben, um ein Grundverständnis für die im Mittelpunkt dieser Arbeit stehenden Normen zu schaffen.

Der Zweite Teil stellt die Entwicklung der §§ 213 und 214 dar. Insbesondere wird auf die Darstellung des Paßgesetzes in der Fassung von 1957 und die weitere Entwicklung des § 213 ab 1968 bis 1990 unter Berücksichtigung der Rechtsprechung des Obersten Gerichts Wert gelegt. § 214 wird im Rahmen des 2. Strafrechtsänderungsgesetzes 1977 beleuchtet.[3] § 213 befasst sich mit dem „ungesetzlichen Grenzübertritt", § 214 in der Fassung von 1977 mit der „Beeinträchtigung staatlicher oder gesellschaftlicher Tätigkeit". Beide Paragrafen zielen auf die Verfolgung Ausreisewilliger ab und stehen damit im Kontext mit dem Grundrecht der Freizügigkeit und der Meinungsfreiheit.

Im Dritten Teil der Arbeit wird der vorangehende abstrakte Abriss über die relevanten Normen durch die Auswertung der in Sachsen vorliegenden Gerichtsakten analysiert. Bei der Thesenauswahl im Hinblick auf diese Untersuchung wurde zum einen ein kriminologischer Ansatzpunkt gewählt und zum anderen die strafrechtliche Ausgestaltung des Tatbestandes in der Praxis untersucht.

Hinsichtlich des kriminologischen Ansatzes wurden insbesondere geschlechts- und altersspezifische Besonderheiten sowie soziale Aspekte erforscht. Bezüglich der Analyse der strafrechtlichen Ausgestaltung des § 213 in der Praxis wurde zum einen der Tatbestand als solcher in den Blick genommen, aber auch die Rechtsfolgenseite.

Anhand dieser Parameter wird durch eine Gegenüberstellung von zwei Vergleichsgruppen erhoben, wie sich die Normierung des § 213 praktisch gestaltete. Gegenübergestellt werden hierbei die Gruppe der Jugendlichen von 14 bis 18 Jahren mit einer Erwachsenengruppe von 40-, 45- und 50-Jährigen. Untersucht werden insbesondere die Vorgehensweise der einzelnen Täter sowie die Strafmaßanwendung seitens des Gerichts. Aufgrund des Umfangs der vorliegenden Gerichtsakten konzentriert sich diese Arbeit auf die Auswertung der

3 Erst zu diesem Zeitpunkt entwickelte § 214 ein Zusammenspiel mit § 213.

Gerichtsakten des Staatsanwalts der Stadt Dresden, die als Repräsentant der Untersuchung dienen sollen. Die gefundenen Ergebnisse werden des Weiteren anhand eingesehener Statistiken des MfS beleuchtet und auf ihre Repräsentanz hin ausgewertet.

Im Vierten Teil der Dissertation wird § 213 anhand des bundesdeutschen Rechts beleuchtet. Ab 1990 wurden Urteile, die nach § 213 bzw. § 214 ergingen, dahingehend untersucht, inwieweit diese durch den urteilenden Richter oder die beteiligten Staatsanwälte dem Tatbestand der Rechtsbeugung unterfielen. Konkretisiert wird hierbei, unter welchen Gesichtspunkten rechtsstaatliche Grundsätze Einfluss auf eine Beurteilung der Norm der § 213/§ 214 haben.

Die Arbeit schließt mit den im Anhang beigefügten Gesetzestexten sowie entsprechenden Übersichten.

Zweites Kapitel: Grundriss des politischen Systems der DDR unter besonderer Berücksichtigung der Verfassungen

A) Die Deutsche Demokratische Republik und ihr politisches System

> „Ohne die SED hätte es in der Deutschen Demokratischen Republik keinen Sozialismus gegeben, und ohne die SED wird es auch in Zukunft keinen Sozialismus in der Deutschen Demokratischen Republik geben. [...] Ohne Sozialismus in der DDR wird es auf Dauer keine zwei deutschen Staaten geben.“ *Otto Reinhold*[1]

Neben dem Aufbau der Bundesrepublik Deutschland erfolgte zeitgleich die Schaffung der DDR. Auf deutschem Boden sollte es für 40 Jahre zwei deutsche Staaten geben, wobei beide eine unterschiedliche rechtliche und politische Entwicklung nahmen. Um den dieser Untersuchung zugrunde liegenden § 213 StGB der DDR verstehen zu können, ist eine Darstellung des politischen Systems dieses zweiten deutschen Staates unerlässlich. Allerdings ist dieses politische System unweigerlich mit der die DDR führenden Partei, der SED, verbunden. Folglich wird bei der nachfolgenden Darstellung nicht nur die zugrunde liegende Ideologie anhand der Verfassungen der DDR beleuchtet, sondern auch die SED als solche.

I. Die Grundlage des politischen Systems – Die Verfassungen der DDR

1. Gründung der DDR am 7. Oktober 1949 und ihre erste Verfassung – Der Weg zur Einheitspartei im zweiten deutschen Staat

Nach dem Ende des Zweiten Weltkrieges 1945 wurde Deutschland in vier Besatzungszonen gegliedert. Die Siegermächte teilten dabei auch die Regierungsgewalt auf und schufen damit den Ausgangspunkt für die Entstehung zweier selbstständiger deutscher Staaten. Die DDR konstituierte sich aus der

---

1 Otto Reinhold war Rektor der Akademie für Gesellschaftswissenschaften in Berlin und ZK-Mitglied. Dieses Zitat wurde seiner Rede auf der 10. Tagung des Zentralkomitees der SED vom 9. November 1989 entnommen. Seine Rede durfte laut Beschluss des Zentralkomitees jedoch nicht veröffentlicht werden. Zit. nach: *Herbst / Stephan / Winkler*, SED, Vorwort, S. XIII.

Sowjetischen Besatzungszone[2], wobei die UdSSR bis 1989/1990 wichtigster Einflussfaktor und Garant der gesellschaftspolitischen Entwicklung blieb. Grundlage für die SBZ wurde folglich die Stalinsche Sowjetverfassung. Den Menschen im besiegten Deutschland sollte mithilfe des Sozialismus ein neuer Weg aus den Trümmern aufgezeigt werden.[3] Die KPD[4] rief daher am 11. Juni 1945[5] als erste Partei zum demokratischen Aufbau *ganz Deutschlands* auf.[6] Damit war der Weg zum Sozialismus bereitet. Die Zielstellung der KPD basierte insbesondere auf der Anwendung der marxistisch-leninistischen Lehre. Danach wurde bezüglich des politischen Systems von dem Grundsatz eines: „[...] vielfältige[n] und vielgestaltige[n] System[s] staatlicher und nichtstaatlicher politischer Organisationsformen [...], mittels dessen sie [die Arbeiterklasse] ihre politische Macht verwirklicht, ihr Bündnis mit den anderen werktätigen Klassen und Schichten festigt und die planmäßige Entwicklung der sozialistischen Gesellschaft leitet, organisiert und schützt" ausgegangen.[7] Dieser Theorie wurde ein absoluter Wahrheitsanspruch einge-

---

2 Im Folgenden mit SBZ bezeichnet.

3 Autorenkollektiv beim ZK der SED, Geschichte der Sozialistischen Einheitspartei Deutschlands, S. 6–7.

4 1945 war die KPD die einzige Partei mit gesamtdeutscher Organisation und verfügte damit über Mitglieder in der SBZ aber auch in den westlichen Besatzungszonen. Das kontinuierlich arbeitende Führungsgremium hatte dabei seinen Sitz in Berlin. In: Herbst / Stephan / Winkler-*Malycha*, SED, S. 8.

5 Der Aufruf enthielt ein kompaktes 10-Punkte-Programm. Geprägt war dieses insbesondere durch die Liquidierung der Überreste des Hitler-Regimes, die Wiederherstellung freier Gewerkschaften und antifaschistisch-demokratischer Parteien; die Enteignung der Nazi-Bonzen und Kriegsverbrecher, die Bodenreform, das friedliche Zusammenleben mit anderen Völkern und die Anerkennung der Pflicht zur Wiedergutmachung. Es stellte damit die Grundlage zur Schaffung der antifaschistisch-demokratischen Parteien dar, insbesondere der KPD, SPD und Zentrumspartei. In: Friedrich-Ebert-Stiftung-*Leonhard*, Einheit oder Freiheit?, S. 19.

6 *Hauschild*, Von der Sowjetzone zur DDR, S. 59. In diesem Aufruf ging die KPD-Führung noch davon aus, dass die großen Parteien Deutschlands in Form der KPD, SPD, das Zentrum und die Demokratische Partei die Führung auf dem politischen Parkett übernehmen sollten. Eine einheitliche Bürgerpartei war nicht gewollt. Es sollte ein „Block der kämpferischen Demokratie" geschaffen werden, der nur einstimmige Entscheidungen treffen konnte. Ziel war ein weitgehender Verzicht der bürgerlichen Parteien und der SPD auf eine eigenständige Politik. Zit. nach *Schmeitzner / Donth*, Die Partei der Diktaturdurchsetzung, S. 141.

7 Institut für Theorie des Staates, Marxistisch-leninistische Staats- und Rechtstheorie, S. 250.

räumt; es wurde davon ausgegangen, dass die marxistisch-leninistische Auffassung die gesellschaftliche Entwicklung genau vorherbestimmen könne.[8]

Vorrangig war zunächst die Erlangung einer Vormachtstellung seitens der KPD. Die Klärung dieser Machtfrage spielte sich in der SBZ zwischen den zwei großen Parteien KPD und SPD[9] ab. Beide Parteien sollten sehr eng zusammenwirken, ohne zugleich den Zusammenschluss als Einheitspartei anzustreben.[10] Dies war eine Folgerung der Lehre, die Lenin 1904/1905 bezüglich der Auseinandersetzung zwischen Bolschewiki und Menschewiki gezogen hatte.[11] Lenins Traum richtete sich auf eine: „[...] festgefügte und straff organisierte Parteiorganisation, für einen Aufbau der Partei von oben nach unten, für einen extremen Zentralismus und für »eiserne Disziplin« bei der bedingungslosen Umsetzung der Parteibeschlüsse“[12]. Abweichend von dieser Linie der Bildung eines „Blocks kämpferischer Demokratie“[13], strebte die sowjetische Führungsmacht mithilfe der KPD nunmehr die Bildung einer Einheitspartei an. Die Betonung eines Führungsanspruchs der SPD konnte nicht hingenommen werden, zumal die SPD immer mehr von ihrem ehemaligen Vorhaben, eng mit der KPD zusammenzuarbeiten, abrückte und die KPD so in das Hintertreffen geriet.[14] KPD und SPD vereinigten sich im April 1946[15] zur SED und schufen damit die Voraussetzungen für eine Zentralisierung des politischen Geschehens. Einer der ausschlaggebenden Punkte für die Zustim-

---

8 Eppelmann / Faulenbach / Mählert-*Ihme-Tuchel*, Bilanz und Perspektiven der DDR-Forschung, S. 107.

9 Die SPD war im Gegensatz zur KPD organisatorisch zersplittert und aufgrund der Verfolgung im Nationalsozialismus isoliert. Es gab 1945 daher vielschichtige Ansätze zur Fortführung der sozialdemokratischen Arbeit, einerseits der Wille zu einem politischen Neuansatz in Abkehr von der Politik während der Weimarer Zeit und andererseits die Hinwendung zur sozialdemokratischen Parteitradition in Form des Meinungspluralismus, s. Herbst / Stephan / Winkler-*Malycha*, SED, S. 8.

10 Dass von der sofortigen Schaffung einer Einheitspartei Abstand genommen worden war, beruhte auf den Erwägungen Stalins: „[...] daß man nicht vergessen dürfe, daß der größere Teil Deutschlands von imperialistischen Mächten besetzt ist, die sich einmischen werden. Deshalb besteht die Gefahr, daß eine Einheitspartei im Westen eine Mischmasch-Partei werden würde wobei die Selbstständigkeit der KPD aufgehoben wird.“ Zit. nach: Herbst / Stephan / Winkler-*Malycha*, S. 6 mit Verweis auf SAPMO-Barch, NY 1291/3.

11 *Hauschild*, Von der Sowjetzone zur DDR, S. 62; Herbst / Stephan / Winkler-*Malycha*, SED, S. 1.

12 Herbst / Stephan / Winkler-*Malycha*, SED, S. 1.

13 *Grebing*: Geschichte der sozialen Ideen, S. 510 mit Verweis auf Ackermann in: SAPMO 28/A4, Aktenband NY 4036/499, S. 1.

14 Zum Gesamten Herbst / Stephan / Winkler-*Malycha*, SED, S. 10.

15 *Hauschild*, Von der Sowjetzone zur DDR, S. 62.

mung zur Vereinigung war zum einen die Aussage von *Kurt Schumacher*[16] beim Treffen am 8. Februar 1946 mit *Otto Grotewohl*[17], die SPD in der SBZ aufzulösen. Grotewohls Hoffnung auf eine gesamtdeutsche, in allen Besatzungszonen ausgeübte, Sozialdemokratie wurde damit eine Absage erteilt. Zum anderen die Erklärung einiger Landesvertreter am 10./11. Februar 1946 unabhängig von der Haltung des Zentralausschusses die Vereinigung zu vollziehen.[18] Dies besiegelte die Gründung der SED am 21./22. April 1946.[19] In der SBZ war demnach der Weg frei zur Gründung eines deutschen Staates unter Führung einer Einheitspartei in Form der SED.

Das System der DDR war von zwei maßgeblichen Kriterien geprägt. Einerseits die Suggestion des Zusammengehörigkeitsgefühls in Form der Existenz nur einer Klasse und andererseits das Prinzip der Kontrolle. Es kam zum Zusammenspiel von Ideologie und Macht. Der Sozialismus als System an sich strebte jedoch die Entwicklung hin zum Kommunismus an, mithin ein Verteilungssystem: „Jeder nach seinen Fähigkeiten, jeder nach seinen Möglichkeiten“[20].

Zum Zeitpunkt der Vereinigung von KPD und SPD zur SED auf dem sowjetischen Besatzungsgebiet war noch nicht absehbar, dass es ab 1949 zwei deutsche Staaten geben würde. Aus heutiger Sicht ist vielmehr wahrscheinlich, dass Stalin mit diesem Akt Tatsachen schaffen wollte und so seinen deutschlandpolitischen Anspruch unterstrich. Es ging Stalin zunächst darum, Einflussmöglichkeiten auf die westlichen Alliierten zu behalten und zu sichern.[21] Allerdings wuchs seit 1946 das Misstrauen der westlichen Besatzungsmächte gegenüber der SBZ. Ab 1947 schlugen diese eine neue Europapolitik ein und es begann zwischen den Westmächten und der Sowjetunion der „Kalte Krieg“. Grundlage dieses Krieges war ein Ineinandergreifen von „[...] Ideal und

---

16 Kurt Schumacher war 1945 SPD Vorsitzender in der westdeutschen Besatzungszone lehnte jeden Kompromiss mit der KPD ab. Dies beruhte darauf, dass er diese nicht als eigenständige Partei betrachtete, sondern als verlängerten Arm der ostdeutschen Besatzungsmacht. Diese deutsche Gleichberechtigung vertrat er aber nicht nur gegenüber der SBZ, sondern gleichwohl auch gegenüber den westlichen Besatzungsmächten. Die SPD war für ihn der Inbegriff der Demokratie und des Friedens und diesen Anspruch galt es weiterhin zu verwirklichen. Eine Unterordnung kam für ihn nicht in Betracht. Vgl. *Thränhardt*, Geschichte der Bundesrepublik Deutschland, S. 39.

17 Grotewohl war 1945 Vorsitzender der SPD und von 1949 bis 1964 Ministerpräsident der DDR.

18 Allerdings kam es erst im zweiten Anlauf zum Mehrheitsvotum für die Vereinigung. Zum Gesamten *Kielmansegg*, Das geteilte Land, S. 55.

19 Herbst / Stephan / Winkler-*Malycha*, SED, S. 18 mit Hinweis auf das Protokoll des Vereinigungsparteitages der SPD und KPD vom 21. und 22. April 1946, dort Fußnote 30.

20 Timmermann-*Timmermann*, Die DDR, S. 21.

21 Zum Gesamten *Weber*, Grundriß der Geschichte der DDR, S. 24 ff.

Interesse, politisches und ökonomisches Kalkül, die Verteidigung der liberalen Demokratie und die Sicherung wichtiger Märkte [...]"[22]. Propagiert wurde von östlicher Seite jedoch, dass die Westmächte Auslöser der Teilung gewesen seien und eine demokratische Entwicklung in jedem Fall verhindern wollten.[23] Diese Selbstdarstellung der demokratischen Umwälzung im Osten des Landes vertiefte den Bruch zwischen den Besatzungsmächten immer mehr, zumal die UdSSR eine Bedrohung auch für die eigenen Staaten der westlichen Besatzungsmächte darstellte, da die UdSSR ihren Einfluss über ihr ursprüngliches Territorium auszudehnen gedachte.[24]

Die innere Widersprüchlichkeit der sowjetischen Deutschlandpolitik, einerseits der Aufbau einer kommunistischen Parteidiktatur im Osten des Landes und andererseits das weitere Werben für die Einheit, machte gerade diese aussichtslos.[25] Die Vereinigung der beiden Parteien zur SED im Osten war damit ein entscheidender Schritt auf dem Weg zur Teilung Deutschlands.

Weiter war jedoch auch entscheidend, dass sich hier Besatzungsmächte gegenüberstanden, die zum einen politisch gegensätzlich geprägt waren und zum anderen im Bezug auf die Weiterentwicklung in Deutschland keine Einigkeit erzielen konnten. In Kriegszeiten prägte noch alle das gemeinsame Vorgehen gegen Hitler, in Friedenszeiten zeigte sich jedoch die unterschiedliche Ideologie, welche die Großmächte antrieb.

> „Es kam rasch zu einem Kräftemessen zwischen den zwei großen Siegermächten USA und Sowjetunion und zu einer eifersüchtigen Neufestlegung der Macht- und Einflußsphären, [...]."[26]

---

22 *Kielmansegg*, Das geteilte Land, S. 29.

23 *Doernberg*, Kurze Geschichte der DDR, S. 95–97.

24 *Weber*, Grundriß der Geschichte der DDR, S. 20.

25 *Kielmansegg*, Das geteilte Land, S. 76.

26 Elm / Keller / Mocek-*Neubert*, Ansichten zur Geschichte der DDR, S. 258. Entscheidend für dieses Machtspiel der zwei Großmächte war jedoch auch, dass 1947 mit dem amerikanischen Außenminister Marshall eine Umorientierung im Hinblick auf die UdSSR stattfand. Deren Vorgehen wurde nunmehr als „prinzipiell expansionistisch" beurteilt, wobei auch Truman, als damaliger Präsident der USA, diese Politik in dem Sinne unterstützte, dass er ein Schwarz-Weiß-Bild schuf, das nur zwischen Gut und Böse unterschied, aber keine Schattierungen zuließ. Damit erfolgte seitens der USA eine Politik, die der der UdSSR entsprach, nur dass die Feindbilder umgekehrt wurden. Seitens der USA war der Kommunist, derjenige, den es zu bekämpfen galt. Die Einheit Deutschlands wurde damit seitens der USA bewusst aufgegeben, wobei jedoch die Verantwortlichkeit für die Teilung der UDSSR zugesprochen wurde. Vgl. Zum Gesamten *Thränhardt*, Geschichte der Bundesrepublik Deutschland, S. 58/59.

Insbesondere der USA ging es gerade darum, die Politik der UdSSR einzudämmen und ihren Einfluss zurückzudrängen.[27] Beide Großmächte hatten damit ihren Anteil an der Teilung Deutschlands und nahmen diese zumindest in Kauf, um ihre eigenen Machtpositionen in Deutschland auszubauen.

In den folgenden Jahren bis 1949 sah Stalin die Notwendigkeit der Sicherung dieser so geschaffenen kommunistischen Machtposition in der SBZ. Einigkeit bestand darüber, dass dies nur durch die Schaffung einer Verfassung für Deutschland verwirklicht werden konnte. Wie deren Ausgestaltung erfolgen sollte, war Gegenstand einer jahrelangen Diskussion.[28] Es wurden immer wieder Entwürfe[29] erarbeitet. Schlusspunkt war die Verfassung vom 7. Oktober 1949, die keine sozialistische Verfassung im eigentlichen Sinne darstellt.[30] Allerdings wurde diese Ausgangsverfassung nur teilweise verwirklicht, der Verfassungstext entgegen Wortlaut und Sinn ausgelegt und ganze Teile der Verfassung bald durch neue Gesetze außer Kraft gesetzt. Dies geschah jedoch, ohne den Verfassungstext selbst zu ändern.[31] Die Verfassung von 1949 ging noch von folgenden rechtsstaatlich geprägten Grundsätzen aus:

Das politische System sei gegründet auf den Grundsätzen der Volkssouveränität und Gewaltenteilung.

Das Wahlsystem sollte der repräsentativen Demokratie entsprechen.

Den Staatsaufbau sah die Verfassung nach den Grundsätzen eines dezentralisierten Einheitsstaates vor. Die Länder hatten mithin noch schwächere Rechte als in der Weimarer Republik[32]. Die wesentlichen gesetzgeberischen Zuständigkeiten waren der Republik vorbehalten.

---

27 Elm / Keller / Mocek-*Neubert*, Ansichten zur Geschichte der DDR, S. 260.

28 *Hauschild*, Von der Sowjetzone zur DDR, S. 71.

29 „Kommunalpolitische Richtlinien der SED“ vom 17. Juli 1946; „Grundrechte des deutschen Volkes“ vom 19. September 1946; „Entwurf einer Verfassung für die Deutsche Demokratische Republik“ vom 14. November 1946. Seit 1947 vollzog sich die Auseinandersetzung um eine Verfassung für die DDR im Rahmen der Volkskongressbewegung. Innerhalb dieser Bewegung wurden bis 1949 Forderungen laut nach einer Bildung einer zentralen deutschen Regierung und die Ausdehnung des Sozialismus auf Gesamtdeutschland. *Hauschild*, Von der Sowjetzone zur DDR, S. 71/72; *Roggemann*, Die DDR-Verfassungen, S. 7/8.

30 *Roggemann*, Die DDR-Verfassungen, S. 43. Sie galt vielmehr als „Übergangsordnung auf dem Wege zum Sozialismus“, zit. nach *Roggemann*, Die DDR-Verfassungen, S. 50.

31 Verlag Wissenschaft und Politik, Die neue Verfassung der DDR, S. 16.

32 Im Gegensatz dazu hatte sich das Bonner Grundgesetz für einen föderativen Bundesstaat entschieden.

Bezüglich der Wirtschaftsordnung war ein Mischsystem aus privat- und staatswirtschaftlichen Elementen vorgesehen. Diese ermächtigten jedoch zu weitergehender sozialistischer Umgestaltung.

Gleichzeitig kam es zur Ausgestaltung der sozialen Funktion der Grundrechte, zum einen als Abwehrrechte gegen den Staat, zum anderen jedoch als Bürgerrechte im Rahmen allgemeiner Gesetzesvorbehalte.

Die Rechtsprechung ist keine weitere Gewalt neben Legislative und Exekutive, sondern der Legislative untergeordnet.[33]

Von Anfang an niemals voll verwirklicht wurden die Bestimmungen über Grundrechte und Wahlen. Im Konfliktfall eines Bürgers mit dem Staat sollten die Grundrechte keinen Schutz bieten.[34] Die Ideologie des Sozialismus ging davon aus, dass gegen den Staat kein Schutz benötigt wird, denn der sozialistische Staat handelt nur im Interesse des Bürgers. Besonders persönliche Freiheitsrechte, wie die Meinungsfreiheit, wurden dahingehend einengend ausgelegt. Gerade die Meinungsfreiheit umfasste nur das Recht, sich zustimmend über die Zustände in der DDR zu äußern, weitergehende Kritik unterfiel nicht mehr deren Schutzbereich. Diese konnte und wurde dem Bürger daher negativ angelastet.[35]

Am 7. Oktober 1949 wurde im Gegenzug zur Gründung der Bundesrepublik Deutschland[36] die Deutsche Demokratische Republik gegründet. Die Zweiteilung Deutschlands wurde den Westmächten zugerechnet und der Sozialismus idealisiert, was auch dem nachfolgenden Zitat zu entnehmen ist:

> „Die Gründung des Bonner Staatsgebildes war kein Akt der nationalen Selbstbestimmung, sondern ein Akt des nationalen Verrats. [...], daß die Bundesrepublik Deutschland die Geschichte des imperialistischen Deutschen Reiches – einschließlich der des faschistischen ‘Großdeutschen Reiches’ – fortzusetzen gedachte. [..] Das sozialistische Weltsystem war entstanden, und ein Drittel der Menschheit hatte für immer dem System der Ausbeutung, der Unfreiheit und des Krieges den Rücken gekehrt. [...] Die Gründung der Deutschen Demokratischen Republik war daher nicht nur die notwendige Antwort auf die Spaltung Deutschlands und den damit entstandenen nationalen Notstand, sie war zugleich die Krönung des antifaschistisch-demokratischen Befreiungskampfes [...].“[37]

---

33 Ausführliche Darstellung in *Roggemann*, Die DDR-Verfassungen, S. 43–50.

34 Verlag Wissenschaft und Politik, Die neue Verfassung der DDR, S. 17.

35 Zum Gesamten Verlag Wissenschaft und Politik, Die neue Verfassung der DDR, S. 18.

36 Die Gründung der BRD erfolgte durch in Kraft treten des Grundgesetzes am 23. Mai 1949.

37 *Doernberg*, Kurze Geschichte der DDR, S. 11.

Die sozialistische Ideologie[38] ging damit von einem System der Freiheit aus, welches sie nur für sich in Anspruch nahm. Alle anderen Systeme, insbesondere dasjenige des anderen deutschen Staates, führten zur Unterdrückung und Ausbeutung der darin lebenden Menschen. Eine kritische Auseinandersetzung mit dem eigenen System wurde nicht in Betracht gezogen.

Die Umwandlung dieses rechtsstaatlich geprägten Verfassungsgebildes vom 7. Oktober 1949 wurde seit dessen in Kraft treten entsprechend der marxistisch-leninistischen Auffassung durch Legislative, Judikative und Exekutive vorgenommen.[39]

2. Der Weg zur Verfassung von 1968 und deren ideologische Verwirklichung

> „Die sozialistischen Persönlichkeitsrechte, die von den engen Grundrechten der bürgerlichen Verfassung weit verschieden sind, bilden sich daher immer mehr und mehr heraus. *Die in der Verfassung festgelegten Grundrechte haben im Leben eine Weiterentwicklung erfahren.*“
> *Walter Ulbricht*, 1958[40]

Die Verfassung von 1949 war damit der Ausgangspunkt zum Aufbau des Sozialismus in seiner reinen Form. Es sollte eine Vereinheitlichung geschaffen, Klassenungleichgewichte aufgehoben werden. Dies begann mit einer Umstruktu-

---

38 Auch im Bezug auf das sozialistische Menschenbild wurden folgende Vorgaben seitens der SED gemacht:

„1. Du sollst dich stets für die internationale Solidarität der Arbeiterklasse und aller Werktätigen sowie für die unverbrüchliche Verbundenheit aller sozialistischen Länder einsetzen.

2. Du sollst dein Vaterland lieben und stets bereit sein, Deine ganze Kraft und Fähigkeit für die Verteidigung der Arbeiter-und-Bauern-Macht einzusetzen.

3. Du sollst helfen, die Ausbeutung des Menschen durch den Menschen zu beseitigen.

4. Du sollst gute Taten für den Sozialismus vollbringen, denn der Sozialismus führt zu einem besseren Leben für alle Werktätigen. [...]

8. Du sollst Deine Kinder im Geiste des Friedens und des Sozialismus zu allseitig gebildeten, charakterfesten und körperlich gestählten Menschen erziehen. [...]“

Zit. nach: *Berthold / Diehl*, Revolutionäre deutsche Parteiprogramme, S. 302/303.

Dem Sozialismus als Regierungsform und politischem System wird eine überragende Machtstellung zugeordnet. Dem Einzelnen werden die Wertvorstellungen dieses Systems in dem Maße näher gebracht, dass er sich mit diesem identifizieren konnte und so durch die Menschen selbst die Anerkennung dieses Systems erfolgte. Das sozialistische Menschenbild vermittelte dem einzelnen Bürger dabei das Gefühl ein wichtiger Teil des Systems zu sein und dieses selbst mitgestalten zu können.

39 Verlag Wissenschaft und Politik, Die neue Verfassung der DDR, S. 17.

40 Walter Ulbricht war 1. Sekretär des Zentralkomitees der SED und Vorsitzender des Staatsrates der DDR. Protokoll der Verhandlungen des V. Parteitages der SED, Bd. 1, Berlin (Ost) 1959, S. 51.

rierung der kapitalistischen Ökonomie zur sozialistischen Planwirtschaft in Form von staatlichen Produktionsgenossenschaften, mithin einer Verstaatlichung des Eigentums.[41] Im Weiteren wurde die territoriale Gliederung der Länder grundlegend geändert, was zur Handlungsunfähigkeit der Länder führte.[42] Gleichzeitig erfolgte eine Umgestaltung des in der ursprünglichen Verfassung von 1949 festgelegten Regierungssystems. 1960 wurde der Staatsrat errichtet, wobei wesentliche Regierungsfunktionen vom Ministerrat auf den Staatsrat übergingen, der zugleich kollektives Staatsoberhaupt war.[43] Die Verfassungsentwicklung vollzog sich damit außerhalb der Verfassung selbst. Deren Festlegungen wurden aufgrund zahlreicher Gesetze ausgehebelt, sodass im Ergebnis die Verfassung von 1949 als „bloßes schmückendes Beiwerk" bestehen blieb. In allen Bereichen, auch im justiziellen Bereich[44], sollte es zur Vereinheitlichung in Form von staatlicher Kontrolle kommen.[45] Das System leitete sich nicht von dem Glauben an eine formelle Rechtmäßigkeit der geschaffenen Regeln ab, sondern von persönlicher Hingabe im Klassenkampf und Gefolgschaft gegenüber der Partei.[46]

1968 wurde durch Änderung der Verfassung von 1949 eine sozialistische Verfassung in Kraft gesetzt. Damit wurden die zunächst als Gesetze erlassenen Normen nunmehr mit Verfassungskraft ausgestaltet. Erstmals wurde im April 1967 durch

---

41 *Roggemann*, Die DDR-Verfassungen, S. 51.

42 Verlag Wissenschaft und Politik, Die neue Verfassung der DDR, S. 18.; Gesetz über die weitere Demokratisierung des Aufbaus und der Arbeitsweise der staatlichen Organe in den Ländern der DDR vom 23. Juli 1952 (GBl. DDR II 1952, S. 613).

43 Verlag Wissenschaft und Politik, Die neue Verfassung der DDR, S. 19.; Gesetz über die Bildung des Staatsrates der DDR vom 12. September 1960 (GBl. DDR I 1960, S. 505).

44 *Roggemann*, Die DDR-Verfassungen, S. 56.

45 Das Kontrolle ein wichtiger Faktor im System der DDR war, zeigt sich nicht zuletzt an den Ereignissen rund um den 17. Juni 1953. Am 17. Juni 1953 kam es zum Aufstand der DDR-Bevölkerung gegen Ulbricht und sein Regime. Dieser wurde niedergeschlagen. Während der 40-jährigen Geschichte wurde seitens der DDR betont, dass der Aufstand von westlicher Seite inszeniert worden war, um die DDR zu schwächen. Geleugnet wurde, dass es sich damals um Proteste der eigenen Arbeiterbewegung handelte, die gegen die SED-Diktatur vorgingen: „Die Unruhen, zu denen es gekommen ist, sind das Werk von Provokateuren und faschistischen Agenten ausländischer Mächte und ihrer Helfershelfer aus deutschen kapitalistischen Monopolen." Zit. nach: Bundesministerium für gesamtdeutsche Fragen, Der Volksaufstand vom 17. Juni 1953, Denkschrift, S. 48; *Grotewohl* in: Neues Deutschland vom 18. Juni 1953, S. 1.

„Zu einem Zeitpunkt [...], setzten die imperialistischen Kräfte für den 17. Juni ihren Putschversuch an. In Westberlin trafen im Juni 1953 auch verschiedene Vertreter von USA-Dienststellen ein, um die letzten Vorbereitungen zum Putsch an Ort und Stelle zu überprüfen." Zit. nach: *Doernberg*, Kurze Geschichte der DDR, S. 238.

Auch der Mauerbau 1961 zeigt die Schärfe der Kontrollbedürfnisse des „Demokratischen Staates".

46 *Dähn*, Das politische System der DDR, S. 73.

Ulbricht die Überlegung einer neuen Verfassung auf dem VII. Parteitag der SED eingebracht.[47] In den folgenden Monaten wurde unter Ausschluss der Öffentlichkeit akribisch an der Verfassung gearbeitet und ein Verfassungsentwurf vorbereitet.[48] Erst am 1. Dezember 1967 wurde öffentlich, dass mit der Erarbeitung einer neuen Verfassung begonnen werden würde.[49] Mit Beschluss der Volkskammer vom 1. Dezember 1967, der Ulbrichts Rede billigte, wurde der staatliche Teil der Verfassungsgebung eingeleitet.[50] Knapp zwei Monate nach Einsetzung der Verfassungskommission legte Ulbricht als Vorsitzender am 31. Januar 1968 den Verfassungsentwurf der Volkskammer vor, den diese annahm und dem deutschen Volk unterbreitete. Erst zu diesem Zeitpunkt wurde der Entwurf der Öffentlichkeit vorgestellt und die Bürger erfuhren Einzelheiten.[51] Zwar wurden seitens der Bürger zahlreiche Änderungsvorschläge eingereicht, allerdings erfolgte nicht zwangsläufig eine Berücksichtigung durch die Verfassungskommission. Vielmehr wurde bereits am 26. März 1968 die Volksaussprache für abgeschlossen erklärt, mithin nur zwei Monate nach Unterbreitung im Volk. Es erging daraufhin ein Gesetz über einen Volksentscheid, der am 6. April 1968 stattfand und mit knapp 95% der SED die Zustimmung zur Verfassung einbrachte.[52] Am 9. April 1968 trat die sozialistische Verfassung in Kraft. Die Führungsrolle der SED wurde damit festgeschrieben.[53]

---

47 *Ulbricht*, Protokoll der Verhandlungen des VII. Parteitages der SED, Bd. 1, S. 91.

48 Verlag Wissenschaft und Politik, Die neue Verfassung der DDR, S. 22; *Ulbricht* in: Neues Deutschland vom 18. April 1967, S. 6/7. Ulbricht erläutert in seinem Referat nur, dass eine Ausarbeitung durch die Partei erfolgt. Weitergehende Ausführungen zum Stand derselben werden jedoch nicht gemacht.

49 Verlag Wissenschaft und Politik, Die neue Verfassung der DDR, S. 22; *Ulbricht* in: Neues Deutschland vom 2. Dezember 1967, S. 3–5.

50 Verlag Wissenschaft und Politik, Die neue Verfassung der DDR, S. 22; Beschluss der Volkskammer der DDR über die Zustimmung der Volkskammer der DDR zur Erklärung des Vorsitzenden des Staatsrates der DDR vom 1. Dezember 1967 (GBl. DDR I 1967, S. 129).

51 Zum Gesamten Verlag Wissenschaft und Politik, Die neue Verfassung der DDR, S. 23; Erstmals veröffentlicht, *o. V.* in: Neues Deutschland vom 2. Februar 1968, S. 1–5; Entschließung der Volkskammer der DDR zum Bericht der Kommission zur Ausarbeitung einer sozialistischen Verfassung der DDR vom 31. Januar 1968 (GBl. DDR I 1968, S. 121).

52 Zum Gesamten Verlag Wissenschaft und Politik, Die neue Verfassung der DDR, S. 24/25. Die SED hatte wiederum die Vorgaben statuiert und kontrollierte deren Umsetzung. Insbesondere mit Hilfe von Propaganda, um so die Bürger zur Zustimmung zu bewegen.

Weitere Nachweise über die Entwicklung des Verfassungsprozesses: *o. V.*, Neues Deutschland vom 8. April 1968, S. 1; *o. V.*, Neues Deutschland vom 26. März 1968, S. 1; Entschließung der Volkskammer vom 26. März 1968 (GBl. DDR I 1968, S. 191); Gesetz zur Durchführung eines Volksentscheides über die Verfassung der DDR vom 26. März 1968 (GBl. DDR I 1968, S. 192); *o. V.*, Neues Deutschland vom 9. April 1968, S. 1 ff.

53 Siehe Verfassung vom 9. April 1968, Artikel 1, GBl. DDR I 1968, S. 199 (205).

3. Die Verfassung von 1974

Wo noch 1968 die Beteiligung der Öffentlichkeit und der Presse zumindest im Vorfeld berücksichtigt worden war, erfolgte bezüglich der Verfassung von 1974 eine solche nicht mehr. Vielmehr wurde das „Gesetz zur Ergänzung und Änderung der Verfassung der Deutschen Demokratischen Republik" am 7. Oktober 1974 erlassen.[54] Erst am 28. September 1974, das Gesetz war vordatiert worden, erhielt die Öffentlichkeit vom Wortlaut der Neufassung Kenntnis.[55] *Honecker*[56] begründete die Reform der Verfassung mit seiner Ansprache in der Volkskammer wie folgt:

> „Vor uns steht also die verantwortungsvolle Aufgabe, die Verfassung mit dem Leben, mit dem politischen und sozial-ökonomischen Entwicklungsstand unseres sozialistischen Arbeiter-und-Bauern-Staates, mit der ideologischen Grundhaltung unseres Volkes in Übereinstimmung zu bringen. [...] Aus den objektiven Gesetzen und der Praxis der gesellschaftlichen Entwicklung hat der VIII. Parteitag der Sozialistischen Einheitspartei Deutschlands die Schlußfolgerung gezogen, die Deutsche Demokratische Republik als sozialistischen Staat weiter zu profilieren und fest in der Gemeinschaft der sozialistischen Bruderländer zu verankern. Im Einklang mit den historischen Prozessen unserer Epoche entwickelt und vervollkommnet sich unser sozialistischer Arbeiter-und-Bauern-Staat. Die Wirklichkeit unseres Landes, das Staatsbewußtsein des Volkes der Deutschen Demokratischen Republik werden geprägt von der Macht der Arbeiterklasse, die unter Führung ihrer marxistisch-leninistischen Partei und im Bündnis mit den Genossenschaftsbauern, den Angehörigen der Intelligenz und den anderen Werktätigen den Sozialismus errichtet hat und weiter ausgestaltet."[57]

Ausgespart wurde dabei jedoch, dass alle deutschlandpolitischen Formulierungen[58] gestrichen worden waren. Dies erfuhren die Bürger der DDR erst mit Bekanntgabe des Verfassungstextes.[59] Die Verfassung wurde damit den politischen Zielen der SED-Führung weiter angepasst. Die Vorlage des Gesetzes vom

---

54 *Roggemann*, Die DDR-Verfassungen, S. 60; GBl. DDR I 1974, S. 425.

55 Text der neuen Verfassung abgedruckt in: Neues Deutschland vom 28. September 1974, S. 3–6.

56 Erich Honecker war von 1971 bis 1989 1. Sekretär des ZK der SED und ab 1976 Nachfolger von Walter Ulbricht als Generalsekretär der SED und Vorsitzender des Staatsrates.

57 Honecker in: Neues Deutschland vom 28. September 1974, S. 1; Sekretariat der Volkskammer, Aus der Tätigkeit der Volkskammer und ihrer Ausschüsse, S. 9/10.

58 Gestrichen wurden dabei Begriffe wie „deutsche Nation" sowie Äußerungen zu einem Plan einer stufenweisen Wiedervereinigung mit der Bundesrepublik Deutschland. Vgl. *Roggemann*, Die DDR-Verfassungen, S. 66/67. Vielmehr war es nunmehr Ziel „interdeutsche Kommunikationsbedürfnisse nicht durch Verfassungskürzungen zu befriedigen", sondern durch ein Aufeinanderzugehen in der Ost-West-Politik. Auftakt hierzu war auch der Grundlagenvertrag 1972. Vgl. *Roggemann*, Die DDR-Verfassungen, S. 67.

59 Text abgedruckt in: Neues Deutschland vom 28. September 1974, S. 1 ff.; vgl. auch zusammenfassend Verlag Wissenschaft und Politik, Die neue Verfassung der DDR, S. 25.

27. September 1974 wurde ohne Aussprache einstimmig angenommen.[60] Allein die Parteiführung schuf die Verfassung, die Beratung und Einflussnahme erfolgte damit an oberster Stelle.[61] Eine Legitimation durch das Volk wie 1968 war nicht gegeben. Aber auch die Verfassung der Bundesrepublik Deutschland von 1949 beruhte auf einer Ausarbeitung Weniger, dem sog. Parlamentarischen Rat[62], und wurde nicht zur nochmaligen Disposition durch das Volk gestellt.[63] Vielmehr erfolgte nach Abschluss der Arbeiten an dem Verfassungsentwurf am 23. Mai 1949 die Verkündung des Grundgesetzes durch Konrad Adenauer als damaligen Präsidenten des Parlamentarischen Rates.[64] Beide Staaten entsprachen damit in der Art der Verfassungsgebung einander.

Die Verfassung von 1974 entstand somit durch ein einfaches Gesetz, was formaljuristisch betrachtet einen „Staatsstreich"[65] darstellt.[66]

---

60 Ersichtlich ist hieraus, dass 1974 die Führung der DDR ihre eigenen verfassungsrechtlichen Grundlagen missachtete. Art. 65 Abs. 4 Verf-DDR 1968, der gleichwohl in der Verfassung von 1974, dann Art. 65 Abs. 3, bestehen blieb, sah vor, dass Gesetzesentwürfe vor Verabschiedung zur Erörterung in der Bevölkerung unterbreitet werden sollten.

61 Verlag Wissenschaft und Politik, Die neue Verfassung der DDR, S. 26.

62 Der Parlamentarische Rat bestand dabei aus gewählten Abgeordneten der Länderparlamente der drei westlichen Besatzungszonen.

63 Wengst / Wentker-*Möller*, Das doppelte Deutschland, S. 15/16.

64 Wengst / Wentker-*Möller*, Das doppelte Deutschland, S. 15/16.

65 Ein Staatsstreich im klassischen Sinn, d.h. ein Umsturz einer Regierung durch Gewalt, liegt hier nicht vor. Vielmehr ist die Wortwahl dahin gehend zu verstehen, dass 1974 die Führungsspitze der SED ihre Machtbefugnisse soweit ausbaute, dass sie die allseitige Kontrolle im Staat ausübte. Dies auch im Hinblick darauf, dass eine enge Verflechtung der einzelnen Organe erfolgte, wobei keine Gewaltenteilung nach dem heutigen Verständnis gegeben war. Es wurde vielmehr durch das Zentralkomitee eine allgegenwärtige Kontrolle eingebaut, die auf jedes Organ zugreifen konnte und die Richtlinien der Politik, des Rechts und der Verwaltung vorgab. Die Verfassungsgebung 1974 stellte auch insoweit einen Staatsstreich dar, da in der Verfassung von 1968 gerade der Wille des Volkes bezüglich einer gesamtdeutschen Lösung durch den damals durchgeführten Volksentscheid festgeschrieben wurde. 1974 wurde dieser Wille durch einfaches Gesetz zur Änderung der Verfassung aufgehoben, wobei auch dieses einfache Gesetz und auch die spätere Verfassung nicht durch Volksentscheid herbeigeführt worden sind. Der in der Verfassung von 1968 statuierte Wille des Volkes bezogen auf eine Wiedervereinigung wurde damit ad absurdum geführt. Zudem sah Art. 65 Abs. 4 der Verfassung 1968 vor, dass „[...] grundlegende Gesetze [werden] vor ihrer Verabschiedung der Bevölkerung zu ihrer Erörterung unterbreitet [...]" werden sollen. Ein Gesetz zur Änderung der Verfassung ist als grundlegendes Gesetz anzusehen, da die Verfassung die gesellschaftliche, politische und rechtliche Struktur zusammenfasst. Gerade aber die Vorstellung in der Öffentlichkeit erfolgte nur unzureichend und verbarg bis zum In-Kraft-Treten der neuen Verfassung die wirklichen Ziele der SED. Im Endeffekt entfernte sich die Regierung der DDR mit diesem Vorgehen von den Prinzipien des Sozialismus.

66 Siehe zum Komplex „Staatsstreich" auch die Ausführungen von *Seiffert* in: Materialien der Enquete-Kommission, Bd. II/1, S. 442.

Die Führungsrolle der SED wurde folglich weiter festgeschrieben und Staat und SED immer mehr miteinander verflochten.[67] Verstärkt betont wurde auch das Bekenntnis zur Sowjetunion in Art. 6 der Verfassung.[68] Unter der Führung Honeckers erfolgte besonders im Bereich des Rechts eine Politisierung, eine Trennung der einzelnen Gewalten wurde mehr und mehr aufgehoben. Dem Recht wurde dabei die Funktion der Stabilisierung des Systems zugeschrieben. Über das Rechtssystem sollte die Integration der Bevölkerung in das politische System der DDR erfolgen.[69]

Es erfolgte damit eine bürokratische Zentralisierung der Entscheidungsprozesse auf die SED, die nunmehr als Staatspartei den Lenkungsanspruch geltend machte.[70]

1968, wenige Jahre zuvor, war Zielsetzung noch die Wiederzusammenführung beider deutscher Staaten unter einer sozialistischen Führung.[71] Schon 1974

67 Art. 1 Abs. 1 der Verfassung, GBl. DDR I 1974, S. 432 (434), lautete:

„Die Deutsche Demokratische Republik ist ein sozialistischer Staat der Arbeiter und Bauern. Sie ist die politische Organisation der Werktätigen in Stadt und Land unter der Führung der Arbeiterklasse und ihrer marxistisch-leninistischen Partei".

68 *Weber*, Grundriß der Geschichte der DDR, S. 138/139, s.a. Art. 6 Abs. 2 Verfassung 1974, GBl. DDR I 1974, S. 432 (435). Dieser lautete:

„Die Deutsche Demokratische Republik ist für immer und unwiderruflich mit der Union der Sozialistischen Sowjetrepubliken verbündet. Das enge und brüderliche Bündnis mit ihr garantiert dem Volk der Deutschen Demokratischen Republik das weitere Voranschreiten auf dem Wege des Sozialismus und des Friedens".

69 Zum Gesamten *Weber*, Grundriß der Geschichte der DDR, S. 139.

70 *Roggemann*, Die DDR-Verfassungen, S. 203; Verlag Wissenschaft und Politik, Die neue Verfassung der DDR, S. 33: Zwar werden in der Verfassung auch immer wieder die Werktätigen als Grundlage des Staates benannt, allerdings bleibt deren genaue Mitentscheidungsmöglichkeit offen. Erst unter Heranziehung des Parteistatuts der SED wird das DDR-Herrschaftssystem verständlich. Die SED sieht die DDR als Organisation der gesamten von ihr geführten Bevölkerung. Jeder Bürger der Republik ist damit Werktätiger, da er nach Ansicht der SED von dieser geführt wird. Folglich geht die SED von dem Grundsatz aus, dass alle Staatsgewalt vom Volke ausgeht. Einschränkend ist dies jedoch dahingehend auszulegen, dass dies nur solange der Fall sein soll, soweit das Machtgefüge der SED nicht gefährdet wird. Die SED mithin als Ausführende des Volkswillens anzusehen ist. Eine unmittelbare Ausübung des Volkswillens ist nicht erwünscht.

71 Verfassung der DDR von 1968 Art. 8 Abs. 2 S. 2:

„[...] Die Deutsche Demokratische Republik und ihre Bürger erstreben darüber hinaus die Überwindung der vom Imperialismus der deutschen Nation aufgezwungenen Spaltung Deutschlands, die schrittweise Annäherung der beiden deutschen Staaten bis zu ihrer Vereinigung auf der Grundlage der Demokratie und des Sozialismus".

wurde dieses Ziel aufgegeben und aus der Verfassung gestrichen.[72] Dies war Ausfluss des zwischen der BRD und der DDR geführten sog. „kalten Krieges" und der damit einhergehenden Verschärfung insbesondere der politischen Straftatbestände. Es stand nicht mehr im Einklang mit der Vorstellung vom sozialistischen Staat. Denn darin ging es um die Herrschaftssicherung, die nicht mit einem kapitalistischen Staat verwirklicht werden konnte.[73] Diese sollte gerade durch eine Erhöhung der kulturellen und materiellen Lebensverhältnisse des Volkes erfolgen, basierend auf staatlicher Subventionierung.[74]

II. Ein Parteiprogramm als Leitfaden für den Aufbau eines sozialistischen Systems

Wie vorangehend dargestellt, ist der Mittelpunkt des politischen Systems die SED als Einheitspartei der Deutschen Demokratischen Republik. Deren Führungsrolle wurde seit Beginn der Teilung Deutschlands immer mehr ausgestaltet und sollte bis zum Ende der DDR 1989/1990 massive Formen erreichen. In ihrem Parteiprogramm macht die SED selbst keinen Hehl daraus, dass sie diese Führungsrolle verdient und diese mit Kontrolle des Volkes der DDR durchsetzen wird:

> „Die Arbeiter- und Bauernkontrolle ist ein wichtiges Instrument, um die Durchführung der Gesetze und Beschlüsse durch alle Glieder des Staats- und Wirtschaftsapparates zu sichern. Die Kontrolle trägt wesentlich dazu bei, die Staats- und Wirtschaftsleitungen und ihre Verbundenheit mit den Werktätigen zu verbessern, die Kader zu erziehen, sie zur strikten Einhaltung der sozialistischen Gesetzlichkeit und zur sorgfältigen Beachtung der Vorschläge der Werktätigen zu veranlassen. [...] Deshalb wird die Arbeiter- und Bauernkontrolle auf breiter gesellschaftlicher Grundlage entwickelt. Staatliche und gesellschaftliche Kontrolle werden schließ-

---

72 Verfassung der DDR 1974, Art. 8 Abs. 2 wurde komplett gestrichen und Absatz 1 von 1968 in zwei Absätze gegliedert. Art. 8 lautete nunmehr wie folgt:

„(1) Die allgemein anerkannten, dem Frieden und der friedlichen Zusammenarbeit der Völker dienenden Regeln des Völkerrechts sind für die Staatsmacht und jeden Bürger verbindlich.

(2) Die Deutsche Demokratische Republik wird niemals einen Eroberungskrieg unternehmen oder ihre Streitkräfte gegen die Freiheit eines anderen Volkes einsetzen".

73 *Kielmansegg*, Das geteilte Land, S. 604.

74 *Kielmansegg*, Das geteilte Land, S. 604; *Roggemann*, Die DDR-Verfassungen, S. 62. Rein durch Subventionen wurde das Preisniveau über Jahrzehnte gehalten. Dies führte dazu, dass z.B. Brot zum Füttern der Tiere verwendet wurde, da Futtermittel teurer waren. Preis und Leistungsgefüge wurden dabei völlig verschoben und brachten den Staat an den Rand des wirtschaftlichen Zusammenbruchs. Eine ernsthafte Auseinandersetzung mit dieser verheerenden Politik erfolgte seitens der Parteiführung nicht.

lich eine Einheit, eine Inspektion, in die immer breitere Kreise der Bevölkerung einbezogen werden."[75]

Die DDR wurde als friedliebendes System propagiert, welches für offene Grenzen eintrat und als einziges Ziel die Etablierung des Sozialismus hatte. Der Verlust der offenen Grenzen, mithin auch der Mauerbau 1961 wurde den sog. imperialistischen Mächten angelastet, insbesondere Westdeutschland, welches eine aggressive Politik gegen die DDR und ihr System geführt habe.[76]

Festzuhalten bleibt jedoch, dass auch die BRD politische Fehler beging, da es auch der Regierung in Westdeutschland um die Sicherung des eigenen Einflusses ging. Beide Staaten kämpften damit um die jeweils eigene Legitimität.

> „Der ökonomische Aufbau erfolgte bis zum 13. August 1961 bei offenen Grenzen unter den Bedingungen eines scharfen Klassenkampfes mit dem westdeutschen Imperialismus und Militarismus. Die aggressive, revanchistische Politik der herrschenden Kreise Westdeutschlands [...] fand ihren Ausdruck in der Störung des Handels zwischen den beiden deutschen Staaten, in wirtschaftlicher Spionage und Sabotage, [...]. Die imperialistischen Kräfte [...] zogen jahrelang auf Kosten der Bürger der Deutschen Demokratischen Republik riesige Profite aus dem Bestehen offener Grenzen. [...] Die Arbeiter-und-Bauern-Macht brachte die Angriffe des westdeutschen Imperialismus [...] durch die Sicherung der Staatsgrenze mit Westberlin und Westdeutschland zum Scheitern."[77]

Schon aus diesen Zitaten und aus den vorangegangenen Ausführungen zu den Verfassungen der DDR ist ersichtlich, dass Grundlage des politischen Systems einerseits die Kontrolle durch eine führende Partei ist und zum anderen die Bürger dem Trugschluss unterlagen, nur dieses System würde eine freiheitliche Gestaltung ermöglichen. Es erfolgte eine Abschottung des Staates durch die Machthaber in der DDR und damit eine Abschottung der Bürger, dies mitverschuldet auch durch die Politik der Alliierten und den „Kalten Krieg". Diese Abschottung spiegelt sich ebenso in der Gesetzgebung wider, die insbesondere bezogen auf den § 213 StGB-DDR das Volk immer fester an den Staat und sein System binden wollte. Übersehen wurde dabei, dass ein fortwährendes Kontrollsystem wider die menschliche Natur ist und sich Widerstand bilden wird. 1989 zeigten die Bürger der DDR durch die „friedliche Revolution", dass gerade diese Kontrolle mit dem freiheitlichen Willen des Menschen und seiner Auseinandersetzung mit gesellschaftlichen Gegebenheiten auf Dauer nicht vereinbar ist. Über einen gewissen Zeitraum

75 *Berthold / Diehl*, Revolutionäre deutsche Parteiprogramme, S. 293.

76 *Berthold / Diehl*, Revolutionäre deutsche Parteiprogramme, S. 235/236.

77 *Berthold / Diehl*, Revolutionäre deutsche Parteiprogramme, S. 235/236.

ist eine Manipulation des Willens durch ideologische Unterfütterung möglich, allerdings erfolgt seitens des Menschen auch eine Auseinandersetzung mit seiner Situation und seiner Stellung sowie seinen Möglichkeiten in einem System. Freiheit versprechen und tatsächlich ein Volk einsperren, war ein Widerspruch, der sich auflösen musste.

> „Er ist bestrebt, ein wissender Mensch, eine allseitig gebildete Persönlichkeit zu werden, bewußt das Leben zu gestalten und an der Entwicklung unserer sozialistischen Demokratie schöpferisch teilzunehmen. Für ihn gehören Menschenwürde und Gerechtigkeit zu den Grundsätzen des neuen Lebens. [...] Die Sozialistische Einheitspartei Deutschlands, deren ganze Politik sich auf die Liebe zum Volk und zum schaffenden Menschen, auf das Vertrauen in die Kraft und die schöpferischen Fähigkeiten der Volksmassen gründet, wird alles tun, damit das Menschenbild des Sozialismus Wirklichkeit werde.“[78]

Den Menschen in der DDR wurde suggeriert, frei zu sein, einen eigenen Willen zu besitzen und sich selbst zu verwirklichen. Dass dies allerdings nur in den Grenzen der Vorstellung der SED möglich war, wurde vielen erst bewusst, wenn sie diese überschritten und von den ihnen theoretisch zugestandenen Rechten, wie Meinungsfreiheit, aber auch Presse- und Reisefreiheit nach heutigem Grundrechtsverständnis Gebrauch machten.

III. Internationale Verträge der DDR und ihre Bedeutung im Zusammenhang mit §§ 213, 214 Abs. 1 StGB-DDR

Relevant für die Ausreisebewegung waren zum einen die KSZE-Schlussakte von Helsinki 1975 und die UNO-Konvention[79] von 1966[80]. Die Schlussakte von Helsinki wurde am 1. August 1975 unterzeichnet und beendete vorerst die Konferenz über Sicherheit und Zusammenarbeit in Europa.[81] Sie fand statt zur Zeit des Ost-West-Konfliktes[82] und wurde initiiert durch Willy Brandt, der die Voraussetzungen für die Teilnahme der DDR schuf.[83] Die KSZE brachte die

---

78 *Berthold / Diehl*, Revolutionäre deutsche Parteiprogramme, S. 303.

79 Internationale Konvention über Bürgerrechte und politische Rechte vom 19. Dezember 1966.

80 *Raschka*, Justizpolitik im SED-Staat, S. 90.

81 Henke / Steinbach / Tuchel-*Neubert*, Widerstand und Opposition in der DDR, S. 295.

82 Siehe Erläuterungen zum Ost-Westkonflikt (Kalter Krieg) im obigen Abschnitt.

83 Richtig ist zwar, dass die DDR auf ihre völkerrechtliche Anerkennung insbesondere durch die BRD drängte und gerade die Mitglieder des Warschauer Paktes (1955) eine internationale Konferenz der Sicherheit und Zusammenarbeit anstrebten. Aber insbesondere Willy Brandt schuf die Grundlage, dass die DDR 1975 außenpolitisch als eigenständiger Staat anerkannt wurde und so auch auf dem internationalen Parkett eine Zusammenkunft der Ost- und Westmächte eine fassbare Dimension annahm. Dies ins-

Anerkennung der Grenzen der Nachkriegszeit und damit der DDR als selbstständigen Staat.[84] Die Akte von Helsinki, unterteilt in drei Körbe, sollte in den folgenden Jahren vor allem im Bereich der Ausreisebewegung als Grundlage für die Arbeit vieler osteuropäischer Dissidenten und Menschenrechtsorganisationen dienen.[85] Vor allem der Dritte Korb war dafür entscheidend. Er legte die Grundsätze der Zusammenarbeit im humanitären Bereich fest, indem er unter anderem die menschlichen Kontakte über die Blockgrenzen erleichterte und einen Informationsaustausch gewährleistete.[86] Festgehalten wurden insbesondere folgende Standpunkte[87]:

- Kontakte und regelmäßige Bewegungen auf der Grundlage familiärer Bindungen,
- Familienzusammenführung,
- Eheschließung zwischen Bürgern verschiedener Staaten,
- Reisen aus persönlichen Gründen.

Zum Zeitpunkt der Unterzeichnung wurde dieser Block der Schlussakte als Annex betrachtet, der nicht im Mittelpunkt der Bemühungen der Staaten, auch

---

besondere vor dem Hintergrund des bislang noch andauernden Kalten Krieges, der ein Aufeinanderzugehen dieser doch so unterschiedlichen politischen Führungen wesentlich erschwert hatte. Bereits mit seiner Regierungserklärung vom 28. Oktober 1969 erkannte Willy Brandt die DDR als eigenständigen Staat faktisch an. Eine völkerrechtliche Anerkennung der DDR für die BRD kam für Willy Brandt jedoch nicht in Frage. Allerdings kam es in der Amtszeit von Brandt zu mehreren Treffen zwischen den Führungen der beiden deutschen Staaten, Ziel war die Entspannung in der Ostpolitik. Brandt verfolgte dabei eine Politik „der kleinen Schritte", um so ein Aufeinanderzugehen der beiden Staaten zu erreichen. Gerade durch die bewusste Einbeziehung der DDR und der gleichzeitigen positiven Befürwortung einer Konferenz der Sicherheit und Zusammenarbeit konnte eine solche Wirklichkeit werden. Der Konferenz vorausgehend und in den Augen der anderen Staaten entscheidend waren gerade die Annäherungen der beiden deutschen Staaten. Begünstigt auch durch das Vier-Mächte-Abkommen 1971, den Grundlagenvertrag 1972, dem Prager Vertrag 1973, die der internationalen Politik zeigten, dass die DDR als Vertragspartner anerkannt wurde und außenpolitische Akzeptanz erfuhr.

Vgl. zum Gesamten Wengst / Wentker-*Hoffmann*, Das doppelte Deutschland, S. 339 ff. sowie Wengst / Wentker-*Wentker*, Das doppelte Deutschland, S. 235 ff.

84 Wengst / Wentker-*Hoffmann*, Das doppelte Deutschland, S. 333 ff. sowie Wengst / Wentker-*Wentker*, Das doppelte Deutschland, S. 235 ff.

85 Henke / Steinbach / Tuchel-*Neubert*, Widerstand und Opposition in der DDR, S. 295. Die Texte der KSZE standen der Bevölkerung durch die Veröffentlichung im „Neuen Deutschland" legal zur Verfügung.

86 KSZE Schlussakte S. 2, S. 51 ff.; *Raschka*, Justizpolitik im SED-Staat, S. 90/91.

87 KSZE Schlussakte S. 51–54, genaue Textablichtung siehe Anhang, Gesetzestexte und Übersichten.

nicht der Westmächte, stand.[88] Für die Bevölkerung der DDR stellte jedoch gerade diese Ausarbeitung die Grundlage für die Möglichkeit der Ausreise aus der DDR dar. Für die Parteiführung ergab sich nun eine Art Pattsituation, einerseits den unterzeichneten Vertrag einzuhalten, andererseits die Abwanderungsbewegung des eigenen Volkes zu stoppen. Die Wirkung, welche die KSZE auslöste, war für alle beteiligten Staaten überraschend.[89]

Relevant war weiterhin auch die UNO-Konvention von 1966, die am 23. März 1976 in Kraft trat. Art. 12 Abs. 2 besagt: „Jedermann steht es frei, jedes Land einschließlich seines eigenen zu verlassen"[90]. Absatz 3 statuiert dabei eine Einschränkungsmöglichkeit von Absatz 2, die jedoch nur im Ausnahmefall greifen sollte. Die DDR-Regierung machte diese Ausnahme zum Regelfall und enthielt dem eigenen Volk die Möglichkeit der Ausreise vor.[91]

Ausreiseanträge auf dieser Grundlage wurden seitens der SED-Regierung als ungesetzliche Fluchtversuche mit nur vorgeschobenen legalen Mitteln ausgelegt. Damit wurde die strafrechtliche Verfolgung weiter verschärft.[92] Unter anderem erfolgte in § 213 StGB-DDR die Verschärfung des vormals in Absatz 2 normierten besonders schweren Falles des ungesetzlichen Grenzübertritts.[93] Schwerwiegender war jedoch, dass aufgrund der vermehrten Ausreiseanträge neue Straftatbestände geschaffen wurden, die den Abwanderungsprozess strafrechtlich verfolgten. Insbesondere § 214 StGB der DDR wurde in dem Sinne politisiert, dass eine Verfolgung Ausreisewilliger schon im Vorfeld von § 213 StGB-DDR möglich wurde. § 214 StGB-DDR regelte die Strafbarkeit von Ausreiseantragstellern, die „die Tätigkeit staatlicher Organe durch Gewalt oder Drohungen beeinträchtigt oder in einer die öffentliche Ordnung gefährdenden Weise eine Mißachtung der Gesetze bekundet[en] oder zur Mißachtung der Gesetze" aufgefordert hatten.[94]

Zunächst wurden jedoch seitens der Parteiführung mehrere Strategien entwickelt, die dieser Bewegung entgegenwirken sollten, bis es 1977 zum 2. Strafrechtsänderungsgesetz kam und damit zur Strafbarkeit eigentlich legalen

---

88 *Seiffert* in: Materialen der Enquete-Kommission, Bd. II/1, S. 457.

89 *Seiffert* in: Materialen der Enquete-Kommission, Bd. II/1, S. 457.

90 GBl. DDR II 1976, S. 108; zit. nach *Simma / Fastenrath*, Menschenrechte, S. 26.

91 *Hirsch*, Rechtsstaatliches Strafrecht und staatlich gesteuertes Unrecht, S. 16; BGHSt 39, 1 (19).

92 *Raschka*, Justizpolitik im SED-Staat, S. 91.

93 3. StÄG vom 28. Juni 1979, GBl. DDR I 1979, S. 139 (143/144). Die genaue Entwicklung wird im Zweiten Teil dieser Arbeit behandelt.

94 2. StÄG vom 7. April 1977, GBl. DDR I 1977, S. 100 (101).

Verhaltens. Zunächst begnügte sich die Parteiführung mit dem Angebot einer materiellen Besserstellung der Ausreisewilligen, z.B. in Form von Wohnraumzuweisungen.[95] Als daraufhin kein nennenswerter Rückgang der Ausreiseanträge erfolgte, präferierte die SED arbeitsrechtliche Sanktionen, insbesondere durch Auflösung der Arbeitsverhältnisse, welche auch durch die Rechtsprechung – aufgrund der Instruktionen durch das Oberste Gericht – aufrechterhalten wurden, obwohl jegliche rechtliche Grundlage für die Kündigungen fehlte.[96] Das dritte Element zur Reduzierung der Ausreiseanträge war die strafrechtliche Ebene, welche im Zweiten Teil dieser Arbeit ausführlich behandelt wird. Festzuhalten bleibt an dieser Stelle, dass die strafrechtliche Verfolgbarkeit mit erheblichen Problemen zu kämpfen hatte, denn zumeist wurde die Schwelle der Strafbarkeit seitens der Ausreisewilligen nicht erreicht, sodass die Schaffung neuer Tatbestände für die Parteiführung unumgänglich wurde.[97] Schlusspunkt dieser Entwicklung waren die Strafrechtsänderungsgesetze von 1977 und 1979.

Ein über die Grenzen hinaus aufsehenerregender Fall spielte in Sachsen, auch bekannt als „Riesaer Bürgerrechtsinitiative“.[98] Dr. Nitschke, damals wohnhaft in Riesa, versuchte seit Jahren die Ausreise zu erlangen.[99] Als letztes Mittel bediente er sich einer Petition zur vollen Erlangung aller Menschenrechte, die er an den Generalsekretär des ZK der SED, an die Vereinten Nationen, an die Unterzeichnerstaaten der KSZE und auch an die westlichen Medien übersandte. Er berief sich dabei insbesondere auf seine Rechte aus der KSZE und der UN-Konvention von 1966. Folge sollte ein „Schauprozess“ vor dem Bezirksgericht Dresden sein. Zu diesem kam es jedoch nicht mehr, da Dr. Nitschke durch seine öffentlichkeitswirksame Fokussierung auf seinen Fall der DDR-Regierung zu gefährlich wurde und eine Abschiebung erfolgte.[100]

---

95 *Raschka*, Justizpolitik im SED-Staat, S. 92.

96 *Raschka*, Justizpolitik im SED-Staat, S. 93.

97 *Raschka*, Justizpolitik im SED-Staat, S. 94.

Ein eigener Straftatbestand „Ausreiseantrag“ war aufgrund der nunmehr vielfältigen internationalen Beziehungen nicht möglich, sodass auf eine versteckte Verfolgung ab 1977 in Form des § 214 StGB zurückgegriffen wurde. Siehe *Werkentin*, Recht und Justiz im SED Staat, S. 73.

98 Henke / Steinbach / Tuchel-*Neubert*, Widerstand und Opposition in der DDR, S. 299.

99 Er hatte 13 Ausreiseanträge gestellt, die jedoch abgelehnt worden waren. Zudem war er bereits 1965 vom Kreisgericht Quedlinburg „wegen Vorbereitung zum Grenzdurchbruch“ zu 2 Jahren Haft verurteilt worden. Zit. nach: *Werkentin*, Recht und Justiz im SED Staat, S. 74.

100 Zum Gesamten vgl. die detaillierte Darstellung des Falles in: *Werkentin*, Recht und Justiz im SED-Staat, S. 74–76.

Der Druck durch die internationalen Verträge und deren völkerrechtliche Bindung sowie die Wünsche des Volkes der DDR führten damit ab 1975 zu einer verschärften Politisierung des Strafrechts unter Honecker als Generalsekretär.

B) Wesentliche Politische Organe der DDR – Strukturen der Macht

> „[...] MfS [...] war Schild und Schwert der Parteiführung. Und mit diesem Schild und Schwert haben sie nicht nur den Staat beherrscht, den Staatsapparat beherrscht oder die Menschen beherrscht, sondern sie haben auch die Partei beherrscht. Was ich bisher nicht wußte, ist – weil auch das hier diskutiert worden ist –, daß im Parteiapparat und im Staatsapparat selbst auf stellvertretender Ministerebene es informelle Mitarbeiter gegeben hat.“ *Dietmar Keller*[101]

Das zuvor dargestellte politische System lebte von seiner Umsetzung durch die politischen Organe der DDR. Wesentlich – gerade im Zusammenhang mit den nachfolgend noch darzustellenden §§ 213, 214 StGB-DDR – sind insbesondere die Funktionäre, das Ministerium für Staatssicherheit[102] und die Volkskammer als Vertretungskörperschaft. Diese werden nachfolgend beleuchtet, um einen Einblick in ihre Arbeitsweise und die Zusammenhänge zwischen Gesetzgebung und -anwendung zu geben.

I. Die Funktionäre im SED-Staat und das Politbüro

Die Funktionärsschicht, die wesentlich die Macht der SED-Führung sicherte, belief sich auf ca. 3% der Bevölkerung. Dies stellt eine Minderheit im DDR-Gefüge dar, da das Volk aus ca. 12 Millionen erwachsenen Bürgern bestand.[103] Ca. 250.000 bis 300.000 Personen gehörten zum sog. „Parteiaktiv“. Dies war ein in den 50ziger Jahren geschaffener Kern von besonders linientreuen Genossen, die bei bestimmten politischen Anlässen und insbesondere zur Bewältigung von Krisensituationen als „politische Eingreiftruppe“ akkreditiert wurden.[104] Eine andere Seite stellten die sog. „Nomenklaturkader“ dar. Dies waren insbesondere Funktionäre, die als geeignet für die Besetzung bedeutsamer Positionen schie-

---

101 Dietmar Keller war von 1984 bis 1989 stellvertretender Kulturminister in der DDR. Danach war er PDS-Bundestagsabgeordneter. Diese Aussage traf er am 22. Januar 1993 vor der Enquete-Kommission des Deutschen Bundestages zur Aufarbeitung von Geschichte und Folgen der SED-Diktatur in Deutschland. *Keller*, Neues Deutschland vom 1. März 1993, S. 11; *Keller* in: Materialen der Enquete-Kommission, Bd. II/4, S. 3020.

102 Nachfolgend nur noch MfS genannt.

103 Vgl. Weber-*Ammer*, Der SED-Staat, S. 5.

104 Zit. nach Weber-*Ammer*, Der SED-Staat, S. 7.

nen, z.B. im MfS. Die Positionen wurden in geheimen Listen, Nomenklaturlisten, u.a. bei der Parteileitung geführt.[105] Mit dieser Stellung gingen Privilegien wie bevorzugte Wohnraumzuweisung, Zuweisung hochwertiger Konsumgüter, teilweise bessere Entlohnungen oder berufliche Karrierechancen einher.[106] Daraus entstand ein Abhängigkeitsverhältnis zur SED-Führung, aus dem sich der Einzelne nicht ohne Weiteres lösen konnte.[107] Durch eine gezielte Informationspolitik[108] gegenüber diesen Funktionären wurde die weitere Einflussnahme auf die anderen Parteimitglieder ermöglicht und so eine Funktionärshierarchie aufgebaut. Oberstes Entscheidungsorgan in der Partei war das Politbüro. Dieses leitete die Arbeit der Partei zwischen den Plenarsitzungen des Zentralkomitees und bestand aus einem Zirkel hochrangiger Parteifunktionäre. Der Vorsitzende des Zentralkomitees war dabei zugleich Vorsitzender des Politbüros. Es kam zu einer engen Verzahnung auch mit der Regierung, da auch der Vorsitzende des Ministerrates Mitglied des Politbüros war und damit Beschlüsse des Politbüros auf Ministerebene umsetzte. Wie *Wolfgang Seiffert* ausführte: „Es gab kein MfS, keine 'sozialistische Justiz', keine 'Urteile gegen Klassenfeinde', ohne daß das Politbüro dies gewollt hätte."[109]

Dies war mithin das erste wesentliche Element der Parteiführung, um sich die Einflussnahme zu sichern und unter der Bevölkerung zu festigen. Eine Kontrolle von oben nach unten über die Parteifunktionäre.

II. Die Volkskammer und die in ihr vertretenen Parteien und Massenorganisationen

Die Volkskammer im sozialistischen Gefüge ist das Gegenstück zum Parlament im demokratischen Staatsaufbau. Diese war eine Vertretungskörperschaft, durch welche das Proletariat unter Führung der SED die politische

105 Der hier erfasste Personenkreis belief sich auf über 100.000 Personen. Zit. nach Weber-*Ammer*, Der SED-Staat, S. 7.

106 *Ammer* in: Materialien der Enquete-Kommission, Bd. II/1, S. 466.

107 *Ammer* in: Materialien der Enquete-Kommission, Bd. II/1, S. 466.

108 Diese Informationspolitik beruhte auf dem Grundsatz, dass die ausgewählten Funktionäre immer „etwas mehr über Reisefreiheit, Parteidisziplinierung, Menschenrechte, den neuen 'Wartburg' und solche Dinge erfuhr, als der Normalbürger [...]". *Ammer* in: Materialien der Enquete-Kommission, Bd. II/1, S. 468.

109 *Seiffert* in: Materialen der Enquete-Kommission, Bd. II/1, S. 438. Prof. Seiffert war ordentlicher Professor an der Juristischen Fakultät der Berliner-Humboldt-Universität, später Direktor des Instituts für Staats- und Rechtswissenschaft der DDR in Potsdam-Babelsberg. Er wanderte 1978 nach Kiel in Abstimmung mit der SED aus, wobei ihm 1980 sein Professorentitel von der DDR-Führung aberkannt worden war.

Macht ausüben sollte.[110] Durch die Volkskammer erfolgte die Normierung der Ideologie der marxistisch-leninistischen Lehre. Damit füllte sie die Rolle als verfassungs- und gesetzgebendes Organ aus. Im Laufe der 40-jährigen Geschichte der DDR erhöhte sich die Abgeordnetenzahl von 330 auf 500, die für die Dauer von zunächst vier, danach auf fünf Jahre gewählt wurden.[111] Allerdings hatte der Führungsanspruch der SED auch vor der Volkskammer nicht haltgemacht, sodass auch dieses Organ der Kontrolle der Staatspartei unterlag.[112] Die Ausschussarbeit war die wesentliche Funktion der Volkskammer, wobei deren Wirkung in der Kontrolle der Ausführung der erlassenen Gesetze lag[113] und so die Akzeptanz dieser Gesetze in der Bevölkerung überprüft wurde.

> „Die Volkskammer kontrolliert durch die Entgegennahme von Erklärungen und Berichten der ihr verantwortlichen Organe, vor allem des Ministerrates, die Einhaltung und Durchführung, der von ihr festgelegten Ziele und Hauptregeln sowie die Ergebnisse der gesellschaftlichen Entwicklung."[114]

Gemäß der Verfassung 1974 Art. 67 Abs. 3 und Art. 79 Abs. 2 unterbreitete jeweils die stärkste Fraktion in der Volkskammer den Vorschlag für den Vorsitzenden des Ministerrates und des Staatsrates.[115] In der 40-jährigen Geschichte der DDR war dies stets die SED und damit war auch der Vorsitzende des Ministerrates und Staatsrates ein Mitglied der SED, sodass dem System des Zentralismus entsprochen werden konnte. Im Gegensatz zum Parlament in der BRD besaßen die Abgeordneten der Volkskammer kein freies Mandat, vielmehr waren sie an Aufträge gebunden.[116] Dieses Parlament der

---

110 Patzelt / Schirmer-*Schirmer*, Die Volkskammer der DDR, S. 26.

111 Patzelt / Schirmer-*Schirmer*, Die Volkskammer der DDR, S. 28/29.

112 Patzelt / Schirmer-*Schirmer*, Die Volkskammer der DDR, S. 30.

113 Rausch-*Stammen*, DDR – Das politische System, S. 315.

114 Staatsverlag der DDR, Staatsrecht der DDR, S. 327.

115 Verfassung 1974 Art. 67 Abs. 3 lautete:

„Der Vorschlag für die Wahl des Vorsitzenden des Staatsrates wird von der stärksten Fraktion der Volkskammer unterbreitet."

Verfassung 1974 Art. 79 Abs. 2 lautete:

„Der Vorsitzende des Ministerrates wird von der stärksten Fraktion der Volkskammer vorgeschlagen und von der Volkskammer mit der Bildung des Ministerrates beauftragt".

116 Zum einen waren die Abgeordneten formell den Wählern verpflichtet.
Verfassung 1974 Art. 56 Abs. 3 lautete:

„Die Abgeordneten halten enge Verbindung zu ihren Wählern. Sie sind verpflichte, deren Vorschläge, Hinweise und Kritiken zu beachten und für eine gewissenhafte Behandlung Sorge zu tragen."

Informell jedoch unterlagen sie der Führung der SED.

DDR bestand dabei bis 1989 aus den fünf in der DDR existierenden Parteien[117] sowie etablierten Massenorganisationen.[118] Die Parteien in der DDR bildeten dabei ein Bündnissystem. Im Unterschied zum Parteiensystem der BRD ging es dabei nicht um Konfliktaustragung von konkurrierenden Parteien, sondern ein Zusammenwirken der verschiedenen Parteiorganisationen hin zu einer einheitlichen Führungspolitik vorangetrieben durch die SED.[119] Festzuhalten bleibt jedoch, dass sich dieses Bündnissystem langsam im Laufe der Entwicklung der DDR herauskristallisierte. Es vollzog sich dabei bezüglich der einzelnen Grundstrukturen der Blockparteien ein Charakterwandel hin zu den Wertvorstellungen der Arbeiterbewegung. Dies galt für die CDU und LDPD, welche beide auf antifaschistisch-demokratischer Grundlage basierten und kapitalistische Gesellschaftsverhältnisse bejahten, ebenso wie für die DBD und NDPD, wobei letztere sich von Anfang an zur Führungsrolle der SED bekannten.[120]

Die in der Volkskammer vertretenen Massenorganisationen stellten das Verbindungsglied zum einzelnen Bürger dar und sollten insbesondere die von der

---

„Die Volkskammer läßt sich in ihren Entscheidungen von den Beschlüssen der SED leiten, [...] die mit der fortgeschrittensten Theorie, dem Marxismus-Leninismus, ausgerüstet und in der Lage ist, die objektiven gesellschaftlichen Erfordernisse zu erkennen und sie durch ihre Beschlüsse und Direktiven zur Grundlage des Handelns aller Staatsorgane, besonders der Volkskammer als gesetzgebendes Organ, sowie aller gesellschaftlichen Kräfte zu machen. [...] Indem die Partei der Arbeiterklasse so ihre Führungsrolle wahrnimmt, wird die Volkskammer in die Lage versetzt, den Willen der Arbeiterklasse und aller mit ihr verbündeten Werktätigen auf höchster staatlicher Ebene durchzusetzen und die Übereinstimmung von gesellschaftlichen und persönlichen Interessen als entscheidende Triebkraft der Entwicklung im Sozialismus zu sichern."

Staatsverlag der DDR, Staatsrecht der DDR, S. 322.

117 Zwischen 1945–1948 etablierte sich in der SBZ ein Mehrparteiensystem, welches trotz des Führungsanspruchs der SED in den vom Sozialismus geprägten Ländern kein Sonderfall war. Vielmehr verschaffte dieses System der DDR den Status der Überparteilichkeit. Die anderweitigen Parteien, CDU, DBD, LDPD und NDPD, gehörten dabei zu den sogenannten Blockparteien. Diese Blockparteien symbolisierten in der DDR ein „Parteienbündnis in der Dialektik von Macht, Demokratie und politischer Organisation."

Vgl. Stephan / Herbst / Krauss / Küchenmeister / Nakath-*Schneider* / *Nakath*, Die Parteien und Organisationen, S. 78/79.

118 Zu diesen zählten der Freie Deutsche Gewerkschaftsbund, Freie Deutsche Jugend, Demokratischer Frauenbund Deutschlands, Kulturbund, Vereinigung der gegenseitigen Bauernhilfe und die Vereinigung der Verfolgten des Naziregimes.

Vgl. Stephan / Herbst / Krauss / Küchenmeister / Nakath-*Mählert*, Die Parteien und Organisationen, S. 105.

119 Stephan / Herbst / Krauss / Küchenmeister / Nakath-*Schneider* / *Nakath*, Die Parteien und Organisationen, S. 81/82.

120 Stephan / Herbst / Krauss / Küchenmeister / Nakath-*Schneider* / *Nakath*, Die Parteien und Organisationen, S. 80.

Partei vorgezeichnete politische Richtung dem Menschen in der DDR näher bringen. Dementsprechend sorgten die Massenmedien einerseits für die Vermittlung der politischen Führungslinie. Andererseits boten sie die Möglichkeit der Kontrolle des Einzelnen, insbesondere durch ein ausgeweitetes Berichtswesen gegenüber der SED.[121] Zugleich wurde dadurch die Integration des Bürgers in „die politische Institutionenordnung"[122] ermöglicht.

III. Ministerium für Staatssicherheit

1. Gründung und Organisation

Das Ministerium für Staatssicherheit wurde am 8. Februar 1950[123] ins Leben gerufen. Vor 1950 erfüllten die Ämter für Information in den einzelnen Regionen der SBZ und der „Ausschuß zum Schutz des Volkseigentums" bei der Deutschen Wirtschaftskommission die Aufgaben des späteren MfS.[124] Im Statut von 1969 wurde das MfS als ein „Organ des Ministerrates" bezeichnet, das als „Sicherheits- und Rechtspflegeorgan die staatliche Sicherheit und den Schutz der Deutschen Demokratischen Republik" als seine Aufgabe wahrzunehmen hat.[125] Dazu gehörten zum einen die Informationsbeschaffung in Form von Beobachtung, Telefonüberwachung, Postkontrolle, Schriftenfahndung und Geruchsproben. Zum anderen die Konspiration in Form von inoffiziellen Mitarbeitern, konspirativen Objekten, Maskierung und Fälschung. Dieser Bereich umfasste mithin die „[...] Durchführung operativer Spiele und anderer Maßnahmen zur Desinformation, Zersetzung und Zerschlagung [...]"[126]. Nach außen wurde die Gründung des MfS mit der Abwehr feindlicher Spionage und westlicher Sabotage begründet:

> „Die Spionage-, Diversions- und Sabotageakte gefährden aber nicht nur den wirtschaftlichen und politischen Aufschwung der Deutschen Demokratischen Republik, sondern sie sind auch geeignet, den Frieden zu gefährden dadurch, daß sie direkt oder indirekt Anlaß für neue kriegerische Verwicklungen bieten können [...]. Der Ministerrat faßte deshalb einmütig den Beschluß über die Abwehr von Sabo-

---

121 Stephan / Herbst / Krauss / Küchenmeister / Nakath-*Mählert*, Die Parteien und Organisationen, S. 110/111.

122 Stephan / Herbst / Krauss / Küchenmeister / Nakath-*Mählert*, Die Parteien und Organisationen, S. 110.

123 GBl. DDR 1950, Nr. 15, S. 95.

124 Weber-*Vollnhals*, Der SED-Staat, S. 54.

125 Statut des MfS, § 1 Abs. 1; Beschluss des Nationalen Verteidigungsrates Nr. 5/69 vom 30. Juli 1969 abgedruckt in: Florath / Mitter / Wolle-*Fricke*, Die Ohnmacht der Allmächtigen, S. 139 ff.

126 Zum Ganzen Bürgerkomitee Leipzig, STASI intern, S. 154.

tage. Gleichzeitig beschloß der Ministerrat einstimmig, im Hinblick auf Umfang und Bedeutung der zu lösenden Aufgaben, der Provisorischen Volkskammer das Ihnen vorliegende Gesetz zur Umbildung der bisher dem Ministerium des Inneren unterstellten Hauptverwaltung zum Schutze der Volkswirtschaft in ein Ministerium für Staatssicherheit zur Annahme zu empfehlen."[127]

Intern handelte es sich jedoch um eine Geheimorganisation, die vornehmlich innere Vorgänge protokollierte und die Einhaltung der Vorgaben der SED-Regierung durch die Bürger der DDR im Auge hatte. Das MfS war nur der SED-Führung als Kontroll„organ" unterstellt und bildete damit „Schild und Schwert der Partei"[128]-führung. Anderweitige Kontrollen erfolgten nicht, es gab weder eine offizielle gesetzliche Grundlage für das MfS noch eine parlamentarische Kontrolle.[129] Grundlage der Zusammenarbeit des MfS mit anderen Organen der DDR waren insbesondere Dienstanweisungen[130], welche jedoch nicht veröffentlicht wurden und erst nach Zusammenbruch des DDR-Regimes teilweise ausgewertet werden konnten. Die Führungspositionen des MfS waren mit Nomenklaturkadern besetzt, die ständige offizielle Mitarbeiter waren. Rekrutiert wurden diese bevorzugt aus „bewährten Genossen", welche sich in der Zeit der NS-Diktatur, der Weimarer Zeit oder im Spanischen Bürgerkrieg behauptet hatten und linientreu waren. Ab 1951 erfolgte die fachliche Qualifizierung in einer eigens geschaffenen Ausbildungsstätte in Potsdam-Eiche. Die Bezeichnung „Juristische Hochschule" wurde dieser Einrichtung ab 1965 zugesprochen. Aus dieser gingen mehr als 7.000 Fachschul- und 3.350 Hochschulabsolventen hervorgingen, die im juristischen Dienst des MfS arbeiteten.[131]

Inoffizielle Mitarbeiter wurden unter anderem in Blockparteien und Massenorganisationen eingeschleust, um Parteifeinde zu entlarven.[132] Diese Art der Spionage machte vor dem privaten Bereich nicht halt, sodass auch innerhalb der eigenen Familie eine Bespitzelung und Weitergabe von Informationen über Familienmitglieder an das MfS erfolgte. Dieser Umstand wurde jedoch erst nach dem Ende der DDR 1989 publik, insbesondere durch die Möglichkeit der Einsichtnahme der Bürger der ehemaligen DDR in ihre Akte bei der Staatssicherheit.

---

127 Zit. nach *Fricke*, Schild und Schwert, S. 10 m.w.N.

128 Weber-*Vollnhals*, Der SED-Staat, S. 55.

129 *Fricke*, MfS intern, S. 7.

130 *Fricke*, MfS intern, S. 19.

131 Zum Gesamten vgl. Weber-*Vollnhals*, Der SED Staat, S. 63; *Förster*, Die Juristische Hochschule des MfS, S. 27–38 m.w.N.

132 Zum Gesamten: *Schroeder*, Der SED Staat, S. 107.

SED, Staat und MfS waren sehr eng miteinander verzahnt. Ab 1957 wurde das MfS unter der Führung von Mielke[133] immer mehr zu einer Sicherheitsbürokratie und ideologischen Durchsetzungskraft ausgebaut, wobei die Präsenz des sowjetischen KGB weitestgehend zurückgedrängt wurde und so ein eigenständiger Geheimdienstapparat in der DDR entstand.[134] Die Vernetzung von SED und MfS erfolgte durch den Nationalen Verteidigungsrat und diesem unterstellten Einsatzleitungen. Die Einsatzleitungen führten auf jeder Ebene Verwaltung, Staatssicherheit, Volkspolizei und Nationale Volksarmee unter Führung des zuständigen Parteichefs zusammen.[135] Der Organisation des MfS lag ein kompliziertes System interner und auswärtiger politischer Bespitzelung zugrunde, welches sich immer mehr erweiterte.[136] Auch die Mitgliederzahl wuchs im Laufe der Jahrzehnte; waren es 1952 noch ca. 4.000, so erreichte diese in den 80er Jahren einen Wert von ca. 85.500 hauptamtlichen Mitarbeitern.[137]

2. MfS und Justiz

Das MfS diente jedoch nicht nur zur Informationsbeschaffung, sondern hatte auch erheblichen Einfluss auf die Gestaltung des Strafprozesses und der Untersuchungshaftanstalten, in denen ausnahmsweise auch Freiheitsstrafen vollzogen wurden.[138] Dies ging so weit, dass nicht nur die Tätigkeit der Staatsanwaltschaften gelenkt wurde, sondern auch die der Gerichte. Durch das MfS wurden politisch motivierte Urteile präjudiziert, wobei die Sanktion ebenso Todesstrafe lauten konnte.[139] Gem. § 88 StPO-DDR[140] war das MfS auch für die Ermittlungen bezüglich der §§ 213, 214 StGB-DDR zuständig. Zwar besagte § 89 StPO-DDR, dass die Staatsanwaltschaft die Aufsicht über die Ermittlungen führen sollte, in der praktischen Umsetzung bedeutete dies jedoch die Kontrolle der Staatsanwaltschaft durch das MfS.[141] Die Position des MfS ermöglichte es diesem in politisch relevanten Strafsachen, eine Verurtei-

133 Erich Mielke war ab 1957 Minister für Staatssicherheit der DDR, wobei er diese Position bis zum 7. November 1989 bekleidete.

134 *Gieseke*, Die DDR-Staatssicherheit, S. 31.

135 *Fricke*, MfS intern, S. 19.

136 Hier wird verwiesen auf das Schaubild Strukurschema des MfS, Stand 1. Oktober 1989 aus *Fricke*, MfS intern, S. 26/27, siehe auch die Abbildung im Anhang dieser Arbeit.

137 *Fricke*, MfS intern, S. 21.

138 Timmermann-*Wunschik*, Die DDR, S. 489.

139 Weber-*Vollnhals*, Der SED-Staat, S. 60.

140 GBl. DDR I 1968, S. 49 (61). § 88 StPO/DDR galt bis zum Einigungsvertrag 1990 unverändert fort.

141 *Fricke*, MfS intern, S. 61.

lung des Beschuldigten zu unterbinden. Dies erfolgte dann, wenn der Beschuldigte sich bereit erklärte, als inoffizieller Mitarbeiter Informationen für das MfS zu beschaffen.[142] Infolge dessen wurde eine Abhängigkeit der inoffiziellen Mitarbeiter geschaffen, die über das ideologisierte Maß hinausging. Beispielhaft kann hier der Fall des Dresdner Mathematikers Dr. Horst Hiller angeführt werden, der wegen Republikflucht in Untersuchungshaft saß. In der Untersuchungshaft wurde ihm durch das MfS „völlige Straffreiheit" angeboten, die er jedoch ablehnte. Konsequenz war eine Anklage nicht nur wegen § 213 StGB-DDR, sondern auch wegen Spionage; das Bezirksgericht Dresden verurteilte ihn zu 8½ Jahren Haft. Begründet wurde die Strafhöhe damit, dass der Angeklagte sein Wissen im Westen bei gelungener Flucht preisgegeben hätte und folglich von ihm der Tatbestand der Spionage durch die Flucht vorbereitet worden sei.[143]

Das MfS lieferte in politisch relevanten Prozessen nicht nur die Anklagepunkte, sondern auch die formal juristische Begründung des Urteils. Dies unter anderem in einem Fall eines ehemaligen Offiziers der DDR-Grenzpolizei, Manfred Smolka 1960, der 1959 aus der DDR in die BRD geflüchtet war und von MfS-Offizieren zurückgeholt wurde. Am 14. Januar 1960 wurde folgender Vorschlag seitens eines Oberleutnants der Hauptabteilung IX unterbreitet:

> „Vorschlag für die Durchführung eines Prozesses gegen einen republikflüchtigen ehemaligen Offizier der Deutschen Grenzpolizei wegen Spionagetätigkeit [...]. Das Verfahren ist geeignet, aus erzieherischen Gründen gegen Smolka die Todesstrafe zu verhängen."[144]

Durch das Einverständnis von Erich Mielke war das Schicksal von Manfred Smolka besiegelt. Das Bezirksgericht Neubrandenburg erkannte am 26. April 1960 auf Todesstrafe.[145]

Mielke selbst fasste die Arbeitsweise des MfS 1982 so zusammen:

> „Wir sind nicht davor gefeit, daß wir mal einen Schuft unter uns haben. Wenn ich das schon jetzt wüßte, würde er ab morgen nicht mehr leben. Kurzen Prozeß. [...] Das ganze Geschwafel, vonwegen nicht hinrichten und nicht Todesurteil – alles Käse, Genossen. Hinrichten, wenn notwendig auch ohne Gerichtsurteil."[146]

---

142 *Fricke*, MfS intern, S. 62.

143 Zum Gesamten vgl.: *Hiller*, Sturz in die Freiheit, S. 140 (151/152).

144 Zit. nach *Fromme*, Das Verfahren ist geeignet, in: FAZ vom 21. Mai 1991, S. 4.

145 *Fromme*, Das Verfahren ist geeignet, in: FAZ vom 21. Mai 1991, S. 4.

146 *Erich Mielke* in seiner Schlussbemerkung auf der Kollegiumssitzung vom 19. Februar 1982, Tonbandprotokoll. Zit. nach: Bürgerkomitee, STASI intern, S. 213.

Das MfS entwickelte sich somit zu einer übermächtigen Institution, die im Hintergrund unter Kontrolle der SED die Fäden des Staates zog und dessen Geschicke entscheidend mitlenkte.

3. MfS und Strafvollzug

Dem Ministerium des Inneren oblag, abgesehen von den Untersuchungshaftanstalten, die Kontrolle über die Strafvollzugseinrichtungen der DDR, auch bezeichnet als das „Organ Strafvollzug“ des MdI[147]. Diese Übertragung entsprach dem Wunsch Moskaus, abweichend zur traditionellen deutschen Zuständigkeit des Justizministeriums.[148] Aber auch hier kam die Aufsicht des MfS – in Gestalt der Hauptabteilung VII – zum Tragen, deren Referat 3 sich ab 1953 mit dem Strafvollzug befasste. Der Hauptaufgabenbereich beschränkte sich auf die Kontrolle der Vollzugsangehörigen und die Werbung von inoffiziellen Mitarbeitern aus deren Mitte bzw. aus den Reihen der Inhaftierten.[149]

Ausnahme zu diesem Prozedere war die Haftanstalt Bautzen II, Sachsen. In jener waren Personen inhaftiert, die im besonderen Interesse des MfS standen und somit der Hauptabteilung IX des MfS unterstanden. Die Vollzugsangehörigen wurden wiederum von der Hauptabteilung VII kontrolliert, mithin die Abteilung VII der Bezirksverwaltung Dresden. Die Einrichtung selbst und deren Organisation war dem MdI unterstellt.[150]

Im Blickfeld des MfS befanden sich unter den Inhaftierten insbesondere Insassen, die einen Ausreiseantrag gestellt hatten. Gerade diese sollten zur Zurücknahme ihres Antrages angehalten werden.[151]

C) Zusammenfassung

Das politische System der DDR begann aus der Vorstellung heraus, eine sozialistische Wirklichkeit zu schaffen, die jedem Menschen ermöglichte, in gleichem Maße an den Errungenschaften der Zivilisation teilzuhaben, ein Klassensystem wie im Kapitalismus sollte es nicht geben. Vielmehr war die DDR zu Beginn darauf ausgerichtet dem Volk zu dienen und diesem seinen Geltungsanspruch zu verschaffen. Die marxistisch-leninistische Lehre gab

---

147 Timmermann-*Wunschik*, Die DDR, S. 489; vgl. auch Verordnung zur Übertragung der Geschäfte des Strafvollzugs auf das MdI, GBl. DDR 1950, S. 1165 f.

148 Timmermann-*Wunschik*, Die DDR, S. 489/490; *Werkentin*, Politische Strafjustiz in der Ära Ulbricht, S. 40.

149 Timmermann-*Wunschik*, Die DDR, S. 492/494.

150 Timmermann-*Wunschik*, Die DDR, S. 495.

151 Timmermann-*Wunschik*, Die DDR, S. 496.

dabei den Rahmen vor, der zunächst durch die sowjetische Führung ausgefüllt wurde. Im Laufe der 40-jährigen Geschichte der DDR erfolgte jedoch immer mehr die Abweichung von rechtsstaatlichen Grundsätzen hin zu einem extensiv gelebten Kontrollsystem, das auf alle Bereiche einwirkte. Es kann nicht gesagt werden, dass der Sozialismus an sich eine schlechte Gesellschaftsform darstellt. Vielmehr wird diese Form des Zusammenlebens erst durch jene Menschen, die ein solches System mit aller Macht gegenüber den Bürgern des Staates durchsetzen wollen, ausgehebelt. In der DDR ging das so weit, dass gerade eine Partei und deren Machtinhaber die Führung eines ganzen Staates für sich beanspruchten. Unschwer verständlich ist, dass die Umsetzung nur durch ein extrem ausgeweitetes Kontrollsystem möglich war. Diese Kontrolle zog sich durch alle Bereiche des gesellschaftlichen Lebens und machte auch nicht vor der privaten Lebensführung durch Einsetzung von Familienmitgliedern als inoffizielle Mitarbeiter des MfS Halt. Auswirkungen hatte dieses System damit auch auf die Entwicklung des Strafrechts, insbesondere der §§ 213, 214 StGB-DDR. Verstecktes Ziel der Normen war es, das eigene Volk im Staat zu halten und zu kontrollieren. Befürchtet wurde durch das Regime der DDR eine Abwanderung der Bevölkerung in dem Maße, dass die staatliche Existenz bedroht wurde. Die DDR-Regierung war jedoch auch sehr planvoll in ihrer Vorgehensweise. Nur, wer sich außerhalb der Vorstellungen der SED-Führung begab, bekam die ganze Macht des Staatsapparates zu spüren. Alle vorhergehenden Maßnahmen, z.B. in Form der Bespitzelung, blieben weitestgehend unbemerkt. Die Betroffenen erfuhren erst nach 1989 durch Freigabe der Akten der Staatssicherheit davon.

Diese Entwicklung wurde jedoch auch dadurch begünstigt, dass nach Ende des 2. Weltkrieges Deutschland in vier Besatzungszonen aufgeteilt wurde und insbesondere die USA ihren eigenen Machtanspruch durchsetzen wollte. Nur durch das Zusammenspiel der zwei Großmächte USA und UdSSR konnte die Abschottung der DDR und ein Aufbau eines derartigen Kontrollsystems erfolgen. Insbesondere in den Anfangsjahren, vor allem ab 1947, wurden hier Fehler aufseiten der Alliierten begangen, die eine gemeinsame deutsche Plattform mit den Sowjets nicht wünschten. Der Ost-West-Konflikt, der sich zwischen den Großmächten abspielte, wurde damit auf Deutschland als Land übertragen. Die Politik nahm diese Entwicklung hin.

Drittes Kapitel: Das Rechtsverständnis in der DDR und deren Gerichtsaufbau

„In der richterlichen Entscheidung muß sich die Bereitschaft widerspiegeln, die von der Partei der Arbeiterklasse und von der Regierung gefaßten Beschlüsse durchzusetzen.“ *Ernst Melsheimer*[1]

Nachfolgend wird aufgezeigt, welches Rechtsverständnis dem Gerichtssystem der DDR zugrunde lag, wobei insbesondere die Personalstruktur eine wesentliche Rolle spielte. Zugleich wird ein kurzer Einblick in den Aufbau und die Strukturierung des Justizapparates gegeben.

A) Das Rechtssystem der DDR

Nach 1945 und dem Zusammenbruch des Dritten Reiches erfolgte in ganz Deutschland die Entnazifizierung der Justiz durch Entlassungen belasteter Juristen aus dem Staatsdienst.[2] Ziel in der SBZ war es, die Schaffung einer „demokratischen Justiz“ zu ermöglichen, basierend auf dem Willen der Bevölkerung, wobei gerade die Bevölkerung der SBZ aktiv an der Rechtsprechung mitwirken sollte.[3] Wie im Zweiten Kapitel ausgeführt, beruhte das politische System der DDR nicht auf einer Klassenteilung. Vielmehr gab es nach der marxistisch-leninistischen Lehre nur eine Klasse, die der Arbeiter und Bauern. Daher sollte es auch jedem Bürger ermöglicht werden an der Gestaltung der Justiz teilzunehmen, sei es als Richter oder als Schöffe. Der Beruf des Juristen sollte jedem offen stehen. Die deutsche Justizverwaltung, die in den Nachkriegsjahren die Organisation der Justiz in der SBZ übernahm, sah das entscheidende Mittel auf dem Weg zur „demokratischen Justiz“ in der Politisierung[4]:

„Richter und Staatsanwalt müssen in einer realen Demokratie zu wahren Volksrichtern und Volksanwälten werden. Sie dürfen deshalb nicht, wie es früher der Fall war, getrennt vom Volk in der Exklusivität der akademischen Welt als angeblich unpolitische Beamte leben, sondern sie haben am politischen Leben des Volkes teilzunehmen und für Demokratie und Fortschritt Partei zu ergreifen. Der

---

1 *Ernst Melsheimer* war von 1949 bis zu seinem Tod 1960 Generalstaatsanwalt der DDR. Zit. nach: NJ 1956, S. 294/295.

2 *Mathes*, Volksrichter-Schöffen-Kollektive, S. 13.

3 *Mathes*, Volksrichter-Schöffen-Kollektive, S. 15.

4 *Mathes*, Volksrichter-Schöffen-Kollektive, S. 15.

> Volksrichter muß ein politischer Mensch im weitesten Sinne des Wortes sein. Einen unpolitischen Richter gibt es ebensowenig, wie es einen politisch neutralen Staat und ein politisch neutrales Recht gibt.“[5]

Die nächsten Jahre kam es daher zur Heranziehung politisch korrekt orientierter Juristen. Diese wurden nicht nur in der „Juristerei“ ausgebildet. Sie erhielten vielmehr politische Schulungen auf sogenannten „Volksrichterschulen“[6]. Die dort gezeigte politische Folgsamkeit war ausschlaggebend für ihre Einsatzfähigkeit im juristischen Dienst.[7] 1953 wurden folgende Einstellungskriterien für Juristen Grundlage für die Arbeit im Justizdienst:

> „[...] Durchführung der Parteiaufträge und die Entwicklung einer wachsenden Parteidisziplin durch die Methoden der Kritik und Selbstkritik [...].“[8]

Gerade durch diese politische Orientierung sollte eine einheitliche Rechtsprechung in allen Gebieten erreicht werden.[9] Ziel war es dem Bürger das Gefühl zu vermitteln, selbst als Laie juristische Ausführungen zu verstehen. Wichtig für das System in der DDR war jedoch, dass der Großteil der Juristen aus der Arbeiterklasse, ca. 75%, stammte und damit als Spiegelbild der Gesellschaft in der DDR entsprach. Im Gegensatz dazu kam in der BRD die Mehrzahl der Richter aus den obersten Schichten, welche aber nur 5% der Bevölkerung ausmachte.[10]

Hinzuweisen ist in diesem Zusammenhang darauf, dass auch in der BRD die Berufsrichter einer politischen Treuepflicht unterlagen, und zwar in folgendem Maße:

> „Ein wesentliches Eignungsmerkmal für [...] Berufsrichter[s] in unserer freiheitlichen Demokratie ist die politische Treuepflicht. [...] Gemeint ist vielmehr die Pflicht zur Bereitschaft, sich mit der Idee des Staates, dem der Richter dienen soll, mit der freiheitlichen demokratischen, rechts- und sozialstaatlichen Ordnung dieses Staates zu identifizieren.“[11]

Insoweit besteht zwischen beiden Systemen Einklang. Die Bindung der Juristen in der DDR ging jedoch über die normale Treuepflicht zum Staat hinaus,

---

5 Fechner-*Fechner*, Beiträge zur Demokratisierung der Justiz, S. 13/14. Fechner war 1948 Stellvertretender Vorsitzender der SED.

6 *Wentker*, Volksrichter in der SBZ/DDR 1945 bis 1952, S. 94.

7 *Mathes*, Volksrichter-Schöffen-Kollektive, S. 15/16.

8 Zit. nach: *Rössler*, Justizpolitik in der SBZ/DDR 1945–1956, S. 155 mit Verweis auf SAPMO-Barch., J IV 2/3/377, Protokoll 26/53, 20. April 1953.

9 Heuer-*Heuer*, Rechtsordnung in der DDR, S. 66.

10 Zum Gesamten vgl. *Berra*, Im Paragraphenturm, S. 21; Pahl Rugenstein Verlag-*Lederer / Michel*, BRD-DDR Vergleich der Gesellschaftssysteme, S. 305 m.w.N.

11 *Priepke*, DRiZ 1991, S. 4.

indem die Auslegung und Anwendung der Gesetze im Sinne der Parteibeschlüsse erfolgte.[12] Der Großteil der rekrutierten „Justizkader" blieb systemkonform, allerdings gab es auch einige, die eine politische Steuerung der Justiz nicht vertreten konnten. Diese schieden aus dem juristischen Dienst, zumeist auf Anweisung, wieder aus.[13]

Die Rechtsprechung wurde im Sozialismus als Volksrechtsprechung verstanden, deren vorrangiges Ziel es war die Bürger zu überzeugen und eine Stärkung des Staatsapparates zu erreichen.[14] Ersteres ergibt sich auch aus Art. 95 der Verfassung 1974:

> „Alle Richter, Schöffen und Mitglieder der gesellschaftlichen Gerichte werden durch die Volksvertretungen oder unmittelbar durch die Bürger gewählt. Sie erstatten ihren Wählern Bericht über ihre Arbeit. Sie können von ihren Wählern abberufen werden, wenn sie gegen die Verfassung oder die Gesetze verstoßen oder sonst ihre Pflichten gröblich verletzen."[15]

Damit schaffte die Verfassung ein Abhängigkeitsverhältnis der Rechtsprechung zur Volksvertretung. Dass Art. 96 der Verfassung 1974 die Unabhängigkeit der Richter statuierte, blieb nach heutigem Grundrechtsverständnis eine bloße Leerformel, die keine praktische Umsetzung fand. Es wurde in der DDR jedoch durch diese Abhängigkeit eine Volksnähe geschaffen, die in der BRD in den Gerichtssälen zumeist bis heute nicht zu finden ist. Das Rechtssystem der BRD legt viel mehr Wert auf Distanzierung zum Bürger, um die Unabhängigkeit und Unparteilichkeit zu gewährleisten. Die Volksnähe der DDR-Justiz band den Bürger in die Rechtsprechung mit ein und machte ihn zu einem Teil dieser.

Das Rechtssystem der DDR wies zwei wesentliche Grundzüge auf, zum einen Schaffung einer Volksnähe und zum anderen politische Stärkung durch „Justizkader". Aber gerade in Letzterem ist der wesentliche Unterschied zu einem demokratischen Rechtssystem zu sehen, da in dem Rechtsverständnis der DDR die Justiz keine eigenständige Rolle als eigene Gewalt spielte. Das Rechtssystem war vielmehr der Staatsmacht untergeben, da der Sozialismus in der DDR ein System des „demokratischen Zentralismus" war.[16]

> „Es wird deshalb eine politische Aufgabe von Rang bleiben, die Staatsorgane ständig durch lebenserfahrene, der Arbeiterklasse und ihrer Partei treu ergebene Kader zu stärken, die politisch und fachlich gerüstet sind, die neuen, höheren Anforde-

---

12 Heuer-*Heuer*, Rechtsordnung der DDR, S. 65.

13 *Wentker*, Volksrichter in der SBZ/DDR 1945 bis 1952, S. 92.

14 Heuer-*Heuer*, Rechtsordnung der DDR, S. 66.

15 GBl. DDR I 1974, S. 432 (454).

16 Rottleuthner-*Rottleuthner*, Steuerung der Justiz in der DDR, S. 18; *Wünsche*, Grundlagen der Rechtspflege, S. 79.

rungen, insbesondere zur Verwirklichung der Wirtschaftsstrategie der Partei, zu erfüllen."[17]

Das System der Bildung eines „Justizkaders" wurde bis 1989 immer weiter ausgebaut und führte damit zu einer Politisierung der Rechtsprechung allein schon durch die entsprechende Ausbildung der Richter. Zum anderen erfolgte die Steuerung durch Schaffung politischer Tatbestände wie den §§ 213, 214 StGB-DDR, was zu einer ideologischen Rechtsanwendung führte. Erziehung und Umwelt in der DDR prägten dabei die Rechtsprechung, ohne dass unbedingt von bewusster Rechtsbeugung durch die Richter gesprochen werden kann.

Missverstanden werden darf die Steuerungspolitik der Justiz in der DDR nicht dahingehend, dass es generell zu einer gezielten einzelnen Einflussnahme kam. Vielmehr erfolgte die Steuerung strukturell in allen Bereichen, um gerade so eine einheitliche politische Organisation der Justiz zu erreichen.[18]

Aber auch in der BRD kam und kommt es nach wie vor zur Politisierung von Tatbeständen. Zunehmend sieht die Politik ihre einzige Gestaltungsmöglichkeit in der Schaffung, aber auch Verschärfung von Tatbeständen, um Gefahren, die zumeist nur abstrakt vorhanden sind, einzudämmen. Beispielhaft zu erwähnen sind hier die Verschärfungen bezüglich der Mitgliedschaft in terroristischen Vereinigungen, §§ 129, 129a StGB, die eine Verlagerung in das Stadium der Vorbereitungshandlung mit sich geführt haben.

B) Gerichtsstruktur und gesetzliche Grundlagen

Von 1945 bis 1952 wurde als gesetzliche Grundlage zunächst auf die Gerichtsorganisation der Weimarer Republik zurückgegriffen.[19] Erst 1952 mit der Justizreform gab sich die DDR ein eigenes Gerichtsverfassungsgesetz und eine Strafprozessordnung.[20] Eingeführt wurden damit das Kreisgericht, Bezirksgericht und das Oberste Gericht, wobei die Verknüpfung dieser auf einem Zweiinstanzenzug basierte, der keine Revision vorsah, sondern nur eine Tatsachen- und Rechtsüberprüfung beinhaltete.[21] Ab 1950 wurde die sächsische Justiz dem Gerichtssystem der DDR angepasst. Dies insbesondere dadurch, dass dem

---

17 Wilhelmi-*Reuter*, Sozialistische Gesetzlichkeit, S. 168.

18 Rottleuthner-*Rottleuthner*, Steuerung der Justiz in der DDR, S. 27.

19 Amtsblatt des Kontrollrats in Deutschland, Gesetz Nr. 1, S. 4/5; Proklamation Nr. 3, S. 23; Gesetz Nr. 4, S. 26.

20 GBl. DDR II 1952, S. 983 und S. 996.

21 GBl. DDR II 1952, S. 983, §§ 1, 38, 46, 52 GVG.

Gedanken des Zentralismus Rechnung getragen und das Landesjustizministerium aufgelöst wurde.[22] 1952 wurden die Oberlandes-, Land- und Amtsgerichte entsprechend dem Gerichtsverfassungsgesetz der DDR durch Bezirks- und Kreisgerichte ersetzt.[23] Daran anknüpfend erfolgte die Ausbildung zu Volksrichtern/-staatsanwälten, wobei in Sachsen eine Volksrichterschule in Bad Schandau an der Grenze zur damaligen ČSSR eröffnet wurde.[24]

Das Oberste Gericht wurde bei Anklage durch den Generalstaatsanwalt in Strafsachen, die besonders bedeutsam waren, erstinstanzlich tätig. Bis 1987 gab es gegen diese Urteile keine Rechtsmittelmöglichkeit. Erst mit dem Gesetz zur Änderung und Ergänzung des Gerichtsverfassungsgesetzes und der Strafprozessordnung der DDR vom 18. Dezember 1987 wurde bei dem Obersten Gericht ein Großer Senat gebildet, der als Rechtsmittelinstanz für die erstinstanzlichen Urteile des Obersten Gerichts in Strafsachen fungierte.[25]

Ab 1963 bot § 28 Abs. 1, 2 GVG-DDR insoweit eine Steuerungsmöglichkeit der Eingänge, dass insbesondere in Strafsachen die Anklagen direkt vor dem Bezirksgericht erhoben werden konnten, obwohl das Kreisgericht originär zuständig war.[26] Durch die Kontrollmechanismen im Instanzenzug kam es zu einer engen Verzahnung der einzelnen Gerichte.

Gem. § 2 GVG-DDR 1952 galten die Gerichte als Elemente des Aufbaus des Sozialismus und als Grundlage der Erziehung:

> „(1) Die Rechtsprechung der Gerichte der Deutschen Demokratischen Republik dient dem Aufbau des Sozialismus, der Einheit Deutschlands und dem Frieden. [...]
> (2) Die Gerichte [...] erziehen durch ihre Rechtsprechung alle Bürger in ihrem beruflichen und persönlichen Leben zu einem verantwortungsbewußten Verhalten und zur gewissenhaften Befolgung der Gesetze."[27]

---

22 Verordnung über Maßnahmen zur Vereinfachung der Justiz vom 27. September 1951, GBl. DDR II 1951, S. 877; Gesetz über die Staatsanwaltschaft der DDR vom 2. Mai 1952, GBl. DDR I 1952, S. 408.

23 Verordnung vom 28. August 1952, GBl. DDR II 1952, S. 791, Gesetz über die Verfassung der Gerichte der DDR vom 2. Oktober 1952, GBl. DDR II 1952, S. 983.

24 Sächsisches Staatsministerium der Justiz-*Fricke*, Sächsische Justiz in der SBZ und frühen DDR, S. 7.

25 Akademie für Staats- und Rechtswissenschaft, Das Oberste Gericht, S. 41.

26 § 28 GVG-DDR 1963, GBl. DDR I 1963, S. 45 (49):

„[...] als Gericht erster Instanz in Strafsachen [...] oder vom Direktor des Bezirksgerichts vor Eröffnung des Hauptverfahrens durch das Kreisgericht an das Bezirksgericht herangezogen werden; [...]."

Siehe auch Rottleuthner-*Rottleuthner*, Steuerung der Justiz in der DDR, S. 32.

27 GBl. DDR II 1952, S. 983.

Der Erziehungsauftrag, welcher der Rechtsprechung zugesprochen wurde, war zudem in § 2 StPO-DDR 1952 festgehalten.[28] Weiterhin erfolgte eine Bindung der Richter vornehmlich an den Parteiwillen der SED und an die Richtlinien des Obersten Gerichts, welches wiederum der Kontrolle der Volkskammer unterlag, Art. 49 Abs. 3 der Verfassung. Bezüglich der Überwachung des Obersten Gerichtes ging es jedoch nicht um die Überprüfung einzelner Urteile, sondern die Aufsichtskompetenz bezog sich allein darauf, ob das Gericht die großen Linien der Rechtsprechung bezüglich der politischen Gegebenheiten umsetzte.[29] Das Prinzip der sozialistischen Gesellschaft in Form der sozialistischen Gesetzlichkeit prägte dabei die Arbeit der Justiz.[30]

Das MdJ war zunächst noch für die Leitung der Rechtsprechung zuständig, mit Gründung des Staatsrates 1960 wurde dies jedoch relativiert.[31] Die vornehmliche Aufgabe lag nunmehr in der engen Zusammenarbeit mit dem Obersten Gericht, wobei das MdJ als Verwaltungsstelle fungierte, indem es unter anderem Hilfestellungen für den Umgang mit unklaren Rechtslagen gab.[32]

Der Staatsanwaltschaft stand neben dem MdJ eine umfassende allgemeine Gesetzlichkeitsaufsicht zu, welche nur in den 60er Jahren beschränkt und danach wieder auf den vorherigen Stand angehoben wurde.[33] Die Staatsanwaltschaft war nicht in das Gerichtssystem eingebunden, sondern stellte eine eigenständige Organisationsform dar.[34] Ihr Wirken war dabei nicht nur beschränkt auf das Strafrecht, sondern umfasste alle gerichtlichen Verfahren, auch die Verwaltungsgerichtsbarkeit, da sie nicht nur eine Anklagebehörde darstellte, sondern allgemein Rechtsaufsicht ausübte.[35]

Das Gerichtssystem der DDR war jedoch nicht nur geprägt durch behördliche Institutionen, wie sie auch in der BRD existieren, sondern ferner gerade durch Institutionen, die dem Bürger als solchem erlaubten, an einem Strafverfahren teilzunehmen. Der Bürger fungierte dabei entweder in Form des gesellschaftlichen Verteidigers für den Angeklagten, oder als gesellschaftlicher Ankläger

28 GBl. DDR II 1952, S. 997.

29 *Lohmann*, Gerichtsverfassung und Rechtsschutz in der DDR, S. 53.

30 *Müller*, Kriminalitätsvorbeugung und Gesetzlichkeitsaufsicht, S. 10/11.

31 Rottleuthner-*Rottleuthner*, Steuerung der Justiz in der DDR, S. 34/35.

32 Rottleuthner-*Rottleuthner*, Steuerung der Justiz in der DDR, S. 35/36.

33 Rottleuthner-*Baer*, Steuerung der Justiz in der DDR, S. 90/91.

34 Heuer-*Müller*, Rechtsordnung der DDR, S. 235.

35 Heuer-*Müller*, Rechtsordnung der DDR, S. 235; vgl. auch Präambel und § 1 Abs. 2 des Gesetzes über die Staatsanwaltschaft der DDR vom 23. Mai 1952, GBl. DDR I 1952, S. 408.

neben dem Staatsanwalt.[36] Jene Bürger stammten aus dem Lebens- oder Arbeitsbereich des Angeklagten und waren von dem jeweiligen Kollektiv, z.B. der Arbeitsbrigade des Angeklagten, gewählt worden, um dieses vor Gericht zu vertreten. Dabei legten sie dem Gericht die Auffassung des Kollektivs zur Tat und zur Persönlichkeit des Angeklagten dar, um so einen umfassenden Einblick in das Leben des Angeklagten zu ermöglichen.[37] Sie hatten dabei, unabhängig vom Verteidiger des Angeklagten oder des Staatsanwaltes, das Recht Beweisanträge zu stellen und zu den vorgetragenen Beweisen Stellung zu nehmen. Insbesondere unterbreiteten sie einen eigenen Bestrafungsvorschlag inklusive des Strafmaßes.[38] Ziel dieser Institution war es eine Volksrechtsprechung zu ermöglichen, aber auch:

> „[...] das Staats- und Rechtsbewußtsein der Werktätigen zu entwickeln, ihre Verbundenheit zu den Organen ihres sozialistischen Staates zu festigen, die erzieherische Wirkung der Hauptverhandlung zu erhöhen und die Kraft der Öffentlichkeit auf die Überwindung von Gesetzesverletzungen zu lenken."[39]

Festzuhalten bleibt, dass das Rechtssystem in der DDR dem Gedanken einer einheitlichen Rechtsprechung unterlag, die durch die Politik bestimmt worden war. Auch hier zeigt sich die Durchdringung der SED und ihres politischen Führungsanspruches in alle Bereiche der Gesellschaft.[40, 41]

---

36 Grundlage war der „Erlaß des Staatsrates der DDR über die grundsätzlichen Aufgaben und Arbeitsweise der Organe der Rechtspflege" vom 4. April 1963, GBl. DDR I 1963, S. 31/32.

37 Redaktion „Aus erster Hand", Recht und Gesetz, S. 37.

38 Redaktion „Aus erster Hand", Recht und Gesetz, S. 37/38.

39 Ministerium der Justiz, Aufgaben und Arbeitsweise der Rechtspflegeorgane, S. 56.

40 Zur Vertiefung wird verwiesen auf die umfassenden Darstellungen bei *Rottleuthner*, Steuerung der Justiz in der DDR, und *Heuer*, Rechtsordnung der DDR, mit weiteren Nachweisen.

41 Eine vereinfachte Darstellung des Gerichtssystems und des Instanzenzuges im Rechtssystem der DDR findet sich im Anhang unter den Übersichten.

ZWEITER TEIL: DIE ENTWICKLUNG ZU DEN §§ 213, 214 STGB-DDR UND DEREN AUSGESTALTUNG BIS 1990

Viertes Kapitel: Maßnahmen bis 1957

„Der Kampf gegen die Republikflucht ist ein Bestandteil unseres Kampfes gegen die Bonner Kriegspolitiker, für den Frieden, für die friedliche Wiedervereinigung Deutschlands als demokratischer Staat." *Hermann Matern*[1]

Die Maßnahmen der DDR-Regierung bis 1957 bezüglich des ungesetzlichen Grenzübertritts waren vielfältig. Daher beschränkt sich die folgende Darstellung auf einige wesentliche normative Grundlagen, die zur Verfolgung herangezogen worden sind.[2]

A) Die Rundverfügung des MdJ vom 26. September 1950

Nach 1945 galten zunächst weiterhin die Normen des Strafgesetzbuches von 1871.[3] Dies enthielt selbst keine Tatbestände bezüglich einer Strafbarkeit des illegalen Überschreitens von Grenzen. Zwischen den westlichen Besatzungszonen und der SBZ befand sich die sog. Demarkationslinie, welche die innerdeutsche Grenze nach 1945 zwischen den einzelnen Großmächten markierte. Viele Deutsche der damaligen Zeit überquerten diese „Grenze" auch ohne entsprechende Papiere. Da nach den damaligen strafrechtlichen Bestimmungen eine Strafverfolgung nicht möglich war, folgte am 26. September 1950 eine

---

1 Matern, Hermann, auf der 33. Sitzung des ZK vom 16. bis 19. Oktober 1957 in Berlin Zit. nach: *Melsheimer*, NJ 1958, S. 41 (46). Matern war ein tragender Politiker der KPD und SED. Das ZK selbst war eine ständige Einrichtung der SED zwischen zwei Parteitagen und gehörte zu den obersten Entscheidungsgremien in der DDR.

2 Eine ausführliche Darstellung der einzelnen Grundlagen kann nachgelesen werden in: *Mohr*, Der Straftatbestand der „Republikflucht" im Recht der DDR, 1971. Der Verfasser hat sich darin mit den einzelnen dem § 213 vorangehenden Verordnungen und Gesetzen auseinandergesetzt. Die Verfasserin dieser Arbeit legt den inhaltlichen Schwerpunkt daher auf die Zeit ab 1957.

3 Gerats / Lekschas / Renneberg-*Fritzsche*, Lehrbuch des Strafrechts, Allgemeiner Teil (1957), S. 218/219/220. Es wurde das Strafgesetzbuch in der Fassung vom 15. Mai 1871 zugrunde gelegt, wobei dieses durch nachfolgende Vorschriften an die Strafgesetzgebung in der DDR und deren Rechtsbedürfnisse angepasst wurde. Die Anpassung erfolgte unter anderem durch die Kontrollratsgesetze Nr. 1, 11, 55, die Preisstrafrechtsverordnung in der Fassung vom 26. Oktober 1944 und die Reichsabgabenordnung vom 22. Mai 1931. Nicht mehr angewandt wurden dabei insbesondere die §§ 20a, 42e, 139 Abs. 2, 239a StGB, da diese mit dem Grundgedanken der Rechtsauffassung in der DDR nicht im Einklang standen. Im Ergebnis existierte damit kein einheitliches Strafgesetzbuch, das alle Strafbestimmungen beinhaltet, sondern es wurde viele verschiedene Rechtsquellen herangezogen und neu geschaffen.

Rundverfügung des MdJ der DDR.[4] Darin wurde die Bestrafung des ungesetzlichen Überschreitens proklamiert und die erste Grundlage der Strafbarkeit geschaffen. Zur Anwendung kamen dabei insbesondere folgende rechtliche Grundlagen:

- Paßstrafverordnung vom 27. Mai 1942[5],
- Anordnung über die Ein- und Ausfuhr von Zahlungsmitteln nach der Sowjetischen Besatzungszone Deutschlands und ausländischen Zahlungsmitteln aus und nach den westlichen Besatzungszonen Deutschlands und dem Ausland vom 23. März 1949[6],
- Anordnung über Umtausch und Verrechnung Deutscher Mark gegen Westgeld vom 19. Juni 1950[7],
- Anordnung über die Versandverpflichtung von Waren und die Einführung eines Warenbegleitscheines vom 2. Dezember 1948[8],
- Gesetz zum Schutz des innerdeutschen Handels vom 21. April 1950[9],
- SMAD Befehl Nr. 160 vom 3. Dezember 1945[10] und
- die Preisstrafrechtsverordnung in der Fassung vom 26. Oktober 1944[11].

Sinn und Zweck dieser Rundverfügung war die Sicherung von Waren und Geld, aber auch die Unterbindung der Abwerbung von Arbeitskräften in die westlichen Besatzungszonen und die Vermeidung von Spionage.[12] Der Grenzübertritt als solcher, wie er später in § 213 StGB DDR normiert wurde, war noch nicht strafbar. Ausgangspunkt der Überlegungen der Verfolgbarkeit des Übertritts sowohl der Demarkationslinie als auch der Staatsgrenze war dabei folgender:

> „D[i]e Erfahrungen der letzten Zeit haben bewiesen, daß die Gegner unserer antifaschistisch-demokratischen Ordnung alle Möglichkeiten ausnutzen, um Angriffe gegen den Aufbau unserer Friedenswirtschaft zu richten.“[13]

---

4 Rundverfügung 126/50 vom 26. September 1950. Abgedruckt in: Bundesministerium für gesamtdeutsche Fragen, Unrecht als System, Teil I, Dokument Nr. 268, S. 207/208.

5 RGBl. I 1942, Heft 57, S. 348.

6 ZVBl. I 1949; S. 211.

7 GBl. DDR 1950, S. 599.

8 ZVBl. 1948; S. 560.

9 GBl. DDR 1950, S. 327.

10 Verordnungsblatt für die Provinz Sachsen, Nr. 8 vom 22. Dezember 1945, S. 4.

11 RGBl. I 1944, S. 264.

12 Rundverfügung 126/50 vom 26. September 1950. Abgedruckt in: Bundesministerium für gesamtdeutsche Fragen, Unrecht als System, Teil I, Dokument Nr. 268, S. 208.

13 Rundverfügung 126/50, a.a.O.

Die Rundverfügung unterschied dabei zwischen der Überschreitung der Staatsgrenze und derjenigen der Demarkationslinie, da es sich bei letzterer nur um eine innerdeutsche vorläufige Grenzziehung handelte. Diese Unterscheidung zwischen Demarkationslinie und Staatsgrenze machte sich bemerkbar bei der Anwendung der gesetzlichen Grundlagen.

Die Paßstrafverordnung galt nur für die Überschreitung der Staatsgrenze der DDR und nicht für die Demarkationslinie.

> „1) Es muss Klarheit darüber bestehen, daß die Paßstrafverordnung, und zwar in der Fassung vom 27. Mai 1942 (RGBl. I S. 348) nur in den Fällen zur Anwendung kommen kann, in denen es sich um ein Überschreiten der Staatsgrenzen handelt. Beim Überschreiten der Demarkationslinie scheidet die Anwendung der Paßstrafverordnung aus, da es sich hier nicht um eine Grenze handelt."[14]

§ 1 Abs. 1[15] der Paßstrafverordnung drohte für diese Taten Haft oder Gefängnis, Zuchthaus oder Geldstrafe in unbeschränkter Höhe an. § 5 der Paßstrafverordnung stellte den Versuch unter Strafe. Diese Verordnung wurde durch § 11 Abs. 2 Buchstabe d) Paßgesetz vom 15. September 1954[16] aufgehoben.

Die strafrechtliche Verfolgbarkeit wegen des Überschreitens der Demarkationslinie wurde auf die oben aufgeführten weiteren gesetzlichen Grundlagen gestützt. Vordergründig verfolgt wurde nach der Rundverfügung:

- das Mitführen von Geldbeträgen auf Grundlage der Anordnung über die Ein- und Ausfuhr von Zahlungsmitteln vom 23. März 1949[17] und die Anordnung über Umtausch und Verrechnung Deutscher Mark gegen Westgeld vom 19. Juni 1950[18];
- das Mitführen von Waren anhand der Anordnung über die Versandverpflichtung von Waren vom 2. Dezember 1948[19] sowie
- die Beteiligung von sog. Grenzführern bei Überschreitung der Demarkationslinie auf Basis der Preisstrafrechtsverordnung vom 26. Oktober 1944[20].

---

14 Rundverfügung 126/50, a.a.O.

15 § 1 Abs. 1 Paßstrafverordnung:
„Mit Geldstrafe, Haft oder Gefängnis, in besonders schweren Fällen mit Zuchthaus wird bestraft, wer
1. unbefugt eine Grenze überschreitet, insbesondere ohne die zum Grenzübertritt erforderlichen oder bestimmten Urkunden (Paß, Paßersatz, Sichtvermerk, Durchlaßschein u. dgl.) mit sich zu führen,
2. eine Grenze an anderen Stellen als den zugelassenen Grenzübergängen oder außerhalb der festgesetzten Verkehrsstunden überschreitet, [...]".

16 GBl. DDR I 1954, S. 786.

17 ZVBl. I 1949, S. 211.

18 GBl. DDR 1950, S. 599.

19 ZVBl. 1948, S. 560.

20 RGBl. I 1944, S. 264.

Bezüglich der letzten Gruppe wurde unterstellt, dass diese überhöhte Preise für die Überschreitung der Grenzen verlangen und damit gegen die Preisstrafrechtsverordnung verstoßen würde.[21]

> „Zu bestrafen ist in diesem Falle sowohl der Grenzgänger, wie auch der Grenzführer. Auch nach der Preisstrafrechtsverordnung ist eine Einziehung beispielsweise der benutzten Transportmittel zulässig. Gerade die Anwendung der Preisstrafrechtsverordnung wird übrigens hä[u]fig für illegale Transporte zur See in Betracht kommen und zwar dann, wenn es sich nicht um einen Transport in das Ausland, sondern in die westlichen Besatzungszonen Deutschlands handelt und sonstige Strafvorschriften nicht verletzt sind."[22]

Nach Angaben in der Literatur soll die Preisstrafrechtsverordnung durch die Wirtschaftsstrafverordnung vom 29. Oktober 1953 aufgehoben worden sein.[23] Dies ist jedoch nicht haltbar. Weder aus dem Gesetzblatt von 1953 zur Wirtschaftsstrafverordnung[24] noch aus anderweitigen Quellen ist eine Aufhebung ersichtlich. Vielmehr existieren auch noch nach 1953 Urteile, die aufgrund eines Verstoßes gegen die Preisstrafrechtsverordnung eine Strafbarkeit annehmen.[25]

B) Der SMAD Befehl Nr. 160

Die Feststellung des genauen Wortlauts des SMAD-Befehls Nr. 160 ist problematisch, da der russische Originaltext verschiedene offizielle Übersetzungen erhalten hatte.[26] Für Sachsen lautete diese:

> „3. Dezember 1945 Nr. 160 (Auszug) Berlin
>
> **Betr.: Verantwortung für Sabotage und Attentate**
>
> Zum Zwecke der Verhinderung von verbrecherischen Handlungen einzelner Personen, die auf die Sprengung des wirtschaftlichen Aufbaues, der von den deutschen Selbstverwaltungsorganen geschaffen worden ist, gerichtet sind, BEFEHLE ICH:
>
> 1. Personen, die bei Attentaten, die auf die Sprengung der wirtschaftlichen Maßnahmen der Organe der deutschen Selbstverwaltung oder der deutschen Ver-

21 Zum gesamten Komplex siehe Rundverfügung 126/50 vom 26. September 1950. Abgedruckt in: Bundesministerium für gesamtdeutsche Fragen, Unrecht als System, Teil I, Dokument Nr. 268, S. 208.

22 Rundverfügung 126/50, a.a.O.

23 *Mohr*, Republikflucht, S. 76 ohne weiteren Nachweis.

24 GBl. DDR I 1953, S. 1077.

25 Beispielhaft Kreisgericht Saalfeld/Saale vom 5. Februar 1959 in: Bundesministerium für gesamtdeutsche Fragen, Unrecht als System, Teil IV, Dokument Nr. 240, S. 169.

26 *Schuller*, Geschichte und Struktur der DDR bis 1968, S. 8.

waltungen gerichtet sind, überführt werden, sind mit Gefängnis bis zu 15 Jahren und in besonders schweren Fällen mit dem Tode zu bestrafen;

2. die gleichen Strafen treffen Personen, die an Sabotageakten schuldig sind, die gegen die Arbeit von Unternehmen, auf ihre Beschädigung oder Vernichtung gerichtet sind. [...].“[27]

1950 erfolgte durch das Oberste Gericht eine Feststellung des genauen Wortlautes für das gesamte Regierungsgebiet:

> „Personen, die sich Übergriffe zuschulden kommen lassen, die eine Durchkreuzung der wirtschaftlichen Maßnahmen der deutschen Selbstverwaltungsorgane bezwecken, werden zu Freiheitsstrafe bis zu 15 Jahren und in besonders schweren Fällen zum Tode verurteilt.“[28]

Der SMAD Befehl Nr. 160, welcher ursprünglich nur ein Wirtschaftsstrafgesetz darstellte, entwickelte sich immer mehr zu einem politischen Instrument. Diesem wurde der Schutz des wirtschaftlichen Aufbaus und der Wirtschaftsentwicklung, in Form der Wirtschaftslenkung und -planung, zugeschrieben.[29]

Der Befehl umfasste die zwei Tatbestände der Diversion und Sabotage. Der Begriff der Diversion kommt ursprünglich aus dem militärischen Bereich. Für die Definition der beiden Begriffe wurde Art. 58 UK des Strafgesetzbuches der RSFSR herangezogen.[30] Danach wird die Diversion definiert als die „in gegenrevolutionärer Absicht mittels Sprengung, Brandstiftung oder auf andere Weise begangene Zerstörung oder Beschädigung von Eisenbahnen oder sonstigen Verkehrswegen und -mitteln, von nationalen Nachrichtenmitteln, Wasserleitungen, öffentlichen Depots oder sonstigen zum staatlichen oder öffentlichen Vermögen gehörigen Anlagen“.[31] Sabotage ist danach die „bewußte Nichterfüllung bestimmter Verpflichtungen oder deren vorsätzlich unzulängliche Erfüllung in der speziellen Absicht, die Macht der Regierung und das Funktionieren des Staatsapparates zu beeinträchtigen“.[32]

---

27 Verordnungsblatt für die Provinz Sachsen, Nr. 8 vom 22. Dezember 1945, S. 4.

28 OG, NJ 1950, S. 306 (309).

29 *Heinrich*, NJ 1947, S. 29 (29/30); OLG Gera, NJ 1949, S. 327; OG, NJ 1950, S. 306 (312); *Benjamin*, NJ 1950, S. 145 (145).

30 *Jahn*, StuR 1956, S. 78 (80).

31 Strafgesetzbuch der RSFSR vom 22. November 1926 i.d.F. vom 1. Januar 1952, Art. 58 UK. Abgedruckt in: *Schönke*, Sammlung Außerdeutscher Strafgesetzbücher in deutscher Übersetzung, S. 19/20.

32 Strafgesetzbuch der RSFSR vom 22. November 1926 i.d.F. vom 1. Januar 1952, Art. 58 UK. Abgedruckt in: *Schönke*, Sammlung Außerdeutscher Strafgesetzbücher in deutscher Übersetzung, S. 19/20.

Ein Verbrechen im Sinne dieser Norm lag nach dem Plenum des Obersten Gerichts nur vor, wenn sich der Täter gegen den wirtschaftlichen Aufbau in der DDR wandte, es musste sich mithin um erhebliche Schädigungen handeln.[33] Schädigungen in diesem Sinne waren gegeben, soweit sich die Handlungen „gegen die Grundlagen des wirtschaftlichen Aufbaues in der Deutschen Demokratischen Republik“ richteten.[34] Bereits 1950 erklärte das OG den Befehl Nr. 160 zu einem Unternehmensdelikt.[35] Der Eintritt des Erfolges war damit für die Strafverfolgung wegen eines vollendeten Delikts nicht mehr relevant. Begründet wurde die Einordnung als Unternehmensdelikt damit, dass seitens des Tatbestandes lediglich ein „Bezwecken“ gefordert und kein Erfolgseintritt statuiert wurde.[36]

Die Vorbereitungshandlung zum SMAD-Befehl Nr. 160 blieb zunächst weiter straflos, sodass die strafbare Handlung erst beim Versuch einsetzte.[37] Im Laufe des Jahres 1951 änderte sich diese Auffassung, indem bei Unternehmensdelikten auch die Vorbereitungshandlung in die Strafbarkeit einbezogen werden sollte.[38] Begründet wurde diese Ansicht mit der besonderen Gefährlichkeit des Delikts für die „antifaschistisch-demokratische Ordnung“. Jeder Angriff auf diese sollte von Anbeginn strafrechtlich verfolgbar sein.[39] Das OG, 3. Strafsenat, trat dieser Auffassung jedoch entgegen und machte die Strafbarkeit vom Eintritt eines schädigenden Ereignisses abhängig.[40] Durch die Kassationsentscheidung des OG, Plenarentscheidung vom 27. Februar 1953[41], wurde das Urteil des 3. Senats aufgehoben. Die Begründung lautete:

> „[...] verändert der 3. Strafsenat den Charakter des Verbrechens der Sabotage dahin, daß er es aus einem Begehungsdelikt zu einem Erfolgsdelikt macht. Damit

---

33 *Ristow*, NJ 1947, S. 125 (126).

34 OG, NJ 1954, S. 140 (141).

35 Ein Unternehmensdelikt ist dabei jeder Straftatbestand, bei dem die Versuchsstrafbarkeit der Vollendung als gleichwertig angeordnet wird. Siehe auch OG, NJ 1950, S. 306 (312).

36 OG, NJ 1950, S. 306 (312).

37 OG, NJ 1950, a.a.O.; *Benjamin*, NJ 1951, S. 150 (155). Insoweit wurde immer unmittelbar auf die Sabotagehandlung abgestellt, auf Vorbereitungsmaßnahmen wurde nicht Bezug genommen. Dies folgt auch daraus, dass unter dem Begriff Unternehmen nach § 87 StGB 1871 nur Vollendung und Versuch zu verstehen waren. Diese Begriffsbestimmung hatten sich die Gerichte der DDR zu Grunde gelegt.

38 OLG Potsdam, NJ 1951, S. 526; *Benjamin*, NJ 1951, S. 430. Erste Ansatzpunkte für die Einbeziehung von Vorbereitungshandlungen bei Unternehmensdelikten erfolgte durch das Kammergericht im Urteil vom 11. Juli 1951 in NJ 1951, S. 428 (429).

39 Zum Gesamten *Benjamin*, NJ 1951, S. 430.

40 Ausführungen in OG, Plenarentscheidung, NJ 1953, S. 215 zum Urteil des 3. Strafsenates.

41 OG, Plenarentscheidung, NJ 1953, S. 215 (215/216).

> wird aber der Tatbestand des Verbrechens der Sabotage in einer Weise eingeengt, die im Widerspruch mit der Aufgabe gerade dieses Gesetzes steht, eines der gefährlichsten Verbrechen gegen unseren Staat und unsere Ordnung zu bekämpfen. Die Gefährlichkeit [...] besteht gerade darin, daß das Verbrechen, [...], in aller Heimlichkeit und Stille ausgeführt wird, ohne daß es sofort nach außen für jedermann erkennbar durch seinen Erfolg in Erscheinung tritt [...].“[42]

Ausreichend für die Erfüllung des Tatbestandes war somit die Eignung der Tätigkeit zum Durchkreuzen der Maßnahmen staatlicher Organe.[43]

Subjektiv war Vorsatz ausreichend, eine darüber hinausgehende Absicht wurde nicht gefordert.[44] Das OG führte insoweit aus:

> „Zur Erfüllung des subjektiven Tatbestandes genügt es, daß der Täter, sei es auch aus rein persönlichen Gründen, eine objektiv wirtschaftsgefährdende Handlung begeht und hierbei die erkannte Gefährdung des Wirtschaftslebens in Kauf nimmt; [...]; keineswegs kommt einem Moment der Böswilligkeit eine Bedeutung für die Feststellung des subjektiven Tatbestandes der Sabotage zu.“[45]

Das angesprochene Merkmal der Böswilligkeit bezieht sich dabei, nach Auslegung des OG, nicht auf einen besonderen vom Täter gewollten Zweck, sondern soll „die Gesinnung, aus der heraus die Tat geschehen ist“, beschreiben.[46] Darunter fiel insbesondere die feindselige Haltung gegenüber der DDR.[47] Diese Klarstellung war insoweit wichtig, da einige Übersetzungen des SMAD-Befehls Nr. 160 ein „Bezwecken“ normierten und es hier seitens einiger Gerichte zur Annahme kam, dass der Tatbestand in subjektiver Hinsicht einen besonderen Zweck bezüglich der vorgenommenen Handlungen seitens des Täters vorschreibt.[48]

Trotz der Vorgaben des OG erging zumindest vom Kreisgericht Halle-Saalkreis eine Entscheidung auf Grundlage des SMAD-Befehls Nr. 160 bezüglich der sog. Republikflucht. Das Gericht führte dabei aus:

> „Wer seinen Hof in der Absicht verläßt, die DDR in ungesetzlicher Weise zu verlassen, der durchkreuzt die Bestrebungen unserer Regierung, die darauf gerichtet sind, die Versorgung der Bevölkerung ständig zu verbessern [...].“[49]

---

42 OG, Plenarentscheidung, NJ 1953, S. 215 (215/216).

43 OGSt 2, 45 (101).

44 OG, NJ 1950, S. 306 (312); OLG Potsdam, NJ 1952, S. 43 (44); OG, NJ 1952, S. 79 (80).

45 OGSt 2, 45.

46 OG, NJ 1950, S. 306 (312).

47 OG, NJ 1950, S. 306 (312).

48 OG, NJ 1950, S. 306 (312).

49 Entnommen aus: *Mohr*, Republikflucht, S. 13. Urteil vom 20. Mai 1953, (8) Ds 145/53, nicht veröffentlicht.

In der Theorie wurde der SMAD Befehl Nr. 160 durch die Rundverfügung des MdJ als Grundlage für die Verfolgung sog. Republikflüchtiger angesehen. Die praktische Relevanz war allerdings gering, wie auch das zitierte Urteil des Kreisgerichts Halle-Saalkreis zeigt. Praktische Relevanz wiesen insoweit nur solche Verhaltensweisen von Bürgern auf, welche z.B. ohne Genehmigung Waren in die BRD veräußerten, ohne selbst die DDR verlassen zu wollen.

Eine Teilnahme an dem Delikt des SMAD-Befehls Nr. 160 war nicht möglich. Diese war schon begrifflich ausgeschlossen, da jede Handlung gegen den wirtschaftlichen Aufbau des Staates bereits dem Tatbestand unterfiel.[50]

Der Befehl verlor 1955 seine Gültigkeit mit Beschluss des sowjetischen Ministerrates zur Aufhebung aller Normen des Kontrollrates.[51]

C) Personalausweisverordnungen

Weiterhin relevant wurde ab 1951 die „Verordnung über die Rückgabe deutscher Personalausweise bei Übersiedlung nach Westdeutschland oder Westberlin“[52]. Diese wurde bereits 1953 durch die „Verordnung über die Ausgabe von Personalausweisen in der Deutschen Demokratischen Republik“[53] aufgehoben. Gleichzeitig mit der Aufhebung erfolgte eine Strafschärfung. Diese wurde durch die Personalausweisordnung vom 23. September 1963 fortgeführt, welche zugleich die Verordnung von 1953 aufhob.[54]

Nach der Verordnung von 1951 musste jeder Bürger der DDR seinen Personalausweis an die Volkspolizei zurückgeben, wenn er in Westdeutschland, mithin auch Westberlin, wohnhaft werden wollte.[55] Nach § 2 der Verordnung 1951 belief sich die Strafe für die Nichtrückgabe von Personalausweisen auf Gefängnis bis zu drei Monaten *und* Geldstrafe oder auf eine dieser beiden Strafen.

Ab 1953 war die Strafbarkeit folgendermaßen in § 10[56] normiert:

---

50 *Benjamin*, NJ 1951, S. 150 (155); OGSt 2, 45 (100/101).

51 *O.V.*, Neues Deutschland vom 20. September 1955, S. 1.

52 GBl. DDR I 1951, S. 53.

53 GBl. DDR I 1953, S. 1090, 1091, § 14 Abs. 2.

54 GBl. DDR II 1963, S. 700, 702, § 16 Abs. 2 Buchstabe a).

55 § 1 Abs. 1 der Verordnung über die Rückgabe Deutscher Personalausweise bei Übersiedlung nach Westdeutschland oder Westberlin, GBl. DDR I 1951, S. 53.

56 GBl. DDR I 1953, S. 1090 (1091), § 10.

„(1) Mit Gefängnis bis zu drei Jahren und Geldstrafe oder mit einer dieser Strafen wird bestraft, soweit nicht nach anderen Bestimmungen eine höhere Strafe verwirkt ist, wer vorsätzlich

a) einen Personalausweis unter falschen Angaben beantragt oder entgegen den Bestimmungen des § 2 Abs. 2 den Personalausweis nicht abgibt;

b) einen gefundenen Personalausweis nicht bei der nächsten Volkspolizeidienststelle abgibt;

c) Personen beherbergt oder in ein Arbeitsverhältnis annimmt, die keinen Personalausweis oder keine anderen gültigen Ausweispapiere besitzen.

(2) Werden die in Buchstaben a bis c bezeichneten Handlungen fahrlässig begangen, so werden sie mit Geldstrafe bis zu 150 DM und Haft oder mit einer dieser Strafen bestraft."

Es erfolgte damit zum einen eine Strafverschärfung auf der Rechtsfolgenseite, mithin im Bereich der Freiheitsstrafe, von drei Monaten auf drei Jahre. Zum anderen wurde nicht nur der illegale Grenzübertritt bestraft, folglich die Überschreitung der Grenze zur BRD, sondern bereits Handlungen im Vorfeld, die für eine erfolgreiche Überschreitung der Grenze notwendig werden konnten.

1963 erfolgte in § 13 der Verordnung[57] eine Strafschärfung dergestalt, dass zu den bereits möglichen Strafen nunmehr die Verhängung eines öffentlichen Tadels hinzutrat und auch der Versuch ausdrücklich unter Strafe gestellt wurde. Weiterhin wurden die strafbaren Verhaltensweisen erweitert, sodass ab 1963 auch strafbar war, wer:

„(1) [...]

a) seinen Personalausweis anderen Personen zum Mißbrauch überläßt, einen Personalausweis unberechtigt besitzt oder verwendet oder unter falschen Angaben beantragt,

b) mehr als einen für seine Person ausgestellten Personalausweis besitzt,

c) als Bürger der Deutschen Demokratischen Republik Personaldokumente Westdeutschlands oder Westberlins besitzt oder den Besitz ausländischer Personaldokumente nicht meldet,

d) seinen Personalausweis vor dem ständigen oder zeitweiligen Verlassen der Deutschen Demokratischen Republik nicht abgibt,

e) Personen beherbergt oder mit ihnen ein Arbeitsverhältnis eingeht, die keinen gültigen Personalausweis oder andere Dokumente besitzen, die zum Aufenthalt in der Deutschen Demokratischen Republik berechtigen. [...]."

Der Personalausweis war auch in der DDR ein wichtiges Identifikationsinstrument. Dies folgt daraus, dass er immer mitzuführen war, um eine Fest-

57 GBl. DDR II 1963, S. 700 (701).

stellung der Personen ohne Weiteres zu ermöglichen.[58] Jede Art von Missbrauch sollte durch die Schaffung jenes Straftatbestandes verhindert werden. Mit diesem Ziel ging zugleich die Unterbindung und Kontrolle der illegalen Abwanderung einher, die seit Schaffung der vier Besatzungszonen nach 1945 erfolgte.

Eine ähnlich lautende Strafnorm existierte auch in der BRD in § 3 des Gesetzes über Personalausweise vom 19. Dezember 1950[59]. Ebenso in der BRD war die Mitführung des Personalausweises als Identifikationsdokument eine staatsbürgerliche Pflicht. Die Strafe betrug Geldstrafe bis zu 150 DM, ab 1971 dann 500 DM, oder Haft bis zu sechs Wochen. 1974 wurde diese Strafvorschrift in der BRD zu einer Bußgeldvorschrift, ab 1980 bezeichnet als Ordnungswidrigkeit, herabgestuft[60], die mit einer Geldbuße geahndet werden konnte. Eine Sanktionierung lag damit ab 1974 für den untersuchungsrelevanten Zeitraum bis 1990 im Ermessen der zuständigen Behörde.

Ersichtlich ist damit im deutschen Vergleich, dass es auf dem Gebiet der DDR zu einer Strafschärfung kam und auf dem Territorium der BRD zu einer Abmilderung hin zu einer Ordnungswidrigkeit. Der internationale Druck auf die DDR als eigenständiger deutscher Staat anerkannt zu werden, zeigte sich auch im weiteren geschichtlichen Verlauf in der Vornahme von Strafschärfungen.

D) Art. 6 Abs. 2 der Verfassung der DDR 1949

Das wichtigste Instrumentarium im Bereich „Republikflucht" bildete jedoch Artikel 6 Abs. 2 der Verfassung der DDR 1949[61]. Dieser lautete:

> „(2) Boykotthetze gegen demokratische Einrichtungen und Organisationen, Mordhetze gegen demokratische Politiker, Bekundung von Glaubens-, Rassen-, Völkerhaß, militaristische Propaganda sowie Kriegshetze und alle sonstigen Handlungen, die sich gegen die Gleichberechtigung richten, sind Verbrechen im Sinne des Strafgesetzbuches. Ausübung demokratischer Rechte im Sinne der Verfassung ist keine Boykotthetze."

I. Verfassungsrecht als Strafnorm

Überraschend ist dabei, dass es sich um eine Strafnorm in Gestalt von Verfassungsrecht handelte, was aus heutiger Sicht schwerlich nachvollziehbar ist.

58 § 1 Abs. 1 S. 2 Verordnung 1953; § 9 Abs. 1 Verordnung 1963.

59 BGBl. I 1950, S. 807.

60 BGBl. I 1974, S. 469 (548); BGBl. I 1980, S. 270 (271).

61 GBl. DDR I 1949, S. 5 (6).

Dies resultiert insbesondere daraus, dass nach heutigem Verständnis Verfassungsrecht die Grundlagen für die Gesellschaft aufstellt, indem dort gerade nur prägende Wertvorstellungen neben der Organisation und des Aufbaus des Staates statuiert sind. Erst durch nachgeordnete Normen wird dann das Verfassungsrecht ausgestaltet. Die Schaffung von Verfassungen diente jedoch gerade dazu, die Grundlagen menschlichen Zusammenlebens zu normieren. Umfasst sind damit auch diejenigen Prinzipien, die von den Verfassungsvätern als besonders werthaltig und unangreifbar angesehen wurden, wie z.B. Strafnormen mit Verbrechenscharakter, vorliegend Art. 6 Abs. 2. Dies galt nicht nur in der DDR, sondern auch in der BRD, denn auch hier war in der Verfassung bis zum 30. August 1951 in Art. 143 eine Strafvorschrift wegen Hochverrats statuiert.[62] Art. 143 Abs. 5 GG normierte im Gegensatz zu Art. 6 der Verfassung der DDR 1949 zugleich die Zuständigkeit des jeweiligen Gerichts für die Strafverfolgung. Art. 143 GG wurde danach in das StGB 1951 übernommen.[63]

II. Der Tatbestand des Art. 6 Abs. 2 Verfassung der DDR 1949

Der Tatbestand umfasst zum einen die Boykotthetze, Mordhetze, Bekundung von Glaubens-, Rassen- und Völkerhaß, militaristische Propaganda sowie Kriegshetze. Er ist den Verbrechen zugeordnet, da der Begehung der aufgeführten Verhaltensweise eine besondere Gefährlichkeit zugesprochen wurde.[64]

Für die Verfolgung der „Republikflucht“ waren die Boykott- und Kriegshetze relevant, da die Rechtsprechung in Bezug auf den ungesetzlichen Grenzübertritt hierauf den Schwerpunkt legte. Aufgrund dieser Handlungen wurde der

---

62 BGBl. I 1949, S. 18, Artikel 143:

„(1) Wer mit Gewalt oder durch Drohung mit Gewalt die verfassungsmäßige Ordnung des Bundes oder eines Landes ändert, den Bundespräsidenten der ihm nach diesem Grundgesetze zustehenden Befugnisse beraubt oder mit Gewalt oder durch gefährliche Drohung nötigt oder hindert, sie überhaupt in einem bestimmten Sinne auszuüben, oder ein zum Bunde oder einem Lande gehöriges Gebiet losreißt, wird mit lebenslangem Zuchthaus oder Zuchthaus nicht unter zehn Jahren bestraft.

(2) Wer zu einer Handlung im Sinne des Absatzes 1 öffentlich auffordert oder sie mit einem anderen verabredet oder in anderer Weise vorbereitet, wird mit Zuchthaus bis zu zehn Jahren bestraft. [...]

(5) Für die Aburteilung ist, sofern die Handlung sich ausschließlich gegen die verfassungsmäßige Ordnung eines Landes richtet, mangels anderweitiger landesrechtlicher Regelung das für Strafsachen zuständige oberste Gericht des Landes zuständig. Im übrigen ist das Oberlandesgericht zuständig, in dessen Bezirk die erste Bundesregierung ihren Sitz hat [...]“.

63 BGBl. I 1951, S. 739, § 80 ff.

64 Beispielhaft: OG, NJ 1952, S. 369; OG, NJ 1952, S. 614 (615); OG, NJ 1952, S. 320 (321).

Bestand des Staates und seiner Einrichtungen als gefährdet betrachtet.[65] Daher werden im Weiteren nur diese zwei Begehungsformen dargestellt.

1. Boykotthetze

Boykotthetze wurde seitens der Gerichte mit den Worten „agitieren", „beschimpfen", „verleumderisch", „diskreditieren" aber auch „gemeine Schmähworte" gleichgesetzt.[66] Mithin war jegliches Verhalten aufgrund mündlicher oder schriftlicher Äußerung umfasst, welches sich kritisch mit dem sozialistischen System auseinandersetzte. Beachtenswert ist, dass gemäß Art. 6 Abs. 2 S. 2 der Verfassung DDR 1949 die Ausübung demokratischer Rechte im Sinne der Verfassung nicht umfasst sein sollte. Reibungspunkte bestanden daher insbesondere mit dem Grundrecht auf Meinungsfreiheit, Art. 9 der Verfassung der DDR 1949. Die Berufung auf dieses Recht wurde jedoch versagt, da sich die Angeklagten durch die Taten außerhalb des Schutzes des Grundrechts begeben hätten.[67]

Trotz der vorgenannten Rechtsprechung handelt es sich bezüglich der „Boykott-", aber auch der nachfolgend noch aufzuzeigenden „Kriegshetze", um unbestimmte Rechtsbegriffe, die zum damaligen Zeitpunkt noch keine einheitliche Definition erfahren hatten.[68] Beispielhaft ist folgende Definition zu nennen:

> „Zusammenfassend ist festzustellen, daß die Boykotthetze als eine der Begehungsformen des Angriffs auf unseren Staat und seine Grundlagen durch die Methoden der staatsfeindlichen politischen Agitation in Wort und Schrift sowie durch Gewalttaten gegenüber demokratischen Einrichtungen und Organisationen und deren Angehörigen verwirklicht werden kann." [69]

---

65 *Kleine / Krutzsch*, NJ 1954, S. 71 (73).

66 OG, NJ 1950, S. 452 (455); LG Eberswalde vom 23. Februar 1951, Az: 2 St.Ks 23/50 zit. nach: Bundesministerium für gesamtdeutsche Fragen, Unrecht als System, Teil I, Dokument Nr. 10, S. 14 (15); BG Leipzig vom 17. April 1953, Az: 1a Ks 111/53 zit. nach: Bundesministerium für gesamtdeutsche Fragen, Unrecht als System, Teil II, Dokument Nr. 157, S. 134 (135); LG Brandenburg/Havel vom 12. Juli 1951, Az: St.Ks. 65/51 zit. nach: Bundesministerium für gesamtdeutsche Fragen, Unrecht als System, Teil I, Dokument Nr. 21, S. 28 (29); LG Potsdam vom 23. November 1950, Az. 7 St.Ks. 28/50 zit. nach: Bundesministerium für gesamtdeutsche Fragen, Unrecht als System, Teil I, Dokument Nr. 22, S. 30 (31).

67 OG, NJ 1950, S. 452 (454/455).

68 Zit. nach *Mohr*, Republikflucht, S. 20.

69 *Kleine / Krutzsch*, NJ 1954, S. 71 (73).

Auch Melsheimer sprach sich dafür aus, die in Art. 6 Abs. 2 der Verfassung 1949 enthaltenen Tatbestände gesetzgeberisch zu konkretisieren.[70] Dies gerade auch im Interesse der Rechtssicherheit.

Einheitlich war jedoch die Auffassung, dass es sich bei der Boykotthetze um Angriffe in Wort und Schrift gegen die DDR und ihre Einrichtungen handelte. Darunter konnten dann ohne Weiteres die Aussagen der Flüchtigen vor den Dienststellen zur Aufnahme in der BRD gefasst werden, denn gerade dadurch wurde der BRD Einblick in das Leben in der DDR gegeben. Die Gerichte der DDR machten deutlich, dass durch die Flucht der Eindruck erweckt werde, dass die Gesellschaftsverhältnisse in der DDR als untragbar empfunden würden. Es komme damit zu einer Kundgabe der Missachtung, was seitens der DDR nicht hinnehmbar sei. Diese Kundgabe der Missachtung unterstellten die Gerichte der DDR dem Aussagenden in jedem Fall, unabhängig von seiner tatsächlichen Schilderung. Anknüpfungspunkt für eine Strafbarkeit war damit insbesondere eine unterstellte Folgehandlung. Das Urteil des Bezirksgerichts Karl-Marx-Stadt, heute Chemnitz, veranschaulicht diese Auslegung des Verhaltens der Flüchtigen:

> „Die westdeutschen Monopolisten und aggressiven Kräfte [...] wollen [...] den Eindruck hervorrufen, als ob die von ihnen abgeworbenen Personen mit den Verhältnissen in der Deutschen Demokratischen Republik nicht einverstanden seien und deshalb unsere Republik verlassen."[71]

Darüber hinaus ist aus diesem Urteil jedoch auch erkennbar, dass der Staat sich insbesondere gegen die Boykottierung von außen wenden will. Der Tatbestand der Boykotthetze wurde weit verstanden, um alle Angriffe auf den Staat, von außen und von innen, erfassen zu können. Täter war demnach auch derjenige, der nur Auskünfte erteilte, obwohl der Boykott von anderer Stelle erwartet wurde.

Der Tatbestand der Boykotthetze wurde ab 1955 auch auf die sog. Abwerbung ausgeweitet. Unter Abwerbung wurde die Einflussnahme auf eine andere Person verstanden, um in dieser den Entschluss zum Verlassen der DDR zu wecken oder den bereits bestehenden Entschluss zu bestärken.[72] Die Pönalisierung dieser Handlungen sollte dem Schutz folgender Rechtsgüter dienen: dem Weltfrieden, dem notwendigen gesamtdeutschen Gespräch, dem beschleunigten wirtschaftlichen Aufbau, der Wirtschaft im Allgemeinen, der

70 *Melsheimer*, NJ 1958, S. 41 (47).

71 BG Karl-Marx-Stadt, NJ 1956, S. 25 (26).

72 *Schuller*, Geschichte und Struktur der DDR bis 1968, S. 116.

Staats- und Gesellschaftsordnung und den Produktivkräften der DDR.[73] Die Abwerbung selbst musste sich auf das illegale Verlassen des Gebietes der DDR beziehen.[74]

In einem Fall wurde zugleich auch die Vorbereitungshandlung mit der vollendeten Boykotthetze gleichgestellt und der Angeklagte zu einem Jahr Zuchthaus verurteilt.[75] Dem Fall lag der Sachverhalt zugrunde, dass der Angeklagte im Besitz seines Wismut-Ausweises den Zug nach Westberlin bestieg, um nach Westdeutschland überzusiedeln. Die Mitnahme dieses Ausweises wurde dem Angeklagten als Vorbereitungshandlung zum Verbrechen der Boykotthetze gewertet und nach Art. 6 der Verfassung der DDR 1949 bestraft. Unterstellt wurde dabei, dass der Ausweis zu Spionagezwecken gegen die DDR eingesetzt werden sollte.[76] Das Gericht berief sich hierbei auf die Rechtsprechung des OG in der DDR.[77] Propagiert wurde, dass die Dienststellen in der BRD zur Erfassung von Flüchtigen aus der DDR als sogenannte „Agentenstellen" fungierten, welche DDR-Bürger abwarben und Informationen über die DDR durch diese sammelten.[78]

2. Kriegshetze

Der Begriff der Kriegshetze i.S.d. Art. 6 Abs. 2 Verfassung DDR 1949 wurde vom OG als die Sammlung von besonders interessierenden Nachrichten aus dem politischen, gesellschaftlichen und wirtschaftlichen Leben in der DDR und ihrer Weitergabe als wichtiges Informationsmaterial für die Kriegsvorbereitung des Imperialismus definiert.[79] Der Kriegsvorbereitung immanent sei die „Propagierung und Stärkung des Militarismus"[80]. Umfasst waren damit,

---

73 *Ziegler*, NJ 1955, S. 677 (678); BG Suhl, NJ 1956, S. 479 (480); *Benjamin*, NJ 1956, S. 97 (99).

74 BG Karl-Marx-Stadt, NJ 1956, S. 25 (26); *Benjamin*, NJ 1956, S. 97 (99); *Kühlig*, NJ 1956, S. 428 (431).

75 Urteil des BG Chemnitz vom 3. März 1953. Abgedruckt in: Bundesministerium für gesamtdeutsche Fragen, Unrecht als System, Teil II, Dokument Nr. 163, S. 139.

76 Urteil des BG Chemnitz, a.a.O., S. 139/140.

77 Urteil des BG Chemnitz a.a.O., S. 140 im Bezug auf die Rechtsprechung des OG in NJ 1952, 276 (277).

78 Urteil des BG Chemnitz a.a.O., S. 140.

79 OGSt 1, 37 (68). Im Ergebnis geht es um die Offenbarung, d.h. mündlich oder schriftlich, von Staatsgeheimnissen. Allgemein bekannte Tatsachen, die Jedermann jederzeit offen stehen, fallen nicht darunter. *Kühlig*, NJ 1956, S. 428 (429).

80 OG, NJ 1952, S. 614 (615).

entgegen dem ursprünglichen Sinngehalt[81], auch Spionage[82] und Diversion[83]. Die Definition des OG wurde extensiv ausgelegt, insbesondere wurde der Begriff der besonders interessierenden Nachrichten weit ausgedehnt, sodass auch allgemein bekannte Daten darunter subsumiert wurden. Dies geht beispielsweise aus einem Urteil des Oberlandesgerichts Halle hervor, welches den Aufbau der Volkspolizei als besonders wichtige Nachricht ansah, obwohl die Behördenstruktur in der DDR in anderen Staaten bekannt war.[84] Anzumerken ist jedoch, dass nicht alle Gerichte dieser extensiven Rechtsprechung folgten, sondern die Normen auf den Einzelfall in exakter juristischer Auslegung anwandten. Dabei wurde bei zu extensiver Anwendung ein Verstoß gegen das Analogieverbot, welches auch im DDR-Strafrecht galt, gesehen und so eine Ausuferung vermieden:

> „Der Gesetzgeber will mit dem Artikel 6 der Verfassung alle diejenigen Täter eines Verbrechens bestrafen, die als gewissenlose Elemente zum Kriege hetzen oder den Krieg vorbereiten helfen. Ein Täter kann nur dann verurteilt werden, wenn er die Tatbestandsmerkmale des Gesetzes verwirklicht hat. Das, was der Angeklagte gemacht hat, ist keine Kriegshetze. Daß die englischen Kriegstreiber die durch ihren Geheimdienst gemachten Erfahrungen über die Einsatzstärke unserer Volkspolizei vielleicht in einem Kriege auswerten, kann dem Angeklagten nicht zur Last gelegt werden. Die Kammer glaubt, daß die Anwendung des Artikels 6 auf diesen konkreten Fall eine zu gewagte extensive Auslegung sei, die an Analogie grenzen würde."[85]

3. Weitere Begehungsformen

Nach dem Außerkrafttreten des SMAD-Befehls Nr. 160 wurden die dort geregelten strafbaren Handlungsweisen der Diversion und Sabotage nunmehr mithilfe des Art. 6 Abs. 2 der Verfassung DDR 1949 verfolgt.[86] Sabotage ist dabei jede

---

81 Der Kriegshetze unterfallen Äußerungen, die auf einen real bevorstehenden Krieg hinwirken bzw. Kriegszustände bewusst idealisieren. Dazu auch *Schuller*, Geschichte und Struktur der DDR bis 1968, S. 43/44.

82 Spionage stellt den Hauptanwendungsfall der Kriegshetze dar. Unter Spionage wird die „Erkundung und Erforschung der politischen, wirtschaftlichen und kulturellen Verhältnisse in der Deutschen Demokratischen Republik" verstanden, wobei diese dazu bestimmt ist, an der Kriegsvorbereitung mitzuwirken. *Kühlig*, NJ 1956, S. 428 (429).

83 *Kleine / Krutzsch*, NJ 1954, S. 71 (73). Diversion wurde im Rahmen von Art. 6 Abs. 2 der Verfassung DDR 1949 wie folgt definiert:

„Im Unterschied zum Sabotageakt, der auf die kontinuierliche Unterbrechung und Hemmung eines bestimmten Geschehnisablaufs, also auf S t ö r u n g abzielt, ist der Diversionsakt die einmalige, auf die Z e r s t ö r u n g des angegriffenen Gegenstandes gerichtete gewaltsame Handlung [...]." OG, NJ 1952, S. 320 (321).

84 OLG Halle, NJ 1952, S. 419 (420).

85 LG Halle Auszug abgedruckt in: OLG Halle, NJ 1952, S. 419. Das Urteil des LG Halle wurde insoweit durch das OLG Halle aufgehoben.

86 *Melsheimer*, NJ 1958, S. 41 (47).

Handlung, die sich über einen längeren Zeitraum erstreckt und auf dauernde Störung gerichtet ist.[87] Typische Fallgruppen waren dabei das Vorgehen der Bauernschaft bei dem Versuch, der Kollektivierung in LPG-Betrieben entgegenzuwirken.[88]

Die in den folgenden Jahren immer mehr voranschreitende Ausuferung des Tatbestandes der Kriegs- und Boykotthetze lag aber auch darin begründet, dass dieser als Unternehmensdelikt angesehen wurde. Schon eine frühzeitige Verleitung zum Verlassen der Republik wurde als gesellschaftsgefährlich und politisch verwerflich betrachtet.[89]

Subjektiv war für Art. 6 Abs. 2 der Verfassung DDR 1949 bedingter Vorsatz ausreichend.[90]

III. Rechtsfolgenseite

Art. 6 Abs. 2 Verfassung DDR 1949 lässt die Bestimmung einer Rechtsfolge, mithin einer Strafe vermissen. Dies erstaunt umso mehr, da in Art. 135 Abs. 1 Verfassung DDR 1949 der Grundsatz „nulla poena sine lege“ ausdrücklich festgehalten ist. Auch § 2 Abs. 1 StGB, welcher zu diesem Zeitpunkt noch aus dem Jahre 1871 galt, statuierte: „Eine Handlung kann nur dann mit einer Strafe belegt werden, wenn diese Strafe gesetzlich bestimmt war, bevor die Handlung begangen wurde“. Erklärt wurde dieses Fehlen der Rechtsfolge damit, dass durch das Strafgesetzbuch für die in Art. 6 Verfassung DDR 1949 genannten Verbrechen ein Strafrahmen festgesetzt worden war. Im Ergebnis wurde Art. 6 Verfassung DDR 1949 damit nicht isoliert angewandt, sondern über Art. 144 Abs. 1 S. 1 Verfassung DDR 1949 i.V.m. § 1 Abs. 1 StGB 1871, aus der sich der entsprechende Strafrahmen ergab.[91] Das Oberste Gericht argumentierte bezüglich Art. 6 Abs. 2 Verfassung DDR 1949 wie folgt:

> „Artikel 6 Abs. 2 ist ein unmittelbar anzuwendendes Strafgesetz. Er enthält selbst zwar keine Strafdrohung, spricht jedoch aus, daß die in ihm genannten Handlungen

---

87 *Jahn*, StuR 1956, S. 78 (88/89).

88 Dazu beispielhaft: BG Cottbus, NJ 1955, S. 416; OG, NJ 1954, S. 118 f; BG Halle, NJ 1957, S. 410 f.

89 *Kühlig*, NJ 1956, S. 428 (433).

90 Beispielhaft BG Karl-Marx-Stadt, NJ 1956, S. 25 (26); Kühlig, NJ 1956, S. 428 (433).

91 Art. 144 Abs. 1 S. 1 Verfassung 1949 lautete:

„Alle Bestimmungen dieser Verfassung sind unmittelbar geltendes Recht.“

§ 1 Abs. 1 StGB 1871 lautete:

„Eine mit dem Tode, mit Zuchthaus, oder mit Festungshaft von mehr als fünf Jahren bedrohte Handlung ist ein Verbrechen“.

Verbrechen im Sinne des Strafgesetzbuches sind. Die Verfassung der Deutschen Demokratischen Republik bringt im allgemeinen – und im besonderen in ihrem Art. 144 – zum Ausdruck, daß alle ihre Bestimmungen geltendes Recht sind. Es würde deshalb in Widerspruch zu diesem entscheidenden Grundsatz unserer Verfassung stehen, wenn gerade dem Art. 6 als einem der wichtigsten Schutzgesetze unserer Ordnung unmittelbare Wirkung versagt würde.

Die in ihm selbst nicht enthaltenen Strafbestimmungen sind daher dem allgemeinen Strafgesetzbuch zu entnehmen. Dieses droht für Verbrechen als Strafe an: Todesstrafe, lebenslängliche Zuchthausstrafe und zeitige Zuchthausstrafe. Alle diese Strafen finden für Verstöße gegen den Art. 6 der Verfassung je nach der Schwere der Tat Anwendung. [...].“[92]

Bezüglich dieser Argumentation ist zum einen darauf hinzuweisen, dass das System von Rechtsfolgenverweisungen auch im heutigen Strafrechtsverständnis Anwendung findet. Es wird durch Art. 6 Abs. 2 der Verfassung 1949 ausdrücklich auf das Strafgesetzbuch verwiesen und damit auf seine entsprechende Anwendung der Rechtsfolgen für Verbrechen. Allerdings ist zum anderen zu berücksichtigen, dass bei der Verwendung von Rechtsfolgenverweisungen immer auf konkrete Rechtsnormen hingewiesen wird und nicht allgemein auf ein gesamtes Gesetz. Dies ergibt sich beispielhaft auch aus § 26 StGB, der bezüglich der Bestrafung des Anstifters auf die Bestrafung des Haupttäters verweist. Auch hier kommt es nicht zu einer uferlosen Verweisung, sondern auf einen genau bestimmbaren Tatbestand und seine Folgen. Auch ist die Verweisung auf § 1 Abs. 1 StGB 1871, wie es das OG erläutert, nicht ohne Weiteres ersichtlich, da diese Norm nur anhand der in den jeweiligen Tatbeständen getroffenen Strafandrohung den Verbrechenscharakter festlegt und nicht allgemeingültig sagt: „Verbrechen werden mit Todesstrafe, lebenslänglicher Zuchthausstrafe und zeitiger Zuchthausstrafe bestraft.“ Die Verweisung auf das Strafgesetzbuch in Art. 6 Abs. 2 Verfassung DDR 1949 ist folglich zu weitgehend und entspricht nicht mehr dem heutigen Verständnis des Bestimmtheitsgebotes.

IV. Würdigung

Die vorangegangene beispielhafte Darstellung zeigt, dass zunächst nicht das Überschreiten der Grenze als solches eine Strafbarkeit auslöste, sondern die daraus unterstellten Folgehandlungen, wie z.B. die Auskunftserteilung gegenüber Behörden der BRD. Die Weiterentwicklung zu einem eigenen Tatbestand, der das Überschreiten der Grenze an sich normierte, erfolgte in den weiteren Jahren. Dies aber gerade im Hinblick darauf, um dem weiteren Verhalten

92 OG, NJ 1950, S. 452 (454).

vorzubeugen und die Abwanderungsbewegung zu kontrollieren. Zum anderen bot eine Strafbarkeit die Grundlage für die Einziehung der in der DDR hinterlassenen Vermögenswerte, die dann dem Staat zufließen konnten. Die Einziehung der Vermögenswerte erfolgte nach der Kontrollratsdirektive Nr. 38, die mit Art. 6 Abs. 2 Verfassung DDR 1949 tateinheitlich angewandt wurde.[93] Die Verwirklichung der Begehungsform der „Kriegshetze" wurde dabei immer zugleich als militaristische Propaganda i.S.d. Kontrollratsdirektive Nr. 38 verstanden.[94]

93 *Schuller*, Geschichte und Struktur der DDR bis 1968, S. 73.

94 OG, NJ 1952, S. 614 (615); OG, NJ 1953, S. 82 (83).

Fünftes Kapitel: Das Paßgesetz von 1957

„Die Änderung des Paßgesetzes machte sich notwendig, weil zwei deutsche Staaten auf dem Territorium Deutschlands bestehen. Die Neuregelung des Paßgesetzes schützt die Bürger der DDR gegen die Machenschaften der NATO und warnt zugleich eindringlich vor dem illegalen Verlassen der DDR." *Fritz Böhme*[1]

Bis 1957 hatten 1.984.343 Personen die DDR verlassen, um in der BRD zu leben.[2] Trotz der bis dahin angewandten Maßnahmen kam es bislang nicht zu einem Absinken der Abwanderungszahlen, sondern vielmehr zu einem Anstieg. Durch das Zweite Änderungsgesetz zum Paßgesetz vom 11. Dezember 1957[3] versuchte die Regierung der DDR ein weiteres Instrument zur Regulierung des Abwanderungsprozesses zu schaffen. Die Frage der Reaktion auf die Abwanderung stellte *Ulbricht* auch auf dem 33. Plenum des ZK der SED. Seine Argumentation gestaltete sich dabei wie folgt:

„Es ist nun die Frage gestellt worden, wie vom politischen und strafrechtlichen Standpunkt die Republikflucht und das Wechseln des Wohnsitzes aus der Deutschen Demokratischen Republik und dem demokratischen Sektor Berlins nach Westdeutschland und Westberlin zu beurteilen sind. Jede Flucht oder Übersiedlung nach Westdeutschland bedeutet eine Hilfe für die westdeutsche Militärbasis der NATO mit Arbeitskräften und einen Verlust von Arbeitskräften in der DDR. Eine Republikflucht ist Verrat an den friedlichen Interessen des Volkes und nützt Westdeutschland, das NATO-Basis ist. [...] Vom strafrechtlichen Standpunkt ist die Lage so, daß jede Person, die es unternimmt, Bürger der DDR im Auftrage von Agentenorganisationen oder von Wirtschaftsunternehmen zum Verlassen der DDR zu verleiten, mit Zuchthaus bestraft wird. Wer Jugendliche durch Versprechungen und Täuschung zum Verlassen der DDR verleitet, wird ebenfalls streng bestraft."[4]

Doch nicht nur das Verleiten, das bereits in anderen Gesetzen strafrechtlich verfolgt wurde, war wesentlich bei der Normierung, sondern gerade auch das

---

1 *Böhme*, Der Schöffe 1958, S. 87.

2 Vgl. hierzu Bundesministerium für Gesamtdeutsche Fragen, Die Flucht aus der Sowjetzone, S. 15 (Tabelle der registrierten Flüchtlinge bis einschließlich 1957).

3 GBl. DDR I 1957, S. 650. Das Erste Änderungsgesetz vom 30. August 1956, GBl. DDR I 1956, S. 733, brachte keine wesentlichen Änderungen. Insbesondere § 8 PaßG wurde beibehalten, so dass auf eine Darstellung in der Fassung von 1956 verzichtet wird. Vielmehr erfolgt ein Vergleich der Fassung des § 8 PaßG von 1954 und von 1957.

4 *Ulbricht*, Neues Deutschland vom 20. Oktober 1957, S. 1 (32).

Verlassen der DDR selbst, mithin die Ausreise.[5] Entsprechende Normierungen wurden dabei im Paßgesetz wie folgt ausgestaltet.

§ 8 PaßG in der Fassung 1954[6] lautete:

> „(1) Wer ohne Genehmigung das Gebiet der Deutschen Demokratischen Republik nach dem Ausland verläßt oder aus dem Ausland betritt oder wer ihm vorgeschriebene Reiseziele, Reisewege oder Reisefristen oder sonstige Beschränkungen der Reise oder des Aufenthalts hierbei nicht einhält, wird mit Gefängnis bis zu drei Jahren bestraft.
>
> (2) Ebenso wird bestraft, wer für sich oder einen anderen durch falsche Angaben eine Genehmigung zum Verlassen oder Betreten des Gebietes der Deutschen Demokratischen Republik erschleicht.
>
> (3) Der Versuch ist strafbar."

§ 8 PaßG lautete ab 1957[7] dagegen wie folgt:

> „(1) Wer ohne erforderliche Genehmigung das Gebiet der Deutschen Demokratischen Republik verläßt oder betritt oder wer ihm vorgeschriebene Reiseziele, Reisewege oder Reisefristen oder sonstige Beschränkungen der Reise oder des Aufenthaltes hierbei nicht einhält, wird mit Gefängnis bis zu drei Jahren oder mit Geldstrafe bestraft.
>
> (2) Ebenso wird bestraft, wer für sich oder einen anderen durch falsche Angaben eine Genehmigung zum Verlassen oder Betreten des Gebietes der Deutschen Demokratischen Republik erschleicht.
>
> (3) Vorbereitung und Versuch sind strafbar."

Das Wort „Ausland" wurde 1957 gestrichen und somit das Paßgesetz mit dem Zweiten Änderungsgesetz auf den innerdeutschen Reiseverkehr ausgeweitet. Aufgrund der Streichung dieses Wortes zeigt sich, dass die BRD nicht als Ausland gesehen wurde und daher in der Fassung von 1954 eine Strafbarkeit nach dem Paßgesetz nicht möglich war. Dies folgt auch daraus, dass die DDR von der Mehrzahl der Staaten nicht als eigenständiger Staat anerkannt, sondern vielmehr beide deutschen Staaten im völkerrechtlichen Verhältnis als ein Staat angesehen wurden.[8] Zum anderen erfolgte in Absatz 3 des § 8 PaßG die Strafbarkeitserweiterung auf die Vorbereitungshandlung, sodass nicht nur der Versuch an sich strafbar war, sondern Vorfeldmaßnahmen umfasst wurden.

---

5 *Böhme* spricht dabei von dem Grundsatz der „Gesellschaftsgefährlichkeit des illegalen Verlassens der DDR". Er greift damit *Ulbrichts* Argumentationsstrang der Schaffung von Arbeitskräften für die NATO auf und sieht darin zugleich eine Hemmung des sozialistischen Aufbaus. Siehe *Böhme*, Der Schöffe 1958, S. 87.

6 GBl. DDR I 1954, S. 786.

7 GBl. DDR I 1957, S. 650, § 1 des Änderungsgesetzes.

8 Siehe hierzu auch die Ausführungen unter dem Ersten Teil dieser Arbeit, Zweites Kapitel.

Dies machte den Tatbestand konturlos und weitete die Strafbarkeit sehr stark aus. Nach der Strafrechtslehre der DDR war unter Vorbereitung zu verstehen, dass „der Handelnde Voraussetzungen bzw. günstige Bedingungen für eine spätere Ausführung des geplanten Verbrechens schafft, ohne mit der Ausführung selbst zu beginnen“[9]. Wesentlich ist dabei, dass auch das Strafrecht der DDR die Vorbereitungshandlung generell straflos ließ. Nur bezüglich verbrecherischer Handlungen, „die im Vergleich zu anderen Verbrechen eine Vorbereitung darstellen würden [selbstständige Verbrechen]“[10] wurde ausnahmsweise, z.B. in § 7 des Friedensgesetzes die Vorbereitungshandlung in die Strafbarkeit einbezogen.[11] Das Verbrechen, wie es im offiziösen Lehrbuch 1957 beschrieben wurde, unterlag folgender Definition:

> „Das Verbrechen in der Deutschen Demokratischen Republik ist das Handeln eines Menschen, das für die volksdemokratische Staats- und Gesellschaftsordnung und die Interessen ihrer Bürger gefährlich ist (Gesellschaftsgefährlichkeit), den politischen und moralischen Grundsätzen der Werktätigen widerspricht (moralisch-politische Verwerflichkeit), die Strafgesetze verletzt (Strafrechtswidrigkeit) und entsprechend diesen Gesetzen Strafe nach sich zieht (Strafbarkeit).“[12]

Diese Definition befasste sich dabei mit der Straftat im Allgemeinen, die der Autor jedoch jeweils als Verbrechen bezeichnete. Er nahm insoweit auch Rückgriff auf das Reichsstrafgesetzbuch, welches die Straftat anhand der normierten Rechtsfolge als Verbrechen oder Vergehen einstufte. Des Weiteren führte er anhand der Bezeichnung „Verbrechen“ die Handlungslehre, objektive Tatseite, subjektive Tatseite sowie Rechtfertigungs- und Schuldebene aus. Im Ergebnis erfolgte hier eine allgemeine Darstellung der Straftat anhand des Begriffes „Verbrechen“.[13] Die Unterscheidung zwischen Verbrechen i.e.S. und Vergehen erfolgte gem. § 1 StGB 1871, wobei die Grenze bei fünf Jahren Freiheitsentziehung bzw. Todesstrafe lag[14]. § 8 PaßG ist danach als Vergehenstatbestand zu werten.

---

9 Gerats / Lekschas / Renneberg-*Lekschas*, Lehrbuch des Strafrechts, Allgemeiner Teil (1957), S. 443.

10 Gerats / Lekschas / Renneberg-*Lekschas*, Lehrbuch des Strafrechts, a.a.O.

11 Gerats / Lekschas / Renneberg-*Lekschas*, Lehrbuch des Strafrechts, a.a.O.

12 Gerats / Lekschas / Renneberg-*Lekschas*, Lehrbuch des Strafrechts, Allgemeiner Teil (1957), S. 254.

13 Gerats / Lekschas / Renneberg-*Lekschas* / *Kühlig*, Lehrbuch des Strafrechts, Allgemeiner Teil (1957), S. 247–390. Der Begriff Verbrechen wurde damit für Straftaten im eigentlichen Sinne verwendet und implizierte noch keine Unterscheidung nach Verbrechen und Vergehen, vgl. auch *Schmidt* / *Weber*, NJ 1967, S. 110.

14 RGBl. I 1871, Nr. 24, S. 128:

§ 1 (1): „Eine mit dem Tode, mit Zuchthaus, oder mit Festungshaft von mehr als fünf Jahren bedrohte Handlung ist ein Verbrechen.“

Als Begründung für die Schaffung dieses Tatbestandes, der die Grundrechte auf Freizügigkeit und Auswanderung, welche in Art. 8, 10 Verfassung DDR 1949 normiert waren[15], tangierte, wurde ausgeführt:

> „Das Gesetz trifft vor allem unlautere Elemente – Spione, Schieber und Spekulanten –, die sich die gegenwärtigen Verhältnisse in Deutschland und in Berlin zunutze machen wollen. Wir erschweren den Feinden unseres Arbeiter-und-Bauern-Staates ihre kriegshetzerische Tätigkeit und schützen unsere Bürger vor den Umtrieben westlicher Agentenorganisationen. Wir unterbinden den von Westdeutschland aus planmäßig betriebenen modernen Menschenhandel in der Form systematischer Verleitung von Menschen zum Verlassen der DDR."[16]

Hintergrund der Aufnahme der Verfolgbarkeit der Flüchtenden anhand des Paßgesetzes war vordergründig die Gegensteuerung der Hemmung des sozialistischen Aufbaus.[17] Aufgrund der erhöhten Abwanderungsbewegung fehlten in der DDR die Arbeitskräfte, um den Aufbau des Staates nach dem Krieg voranzutreiben.[18] Über den Umweg der Strafbarkeit des die Grenze Überschreitenden, sollte angeblich auch die Spionage durch die BRD eingeschränkt, und damit ein Zeichen gesetzt werden.

Der in § 8 PaßG normierte Tatbestand wurde in Rechtsprechung und Literatur allgemein als „Republikflucht" bezeichnet, was auch die Rede Ulbrichts vom Oktober 1957 zeigt.[19] Diese Bezeichnung wurde jedoch nicht beibehalten, sondern durch die Schaffung von § 213 StGB aus dem Sprachgebrauch der Justiz verdrängt. Der Begriff „Republikflucht" macht deutlich, welchen politischen Charakter dieser Tatbestand aufwies. Diese Politisierung des Strafrechts wurde in der späteren Gesetzgebung zwar verschärft, aber nach außen hin auch wieder verschleiert.

Des Weiteren erfolgte auf Rechtsfolgenseite 1957 die Möglichkeit zur Verhängung einer Geldstrafe anstatt einer Freiheitsstrafe.

---

§ 1 (2): „Eine mit Festungshaft bis zu fünf Jahren, mit Gefängnis oder mit Geldstrafe von mehr als funfzig Thalern bedrohte Handlung ist ein Vergehen."

Das Reichsstrafgesetzbuch in der Fassung vom 15. Mai 1871 unterschied noch Übertretungen, welche bei Haft oder bei Geldstrafe bis zu 50 Talern verhängt wurde. Ab einer Geldstrafe von über 50 Talern wurden strafrechtlich relevante Handlungen als Vergehen gewertet.

15 GBl. DDR I 1949, S. 5 (6/7).

16 *Böhme*, Der Schöffe 1958, S. 87.

17 *Böhme*, Der Schöffe 1958, S. 87; *Ulbricht*, Neues Deutschland vom 20. Oktober 1957, S. 1 (32).

18 *Böhme*, Der Schöffe 1958, S. 87.

19 Siehe obiges Zitat aus der Rede *Ulbrichts* auf dem 33. Plenum des ZK, Fußnote 4 in diesem Kapitel.

Auf Grundlage des Paßgesetzes wurden in der Regel Freiheitsstrafen von ein bis sechs Monaten ausgesprochen. Selten kam es zur Verhängung höherer Freiheitsstrafen, aber auch von der Möglichkeit der Geldstrafe wurde nur in geringem Umfang Gebrauch gemacht.[20] Letzteres folgt aus der dem Delikt zugesprochenen erhöhten Gesellschaftsgefährlichkeit.

Verfahren gegen die Betroffenen wurden in den regionalen Zeitungen besprochen. Diese Erörterung erfolgte jedoch unter Kenntlichmachung der Person in der Weise, dass Vor- und Zuname sowie die genaue Anschrift bekannt gegeben wurden. Dies sollte mithilfe der Presse eine Anprangerungswirkung des Flüchtigen gegenüber seinem sozialen Umfeld erzeugen. Weiteres Ziel war es, künftige Republikflüchtige abzuschrecken und die lückenlose Überwachung den Bürgern vor Augen führen.[21] In einem solchen Artikel heißt es beispielsweise:

> „An einem Kontrollpunkt der DDR wurden der 1936 geborene Horst S c h ö l z aus Halle, Türkstraße 22, und dessen Verlobte, die 1939 geborene Annerose T ä s c h n e r aus der Ludwigstraße 46, von den Organen unserer Staatsmacht wegen Verstoßes gegen das Paßgesetz festgenommen. [...] Vor dem Kreisgericht Süd werden die beiden Gesetzesverletzer nun für ihre strafbaren Handlungen einstehen müssen. Eine Warnung für alle diejenigen, die nach wie vor der Meinung sind, unsere Republik nach ihrem Gutdünken illegal verlassen zu können; ein Beweis, daß sich niemand ungestraft den verstärkten Ueberwachungsmaßnahmen entziehen kann."[22]

Zu berücksichtigen ist dabei, dass eine Tat wegen Vollendung nur verfolgt werden konnte, wenn der Täter wieder in die DDR zurückkehrte oder noch im Zonenbereich in Gewahrsam genommen werden konnte. Ansonsten war eine Strafverfolgung nicht möglich bzw. konnte gerade nur über die Bestrafung von Vorbereitungshandlungen erfolgen, wie es vielfach der Fall war.[23]

---

20 *Böhme*, Der Schöffe 1958, S. 87 (88).

21 Vgl. hierzu Bundesministerium für Gesamtdeutsche Fragen, Die Flucht aus der Sowjetzone, Dokumente Nr. 124 bis 130, S. 113–116.

22 Zeitschrift „Freiheit" (Halle/Saale) vom 18. Januar 1958. Abgedruckt in: Bundesministerium für Gesamtdeutsche Fragen, Die Flucht aus der Sowjetzone, Dokument Nr. 126, S. 114.

23 Vgl. beispielhaft Bundesministerium für Gesamtdeutsche Fragen, Die Flucht aus der Sowjetzone, Dokument Nr. 104–106, S. 94–96.

Sechstes Kapitel: Das Strafrechtsergänzungsgesetz

„Der Erlaß neuer, detaillierter Strafrechtsnormen gegen die Staatsverbrechen in der Deutschen Demokratischen Republik ist hingegen – wie der Erlaß des Strafrechtsergänzungsgesetzes überhaupt – das folgerichtige Resultat der wachsenden Festigkeit und Stärke der volksdemokratischen Ordnung und ihres sozialistischen Rechts."

Joachim Renneberg[1]

Das am 11. Dezember 1957 erlassene Strafrechtsergänzungsgesetz trat am 1. Februar 1958 in Kraft[2] und galt bis 1968.[3] Bezüglich der Verfolgbarkeit des Überschreitens der Grenze kam es darin „nur" zur Statuierung der „Verleitung zum Verlassen der Deutschen Demokratischen Republik" in § 21 StEG. Im Ergebnis handelt es sich um das Abwerben, welches vorher unter die Boykotthetze in Art. 6 Abs. 2 Verfassung 1949 fiel. Strafrechtlich relevant war dementsprechend ein Verhalten, welches die Einflussnahme auf eine andere Person beinhaltete.

Diese Norm wurde den Staatsschutzdelikten zugeordnet[4] und folglich als Verbrechen gewertet. Begründet wurde die Zuordnung damit, dass die Abwerbung in der DDR im Laufe ihres Bestehens eine besondere Form und dementsprechend Verbrechenscharakter angenommen habe.[5] Auffällig ist, dass auch das legale Verlassen erfasst war. Im Unterschied zu Art. 6 Abs. 2 der Verfassung DDR 1949 enthielt der Wortlaut von § 21 StEG[6] insofern keine Beschränkung. Dies war gerade dem Ziel geschuldet, eine Abwerbung in jeglicher Hinsicht zu unterbinden. Als Verleiten wurde jede politisch-ideologische Einwirkung auf eine Person, die zu dem Entschluss führt, die DDR zu verlassen, angesehen.[7]

---

1 *Renneberg*, NJ 1958, S. 6 (7).

2 GBl. DDR I 1957, S. 643–647.

3 Mit Inkrafttreten des Strafgesetzbuches der DDR wurde das StEG aufgehoben, siehe § 1 Abs. 2 des Einführungsgesetzes zum StGB und der StPO vom 12. Januar 1968, GBl. DDR I 1968, S. 97.

4 § 21 StEG wurde unter dem Abschnitt „Verbrechen gegen den Staat und die Tätigkeit seiner Organe" eingeordnet, GBl. DDR I 1957, S. 643 (644).

5 *Benjamin*, NJ 1956, S. 97 (99).

6 GBl. DDR I 1957, S. 643 (645). § 21 StEG lautete wie folgt:

„(1) Wer es unternimmt, eine Person

Im Auftrage von Agentenorganisationen, Spionageagenturen oder ähnlichen Dienststellen oder von Wirtschaftsunternehmen oder Zum Zwecke des Dienstes in Söldnerformationen zum Verlassen der Deutschen Demokratischen Republik zu verleiten, wird mit Zuchthaus bestraft; auf Vermögenseinziehung kann erkannt werden [...]".

7 *Jahn*, WZ Halle 1959, S. 1175 (1180); *Stiller*, Staatsverbrechen, S. 109.

Bezüglich des Verleitens wurde § 21 StEG seit 1961 auch tateinheitlich mit § 17 StEG angewandt.[8] Dies war dann der Fall, wenn es sich um Angriffe gegen die Grenzsicherungsanlagen, mithin die Staatsgrenze, handelte, wenn also das Verhalten sich nicht auf das bloße Verleiten beschränkte, sondern z.B. eine Zerstörung von Grenzsicherungsanlagen beinhaltete.[9] Die unter § 17 StEG fallenden Verhaltensweisen mussten jedoch eine besondere Intensität aufweisen, um das Merkmal, „die Bevölkerung in Furcht und Schrecken" zu versetzen, erfüllen zu können.[10] Unter den Begriff der Bevölkerung konnten auch Einzelpersonen fallen.[11] Aufgrund des Charakters als Unternehmensdelikt waren schon Vorbereitungshandlungen für die Vollendung ausreichend.[12] Subjektiv musste der Täter vorsätzlich auch hinsichtlich der Versetzung der Bevölkerung in Furcht und Schrecken handeln. Zugleich war eine regimegefährdende Absicht erforderlich, die jedoch als spezielle Zielvorstellung innerhalb des Vorsatzes, die sich anhand objektiver Merkmale beurteilen lässt, betrachtet wurde.[13] Neben dem StEG blieben die vorgenannten Normen anwendbar, es erfolgte, wie der Name des Gesetzes bereits andeutet, nur eine Ergänzung des bestehenden Strafrechts.

Eine weitergehende Ausweitung der geltenden Regelungen zur Strafverfolgung auf diejenigen Personen, die selbst versuchten, die DDR zu verlassen, erfolgte hier noch nicht. §§ 17 und 21 StEG[14] waren damit nur ein kleiner weiterer Schritt auf dem Weg zur Normierung des § 213 StGB.

---

8 § 17 StEG normierte die Strafbarkeit von „Staatsgefährdenden Gewaltakten" und wurde allgemein als „Terrorismustatbestand" begriffen. Siehe Ausführungen in *Rosenthal*, Politische Strafrecht der DDR, S. 89; OG, NJ 1966, S. 257 (262); OG, NJ 1966, S. 513 (520).

§ 17 StEG lautete wie folgt:

„Wer es unternimmt, durch Gewaltakte oder durch Drohung mit Gewaltakten die Bevölkerung in Furcht und Schrecken zu versetzen, um Unsicherheit zu verbreiten und das Vertrauen zur Arbeiter-und-Bauern-Macht zu erschüttern, wird mit Zuchthaus, in minderschweren Fällen mit Gefängnis nicht unter sechs Monaten bestraft".

9 Beispielhaft OG, NJ 1966, S. 257 (262); OG, NJ 1966, S. 513 (520).

10 *Renneberg*, NJ 1958, S. 6 (10); OG, NJ 1959, S. 140 (140/141).

11 *Stiller*, Staatsverbrechen, S. 85; *Römer / Hennig*, SRDVP 1958, Heft 23, S. 51 (58).

12 OG, NJ 1966, S. 513 (521).

13 *Renneberg*, NJ 1958, S. 6 (10); *Leim / Löwenthal*, NJ 1958, S. 306 (308); *Stiller / Kügler*, SRDVP 1963, S. 449 (452/453).

14 Zur Vertiefung dieser Normen wird auf die Ausarbeitung bei *Mohr*, Der Straftatbestand der „Republikflucht" im Recht der DDR, 1971, und *Schuller*, Geschichte und Struktur der DDR bis 1968, S. 178/179 sowie S. 199 ff. verwiesen. Auf eine ausführliche Darstellung wird hier verzichtet, da im Mittelpunkt der vorliegenden Arbeit der Flüchtige selbst und seine Strafbarkeit stehen.

Siebtes Kapitel: Novellierung des Paßgesetzes in Gestalt des § 213

> „Das Strafrecht der Deutschen Demokratischen Republik ist *demokratisch*, weil es den Interessen des Volkes und dem Frieden dient, weil es antifaschistisch und antiimperialistisch ist, weil es, von den Bürgern selbst gestaltet, ihre umfassende und unmittelbare Teilnahme an der Rechtspflege verankert." *Walter Ulbricht*[1]

Am 12. Januar 1968 wurde das Strafgesetzbuch der DDR verabschiedet, welches zum 1. Juli 1968 in Kraft trat.[2] Mit der Schaffung dieses Strafgesetzbuches wurde auf dem Gebiet der DDR ein einheitliches sozialistisches strafrechtliches System eingeführt.[3] Zugleich mit dem Erlass eines Strafgesetzbuches erfolgte auch die Verkündung einer Strafprozessordnung, eines Gesetzes zur Bekämpfung von Ordnungswidrigkeiten und eines Strafvollzugs- und Wiedereingliederungsgesetzes.[4]

Bereits 1961[5] gingen der Einführung eines eigenständigen Strafrechts tatsächliche Maßnahmen voran, die eine weitere Kontrolle der illegalen Abwanderungsbewegung ermöglichen sollten. Durch Befehl des Ministers des Innern Nr. 39/61 vom 14. September 1961[6] wurde ein 500-m-Schutzstreifen und eine 5-km-Sperrzone zur BRD eingerichtet. Dieser Schutzstreifen durfte nur mit entsprechender Genehmigung betreten werden. Bewohner der Sperrzone

---

1 *Ulbricht, Walter*, Schlussbemerkungen in der 6. Sitzung des Staatsrates der DDR vom 7. Dezember 1967. Zit. nach: Kanzlei des Staatsrates der DDR, Das neue Strafrecht, S. 7 (10).

2 GBl. DDR I 1968, S. 97. Das Strafgesetzbuch wurde in 3-jähriger Gesetzesarbeit statuiert, siehe *Benjamin*, Der Schöffe 1967, S. 81.

3 Redaktion „Aus erster Hand", Recht und Gesetz in der DDR, S. 6.

4 GBl. DDR I 1968, S. 49–96, S. 101–108, S. 109–120.

5 Markantes Datum in diesem Zusammenhang ist auch der 13. August 1961, der Tag des Mauerbaus. Politische Intention war nach den Berichten des Zentralkomitees die „konsequente Friedenspolitik, die die Deutsche Demokratische Republik" verfolgte, vgl. Zentralkomitee der DDR, Bericht des Zentralkomitees an den VI. Parteitag der SED, S. 25/26. Im Ergebnis sollte nach öffentlicher Ansicht eine Sicherung der DDR gegenüber der westlichen Aggressionspolitik erfolgen, vgl. Zentralkomitee der DDR, Bericht des Zentralkomitees an den VI. Parteitag der SED, a.a.O.

6 Abgedruckt in: Bundesministerium für gesamtdeutsche Fragen, Unrecht als System, Teil IV, Dokument Nr. 103, S. 58. Der Befehl selbst wurde in seiner ursprünglichen Form nicht veröffentlicht. Durch die Verordnung zum Schutze der Staatsgrenze der Deutschen Demokratischen Republik vom 21. April 1964, GBl. DDR II 1964, S. 255 wurde der Befehl in abgewandelter Form öffentlich gemacht.

mussten sich registrieren lassen.[7] Dies sollte der Sicherheit im Sperrgebiet dienen und die Kontrolle der Abwanderungsbewegung ausbauen.[8]

Normiert wurde 1968 mit § 213 ein eigener Straftatbestand hinsichtlich des illegalen Verlassens des Gebietes der DDR. Dieser ersetzte ab diesem Zeitpunkt § 8 Paßgesetz.[9] Wurde die Tat während des zeitlichen Geltungsbereichs der aufgehobenen Strafgesetze begangen, hatte das Strafgericht zu prüfen, welche Tatbestände nunmehr Anwendung finden sollten. Dies bestimmte sich anhand von § 81, welcher besagte:

> „(1) Eine Straftat wird nach dem Gesetz bestraft, das zur Zeit ihrer Begehung gilt.
>
> (2) Gesetze, welche die strafrechtliche Verantwortlichkeit begründen oder verschärften, gelten nicht für Handlungen, die vor ihrem Inkrafttreten begangen wurden.
>
> (3) Gesetze, welche die strafrechtliche Verantwortlichkeit nachträglich aufheben oder mildern, gelten auch für Handlungen, die vor ihrem Inkrafttreten begangen wurden.“

Insoweit wurde für den ungesetzlichen Grenzübertritt auf § 81 Abs. 2 zurückgegriffen und das Gesetz herangezogen, welches für den Täter die günstigste Variante bot. Dies war § 8 PaßG.[10]

Nachfolgend wird zunächst der Tatbestand des § 213 in der Fassung von 1968 betrachtet. Anschließend erfolgt eine Darstellung der Veränderungen des Tatbestandes durch die verschiedenen Strafrechtsänderungsgesetze sowie der Rechtsprechung des OG. § 214 ist ein eigenes Kapitel gewidmet, in welchem die Norm im Lichte des 2. Strafrechtsänderungsgesetzes von 1977 erörtert und seine weitere Entwicklung aufgezeigt wird.

A) Novellierung des § 213 im Jahre 1968

§ 213[11] wurde im 8. Kapitel, Straftaten gegen die staatliche Ordnung, unter dem 2. Abschnitt, Straftaten gegen die staatliche und öffentliche Ordnung,

---

7 Bundesministerium für gesamtdeutsche Fragen, Unrecht als System, Teil IV, Dokument Nr. 103, S. 58. Für die Wohnsitznahme sowie anderweitige Aufenthalte im Grenzgebiet bedurfte es auch in den nachfolgenden Jahren entsprechender Genehmigungen, vgl. *Brunner*, NJW 1982, S. 2479 (2480/2481).

8 Bundesministerium für gesamtdeutsche Fragen, Unrecht als System, Teil IV, Dokument Nr. 103, S. 58.

9 Ministerium der Justiz-*Hinderer / Lischke / Peller*, Strafrecht der DDR – Lehrkommentar, Band II (1969), § 213, Ziff. 1, S. 242. Damit trat § 8 PaßG als strafrechtliche Regelung außer Kraft, GBl. DDR I 1968, S. 97, § 1 Abs. 3. Aufgehoben wurde zugleich auch die Wirtschaftsstrafverordnung von 1953, GBl. DDR I 1968, S. 1 (97), § 1 Abs. 2 Nr. 7.

10 OG, NJ 1968, S. 535 (537).

11 GBl. DDR I 1968, S. 1 (40). Der Gesetzeswortlaut kann vollständig im Anhang nachgelesen werden.

angesiedelt. Hintergrund für die Schaffung eines solchen Tatbestandes war die steigende Abwanderungsbewegung seit 1961, die zunächst durch den Mauerbau und die daraus folgende Abriegelung der DDR unterbunden werden sollte.[12] Rechtliche Grundlage weiterer Handlungen gegen Flüchtige war im Anschluss die Normierung des § 213.

I. Kategorisierung des § 213 nach § 1 – Vergehen oder Verbrechen?

Der Tatbestand des § 213 war ein Vergehen nach § 1 Abs. 2, in dem Vergehen und besonders schwere Vergehen unterschieden wurden. Ein einfaches Vergehen war gegeben bei einer Freiheitsstrafe bis zu zwei Jahren, ein besonders schweres Vergehen, soweit gesetzlich eine Freiheitsstrafe bis zu fünf Jahren vorgesehen war.[13] Von der Einstufung als Vergehen waren gesellschaftswidrige Straftaten wie auch Straftaten gegen die staatliche Ordnung umfasst, § 1 Abs. 2 S. 1.

Gemäß § 1 Abs. 3 S. 2 letzter Halbsatz war dem § 213 Abs. 2 im *Einzelfall* jedoch Verbrechenscharakter zugeordnet, da sich das Strafmaß im individuellen Fall auf über zwei Jahre belaufen konnte.[14]

Demgemäß enthielt der Tatbestand des § 213 zwei Möglichkeiten der strafrechtlichen Verantwortlichkeit, zum einen als Vergehen und zum anderen als Verbrechen.

Wichtig für die Unterscheidung waren jedoch nicht nur die Strafmaßgrenzen, sondern auch die Begriffe der Gesellschafswidrigkeit und Gesellschaftsgefährlichkeit. Hinsichtlich der Gesellschaftswidrigkeit wurde dieser Begriff den

---

12 Thüringer Institut, Fluchtgeschichten, S. 12; *Eisenfeld / Engelmann*, 13.8.1961: Mauerbau, S. 51. Die Zahl der Flüchtlinge stieg im August 1961 auf über 47.000 von vorherig 16.000 im Juli 1961, vgl. Thüringer Institut, a.a.O. Im Neunten Kapitel dieser Arbeit werden die politischen Gründe für das Vorgehen gegen Ausreisewillige ausführlicher dargestellt.

13 GBl. DDR I 1968, S. 1 (10).

14 § 1 Abs. 3 lautete:

„(3) Verbrechen sind gesellschaftsgefährliche Angriffe gegen die Souveränität der Deutschen Demokratischen Republik, den Frieden, die Menschlichkeit und die Menschenrechte, Kriegsverbrechen, Straftaten gegen die Deutsche Demokratische Republik sowie vorsätzlich begangene Straftaten gegen das Leben. Verbrechen sind auch andere vorsätzlich begangene gesellschaftsgefährliche Straftaten gegen die Rechte und Interessen der Bürger, das sozialistische Eigentum oder andere Rechte und Interessen der Gesellschaft, die eine schwerwiegende Mißachtung der sozialistischen Gesetzlichkeit darstellen und für die deshalb eine Freiheitsstrafe von mindestens zwei Jahren angedroht ist oder die für die innerhalb des vorgesehenen Strafrahmens im Einzelfall eine Freiheitsstrafe von über zwei Jahren ausgesprochen wird." GBl. DDR I 1968, S. 1 (10).

Vergehen zugeordnet.[15] Gesellschaftswidrigkeit bedeutet, dass „der Täter sich n i c h t in einen tiefgreifenden Gegensatz zur sozialistischen Gesellschaft“[16] stellt. Im Ergebnis sollte danach ein Vergehen vorliegen, wenn der Täter nur hinsichtlich konkreter Verhältnisse verletzend einwirkte und nicht den Sozialismus im Gesamten angriff.[17] Der Begriff der Gesellschaftsgefährlichkeit wurde hingegen dem Verbrechen zugeordnet, siehe auch § 1 Abs. 3. Mithin ist dieser Begriff geprägt von dem tiefgreifenden Gegensatz zwischen der Tat und dem gesellschaftlichen Verständnis.[18] Der Verbrechensbegriff bezogen auf die Gesellschaftsgefährlichkeit beinhaltete demnach „unmittelbare Angriffe auf die Machtverhältnisse der DDR“[19].

Laut dem 1969 erschienenen Lehrkommentar war Rechtsgut des Tatbestandes der Schutz der Staatsgrenze und des gesamten Staatsgebietes.[20] Insbesondere sollte die Festigung der Sicherheit und Ordnung an der Staatsgrenze durch § 213 erreicht werden.[21] Die Intention des Gesetzgebers bestand damit darin, die Verletzung staatlicher Hoheitsrechte zu unterbinden.

II. Tatbestand des § 213

1. § 213 Abs. 1

a) Objektiver Tatbestand

Der Tatbestand des § 213 Abs. 1 umschrieb folgende Verhaltensweisen:

- widerrechtliches Eindringen oder Aufhalten;
- Verletzung gesetzlicher Bestimmungen oder auferlegter Beschränkungen über Ein- und Ausreise, Reisewege und Fristen oder den Aufenthalt;
- Erschleichen einer Genehmigung zum Verlassen/Betreten der DDR für sich oder einen anderen;
- Verlassen des Gebietes der DDR ohne Genehmigung
- Nichtrückkehr in die DDR nach legaler Ausreise.

---

15 Dies ergab sich aus § 1 Abs. 2: „Vergehen sind vorsätzlich oder fahrlässig begangene gesellschaftswidrige Straftaten [...].“ GBl. DDR I 1968, S. 1 (10).

16 *Schmidt / Weber*, NJ 1967, S. 110 (112).

17 *Schmidt / Weber*, NJ 1967, S. 110 (112).

18 Umkehrschluss aus der der Gesellschaftswidrigkeit zugrunde liegenden Definition.

19 *Schmidt / Weber*, NJ 1967, S. 110 (112).

20 Ministerium der Justiz-*Hinderer / Lischke / Peller*, Strafrecht der DDR – Lehrkommentar, Band II (1969), § 213, Ziff. 1, S. 242.

21 Ministerium der Justiz-*Hinderer / Lischke / Peller*, Strafrecht der DDR – Lehrkommentar, Band II (1969), § 213, Ziff. 1, S. 242.

Neu eingeführt wurde im Verhältnis zu § 8 PaßG der Tatbestand des illegalen Aufenthalts, z.B. gerade nach Wegfall einer Aufenthaltsgenehmigung durch Fristablauf.[22] Das Paßgesetz selbst hatte für diese Fälle nur die Möglichkeit der Ausweisung gem. § 9 PaßG vorgesehen[23], wohingegen nunmehr eine Strafbarkeit normiert wurde.

Alle Verhaltensweisen des § 213 Abs. 1, siehe obige Aufzählung, wurden allein zum Zwecke des Schutzes der Staatsgrenze aufgenommen.[24] Zu den unmittelbar die Staatsgrenze betreffenden Handlungen, wie das Verlassen des Gebietes der DDR ohne Genehmigung, traten auch mittelbare Verhaltensweisen hinzu, wie das Erschleichen von Genehmigungen. Eine genaue Definition der einzelnen Handlungsweise ist dem offiziösen Kommentar nicht zu entnehmen. Jedoch waren die Verhaltensweisen in § 213 Abs. 1 so genau bestimmt, dass sich eine weitergehende Definition erübrigt hatte. Die einzelnen Tatbestandsvarianten stellen die Ausgestaltung und damit die Definition der Überschrift „ungesetzlicher Grenzübertritt" dar. § 213 Abs. 1 ist folglich als Legaldefinition zu betrachten.

Wie im Dritten Teil, Elftes Kapitel der Arbeit dargestellt, hat sich anhand der Ermittlungs- und Gerichtsakten gezeigt, dass insbesondere auf den Verhaltensweisen des Verlassens des Gebietes der DDR ohne Genehmigung und das Nichtzurückkehren in die DDR nach genehmigter Ausreise in ein sozialistisches Drittland[25] bzw. die BRD oder Westberlin der Schwerpunkt der Strafverfolgung lag. Die Strafverfolgung diesbezüglich, die ebenso zu einer Verurteilung führte, betraf in der Praxis den Versuch bzw. die Vorbereitung solcher Verhaltensweisen. Der vollendete Grenzübertritt konnte nur strafrechtlich belangt werden, soweit der Täter wieder in das Gebiet der DDR zurückkehrte; ohne Rückkehr hatte sich der Täter der Jurisdiktion der DDR entzogen.

Die Möglichkeit der strafrechtlichen Verfolgung von Flüchtigen über ein Drittland war wiederum nur möglich aufgrund der Bündnisse der DDR mit anderen Ostblockstaaten.[26] Dazu hatte die DDR bereits frühzeitig Rechtshilfeabkommen abgeschlossen, die die Festnahme und Auslieferung der fluchtwilligen DDR-Bürger und ihrer Helfer an die DDR ermöglichten.[27]

---

22 Ministerium der Justiz-*Hinderer / Lischke / Peller*, a.a.O., § 213, Ziff. 2, S. 242.

23 Ministerium der Justiz-*Hinderer / Lischke / Peller*, a.a.O.; GBl. DDR I 1954, S. 786, § 9 und GBl. DDR I 1957, S. 650, § 2 als Änderung zu § 9.

24 Ministerium der Justiz-*Hinderer / Lischke / Peller*, a.a.O., § 213, Ziff. 1, S. 242.

25 Letzteres betrifft insbesondere die Fälle, in denen der Flüchtende aus einem Drittland in die BRD gelangte, mithin z.B. über Ungarn.

26 Zum Gesamten vgl. *Tantzscher*, Die verlängerte Mauer, S. 3 m.w.N.

27 *Tantzscher*, Die verlängerte Mauer, S. 4 m.w.N.

Nachfolgende Abkommen wurden u.a. abgeschlossen:

- mit der ČSSR vom 11. September 1956[28];
- mit Polen vom 1. Februar 1957[29];
- mit der Sowjetunion vom 28. November 1957[30];
- mit Ungarn vom 30. Oktober 1957[31];
- mit Rumänien vom 15. Juli 1958[32] sowie
- mit Jugoslawien vom 20. Mai 1966[33].

Voraussetzung für die Auslieferung flüchtiger DDR-Bürger war in jedem Rechtshilfeabkommen zum einen der Durchführungswille seitens der DDR-Organe zur Strafverfolgung und zum anderen das Vorliegen eines sog. Auslieferungsdeliktes. Ein solches Auslieferungsdelikt war jedoch nur dann gegeben, wenn die Handlung nach dem Recht beider Vertragspartner strafbar war und mit einer Freiheitsstrafe von mindestens einem Jahr oder schwerer bestraft war/worden ist.[34] Der ungesetzliche Grenzübertritt war allerdings in den Landesgesetzen der Vertragspartner nicht strafbar.[35] Somit lag ein Auslieferungsdelikt im eigentlichen Sinne nicht vor. Die Rechtshilfeabkommen wurden gleichwohl durch weitere Vereinbarungen untermauert, um so im Interesse der DDR eine Auslieferung zu erreichen.[36] Um dennoch auch die Wünsche des Vertragspartners zu wahren, mussten die Fluchtversuche schon in der DDR unterbunden werden.[37] Dazu wurde ein vielfältiges System durch das MfS eingerichtet.[38]

---

28 GBl. DDR I 1956, S. 1187.

29 GBl. DDR I 1957, S. 413.

30 GBl. DDR I 1958, S. 241.

31 GBl. DDR I 1958, S. 277.

32 GBl. DDR I 1958, S. 741.

33 GBl. DDR I 1966, S. 95.

34 Vgl. die entsprechenden Normen: Art. 58, GBl. DDR I 1956, S. 1187 (1200/1201); Art. 64, GBl. DDR I 1957, S. 413 (428); Art. 58, GBl. DDR I 1958, S. 241 (255); Art. 64, GBl. DDR I 1958, S. 277 (293); Art. 57, GBl. DDR I 1958, S. 741 (754); Art. 81, 82, GBl. DDR I 1966, S. 96 (106/107).

35 *Tantzscher*, Die verlängerte Mauer, S. 5/43.

36 *Tantzscher*, Die verlängerte Mauer, S. 5/43. Hinsichtlich der weiteren Vereinbarungen wird verwiesen auf *Tantzscher*, Die verlängerte Mauer, S. 106 ff. Die Zusammenarbeit mit anderen Ostblockstaaten hinsichtlich des ungesetzlichen Grenzübertritts stellt einen eigenständigen Untersuchungsgegenstand dar, der von dieser Arbeit nicht geleistet werden kann.

37 *Tantzscher*, Die verlängerte Mauer, S. 5.

38 Zu den Maßnahmen des MfS und deren Einbeziehung in die Ermittlungsverfahren wird auf das Neunte Kapitel dieser Arbeit verwiesen.

b) Subjektiver Tatbestand

Subjektiv war für § 213 Abs. 1 einfacher Vorsatz ausreichend. Zur Erfüllung dieses Tatbestandes war keine anderweitige Absicht erforderlich und die Norm war auch nicht auf eine bestimmte Vorsatzart beschränkt.

2. § 213 Abs. 2

Absatz 2 regelte spezielle Verhaltensweisen, welche als besonders schweres Vergehen nach § 1 Abs. 2 zu kategorisieren sind. Aus der Formulierung des § 213 Abs. 2 ergibt sich, dass hier ein besonders schwerer Fall vorlag. Dieser war jedoch nicht, wie nach heutigem Verständnis, als Regelbeispiel zu werten, dass allein Berücksichtigung innerhalb der Strafzumessung im Wege einer Strafrahmenverschiebung findet. Vielmehr lag nach dem Verständnis des DDR-Rechts ein Qualifikationstatbestand vor.[39] Dies folgt auch daraus, dass Absatz 2 und die darin beschriebenen Verhaltensweisen als Tatbestandsmerkmale angesehen wurden.[40] Bei Vorliegen eines Regelbeispiels wäre dies gerade nicht der Fall, da nur Tatbestandsähnlichkeit besteht, jedoch kein eigenständiger Tatbestand besteht.

§ 213 Abs. 2 enthielt zudem keine abschließende Aufzählung.[41] Dies ergibt sich bereits aus dem Wortlaut der Norm: „[...] Ein schwerer Fall liegt insbesondere vor, wenn [...].“ Weitere nicht aufgeführte Fälle mussten jedoch der Schwere der in Ziff. 1 bis 4 aufgeführten Merkmale, die der besonderen Gefährlichkeit von bestimmten Verhaltensweisen Rechnung tragen sollten, entsprechen.[42]

Subjektiv wurde bei Absatz 2 für alle Ziffern jede Vorsatzform als ausreichend angesehen, der Wortlaut nahm auch hier keine Beschränkung vor. Ebenso wurde ein Vorgehen in staatsfeindlicher Zielrichtung als weiteres subjektives Element nicht gefordert, anders z.B. in § 101.[43]

---

39 Allgemeine Ausführungen zur Abgrenzung Regelbeispiel und Qualifikation im DDR in: BGH, NStZ 1998, S. 36; BGH, NStZ 1996, S. 275 zu § 148 Abs. 2 StGB-DDR mit Anmerkung *Dölling*, NStZ 1997, S. 77 (78); *Lekschas / Renneberg*, Lehrbuch Strafrecht AT (1976), S. 133.

40 Ministerium der Justiz-*Hinderer / Lischke / Peller*, a.a.O., § 213, Ziff. 6, S. 244.

41 Ministerium der Justiz-*Hinderer / Lischke / Peller*, Strafrecht der DDR – Lehrkommentar, Band II (1969), § 213, Ziff. 7, S. 244.

42 Ministerium der Justiz-*Hinderer / Lischke / Peller*, Strafrecht der DDR – Lehrkommentar, Band II (1969), § 213, Ziff. 7, S. 244.

43 Ministerium der Justiz-*Hinderer / Lischke / Peller*, a.a.O., § 213, Ziff. 4, S. 243. § 101 lautete:

a) § 213 Abs. 2 Ziffer 1

Ziffer 1 normierte drei Begehungsweisen. Zum Ersten, die *Beschädigung von Grenzsicherungsanlagen bei der Tat*, zum Zweiten das *Mitführen von dazu geeigneten Werkzeugen, Geräten oder das* [bloße] *Mitführen von Waffen* sowie zum Dritten die *Anwendung gefährlicher Mittel oder Methoden*. Allen Fällen ist ein gesteigertes Bedrohungspotenzial gemeinsam. Im Ergebnis stellt die 2. Tatvariante ein abstraktes Gefährdungsdelikt dar, denn durch das Beisichführen bestimmter Gegenstände bei der Tat steigt gerade die Gefährlichkeit der Tatbegehung bezogen auf das zu schützende Rechtsgut, die unmittelbare Sicherung der Staatsgrenze (vgl. oben).

Diese erhöhte Strafandrohung von bis zu fünf Jahren erscheint nach heutigem Verständnis nicht gerechtfertigt. Schutzgut dieses Tatbestandes war allein die Sicherung der Staatsgrenze. Aus Sicht der DDR war der Schutz der Staatsgrenze notwendige Reaktion auf die Abwanderungsbewegung und diente damit zugleich dem Schutz des Staatsgefüges vor Zersplitterung. Allerdings waren weitergehende Schutzgüter, wie insbesondere Leben und Gesundheit von Menschen, nach dem Willen des Gesetzgebers offiziell nicht umfasst. Diese Zielrichtung bezogen auf einen Gegenstand und dahinter stehende Machtgefüge rechtfertigen nicht in jedem Fall eine Straferhöhung. Nur Verhaltensweisen mit einem erhöhten Gefährlichkeitsgrad können eine solche Strafschärfung nach sich ziehen Zu untersuchen ist daher die Gefährlichkeit der einzelnen normierten besonderen Verhaltensweisen.

Eine Gefahrerhöhung liegt nur vor, soweit eine vom Ausgangsverhalten wesentlich veränderte Begehungsweise zugrunde liegt, der ein erhebliches Bedrohungspotenzial für das geschützte Rechtsgut zukommt. Ziffer 1 Variante 1 knüpft gerade „nur" an die *Beschädigung von Grenzanlagen*, mithin den Grenzdurchbruch, an. Für eine erhöhte Strafandrohung spricht, dass durch das Beschädigen die Gefahr für die Grenze an sich gesteigert wurde, es folglich vom reinen Übertreten der Grenze, sei es durch Übersteigung einer Mauer oder Durchschwimmen eines Grenzflusses, zu einer gesteigerten Verhaltensweise kommt. Dagegen kann eingewandt werden, dass ein Grenzdurchbruch, insbesondere ab 1961 aufgrund des Mauerbaus und der Errichtung von Grenzzäunen, in der Regel mit der Beschädigung derselben einherging. Somit war dem Grenzübertritt die Beschädigung immanent geworden. Auch der Lehrkommen-

---

„(1) Wer es mit dem Ziel, Widerstand gegen die sozialistische Staats- oder Gesellschaftsordnung oder die Ordnung an der Staatsgrenze der Deutschen Demokratischen Republik zu leisten oder hervorzurufen, unternimmt, Sprengungen durchzuführen, Brände zu legen, Zerstörungen herbeizuführen oder andere Gewaltakte zu begehen, wird mit Freiheitsstrafe nicht unter drei Jahren bestraft." GBl. DDR I 1968, S. 1 (26).

tar geht gerade nicht davon aus, dass sich bezüglich der Variante 1, Beschädigung von Grenzsicherungsanlagen, die Gefährlichkeit daraus ergibt, dass z.B. Grenzsicherungsposten bedroht werden könnten, sondern nur, dass der unmittelbare gewaltsame Grenzdurchbruch damit effektiver gelingen könne. Der Kommentar führt dazu aus:

> „Ziff. 1 dient der unmittelbaren Sicherung der Staatsgrenze und stellt neben der Beschädigung von Grenzsicherungsanlagen oder der Mitführung hierzu geeigneter Geräte sowie der Anwendung gefährlicher Mittel und Methoden auch die Mitführung von Waffen oder zum Grenzdurchbruch geeigneter und vorgesehener Geräte unter erhöhte Strafdrohung.“[44]

Dementsprechend ist zumindest in der Variante 1 das Schutzgut auf die Staatsgrenze als solche, in Form von kleineren Beschädigungen, z.B. dem Durchschneiden des Maschendrahtzaunes, eingeschränkt. Bei einer derartigen Eingrenzung kann eine Rechtfertigung für eine erhöhte Strafandrohung im Ergebnis aus heutiger Sicht nicht nachvollzogen werden. Allein aufgrund des Beschädigens der Grenzanlage mit den entsprechenden Geräten, was diesem Tatbestand immanent war, ist keine besonders schwere Tat zu erblicken.

Umfasst von der Bezeichnung *Geräte* in der Variante 2 waren dabei auch Taucherausrüstungen, Klettergeräte oder Schlauchboote.[45] Ziffer 1 Variante 2 führt diesbezüglich aus, dass die „Tat durch Beschädigung von Grenzsicherungsanlagen oder Mitführen *dazu* geeigneter Werkzeuge oder Geräte [...]“ erfolgen kann. Aufgrund des Wortes „dazu“ ist nach grammatikalischer Auslegung davon auszugehen, dass das Werkzeug bzw. das Gerät sich nicht nur für die Beschädigung von Grenzsicherungsanlagen eignen musste, sondern nach seiner Zweckbestimmung auch dazu dienen sollte.[46] Im Bezug auf diese Variante war entscheidend, dass eine Zerstörung von Grenzsicherungsanlagen bezweckt war.[47] Die Subsumtion von Taucherausrüstungen oder auch Schlauchbooten unter diese Tatbestandsvariante griff mithin nur dann, wenn diese benutzt wurden, um Grenzsicherungsvorkehrungen unwirksam zu machen.

Ziffer 1 Variante 2 stellte weiter das *Mitführen von Waffen* bei der Begehung der Tat unter Strafe. Unter den Begriff Waffe fielen, wie im heutigen StGB auch, nicht nur Schuss-, sondern ebenso Hieb- und Stichwaffen.[48] Ausschlag-

---

44 Ministerium der Justiz-*Hinderer / Lischke / Peller*, a.a.O., § 213, Ziff. 4, S. 243.

45 Ministerium der Justiz-*Hinderer / Lischke / Peller*, a.a.O., § 213, Ziff. 4, S. 243.

46 Derselben Meinung ist *Mohr*, Republikflucht, S. 112.

47 Ministerium der Justiz-*Hinderer / Lischke / Peller*, a.a.O., § 213, Ziff. 4, S. 243.

48 Ministerium der Justiz-*Hinderer / Lischke / Peller*, a.a.O., § 213, Ziff. 4, S. 243; OG, Informationen des OG, Sonderdruck, 1980, S. 3 (14).

gebend für die Kategorisierung als Waffe war der Zweck des Mitführens. Mithin waren alle Gegenstände umfasst, welche im konkreten Fall als Waffe genutzt werden konnten (objektive Eignung), wie z.B. auch Stöcke oder losgerissene Zaunlatten.[49] Die Gegenstände mussten geeignet sein, Wirkungen hinsichtlich der Grenzsicherung zu erreichen.[50] Bezüglich der Mitführungsabsicht von gefährlichen Gegenständen wurde davon ausgegangen, dass diese auch gegen „Angehörige der Grenzsicherungsorgane" eingesetzt werden können.[51] Bei einer solchen Ausdehnung des Schutzzwecks der Norm auf die Gefährdung von Leib oder Leben anderer Menschen durch Mitnahme von Gegenständen der dort bezeichneten Art erscheint eine erhöhte Strafandrohung auch nach heutigen Maßstäben gerechtfertigt, da die höchsten zu schützenden Rechtsgüter in der Gemeinschaft der Menschen deren Leben und Gesundheit sind.

Unter den Begriff *gefährliche Mittel* nach Ziffer 1 Variante 3 fielen ätzende oder betäubende Mittel, ein Zusammenhang mit der Ziffer 1 Variante 1 – Beschädigung von Grenzsicherungsanlagen – ist nicht vorgesehen.[52] Damit war als weiteres Rechtsgut Leib und Leben anderer Menschen wiederum mitumfasst, auch wenn dies vom offiziösen Kommentar nicht benannt wurde. Dieses Ergebnis folgt daraus, dass gerade ätzende/betäubende Mittel zum direkten Angriff auf Menschen, mithin die Grenzsoldaten, oder zur Beruhigung der mitgeführten Kinder dienten, um eine ungestörte Überschreitung der Staatsgrenze zu ermöglichen. Das gleiche galt für die *gefährlichen Methoden*, worunter z.B. der Tunnelbau oder der gewaltsame Grenzdurchbruch mit Fahrzeugen fiel.[53] Bezüglich des Tunnelbaus als gefährliche Methode kann dies insoweit nachvollzogen werden, als hierbei eine Unterhöhlung der Staatsgrenze und damit des Systems der DDR erfolgte. Auch rein tatsächlich ist dem Tunnelbau eine höhere Gefährlichkeit beizumessen als dem Durchschneiden des Zaunes. Eine solche Planung der Überwindung von Grenzanlagen stellte eine erhöhte kriminelle Energie dar, da es nicht nur auf ein bloßes Überschreiten ankam. Die Tunnel mussten mehrere Meter tief sein und entsprechend lang, um die Grenzanlagen zu unterschreiten. Dementsprechend ging dieser Variante auch eine intensive Planung voraus, um genau Tunnelein- und -ausgang festlegen zu

49 Vgl. zum Gesamten: Ministerium der Justiz-*Hinderer / Lischke / Peller*, a.a.O., § 213, Ziff. 4, S. 243 in Verbindung mit Ministerium der Justiz-*Benjamin / Winkler*, a.a.O., § 128, Ziff. 1a), S. 100.

50 OG, Informationen des OG, Sonderdruck, 1980, S. 3 (14).

51 Ministerium der Justiz-*Hinderer / Lischke / Peller*, a.a.O., § 213, Ziff. 4, S. 243.

52 Ministerium der Justiz-*Hinderer / Lischke / Peller*, a.a.O., § 213, Ziff. 4, S. 243.

53 Ministerium der Justiz-*Hinderer / Lischke / Peller*, a.a.O., § 213, Ziff. 4, S. 243.

können, und bedurfte i.d.R. einer Vielzahl von Helfern.[54] Die Tunnelgänge mussten verstärkt werden, um Verschüttungen zu vermeiden und es bestand die Gefahr von Wassereinbrüchen.[55] Der Tunnelbau war damit von einer hohen Intensität geprägt, die zu einer erhöhten Gefährdung der Wahrung der Staatsgrenze führte. Die Einordnung unter gefährliche Methoden wurde ebenfalls dem offiziösen Kommentar entnommen.[56] Bei dieser Tatbestandsvariante kam es insgesamt auf die Anwendung der Mittel und Methoden an, ein bloßes Beisichführen genügte nicht. Allerdings konnte bei einem bloßen Beisichführen die Variante des Mitsichführens von Waffen eingreifen, soweit deren Geeignetheit zum Grenzdurchbruch vorlag. Der Tatbestand war mithin so ausgestaltet, dass ein umfassender Schutz der Staatsgrenze erreicht werden konnte.

Die Schwere der Tat wurde „am Charakter und dem Umfang der dadurch zu ermöglichenden Grenzprovokationen" gemessen.[57] Was darunter zu verstehen sein sollte, wird von den Kommentatoren nicht weiter ausgeführt. Diesbezüglich handelte es sich im Ergebnis wohl um eine Einzelfallbetrachtung, die dem jeweiligen Tatgericht oblag. Die Gefährlichkeit einer Tat war damit im Einzelfall anhand der in dem jeweiligen Verhalten angelegten Provokation festzustellen. Insoweit fehlt es dieser Auslegung an Bestimmtheit, welche jedoch gerade durch eine Kommentierung bzw. insbesondere die Rechtsprechung geschaffen werden sollte.

b) § 213 Abs. 2 Ziffer 2

Die Tatbestandsvarianten des § 213 Abs. 2 Ziff. 2 waren genau bezeichnet und bezogen sich auf den *Missbrauch* oder die *Fälschung von Ausweisen/Grenzübertrittsdokumenten*[58], auf deren *Anwendung* oder auf die *Ausnutzung eines Versteckes*. Problematisch ist diesbezüglich nur die letzte Variante, da beim Lesen der Norm dem Rechtsanwender die darunter subsumierbare Fallgruppe unklar bleibt. Aufschluss gibt dazu der 1969 erschienene Lehrkommentar, der ausführt, dass von der letzten Variante insbesondere die

54 Spektakulär war insbesondere eine Tunnelflucht aus dem Jahre 1962. Der Tunnel war sechs Meter tief und 126 Meter lang. Finanziert wurde das Ganze durch den amerikanischen Fernsehsender CBS, der die Tunnelflucht filmte und als Dokumentarfilm herausbrachte. Vgl. zum Ganzen *Eisenfeld / Engelmann*, 13.8.1961: Mauerbau, S. 88. Ebenso aufwendig, war der Tunnelbau, der auf dem Ostberliner Friedhof endete, vgl. *Eisenfeld / Engelmann*, 13.8.1961: Mauerbau, S. 100.

55 *Eisenfeld / Engelmann*, 13.8.1961: Mauerbau, S. 100.

56 Siehe dort Ministerium der Justiz-*Hinderer / Lischke / Peller*, a.a.O., § 213, Ziff. 4, S. 243.

57 Ministerium der Justiz-*Hinderer / Lischke / Peller*, a.a.O., § 213, Ziff. 4, S. 243.

58 Verwendet wurden dabei gefälschte westliche Ausweise, wobei hier offenbar auch westdeutsche Beamte mithalfen, sowie gefälschte Ausweise aus der Schweiz, Österreich, Frankreich, Holland und Schweden, vgl. *Eisenfeld / Engelmann*, 13.8.1961: Mauerbau, S. 87.

Schleusung von Flüchtigen in eigens dazu ausgebauten Kraftfahrzeugen gemeint war.[59] Die Ziffer 2 trug damit den immer weiter ausgebauten Fluchtmodifikationen Rechnung.[60] Eine Rechtfertigung der Normierung eines besonders schweren Falles kann hier in der durch die Verwirklichung der statuierten Verhaltensweisen erhöhten kriminellen Energie gesehen werden.

c) § 213 Abs. 2 Ziffer 3

Ziffer 3 normierte die Gefährlichkeit der Begehung der Tat durch eine Gruppe, was auch im heutigen Strafrecht als gefahrerhöhend eingestuft wird, z.B. in den Normen der §§ 244, 250 StGB. Das besondere Gefahrpotenzial wird daher heute wie auch schon 1968 in der Gruppendynamik gesehen, die dieser Begehungsweise immanent ist. Als besonders schwerer Fall wird die Tatbegehung als Gruppe aber nur dann betrachtet, wenn von vornherein die Gruppenbegehung von den Tätern geplant war und es sich nicht um Familienangehörige handelte.[61] Nicht ausreichend war demzufolge ein zufälliges Aufeinandertreffen mehrerer Personen bei der Tatbegehung, ohne dass diese Personen zusammenwirkten.[62] Die Straferhöhung bezüglich der Begehungsweise in einer Gruppe beruhte auf der Vorstellung, dass dieses Zusammenwirken aufgrund einer „erhöhten Nutzens- und Realisierungserwartung"[63] erfolgte.

> „Beim Gruppendelikt muß zumindest die gemeinsame Zielsetzung oder Abrede zur Ausführung der Straftat vorliegen und der Entschluß, als Gruppe das Vorhaben durchzuführen, vorhanden sein. Sie kann auch durch das gemeinsame Handeln zum Ausdruck gebracht werden. Es ist nicht Voraussetzung, daß alle an der Tätigkeit der Gruppe Beteiligten von Anfang an mitwirken. Ein später zur Gruppe Stoßender, der sich mit allem einverstanden erklärt, ist von diesem Zeitpunkt an ebenfalls Beteiligter am Gruppendelikt. Das Vorliegen einer Gruppe bzw. Organisation schließt das unterschiedliche Tätigwerden der einzelnen Beteiligten innerhalb der Gruppe entsprechend der Teilnahmeformen des § 22 nicht aus.

---

59 Ministerium der Justiz-*Hinderer / Lischke / Peller*, a.a.O., § 213, Ziff. 5, S. 243.

60 Ministerium der Justiz-*Hinderer / Lischke / Peller*, a.a.O.

61 OG, NJ 1968, S. 535 (537). Entgegen der Rechtsprechung gab es Stimmen in der Literatur, die auch bei Vorliegen von Ehepartnern die Begehungsweise durch eine Gruppe bejahten. Dies beruhte unter anderem auf dem Argument, dass es gerade auch Ehen gab, die nur aufrechterhalten wurden, „um den erwarteten Erfolg der Straftat durch zweckdienliche Kooperation zu erhöhen", vgl. *Lischke / Keil / Seidel / Dettenborn*, NJ 1970, S. 15 (20). Rein aus dem formellen Bestehen einer Ehe sollte nach dieser Ansicht die Verneinung der Gruppendynamik nicht abgeleitet werden können, vgl. *Lischke / Keil / Seidel / Dettenborn*, a.a.O.

62 Ministerium der Justiz-*Hinderer / Lischke / Peller*, a.a.O., § 213, Ziff. 5, S. 243; OG, NJ 1968, S. 535 (537).

63 *Lischke / Keil / Seidel / Dettenborn*, NJ 1970, S. 15 (20).

> Andererseits kann auch jemand Teilnehmer bei einer Gruppenstraftat sein, ohne selbst der Gruppe anzugehören.“[64]

Entscheidend war, ob „der Täter innerhalb der Gruppe gehandelt hat“[65], wobei ein „koordiniertes Zusammenwirken“[66] für die Ziffer 3 ausreichte.

Eine Gruppe im Sinne dieser Vorschrift war dann gegeben, wenn sich mindestens zwei Personen zur Tatbegehung zusammengeschlossen hatten.[67] Dabei musste es jedoch nicht zu einem gleichwertigen Zusammenwirken kommen, sondern es war ausreichend, wenn auch nur innerhalb der Gruppe Gehilfenleistungen erbracht wurden.[68] „Gruppentäter“ war nur derjenige, der auch den ungesetzlichen Grenzübertritt beging, versuchte bzw. vorbereitete.[69] Teilnehmerhandlungen ohne den Willen zu einem eigenen Grenzübertritt zu haben, fielen nicht unter die Gruppentäterschaft.[70] Die Einschränkung, dass Gehilfenleistungen für § 213 Abs. 2 Ziff. 3 ausreichten, resultierte daher allein daraus, dass bei einem gruppendynamischen Vorgehen nicht alle Beteiligten „Täterleistungen“, z.B. in Form des Durchschneidens des Grenzzaunes, erbrachten, sondern hierbei ausreichend war, dass alle gemeinsam bezüglich der Vollendung zusammenwirkten. Jeder Einzelne für sich war jedoch schon Täter des § 213 Abs. 1. Durch die Gruppendynamik kam es dann nochmals zur Strafschärfung, vgl. insoweit auch den heutigen § 250 Abs. 1 Nr. 2 StGB.

Aufgrund dieser Auslegung der Ziffer 3 war es gleichwohl für den Angeklagten bei Antreffen in einem Gruppenverband praktisch schwerlich möglich, diese straferhöhende Handlungsweise zu widerlegen.

d) § 213 Abs. 2 Ziffer 4

Der besonders schwere Fall wurde bei Ziffer 4 in der wiederholten Tatbegehung gesehen. Nach Ziffer 4 lag ein schwerer Fall vor, wenn „*der Täter mehrfach die Tat begangen* oder *im Grenzgebiet versucht* hat oder *wegen ungesetzlichen Grenzübertritts bereits bestraft* ist“[71]. Umstritten war bis zur

---

64 Ministerium der Justiz-*Hennig / Neuhof*, Strafrecht der DDR – Lehrkommentar, Band I (1969), § 22, Ziff. 11, S. 128.

65 *Lischke / Keil*, NJ 1969, S. 177 (179).

66 *Lischke / Keil*, a.a.O.

67 OG, NJ 1968, S. 535 (537).

68 Ministerium der Justiz-*Hennig / Neuhof*, Strafrecht der DDR – Lehrkommentar, Band I (1969), § 22, Ziff. 11, S. 128.

69 *Lischke / Keil / Seidel / Dettenborn*, NJ 1970, S. 15 (20).

70 *Lischke / Keil / Seidel / Dettenborn*, NJ 1970, S. 15 (20).

71 GBl. DDR I 1968, S. 1 (40).

Entscheidung des OG vom 1. Juli 1968[72], was unter dem Merkmal „mehrfach begangene Tat“[73] zu verstehen war.[74] Eine Ansicht verstand unter diesem Begriff nur die vollendete Tat, zumal der Versuch in der 2. Tatbestandsvariante enthalten war. Die andere Ansicht ging davon aus, dass die „Tat“ auch die versuchte oder vorbereitete Handlung umfassen sollte. Im Ergebnis wäre dann schon bei mehrfachem Versuch die Strafschärfung der Ziffer 4 gegeben, unabhängig vom Vorliegen der 2. Tatbestandsvariante „im Grenzgebiet versucht“[75]. Für den Tatbegriff in Ziffer 4 war durch die 2. Tatbestandsvariante mit den Worten „im Grenzgebiet“ eine einschränkende Regelung eingeführt worden. Die 1. und die 2. Tatbestandsvariante sollten daher nicht getrennt voneinander betrachtet werden.[76] Ansonsten würde man zu dem Ergebnis gelangen, dass für die vollendete Tat jeder Verstoß gegen § 213 zu einer Strafschärfung führte, für den Versuch aber erst der Eintritt in das Grenzgebiet[77] relevant wurde. Bezüglich dieses Widerspruches hat das OG[78] manifestiert, dass auch für die 1. Tatbestandsvariante der Bezug „im Grenzgebiet“ ausschlaggebend sei. Außerhalb des Grenzgebietes begangene Verstöße gegen § 213 würden dann durch § 213 Abs. 2 Ziff. 4 Var. 3 erfasst bzw. über einen ungeregelten Fall des § 213 Abs. 2, da dieser keinen abschließenden Katalog enthalte.[79] Vollendung und Versuch sowie die bereits erfolgte Bestrafung wegen ungesetzlichen Grenzübertritts wurden in Ziffer 4 einander in der wiederholten Begehung gleichgestellt.[80] Im Ergebnis bedeutete dies, dass neben der zur Aburteilung stehenden Tat zumindest eine weitere vollendete oder versuchte Tat

---

72 OG, NJ 1968, S. 535.

73 Im heutigen Recht gibt es zwar auch die Möglichkeit der Strafschärfung aufgrund der wiederholten Tatbegehung. Wesentlicher Unterschied ist hierbei jedoch, dass mit dieser Wiederholung ein bestimmter über den Tatbestand hinausgehender Zweck seitens des Täters verfolgt wird. Zu nennen ist hier insbesondere § 243 Abs. 1 Nr. 3 StGB, der gewerbsmäßige Diebstahl. Davon umfasst sind wiederholte Tatbegehungen zum Zwecke der Verschaffung einer nicht nur vorübergehenden Einnahmequelle von einigem Umfang und einiger Dauer. Nicht ausreichend ist hingegen die alleinige wiederholte Tatbegehung ohne darüber hinausgehenden Zweck. Dies wird allein im Rahmen der Strafzumessung berücksichtigt, führt jedoch nicht von sich heraus zu einer Strafschärfung.

74 *Lischke*, NJ 1969, S. 209.

75 *Lischke*, NJ 1969, S. 209 (210).

76 *Lischke*, a.a.O.

77 *Lischke*, a.a.O.

78 OG, NJ 1968, S. 535 (537).

79 So auch *Lischke*, NJ 1969, S. 209 (210).

80 OG, NJ 1968, S. 535 (537).

im Grenzgebiet oder eine bereits abgeurteilte Tat nach § 213 vorliegen musste.[81] Irrelevant war, ob beide Taten in einem Verfahren abgeurteilt wurden.[82] Zudem musste laut den Kommentatoren[83] eine wesentliche zeitliche Zäsur zwischen den verschiedenen Taten liegen, sodass unter Ziffer 4 keine Fälle gefasst werden sollten, welche zeitlich eng zusammenliegen:

> „Zwei Versuchshandlungen im Grenzgebiet liegen z.B. dann nicht vor, wenn im unmittelbaren Anschluß an einen wegen unüberwindlicher Schwierigkeiten abgebrochenen ersten Versuch ein weiterer an anderer Stelle der Grenze unternommen wird. In diesem Fall sind die Teilhandlungen ein in sich geschlossener Versuch."[84]

Auch konnte eine frühere Tat nur dann zur Strafschärfung führen, wenn bezüglich dieser kein Strafausschließungsgrund wie ein Rücktritt von Vorbereitung oder Versuch eingriff.[85] Im Ergebnis musste also entweder eine Verurteilung wegen der vorangegangenen Tat möglich oder bereits erfolgt sein.

3. § 213 Abs. 3

Bezüglich des Tatbestandes des ungesetzlichen Grenzübertrittes waren nicht nur Versuch und Vollendung strafbar, sondern auch bereits die Vornahme von Vorbereitungshandlungen, die auf den Versuch hinwirkten, § 213 Abs. 3. Die Definition in der Strafrechtslehre der DDR war dabei folgende:

> „Die Vorbereitung ist dasjenige Stadium der Entwicklung eines Verbrechens, in dem der Handelnde Voraussetzungen bzw. günstige Bedingungen für eine spätere Ausführung des geplanten Verbrechens schafft, ohne mit der Ausführung selbst zu beginnen."[86]

Dergestalt kam es zur Vorverlagerung der Strafbarkeit, der auch nach dem Rechtssystem der DDR ein Ausnahmecharakter zugesprochen wurde.[87] Dieser Ausnahmecharakter wurde in den Fällen durchbrochen, in denen durch die Strafbarkeit von Vollendung und Versuch nach Intention des Gesetzgebers

---

81 So auch *Heilborn / Schlegel*, NJ 1968, S. 456. *Heilborn / Schlegel*, a.a.O:, ließen ebenso die vorbereitete Tat ausreichen, soweit diese strafrechtlich in der jeweiligen Norm verfolgbar war.

82 Ministerium der Justiz-*Hinderer / Lischke / Peller*, a.a.O., § 213, Ziff. 6, S. 243/244.

83 Ministerium der Justiz-*Hinderer / Lischke / Peller*, a.a.O., § 213, Ziff. 6, S. 244.

84 Ministerium der Justiz-*Hinderer / Lischke / Peller*, a.a.O., § 213, Ziff. 6, S. 244.

85 Ministerium der Justiz-*Hinderer / Lischke / Peller*, a.a.O., § 213, Ziff. 6, S. 244; *Heilborn / Schlegel*, NJ 1968, S. 456.

86 Gerats / Lekschas / Renneberg-*Lekschas*, Lehrbuch des Strafrechts, Allgemeiner Teil (1957), S. 443.

87 Siehe hierzu auch die Ausführungen unter Zweitem Teil, Viertes Kapitel, B) Paßgesetz.

kein ausreichender Schutz gewährleistet sei.[88] Vorbereitungshandlungen waren dann gegeben, wenn z.B.:

- Mittel zur Straftatbegehung beschafft wurden oder
- eine Auskundschaftung des Ortes der Straftatbegehung sowie des günstigsten Zeitpunktes zur Ausführung der Tat erfolgte.[89]

Ausschlaggebend für die Unterscheidung zwischen Versuch und Vorbereitungshandlung war dabei, ob die Handlung nur einer späteren Ausführung der Tat diente oder bereits den Beginn der Tathandlung darstellte.[90]

Ein Rücktritt und damit eine Straflosstellung der entscheidenden Handlung war bei Versuch und Vorbereitungshandlung nach den allgemeinen Regeln gem. § 21 möglich. Wie auch im heutigen Rechtsverständnis war im Recht der DDR die freiwillige Aufgabe der weiteren Tat aus autonomen Motiven erforderlich.[91]

III. Rechtsfolgenseite

Auf der Rechtsfolgenseite ist zwischen Abs. 1 und Abs. 2 des § 213 zu unterscheiden.

1. § 213 Abs. 1

Bezüglich § 213 Abs. 1 sah das Gesetz Freiheitsstrafe bis zu zwei Jahren oder Verurteilung auf Bewährung, Geldstrafe oder öffentlichen Tadel[92] vor. Neben Freiheitsstrafen konnten zugleich Zusatzstrafen gem. §§ 49 ff. verhängt werden; auf diese wird unter der Verurteilung auf Bewährung im Einzelnen eingegangen.

a) Freiheitsstrafe

Die Freiheitsstrafe nahm hinsichtlich der Rechtsfolgenseite den praxisrelevantesten Teil ein. Insoweit wird auch auf das Elfte Kapitel dieser Arbeit verwie-

88 Gerats / Lekschas / Renneberg-*Lekschas*, a.a.O., S. 443.

89 Gerats / Lekschas / Renneberg-*Lekschas*, a.a.O.

90 Gerats / Lekschas / Renneberg-*Lekschas*, a.a.O.

91 Ministerium der Justiz-*Hinderer / Lischke / Peller*, a.a.O., § 213, Ziff. 9, S. 244.

92 Der öffentliche Tadel war in § 37 normiert, GBl. DDR I 1968, S. 1 (16). Im Ergebnis handelte es sich hierbei um einen Täter, der gesellschaftlich und sozialistisch integriert war und bei dem es ausreichend war, ihn zu ermahnen. Dieser Strafausspruch kommt dem heute in § 14 JGG geregelten Institut der Verwarnung nahe. Im Unterschied zu dem vorgenannten Institut wurde die mit § 37 bezweckte Missbilligung jedoch durch die Verkündung der Strafe im Hauptverhandlungstermin und Zustellung des Urteils vorgenommen, Buchholz / Herrmann / Luther-*Willamowski*, Lehrbuch Strafverfahrensrecht (1977), Kapitel 14, S. 525.

sen. Im Verhältnis zu § 8 PaßG, welcher eine Gefängnisstrafe von bis zu drei Jahren vorsah, wurde die Freiheitsstrafe um ein Jahr herabgesetzt. Gemäß § 40 Abs. 1 betrug das Mindestmaß der Freiheitsstrafe sechs Monate. Damit war für die Verhängung der Freiheitsstrafe ein Strafrahmen von sechs Monaten bis zu zwei Jahren für eine Tat nach § 213 Abs. 1 gegeben. Ausnahmsweise konnte gem. § 40 Abs. 2 auch eine Freiheitsstrafe für die Dauer von drei bis zu sechs Monaten ausgesprochen werden. Diese Regelung näherte sich damit dem heute geltenden § 47 StGB, kurze Freiheitsstrafe in Ausnahmefällen, an. Wie bei § 47 StGB bedurfte es auch hier der besonderen Begründung, warum eine Freiheitsstrafe, zumal mit einer kurzen Strafdrohung, einer Strafe ohne Freiheitsentzug vorzuziehen war, § 40 Abs. 2 Satz 2.

b) Verurteilung auf Bewährung

aa) Allgemeines

Hinsichtlich der Rechtsfolgenseite konnten bei der Aktenauswertung insoweit nur die untersuchte Personengruppe der Jugendlichen betrachtet werden. Die Vergleichsgruppe der Erwachsenen wurde in diese Auswertung nicht einbezogen, da bei jenen, die Anzahl der ergangenen Urteile nicht repräsentativ war. Insoweit wird auf die Ausführungen im Dritten Teil, Elftes Kapitel dieser Arbeit verwiesen. Aus der Auswertung der Ermittlungsakten ergab sich, dass sich bei den Jugendlichen die Verurteilung auf Bewährung in den 70er Jahren auf 14 Fälle sowie in den 80er Jahren auf 25 Fälle belief. Diese Rechtsfolge nahm damit in der Praxis bezogen auf die ergangenen Verurteilungen den 2. Platz ein.

Den Strafausspruch der Verurteilung auf Bewährung[93] regelte § 33[94], wobei dieser als Strafe ohne Freiheitsentzug galt.[95] Im Falle der Nichtbewährung wurde wiederum die im Urteil angedrohte Freiheitsstrafe vollzogen, § 33 Abs. 2 S. 2. Nach heutigem Verständnis entspricht § 33 dem jetzigen § 56 StGB, wonach die

93 Das Institut des § 33, Verurteilung auf Bewährung, ist dabei nicht zu verwechseln mit der Möglichkeit des § 45, Strafaussetzung auf Bewährung. Bei letzterem handelt es sich um eine Strafe mit Freiheitsentzug, StGB 1968 Allgemeiner Teil, 3. Kapitel, 4. Abschnitt, GBl. DDR I 1968, S. 1 (16 ff). Diese Maßnahme greift dabei erst im Vollzug der Freiheitsstrafe, vgl. Ministerium der Justiz-*Buchholz / Weber / Wittenbeck*, Strafrecht der DDR – Lehrkommentar, Band I (1969), § 45, Ziff. 1, S. 194. Dem Strafgefangenen wurde die Möglichkeit und der Anreiz geboten den Freiheitsentzug bei entsprechender positiver Führung vorzeitig zu beenden, vgl. Ministerium der Justiz-*Buchholz / Weber / Wittenbeck*, Strafrecht der DDR – Lehrkommentar, Band I (1969), a.a.O. Die heutige Entsprechung findet sich in § 57 StGB, die Möglichkeit der Strafrestaussetzung.

94 GBl. DDR I 1968, S. 1 (15).

95 *Beyer*, Der Schöffe 1968, S. 88 (89).

Vollstreckung der Freiheitsstrafe auf Bewährung ausgesetzt wird. Die damalige Bewährungszeit betrug ein Jahr bis drei Jahre und konnte bei einer Freiheitsstrafe von drei Monaten bis zu zwei Jahren angewandt werden. Die anzudrohende Freiheitsstrafe durfte jedoch nicht über der im verletzten Gesetz vorgesehenen Obergrenze liegen, mithin bei § 213 Abs. 1 maximal zwei Jahren, bei § 213 Abs. 2 maximal fünf Jahren. Weiterhin konnte die Anordnung der Bewährung mit weiteren Auflagen gegenüber dem Verurteilten einhergehen, § 33 Abs. 3[96]. Ziel war es, den Täter wieder in das Arbeits- und Gesellschaftsleben zu integrieren, dies gerade auch durch Einbeziehung der Arbeitskollektive in das Strafverfahren.[97]

bb) Zusatzstrafen

Im Übrigen bestand nach § 33 Abs. 4[98] die Möglichkeit gem. § 23 Abs. 2, auf weitere Zusatzstrafen zu erkennen. Zu diesen Zusatzstrafen gehörten insbesondere Geldstrafe, Aufenthaltsbeschränkungen oder ein Tätigkeitsverbot.[99] Die Verhängung von Zusatzstrafen diente entweder der Erziehung des Täters oder musste aus Schutzgesichtspunkten für die Gesellschaft erforderlich sein.[100] Die Ausgestaltung der entsprechenden Zusatzstrafen war dabei im StGB im Allgemeinen Teil, 3. Kapitel, Abschnitt 5 geregelt[101]. Die Geldstrafe[102] sowie das Tätigkeitsverbot[103] als Zusatzstrafe hatten kaum praktische Relevanz, wie sich anhand der Auswertung der vorliegenden Ermittlungsakten ergab. Entscheidender war hier die Aufenthaltsbeschränkung oder auch die Auflage, eine bestimmte Ausbildung erfolgreich abzuschließen.

---

96 GBl. DDR I 1968, S. 1 (15).

97 *Dähn*, NJ 1967, S. 118 (120).

98 GBl. DDR I 1968, S. 1 (15).

99 GBl. DDR I 1968, S. 1 (15).

100 GBl. DDR I 1968, S. 1 (13).

101 GBl. DDR I 1968, S. 1 (18).

102 Die Ausgestaltung der Geldstrafe ergab sich aus § 49 Abs. 3 i.V.m. § 36, GBl. DDR I 1968, S. 1 (18).

103 Regelungen hierzu enthielt § 53, GBl. DDR I 1968, S. 1 (19). Heute entspricht dies dem Berufsverbot gem. § 70 StGB. Notwendige Voraussetzung war, dass gerade die Berufs- oder Erwerbstätigkeit zur Begehung der Straftat ausgenutzt wurde, Ministerium der Justiz-*Neuhof / Schmidt*, Strafrecht der DDR – Lehrkommentar, Band I (1969), § 53, Ziff. 1, S. 218. Diese Voraussetzung führte zu einer geringen Praxisrelevanz. Im Rahmen von § 213 konnte dieses Institut nicht hinsichtlich von Grenzsoldaten relevant werden. Dies folgt daraus, dass jene bei ungesetzlichem Verlassen des Staatsgebietes wegen Fahnenflucht, § 254, zu bestrafen waren. Die einzige praktische Relevanz lag vielmehr bei der Beschaffung von Personal- bzw. Ausreisedokumenten durch Ausnutzung der beruflichen Tätigkeit vor. Aber auch hierzu ergaben die ausgewerteten Akten keine Anhaltspunkte.

Die Zusatzstrafe der Aufenthaltsbeschränkung wurde in § 51[104] geregelt. Auch diese konnte neben der Verurteilung auf Bewährung, aber auch neben der Freiheitsstrafe verhängt werden, § 51 Abs. 1 S. 1. Zweck war es, den Normadressaten von bestimmten Orten oder Gebieten fernzuhalten, um weitere Straftaten auszuschließen[105]. Hinsichtlich des § 213 bezog sich die Aufenthaltsbeschränkung insbesondere auf bestimmte Grenzanlagen und Orte in deren Umkreis.[106] Sie wurde als Instrument gegen die Durchlässigkeit der Grenze und Schaffung von Sicherheit im Grenzgebiet gesehen.[107] Dies war eine Einschränkung des Rechts auf Freizügigkeit, mithin der ungehinderten Bewegungsfreiheit innerhalb des Gebietes der DDR, § 51 Abs. 2. Heute ist ein solches Institut aus dem Polizeirecht[108] bekannt, wobei hier eine maximale Dauer von drei Monaten vorgesehen ist. Die Aufenthaltsbeschränkung nach § 51 konnte dagegen grundsätzlich für einen Zeitraum von zwei bis zu fünf Jahren ausgesprochen werden, § 52 Abs. 1. Ausnahmsweise hatte das Gericht die Möglichkeit, die Aufenthaltsbeschränkung ohne Befristung auszusprechen, soweit dies im Interesse der öffentlichen Sicherheit oder Ordnung erforderlich war, § 52 Abs. 1 Satz 2. Eine Einschränkung dieser Ausnahme wurde jedoch dahingehend statuiert, dass bei der Verurteilung auf Bewährung die Dauer der Aufenthaltsbeschränkung nicht über der Bewährungszeit liegen durfte, § 52 Abs. 1 S. 3. Im Ergebnis konnte damit im Rahmen von § 213 bei Anwendung von § 33 eine Aufenthaltsbeschränkung maximal für die Dauer von drei Jahren verhängt werden, § 33 Abs. 4 i.V.m. § 52 Abs. 1 S. 3. Bei Verhängung einer Freiheitsstrafe konnte wiederum aufgrund von § 52 Abs. 1 S. 2 unbefristet eine Aufenthaltsbeschränkung auferlegt werden.

---

104 GBl. DDR I 1968, S. 1 (18).

105 Ministerium der Justiz-*Neuhof / Schmidt*, Strafrecht der DDR – Lehrkommentar, Band I (1969), § 51, Ziff. 2, S. 214. Die Beschränkung konnte sich dabei auch auf den Wohnort beziehen, aber auch auf Gebiete die ähnliche Bedingungen boten, z.B. alle Großstädte, vgl. Ministerium der Justiz-*Neuhof / Schmidt*, Strafrecht der DDR – Lehrkommentar, Band I (1969), § 51, Ziff. 3, S. 214/215.

106 Gerade diese Orte boten für die Begehung des § 213 günstige Umstände und die Versuchung der erneuten illegalen Überschreitung der Grenze. Ministerium der Justiz-*Neuhof / Schmidt*, Strafrecht der DDR – Lehrkommentar, Band I (1969), § 51, Ziff. 2, S. 214; OG, Informationen des OG, Heft 3, 1980, S. 17/18.

107 OG, Informationen des OG, Heft 3, 1980, S. 16 (17). Die Aufenthaltsbeschränkung war dabei ein wesentliches Instrumentarium bei Straftätern, die im Grenzgebiet wohnhaft waren, vgl. OG a.a.O.

108 In Sachsen findet sich die entsprechende Normierung in § 21 Abs. 2 SächsPolG, sog. Aufenthaltsverbot.

2. § 213 Abs. 2

Hinsichtlich § 213 Abs. 2, mithin in einem besonders schweren Fall, war eine Freiheitsstrafe von einem bis zu fünf Jahren vorgesehen.[109] Somit kam es gegenüber dem § 8 PaßG zu einer Erhöhung der Strafandrohung. Relevant ist, dass bei wiederholter Tatbegehung nach Ziffer 4 des § 213 Abs. 2 eine erste Strafschärfung stattfand. Zusätzlich war jedoch bei einer sog. Rückfalltat § 44 Abs. 1 zu beachten, der eine Freiheitsstrafe von drei bis zehn Jahren androhte.[110] Unter § 44 Abs. 1 fiel auch § 213, da in § 44 u.a. die Straftaten gegen die staatliche Ordnung aufgezählt waren. § 44 fand Anwendung, wenn der Täter wegen eines *Verbrechens* nach § 213 bereits zweimal bestraft worden ist und nunmehr erneut strafrechtlich in Erscheinung trat.[111] Wie bereits erörtert lag mit § 213 grundsätzlich ein Vergehen vor, das nur im Einzelfall entsprechend § 1 Abs. 3 S. 2 in Form des § 213 Abs. 2 Verbrechenscharakter aufweisen konnte.[112] Wesentlich war aber, dass § 44 nur dann eingriff, wenn die Tatschwere und der Charakter der Handlung eine Straferhöhung rechtfertigten.[113]

Bei der Anwendung von § 44 kam es mithin nicht zur gleichzeitigen Aburteilung mehrerer Taten. Im Ergebnis konnte dem Rückfalltäter also nach § 44 Abs. 1 i.V.m. § 213 bei der dritten Tatbegehung eine Freiheitsstrafe von *drei bis zu zehn Jahren* drohen, soweit § 213 bei dem in Rede stehenden Urteil als Vergehen angewandt wurde. Bei Vorliegen des § 213 als Verbrechen bei der in Rede stehenden Aburteilung, drohte § 44 Abs. 1 dagegen eine *Mindeststrafe von fünf Jahren* an. Aufgrund von § 44 fand folglich eine weitere Strafschär-

---

109 Zusätzlich zur Freiheitsstrafe konnten die vorab dargestellten Zusatzstrafen verhängt werden. Dies ergibt sich aus den entsprechenden Normen im StGB-DDR 1968, Allgemeiner Teil, 3. Kapitel, 5. Abschnitt. Um Wiederholungen zu vermeiden, wird auf die dortigen Ausführungen verwiesen.

110 GBl. DDR I 1968, S. 1 (17) § 44 Abs. 1.

111 § 44 Abs. 1 lautete:

„Wer wegen Verbrechens gegen die Persönlichkeit, Jugend und Familie, das sozialistische, persönliche oder private Eigentum, die allgemeine Sicherheit oder die staatliche Ordnung bereits zweimal bestraft ist, wird, wenn er erneut ein derartiges Verbrechen oder vorsätzliches Vergehen begeht und der Charakter und die Schwere der gesamten strafbaren Handlungen sowie die Persönlichkeit des Täters eine besonders nachhaltige Bestrafung erfordern, bei einem Verbrechen mit Freiheitsstrafe nicht unter fünf Jahren, bei einem Vergehen von drei bis zehn Jahren bestraft".

112 Vgl. die Ausführungen unter Zweitem Teil, Siebtes Kapitel, A)I.

113 Vgl. den in FN 111 aufgeführten Gesetzestext.

fung statt.[114] In den untersuchten Fällen kam es nur einmal zur Anwendung der sog. Rückfalltat. Somit ist deren Praxisrelevanz als gering einzuschätzen.

IV. Verjährungsbestimmungen

Die Verjährungsvorschriften fanden sich in §§ 82 ff[115]. Sie galten für alle Strafbestimmungen, auch denjenigen außerhalb des StGB sowie auch für Straftaten, die vor In Kraft Treten des StGB begangen worden waren, Art. 5 Abs. 1 EGStGB.[116] War jedoch die Tat bereits aufgrund vormaliger kürzerer Verjährungsvorschriften verjährt, bestand keine Verfolgungsmöglichkeit mehr.[117] Die Verjährung selbst bestimmte sich gem. § 82 Abs. 3 S. 2 nach der für die Straftat angedrohten schwersten Strafe.

Für § 213 bestimmte sich damit die Verjährung nach der Strafe mit Freiheitsentzug, d.h. der Freiheitsstrafe. Allerdings muss zwischen der Verjährung von Absatz 1 und Absatz 2 unterschieden werden. Wie unter A)II.2. in diesem Kapitel ausgeführt, war in § 213 Abs. 2 ein Qualifikationstatbestand zu sehen. Im Ergebnis bedeutet dies, dass § 213 Abs. 1 unterschiedlichen Verjährungsfristen im Vergleich zu Absatz 2 unterlag. Für § 213 Abs. 1 sah § 82 Abs. 1 Nr. 2 eine Verjährung von fünf Jahren vor. Hinsichtlich des § 213 Abs. 2 galt § 82 Abs. 1 Nr. 4, der einer Verjährungsfrist von 15 Jahren anordnete.

Ein Ruhen der Verjährung erfolgte gem. § 83 insbesondere dann, solange sich der Täter außerhalb der DDR aufhielt, was bei beendeter „Republikflucht" in der Regel der Fall war. Damit wurde die Verjährung des Delikts unendlich hinausgeschoben.

B) Die Strafrechtsänderungsgesetze

Im Nachfolgenden werden die Änderungen in der Entwicklung des § 213 aufgezeigt. Die Änderungen des Strafgesetzbuches basierten vor allem auf

---

114 Diese Strafschärfung kam allerdings nach § 44 Abs. 2 nicht zur Anwendung, wenn das verletzte Gesetz eine höhere Mindeststrafe vorsah. Dies war jedoch bei § 213 nicht der Fall.

115 GBl. DDR I 1968, S. 1 (23).

116 Ministerium der Justiz-*Fritzsche* / *Schmidt*, Strafrecht der DDR – Lehrkommentar, Band I (1969), § 82, Ziff. 1, S. 277.

117 Ministerium der Justiz-*Fritzsche* / *Schmidt*, Strafrecht der DDR – Lehrkommentar, Band I (1969), § 82, Ziff. 1, S. 277.

dem politischen Machtwechsel von Ulbricht zu Honecker[118] im Mai 1971[119], woraus sich eine Verschärfung des Strafrechts ergab. Höhepunkt stellte bezogen auf den § 213, das 3. Strafrechtsänderungsgesetz von 1979 dar. Geprägt war diese Politik allerdings nicht nur durch Strafverschärfungen, sondern auch durch Straffreistellungen.[120] Trotz aller politischen Verschärfungen des Strafrechts erfolgten aufgrund der Verhandlungen zwischen West und Ost immer wieder Entscheidungen der Politik zugunsten der Betroffenen. Hinzuweisen ist in diesem Zusammenhang unter anderem auf das Gesetz zur Regelung der Fragen der Staatsbürgerschaft vom 16. Oktober 1972.[121] Darin wurde denjenigen, die die DDR vor dem 1. Januar 1972 illegal verlassen und nunmehr ihren Wohnsitz außerhalb der DDR genommen hatten, die Staatsbürgerschaft der DDR aberkannt.[122] Gleiches betraf die Abkömmlinge dieser Personen, die außerhalb der DDR ohne Genehmigung wohnhaft waren.[123] Im Gegenzug wurde statuiert, dass eine strafrechtliche Verfolgung wegen des ungenehmigten Verlassens der DDR nicht erfolge.[124] Diese Maßnahmen des Entgegenkommens der DDR fußten gerade auch auf der ab den 70er Jahren beginnenden Entspannungspolitik zwischen den beiden deutschen Staaten. Die DDR wurde auf internationalem Parkett als eigenständiger Staat anerkannt und hatte sich in völkerrechtlichen Akten zur deutlichen Ausweitung von Reisen in andere Staaten verpflichtet. Hinzuweisen ist hierbei insbesondere auf die KSZE Schlussakte von Helsinki aus dem Jahre 1975. Diese Offenheit nach Außen befand sich jedoch in einem elementaren Spannungsverhältnis zu dem innerpolitischen Ziel der Einschränkung der Abwanderungsbewegung insbesondere durch Strafvorschriften.

---

118 *Honecker* war von 1971 bis 1989 Erster Sekretär des ZK der SED. Politisch befürwortete er sicherheitspolitische Erwägungen, so dass auf dieser Grundlage die Politik jene Belange verstärkt berücksichtigte, vgl. *Kaiser*, Machtwechsel von Ulbricht zu Honecker, S. 460. Im Ergebnis führte dies zu einer Verschärfung im Strafrecht und Ausweitung der Sicherheitspolitik.

119 *Raschka*, Justizpolitik im SED-Staat, S. 47.

120 Hinsichtlich der ergangenen Amnestieentscheidungen auch im Zusammenhang mit Strafgefangenen aufgrund von § 213, wird auf die Ausführungen in: *Raschka*, Justizpolitik im SED-Staat, S. 62 ff verwiesen. Bezüglich des Umgangs der BRD mit der Problematik der Verfolgung von „Republikflüchtigen" wird im Zehnten Kapitel dieser Arbeit auf das sog. Freikaufverfahren eingegangen.

121 GBl. DDR I 1972, S. 265.

122 GBl. DDR I 972, S. 265, § 1 Abs. 1.

123 GBl. DDR I 972, S. 265, § 1 Abs. 2.

124 GBl. DDR I 972, S. 265, § 2.

Relevant für § 213 waren die Strafrechtsänderungsgesetze von 1974 sowie 1979, die nachfolgend dargestellt werden. Die Änderungen nach 1979 vollzogen sich im Wesentlichen aufgrund der Vorgaben durch das OG.

I. Das Strafrechtsrechtsänderungsgesetz von 1974

Infolge des 1. Strafrechtsänderungsgesetzes vom 19. Dezember 1974[125] wurden nur auf Rechtsfolgenseite Änderungen für § 213 relevant. Die Tatbestandsseite blieb vom 1. StÄG unberührt.

Zum einen wurde die Haftstrafe als weitere Maßnahme in § 213 aufgenommen, zum anderen erfolgten Änderungen in den §§ 33 und 44 durch das 1. StÄG[126], die aufgrund der Verweisung in § 213 in dieser Arbeit zu berücksichtigen sind. Hinsichtlich der neu eingeführten Haftstrafe[127], ergab sich aus der Auswertung der Ermittlungsakten, dass in der Praxis keine Relevanz dafür bestand.

1. Verurteilung auf Bewährung

Hinsichtlich § 33, der Verurteilung auf Bewährung, wurde in Absatz 3 folgende Normierung bezüglich materieller Schäden getroffen:

> „Bei Straftaten, die materielle Schäden verursacht haben, ist der Verurteilte zu verpflichten, den angerichteten Schaden durch Schadensersatzleistung oder, mit Einverständnis des Geschädigten, durch eigene Arbeit wiedergutzumachen. Das Gericht kann hierfür Fristen setzen."[128]

Damit wurde die vormalige Regelung in § 33 Abs. 3 Nr. 1 in der Form konkretisiert, dass bei materiellen Schäden zwingend Schadensersatz zu leisten war.

---

125 GBl. DDR I 1974, S. 591 ff. Das Gesetz trat am 1. April 1975 in Kraft, GBl. DDR I 1974, S. 591 (591). Alle in diesem Abschnitt vorgestellten Änderungen galten demnach erst ab diesem Zeitpunkt. Für die Taten, die vor dem 1 April 1975 begangen wurden, galt das StGB in der Fassung von 1968, vgl. auch z.B. Ministerium der Justiz, Strafrecht der DDR – Kommentar (1981), § 44, Ziff. 5 Buchstabe a), S. 175. Im Kommentar von 1981 sind die Bearbeiter der einzelnen Abschnitte nicht kenntlich gemacht. Vielmehr sind nur alle Autoren komplett aufgezählt, ohne dass eine Zuordnung zu einzelnen Abschnitten erfolgte, so dass es in der vorliegenden Arbeit nicht möglich war die Bearbeiter zu benennen.

126 GBl. DDR I 1974, S. 591 (592).

127 Geregelt war diese in § 41, GBl. DDR I 1968, S. 1 (16). Im Vordergrund steht hier die Disziplinierung des Täters durch kurzen Freiheitsentzug, Ministerium der Justiz-*Buchholz / Weber / Wittenbeck*, Strafrecht der DDR – Lehrkommentar, Band I (1969), § 41, S. 185. Ähnlich wird im heutigen Jugendstrafrecht verfahren mithilfe des Jugendarrestes, § 16 JGG, der jedoch auf vier Wochen begrenzt ist. Auch hier soll es zu einer Disziplinierung, mithin Erziehung, des Täters kommen.

128 GBl. DDR I 1974, S. 591 (592).

Dies folgt aus dem Wortlaut „ist“. Aus einer Ermessensvorschrift wurde somit eine Mussvorschrift, sodass der Verurteilte bei materiellen Schäden immer mit dieser Auflage bei Verurteilung auf Bewährung belegt wurde.[129]

§ 33 Abs. 3 diente gerade dazu die Funktion des Strafrechts, wozu auch der Sühne- und Ausgleichsgedanke gehörte, entsprechend umzusetzen. Im Übrigen wurde in § 33 Abs. 4 nunmehr ein weitergehendes System von Auflagen statuiert, um die Wirksamkeit der Strafe zu gewährleisten und dem Täter das Unrecht der Tat trotz Bewährung vor Augen zu führen. In Absatz 5 fand sich ab 1974 der Verweis auf die Möglichkeit der Verhängung von Zusatzstrafen. Dieser Verweis war wie in der Fassung von 1968 ausgestaltet, sodass auf die dortigen Ausführungen verwiesen wird. Da sich die weitergehenden Änderungen auf die Zusatzstrafe Geldstrafe beziehen, die jedoch nach Aktenauswertung keine Praxisrelevanz entfaltete, unterbleibt hier eine Darstellung der diesbezüglichen Änderungen.

2. Rückfalltat

Die Normierung in § 44, sog. Rückfalltat, wurde 1974 einerseits systematisiert und damit dem Rechtsanwender verständlicher gemach; Abs. 1 enthielt nunmehr folgende allgemeine Formulierung:

> „Wer wegen vorsätzlicher Vergehen bereits zweimal mit Freiheitsstrafe oder Arbeitserziehung oder wegen eines Verbrechens bestraft ist, wird, wenn er erneut eine vorsätzliche Straftat begeht, mit Freiheitsstrafe von einem Jahr bis fünf Jahren bestraft, soweit für diese Tat auch Freiheitsstrafe angedroht ist und das verletzte Gesetz keine höheren Strafen vorsieht.“[130]

Andererseits entfiel auf Tatbestandsseite die vormalige Einschränkung, dass für die Anwendbarkeit des § 44 Charakter, Schwere der Tat sowie die Persönlichkeit des Täters erforderlich seien.[131] Im Ergebnis kam es damit zu der Möglichkeit einer extensiven Anwendung der Strafschärfung.

§ 44 griff mit Stand von 1974 schon dann ein, wenn die vorher abgeurteilten Taten *vorsätzliche Vergehen* waren. Folglich reichten § 213 Abs. 1 und Abs. 2 hierfür in ihrem Vergehenscharakter aus, um eine Strafschärfung entsprechend § 44 Abs. 1 bei der dritten Tat eintreten zu lassen. Eine weitere Änderung bezog sich darauf, dass bereits bei Vorliegen *einer Vortat als Verbrechen* und nunmehr *Aburteilung einer vorsätzlichen Straftat*, die Regelung des § 44

---

129 Ministerium der Justiz, Strafrecht der DDR – Kommentar (1981), § 33, Ziff. 4, S. 145. Dies geschah insbesondere bei der Verletzung von Grenzsicherungsanlagen.

130 GBl. DDR I 1974, S. 591 (592).

131 Vgl. § 44 in GBl. DDR I 1968, S. 1 (17) mit der Neufassung 1974 in GBl. DDR I 1974, S. 591 (592).

Abs. 1 eingriff. Insoweit hat der Gesetzgeber auch hier die Anwendbarkeit des § 44 Abs. 1 ausgeweitet und eine strengere Reglementierung des Täters angeordnet.[132] Beachtlich ist, dass, wenn im konkreten Einzelfall eine Strafe von mehr als zwei Jahren ausgesprochen wurde, die Tat sich gem. § 1 Abs. 3 als Verbrechen charakterisierte.[133] Nach heutigem Verständnis liegt ein Verbrechen nur dann vor, wenn eine Tat im Mindestmaß mit einer Freiheitsstrafe von einem Jahr oder darüber bedroht ist, § 12 Abs. 1 StGB. Auf den einzelfallbezogenen Strafausspruch kommt es demnach nicht an und kann es auch nicht ankommen. Mit der Ausweitung des Begriffes „Verbrechen“ auf diese Fallgestaltung wird dem Tatgericht die Einordnung überlassen und ist damit für den Rechtsempfänger nicht mehr vorhersehbar.

Des Weiteren wurde § 44 Abs. 2 neu formuliert.[134] Dieser umfasste nunmehr nur noch die *Verbrechen gegen besondere Schutzgüter*, insbesondere gegen die staatliche Ordnung.[135] Bei § 213 griff § 44 Abs. 2 nur dann ein, wenn die Voraussetzungen nach § 1 Abs. 3 vorlagen.[136] Ab 1974 war es ausreichend, dass eine *einmalige Aburteilung wegen eines solchen Verbrechens* vorlag, um bei der zweiten Tat *wegen eines in Absatz 2 aufgeführten Verbrechens* die Strafschärfung nach § 44 Abs. 2 eingreifen zu lassen. Dabei betrug die Mindeststrafe drei Jahre. Insoweit kam es auf Tatbestandsseite zu einer Verschärfung, auf Rechtsfolgenseite jedoch zu einer Milderung.

Infolge der Möglichkeit des Rückgriffs auf § 44 wurde bei der Anwendung des § 213 ein differenziertes System zur Handhabung von Strafverschärfungen genutzt. Im Ergebnis drohten einem Täter des § 213 Abs. 1 trotz Vorliegens eines einfachen Vergehens bis zu fünf Jahre Freiheitsstrafe. Dies zeigt, wie wichtig es den politischen Organen der DDR war, die Abwanderungsbewegung durch Abschreckung zu unterbinden. Gelungen ist dies im Ergebnis nicht.

---

132 Ministerium der Justiz, Strafrecht der DDR – Kommentar (1981), § 44, Ziff. 1, S. 173.

133 Ministerium der Justiz, Strafrecht der DDR – Kommentar (1981), § 44, Ziff. 2, S. 173; OG, NJ 1975, S. 690.

134 § 44 Abs. 2, Stand 1974, GBl. DDR I 1974, S. 591 (591), lautete:

„(2) Wer bereis wegen Verbrechens gegen die Persönlichkeit, Jugend und Familie, das sozialistische, persönliche oder private Eigentum, die Volkswirtschaft, die allgemeine Sicherheit oder die staatliche Ordnung bestraft ist, wird, wenn er erneut ein derartiges Verbrechen begeht, mit Freiheitsstrafe nicht unter drei Jahren bestraft, soweit das verletzte Gesetz keine höhere Mindeststrafe vorsieht“.

135 GBl. DDR I 1974, S. 591 (592).

136 Vgl. hierzu die Ausführungen unter Zweitem Teil, Siebtes Kapitel, A)I.

II. Das Strafrechtsänderungsgesetz von 1979

Das 3. Strafrechtsänderungsgesetz vom 28. Juni 1979[137] brachte eine wesentliche Umgestaltung des § 213[138] sowohl auf der Tatbestands- als auch auf der Rechtsfolgenseite mit sich. Dieses Strafrechtsänderungsgesetz trat zum 1. August 1979 in Kraft.[139] Sinn und Zweck der Neufassung war es, die Ordnung und Sicherheit an der Staatsgrenze weiter zu festigen sowie den Transit- und Reiseverkehr entsprechend den vorhandenen Vorschriften zu gewährleisten.[140] Hintergrund für die erhebliche Änderung des Tatbestandes waren zum einen der 1973 erfolgte UN-Beitritt der DDR sowie der Abschluss der Helsinki Akte 1975 im Rahmen der KSZE. Durch diese Verknüpfungen und die damit einhergehenden Zugeständnisse auf dem internationalen Parkett, wurden Normierungen geschaffen, die im Bezug auf die Ausreisefreiheit im Widerspruch zu den nationalen Gegebenheiten standen. Einerseits war dies, wie schon im Zweiten Kapitel erwähnt, Art. 12 der UNO-Konvention, andererseits der Dritte Korb der Akte von Helsinki.[141] Beide Normierungen führten zu einem Anstieg der Fluchtzahlen und damit zu einer Unterdrucksetzung der Regierung der DDR. Weiterhin führten diese politischen Verträge jedoch auch zu der Änderung des § 214, der im Achten Kapitel dargestellt wird.

1. Tatbestandsseite

Auf Tatbestandsseite erfolgte eine Neufassung der Absätze 1 bis 3. Es kam zu einem systematischeren Aufbau des Tatbestandes, wobei nunmehr in Absatz 3 anstatt bisher in Absatz 2 die besonders schweren Fälle erfasst wurden.[142]

a) § 213 Abs. 1

Absatz 1 beschäftigte sich ausschließlich mit dem *widerrechtlichen Passieren* der Staatsgrenze, wobei hier beide Richtungen in und aus der DDR umfasst waren.[143] Diese im Kommentar festgelegte Intention ergibt sich auch aus dem Wortlaut der Norm und der Systematik der weiteren Absätze, da ansonsten in den weiteren Verhaltensweisen auf das Passieren nicht mehr eingegangen

---

137 GBl. DDR I 1979, S. 139 (143).

138 Der Gesetzeswortlaut in der Fassung von 1979 befindet sich im Anhang.

139 GBl. DDR I 1979, S. 139 (140).

140 OG, Informationen des OG, Sonderdruck, 1979, S. 1 (59).

141 Es wird insoweit auf die Ausführungen im Zweiten Kapitel verwiesen.

142 GBl. DDR I 1979, S. 139 (143).

143 Ministerium der Justiz, Strafrecht der DDR – Kommentar (1981), § 213, Ziff. 3, S. 505; OG, Informationen des OG, Sonderdruck, 1979, S. 1 (60).

wird, sondern nur speziellere Handlungen normiert wurden. Offiziell diente der Tatbestand dem Schutz der Staatsgrenze vor dem Eindringen und „widerrechtlichem Aufenthalt".[144] Eine Hochschulschrift des MfS definierte das Schutzobjekt wie folgt:

> „Schutzobjekt ist die staatliche und öffentliche Ordnung der DDR; speziell geschützt werden die der staatlichen Souveränität innewohnenden Hoheitsrechte der DDR zum Schutz ihrer Staatsgrenze und ihres Territoriums vor unkontrolliertem, ungesetzlichem Eindringen, Aufenthalt und Verlassen der DDR sowie zur Durchsetzung von staatlichen Genehmigungen bzw. Festlegungen über den zeitweiligen Aufenthalt im und die Rückkehr von DDR-Bürgern aus dem Ausland."[145]

Der weitere Schutzzweck der Sicherung der Staatsgrenze vor dem Verlassen der DDR, mithin der Verhinderung der Abwanderung in die BRD, ging in der offiziellen Definition unter. Dies war jedoch die Hauptintention für die Schaffung des Tatbestandes, wie schon in den vorigen Abschnitten dieser Arbeit aufgezeigt.

Umfasst war das Passieren der Staatsgrenze auf dem Land-, Wasser- und Luftweg.[146] Die Staatsgrenze konnte nur mit der erforderlichen schriftlichen Genehmigung überschritten werden.[147] Erfolgte der Grenzübertritt ohne eine solche Genehmigung, war dies widerrechtlich.[148] Ausnahmsweise im Hinblick auf die damalige ČSSR und Polen genügte die mündliche Genehmigungserteilung durch die Kontrollorgane an den jeweiligen Kontrollpunkten.[149] Täter dieser Tatbestandsvariante war jeder Ausländer[150] und jeder DDR-Bürger.[151]

---

144 Ministerium der Justiz, Strafrecht der DDR – Kommentar (1981), § 213, Ziff. 1, S. 505.

145 BStU, MGS, JHS 23866, Bl. 5.

146 Ministerium der Justiz, Strafrecht der DDR – Kommentar (1981), § 213, Ziff. 3, S. 505; OG, Informationen des OG, Sonderdruck, 1979, S. 1 (60).

147 Ministerium der Justiz, Strafrecht der DDR – Kommentar (1981), § 213, Ziff. 3, S. 505; OG, Informationen des OG, Sonderdruck, 1979, S. 1 (60).

148 OG, Informationen des OG, Sonderdruck, 1979, S. 1 (60).

149 Ministerium der Justiz, Strafrecht der DDR – Kommentar (1981), § 213, Ziff. 3, S. 505.

150 § 80 Abs. 5 lautete 1979, GBl. DDR I 1979, S. 139 (141):

> „(5) Als Ausland im Sinne dieses Gesetzes gelten Staaten und andere Gebiete außerhalb des Staatsgebietes der Deutschen Demokratischen Republik. Ausländer im Sinne dieses Gesetzes sind Personen, die nicht Staatsbürger der Deutschen Demokratischen Republik sind oder Staatenlose ohne ständigen Wohnsitz in der Deutschen Demokratischen Republik".

151 OG, Informationen des OG, Sonderdruck, 1979, S. 1 (60); OG, Informationen des OG, Sonderdruck, 1980, S. 3 (9/10).

Die Tat war mit Überschreiten der Staatsgrenze vollendet.[152]

Absatz 1 umfasste auch *den rechtswidrigen Aufenthalt in der DDR* und die *Verletzungen des Transits.*[153] Ein rechtswidriger Aufenthalt in der DDR konnte u.a. aus der Überschreitung von Reisefristen bzw. Abweichung vorgeschriebener Reisewege resultieren.[154] Hinsichtlich der Verletzung des Transits wurden darunter ungenehmigte Abweichungen von der festgelegten Transitstrecke oder auch der Überschreitung zeitlich befristeter Transitgenehmigungen verstanden.[155]

Hinsichtlich des Täterkreises sind die vorhandenen Quellen nicht einheitlich. Der offiziöse Kommentar gibt an, dass bezogen auf den Transitverkehr nicht nur Bürger anderer Länder Täter des § 213 Abs. 1 waren, sondern gerade auch Staatsangehörige der DDR.[156] Nach den Leitlinien des OG[157] aus dem Jahre 1979, die nur für den Dienstgebrauch vorgesehen waren, konnte Täter grundsätzlich nur ein Ausländer i.S.v. § 80 Abs. 5 sein.[158] Das OG bezog diese

---

152 Ministerium der Justiz, Strafrecht der DDR – Kommentar (1981), § 213, Ziff. 15, S. 508; OG, Informationen des OG, Sonderdruck, 1980, S. 3 (12). Es konnte gleichfalls zur Verwirklichung des Abs. 2 und 3 kommen, soweit der Täter im Ausland weitere Handlungen vornahm, die dem Zweck der Nichtrückkehr unterlagen, vgl. OG, Informationen des OG, Sonderdruck, 1980, S. 3 (12). Hinsichtlich des Versuchs und der Vorbereitung wird auf die Ausführungen unter Zweiten Teil, Siebtes Kapitel, B)II.1.d) verwiesen.

153 Transit kommt aus dem Lateinischen und bedeutet „trans = durch" und „ire = gehen", vgl. http://www.quickdict.de/showlat.php/23536_lat_de_transire.html. Im Ergebnis wird unter Transit der durchquerende Verkehr verstanden.

154 Ministerium der Justiz, Strafrecht der DDR – Kommentar (1981), § 213, Ziff. 3, S. 505; OG, Informationen des OG, Sonderdruck, 1979, S. 1 (60); OG, Informationen des OG, Sonderdruck, 1980, S. 3 (10).

155 Ministerium der Justiz, Strafrecht der DDR – Kommentar (1981), a.a.O.; OG, Informationen des OG, Sonderdruck, 1979, S. 1 (60). Nach den Informationen des OG war insbesondere das Abweichen von vorgegebenen Transitstrecken praktisch relevant, vgl. OG a.a.O. Benutzte der Täter gefälschte Dokumente unterfiel dies gleichfalls dieser Tatbestandsvariante, vgl. OG, Informationen des OG, Sonderdruck, 1980, S. 3 (10).

156 Ministerium der Justiz, Strafrecht der DDR – Kommentar (1981), a.a.O.

157 Diese Leitlinien des OG zu § 213 wurden im späteren Verlauf auch als Gemeinsamer Standpunkt von OG und Generalstaatsanwaltschaft bezeichnet. Nach heutigem Verständnis sind darunter Verwaltungsvorschriften zu verstehen, um den Umgang mit dem Tatbestand und seine Anwendung in der Gerichtspraxis zu erleichtern. Gesetzesqualität kam diesen Leitlinien jedoch nicht zu. Hintergrund für die Schaffung solcher Leitlinien war nach Ansicht der Verfasserin dieser Arbeit die Herbeiführung einer einheitlichen Gerichtspraxis. Diese Ansicht vertritt auch das LG Berlin, NJ 1997, S. 36 (37).

158 OG, Informationen des OG, Sonderdruck, 1979, S. 1 (60). Diese Ansicht wurde auch durch den Gemeinsamen Standpunkt des OG und des Generalstaatsanwalts bestätigt, vgl. OG, Informationen des OG, Sonderdruck, 1980, S. 3 (10).

Einschränkung des Täterkreises ausdrücklich auch auf den Transitverkehr.[159] Für die Auffassung des OG spricht, dass allein aus der Norm eine Einbeziehung von DDR-Bürgern in die Tatbestandsvariante der Verletzung des Transitverkehrs nicht ersichtlich ist. Erst im Absatz 2 sind der Staatsbürger der DDR und seine Verhaltensweisen bezogen auf die Staatsgrenze ins Auge gefasst worden. Allerdings räumt das OG in seinem Gemeinsamen Standpunkt aus dem Jahre 1980 ein, dass DDR-Bürger dann als Täter hinsichtlich dieser Tatbestandsvariante in Betracht kamen, wenn sie ständig im Ausland leben und eine Abfertigung an der Staatsgrenze aufgrund ausländischer Personaldokumente erfolgt.[160] Damit näherten sich der offiziöse Kommentar und die Leitlinien des OG wieder einander an. Im Hinblick auf den offiziösen Kommentar ist anzunehmen, dass auch dieser nur den vorliegend geschilderten Fall erfassen wollte, soweit er auf die Anwendbarkeit auf DDR-Bürger verwies. Das folgt daraus, dass im Rahmen des Transitabkommens vom 17. Dezember 1971[161] zwischen der BRD und der DDR Personen mit bundesdeutscher Staatsangehörigkeit[162] betroffen waren. Dementsprechend konnten keine DDR-Bürger gegen Transitvorschriften verstoßen, da diese auf den DDR-Staatsangehörigen keine Anwendung fanden. Eine Klarstellung erfolgte diesbezüglich auch durch eine Hochschulschrift des MfS aus dem Jahre 1988.[163] Nur soweit eine offizielle Entlassung aus der Staatsbürgerschaft der DDR vorlag[164], unterlagen, wie schon das OG statuierte[165], auch ehemalige DDR-Bürger den Transitvorschriften und damit der Strafbarkeit gem. § 213 Abs. 1.

Als problematisch stellte sich die Anwendbarkeit der Transitvorschriften und damit die Möglichkeit der Durchquerung der DDR durch DDR-Bürger in den Fällen dar, in denen diese die DDR ungesetzlich verlassen hatten. Insoweit war

---

159 OG, Informationen des OG, Sonderdruck, 1979, S. 1 (60).

160 OG, Informationen des OG, Sonderdruck, 1980, S. 3 (10).

161 Genaue Bezeichnung: Abkommen zwischen der Regierung der Bundesrepublik Deutschland und der Regierung der Deutschen Demokratischen Republik über den Transitverkehr von zivilen Personen und Gütern zwischen der Bundesrepublik Deutschland und Berlin (West), GBl. DDR II 1972, S. 349. Das Abkommen trat am 3. Juni 1972 in Kraft.

162 Dies ergibt sich aus Art. 1 des Transitabkommens, GBl. DDR II 1972, S. 349 (349), welcher den Transitverkehr von zivilen Personen und Gütern aus der BRD durch das Hoheitsgebiet der DDR als Zielstellung vorsah. Ziel war es mit diesem Abkommen die Durchquerung der DDR für den Zivilbürger aus der BRD zu vereinfachen und transparenter zu machen, vgl. Presse Bundesregierung, Die Berlin-Regelung, S. 130 und S. 284.

163 BStU, MGS, JHS 23866, Bl. 13.

164 BStU, MGS, JHS 23866, Bl. 13/14.

165 OG, Informationen des OG, Sonderdruck, 1980, S. 3 (10).

die DDR im Rahmen der Verhandlungen zu dem Abkommen bereit, auch diese Personen als Transitreisende zu behandeln, sodass den Flüchtenden keine Nachteile aus der Nutzung des Transits drohten.[166] Rechtliche Grundlage für die Anerkennung der ehemaligen Republikflüchtigen als Transitreisende war die schon benannte Amnestie im Rahmen des Gesetzes zur Regelung von Fragen der Staatsbürgerschaft vom 16. Oktober 1972.[167] Allerdings bestand für diese DDR-Bürger das Risiko, soweit sie nicht aus der Staatsbürgerschaft der DDR entlassen worden waren, wegen früher begangener noch verfolgbarer Straftaten, insbesondere nach § 213, belangt zu werden.[168]

b) § 213 Abs. 2

Absatz 2 umfasste dagegen die *Nichtrückkehr, nicht fristgemäße Rückkehr* in die DDR und die *Verletzung staatlicher Festlegungen über den Auslandsaufenthalt*. Der Täterkreis war hier beschränkt auf Personen mit der Staatsbürgerschaft der DDR, die diese entgegen den gesetzlichen Vorgaben, insbesondere in Form des Verstoßes gegen den Genehmigungsumfang[169], verließen.[170] Bestraft wurde daher zum einen derjenige, der nach der legalen Überquerung der Grenze nicht in das Hoheitsgebiet oder auf unbestimmte Zeit *nicht* in die DDR *zurückkehrte*.[171] Dieser Tatbestandsvariante unterfiel dabei auch die Flucht aus einem Drittland, für welches keine Genehmigung vorlag, obwohl

166 Presse Bundesregierung, Die Berlin-Regelung, S. 136 und S. 307. Hinsichtlich ehemaliger DDR-Bürger, die Straftaten nach dem StGB-DDR verübt hatten, behielt sich die DDR vor, diese bei Benutzung der Transitwege zurückzuweisen. Umfasst waren dabei Straftaten gegen das Leben, vorsätzliche Straftaten gegen die körperliche Unversehrtheit des Menschen oder schwere Straftaten gegen Eigentum und Vermögen, vgl. Presse Bundesregierung, Die Berlin-Regelung, S. 136/137 und S. 307. Gemäß Art. 16 Transitabkommen, GBl. DDR II 1972, S. 349 (353), war im Ausnahmefall auch eine Festnahme möglich. Zwar bezieht sich dieser Ausnahmefall auf den Missbrauch des Transitabkommens. Allerdings bestand hier eine Grauzone, da aufgrund „mündlich fixierter Vertragsabsprachen [...] Deserteure der Nationalen Volksarmee (NVA) unabhängig von einem Mißbrauch der Transitwege jederzeit verhaftet werden können." Entnommen aus: *o.V.*, Der Spiegel, DDR-Transit, Auf der Lauer, Nr. 1/1979, S. 23.

167 *Werkentin*, NJ 1992, S. 521 (525). Vergleiche auch die Ausführungen unter Zweiten Teil, Siebtes Kapitel, B).

168 BStU, MGS, JHS 23866, Bl. 14.

169 OG, Informationen des OG, Heft 5, 1979, S. 1 (7); OG, Informationen des OG, Sonderdruck, 1979, S. 1 (61).

170 OG, Informationen des OG, Sonderdruck, 1980, S. 3 (11); BStU, MGS, JHS 23866, Bl. 15. Staatenlose, die ihren ständigen Wohnsitz in der DDR hatten, unterfielen damit nicht der Rückkehrpflicht aus § 213 Abs. 2, vgl. OG, Informationen des OG, Sonderdruck, 1980, S. 3 (11); BStU, MGS, JHS 23866, Bl. 15.

171 OG, Informationen des OG, Sonderdruck, 1979, S. 1 (61).

der DDR-Bürger legal aus dem Hoheitsgebiet der DDR ausgereist war.[172] Als Vorbereitungshandlung zur Nichtrückkehr wurde das Erschleichen von Genehmigungen zum Verlassen der DDR angesehen[173]. Demgemäß wurde diese vormals bis zum 3. StÄG 1979 als eigene Tatbestandsvariante statuierte Verhaltensweise aus § 213 entfernt.[174] Die Abgrenzung zwischen Nichtrückkehr und nicht fristgerechter Rückkehr erfolgte anhand der Intention des Täters.[175] War das Ziel, sich ständig außerhalb der DDR aufzuhalten, so musste auf die Tatbestandshandlung der Nichtrückkehr zurückgegriffen werden. Bei bloßer Überschreitung von Fristen war die Handlung der nicht fristgerechten Rückkehr einschlägig. Da es sich bei dieser Herangehensweise zur Bestimmung der Tathandlung um eine subjektive Wertung handelte, hatte das OG nachfolgende Kriterien aufgestellt, anhand derer die Intention des Täters sich verobjektiviert haben sollte. Danach war eine Nichtrückkehr gegeben, bei:

„- Mitteilung an staatliche Organe der DDR oder Personen in der DDR über die Nichtrückkehr;
- auf die Dauer gerichtete Wohnsitznahme im Ausland;
- auf die Dauer gerichtete Arbeitsaufnahme im Ausland;
- Bestrebungen zur Annahme einer anderen Staatsangehörigkeit.“[176]

Im Zweifelsfall war jedoch von der nicht fristgerechten Rückkehr auszugehen.[177]

Zum anderen war es strafbar, wenn bei einem zeitweiligen Auslandsaufenthalt die vorgegebenen *Fristen zur Rückkehr nicht eingehalten* wurden.[178] § 213 Abs. 1 war in diesen Fällen nicht anzuwenden.[179] Paradox für den letzteren

---

172 OG, Informationen des OG, Sonderdruck, 1979, S. 1 (61); Ministerium der Justiz, Strafrecht der DDR – Kommentar (1981), § 213, Ziff. 5, S. 516. Dies betraf die Fälle der Auslandsreise nach Ungarn mit Genehmigung und das Verlassen Ungarns nach Österreich ohne weitere Genehmigung, mithin die Flucht über ein Drittland. Gerade im Sommer 1989 war dieser Weg aufgrund der Erklärung Gorbatschows über das Ende der „Breschnew-Doktrin“ und dem Beginn des Abbaus der Grenzanlagen zwischen Österreich und Ungarn, ein Erfolg versprechender für die Ausreisewilligen, vgl. *Funken / Reichardt*, Reportage im ZDF vom 23. Oktober 2007, http://www.zdf.de/massenflucht-ueber-ungarn-5239544.html?view=print.

173 OG, Informationen des OG, Sonderdruck, 1979, S. 1 (61); Weiterführend OG, Informationen des OG, Sonderdruck, 1980, S. 3 (12).

174 OG, Informationen des OG, Sonderdruck, 1979, S. 1 (61).

175 OG, Informationen des OG, Sonderdruck, 1980, S. 3 (11).

176 OG, Informationen des OG, Sonderdruck, 1980, S. 3 (12).

177 OG, Informationen des OG, Sonderdruck, 1980, S. 3 (12).

178 Ministerium der Justiz, Strafrecht der DDR – Kommentar (1981), § 213, Ziff. 5, S. 506.

179 OG, Informationen des OG, Heft 5, 1979, S. 3 (7).

Fall ist, dass ein strafwürdiges Verhalten nach dem Gesetz schon dann angenommen wurde, wenn zwar eine Rückkehr erfolgte, jedoch erst nach Ablauf der Genehmigungsfrist.[180] Eine Strafbarkeit konnte allerdings aufgrund von § 3 Abs. 1 dann ausscheiden, soweit die Fristverletzung geringfügig war bzw. begründet.[181] Der Hintergrund für die Sanktionierung ergab sich aus dem Gedanken, dass der Täter aus „egoistischen Motiven“ [182] die Fristen nicht einhielt und daher bestraft werden musste. Das Ziel der Nichtrückkehr war für die Erfüllung dieser Tatbestandsvariante nicht erforderlich.[183] Eine reine Fristüberschreitung kann nach heutigem Verständnis wohl allenfalls den Charakter einer Ordnungswidrigkeit als geringfügige Verletzung von Rechtsregeln erlangen. Dies folgt auch daraus, dass bei dem Tatbestand der Fristüberschreitung keine weitergehende Zielsetzung erforderlich war, die dieses Merkmal einer Strafbewehrung unterstellt hätte. Im Ergebnis wurde damit das Strafrecht nicht mehr als ultima ratio zur Sanktionierung krimineller Verhaltensweisen genutzt.

Die Tatbestandsvariante der *Verletzung staatlicher Festlegungen* über den Auslandsaufenthalt bezog sich vor allem auf den Verstoß von territorialen Festlegungen.[184] Es war mithin verboten, in andere, nicht von der Genehmigung umfasste, Gebiete zu reisen.[185] Sobald diese weiteren Aufenthalte in nicht genehmigten Gebieten mit dem Ziel erfolgten, nicht in die DDR zurückzukehren, unterfielen diese Handlungen nicht der 3. Tatbestandsvariante des Absatz 2, sondern allein der 1. Tatbestandsvariante, der Nichtrückkehr.[186] In Betracht kam ebenfalls die tateinheitliche Verletzung der zwei Tatbestandsvarianten, der nicht fristgerechten Rückkehr sowie der Verletzung staatlicher Festlegungen.[187]

Somit konnten keine Strafbarkeitslücken entstehen. Das OG führte dazu aus:

> „Da § 213 StGB ausschließlich die Staatsgrenze der DDR schützt, sind Verletzungen anderer Staatsgrenzen durch DDR-Bürger als Bestandteil des strafbaren Handelns der Nichtrückkehr zu verfolgen.

---

180 Ministerium der Justiz, Strafrecht der DDR – Kommentar (1981), § 213, Ziff. 5, S. 506.

181 OG, Informationen des OG, Sonderdruck, 1979, S. 1 (61).

182 OG, Informationen des OG, Heft 5, 1979, S. 3 (7).

183 OG, Informationen des OG, Heft 5, 1979, S. 3 (8).

184 OG, Informationen des OG, Sonderdruck, 1979, S. 1 (61); OG, Informationen des OG, Sonderdruck, 1980, S. 3 (12).

185 OG, Informationen des OG, Sonderdruck, 1979, S. 1 (61).

186 OG, Informationen des OG, Sonderdruck, 1979, S. 1 (61); OG, Informationen des OG, Sonderdruck, 1980, S. 3 (12/13).

187 OG, Informationen des OG, Sonderdruck, 1980, S. 3 (13).

> Erfolgt die Verletzung ausländischer Staatsgrenzen bei Rückkehrabsicht in die DDR, ist die Tatbestandsalternative der Verletzung staatlicher Festlegungen über den Auslandsaufenthalt heranzuziehen."[188]

Aufgrund dieser Aussage ist ersichtlich, dass von der sog. „Republikflucht" alle Verhaltensweisen umfasst sein sollten, die ein Verlassen des Staatsgebietes der DDR sowie Verstöße gegen die staatliche Autorität beinhalteten. Die Bindung der Bürger an den Staat und die Bestätigung des dort herrschenden Systems war für die Existenz und Anerkennung der DDR als eigenständiger Staat gerade auch durch die westeuropäischen Staaten exorbitant wichtig. Die Existenz eines Staates ohne Anerkennung durch seine Bevölkerung kann zum Bestehen einer bloßen Hülle führen, was wiederum die Gefahr eines Zusammenbruchs des Staatsgebildes in sich trägt. Im Ergebnis erfolgte dieser Zusammenbruch der DDR im Jahre 1989 gerade auch durch die Welle der in den 80er Jahren vermehrt auftretenden Ausreisewilligen.

c) § 213 Abs. 3

Absatz 3, der ab diesem Zeitpunkt die besonders schweren Fälle des ungesetzlichen Grenzübertritts regelte, war wiederum nicht abschließend normiert. Dies folgt aus dem Wortlaut „insbesondere" und wird durch den offiziösen Kommentar bestätigt.[189] Es bestand somit auch weiterhin die Möglichkeit unbenannte Fälle durch Absatz 3 zu erfassen. Die dort benannten Fälle galten dabei für alle in Absatz 1 und Absatz 2 enthaltenen Begehungsweisen und konnten diesbezüglich zu einer Strafschärfung führen.[190] § 213 Abs. 3 fand auch dann Anwendung, wenn die dort benannten Erschwerungsgründe erst im Ausland verwirklicht wurden.[191] Durch das OG wurde festgehalten, dass durch das 3. StÄG die Begehungsweisen des § 213 Abs. 3 in ihrer Bestimmtheit verständlicher aufbereitet wurden.[192] Damit sei die Gefährlichkeit dieser Verhaltensweisen besser herausgearbeitet worden.[193]

aa) § 213 Abs. 3 Ziffer 1

Neu eingefügt wurde Absatz 3 Ziffer 1, mithin, wenn die Begehungsweise des ungesetzlichen Grenzübertritts das Leben oder die Gesundheit von Menschen

---

188 OG, Informationen des OG, Sonderdruck, 1980, S. 3 (13).

189 Ministerium der Justiz, Strafrecht der DDR – Kommentar (1981), § 213, Ziff. 7, S. 507.

190 Ministerium der Justiz, Strafrecht der DDR – Kommentar (1981), § 213, Ziff. 7, S. 507.

191 OG, Informationen des OG, Heft 5, 1979, S. 3 (8).

192 OG, Informationen des OG, Sonderdruck, 1979, S. 1 (62).

193 OG, Informationen des OG, Sonderdruck, 1979, S. 1 (61).

gefährdet.[194] Damit wurde eine unmittelbare Gefährdung gefordert.[195] Eine solche Unmittelbarkeit lag vor, wenn:

> „der Eintritt des Schadens akut bevorsteht, wenn er gegenwärtig und ohne zielgerichtete Maßnahmen oder das Eintreten unvorhergesehener Ereignisse nicht mehr abwendbar ist, der Eintritt des Schadens jedoch durch anderweitige Umstände verhindert werden konnte. […] Eine unmittelbare Gefahr ist gegeben, wenn eine in der Regel durch zielgerichtete Maßnahmen nicht mehr zu beeinflussende Situation herbeigeführt wird, in der die Gesundheit und das Leben von Menschen tatsächlich und ernsthaft bedroht werden oder Schäden konkret zu erwarten sind."[196]

Im Ergebnis lag folglich ein sogenanntes konkretes Gefährdungsdelikt vor, bei dem der Eintritt eines Schadens nur vom Zufall abhängt.

Beispielhaft für eine Gefährdung i.S.d. § 213 Abs. 3 Ziff. 1 wurden im Gemeinsamen Standpunkt des OG 1980 folgende Verhaltensweisen aufgeführt:

„- das Zufahren auf Personen bei der Benutzung von Fahrzeugen zum Grenzdurchbruch,
- einen aus medizinischer Sicht gefährlichen Einsatz von Medikamenten bei Kindern,
- die Mitnahme von Kindern bei risikoreicher Handlung (z.B. in Paddel- oder Schlauchbooten bei Überquerung der Ostsee)."[197]

Vom Schutzzweck umfasst waren all diejenigen Personen, die subjektiv die Ziffer 1 nicht verwirklichten, mithin gerade auch Mittäter oder mitgeführte Kinder.[198] Aufgrund dieser Reichweite der Einbeziehung konnte für einen Täter die Strafschärfung des § 213 Abs. 3 Ziff. 1 angenommen werden, obwohl im Ergebnis „nur" eine Gefährdung des Mittäters durch die Begehung des ungesetzlichen Grenzübertritts und eine Gefährdung unbeteiligter Dritter nicht vorlag.

---

194 Vgl. § 213 Abs. 2, GBl. DDR I 1968, S. 1 (40) mit der Neufassung des § 213 Abs. 3, GBl. DDR I 1979, S. 139 (143).

195 Ministerium der Justiz, Strafrecht der DDR – Kommentar (1981), § 213, Ziff. 8, S. 507.

196 Definition entnommen aus: Ministerium der Justiz, Strafrecht der DDR – Kommentar (1981), § 186, Ziff. 4, S. 456. Dieser beschreibt ausführlich die Voraussetzungen für das Vorliegen unmittelbarer Gefahr. Aufgrund der gleichen Kasuistik in § 213 kann auf die Definition in § 186 zurückgegriffen werden. Es ist nicht davon auszugehen, dass der Gesetzgeber der DDR für zwei Tatbestände eine unterschiedliche Definition der unmittelbaren Gefahr vor Augen hatte. Vielmehr werden solche Begriffe einheitlich gehandhabt, um eine Vereinheitlichung der Rechtsprechung erreichen zu können.

197 OG, Informationen des OG, Sonderdruck, 1980, S. 3 (13/14).

198 Ministerium der Justiz, Strafrecht der DDR – Kommentar (1981), § 213, Ziff. 8, S. 507; OG, Informationen des OG, Heft 5, 1979, S. 3 (8); OG, Informationen des OG, Sonderdruck, 1980, S. 3 (13).

bb) § 213 Abs. 3 Ziffer 2

Die frühere Ziffer 1 wurde nunmehr zu Ziffer 2, wobei die Begehungsweise der Beschädigung von Grenzsicherungsanlagen gestrichen wurde. Umfasst wurde von Ziffer 2 von diesem Zeitpunkt an das *Mitführen von Waffen und die Anwendung gefährlicher Mittel und Methoden.* Der Begriff der *Waffe* wurde wie schon 1968 definiert und daher bestimmt vom Zweck des Mitsichführens und seiner objektiven Eignung für den vorgesehenen Zweck, mithin der Einwirkung auf die Grenzsicherungsanlagen.[199]

Hervorzuheben ist, dass diese Alternative in Form der gefährlichen Methode in der Auslegung eine Erweiterung dahingehend erfuhr, dass hierunter nunmehr die Beschädigung von Grenzanlagen zu fassen war, die zuvor als eigene Tatbestandsvariante normiert war. Denn zu den gefährlichen Mitteln gehörten auch „solche, die gegen technische Anlagen eingesetzt werden soll[t]en, wenn hiermit erhebliche Gefahren für den sicheren Schutz der Staatsgrenze verbunden"[200] waren. Beispielhaft benannt ist der gewaltsame Durchbruch von Grenzsicherungsanlagen mit einem Kraftfahrzeug.[201] Umfasst sein sollten jedoch nicht nur Verhaltensweisen, die unmittelbar beeinträchtigende Wirkungen zeigten, sondern gerade auch solche Methoden, die die Gefahr in sich trugen, die Grenzer zu desorientieren und damit Sicherungsmaßnahmen unwirksam zu machen.[202]

Der Gemeinsame Standpunkt des OG 1980 präzisierte diese mittelbaren Auswirkungen der Anwendung gefährlicher Mittel. Umfasst waren damit alle Vorgehensweisen,

> „die Auswirkungen für den sicheren Schutz der Staatsgrenze entweder dadurch haben, daß sie deren Schutzwirkung beeinträchtigen bzw. aufheben oder dadurch, daß sie über die unmittelbar angegriffene Stelle der Staatsgrenze hinauswirken, d.h. die Grenzsicherung weiträumiger beeinträchtigen, so z.B. spezielle Geräte

199 Ministerium der Justiz, Strafrecht der DDR – Kommentar (1981), § 213, Ziff. 9, S. 507; OG, Informationen des OG, Sonderdruck, 1980, S. 3 (14).

200 Zum Gesamten Ministerium der Justiz, Strafrecht der DDR – Kommentar (1981), § 213, Ziff. 9, S. 507.

201 Ministerium der Justiz, Strafrecht der DDR – Kommentar (1981), § 213, Ziff. 9, S. 507.

202 Ministerium der Justiz, Strafrecht der DDR – Kommentar (1981), a.a.O.; OG, Informationen des OG, Sonderdruck, 1980, S. 3 (14). Zu diesen gefährlichen Methoden gehörten damit u.a. das Vortäuschen des Einsatzes von Schusswaffen/Sprengmitteln, die Benutzung von Uniformen oder diesen ähnlichen Bekleidungsstücken, vgl. OG, Informationen des OG, Sonderdruck, 1980, S. 3 (14/15).

zum Überwinden der Grenzsicherungsanlagen, abgerichtete Hunde, Nebelkörper, Tränenreizstoff u.ä.“[203]

Es wurden mithin auch mittelbare Gefährdungen, die zu Grenzzwischenfällen führten, als gefährliche Mittel angesehen. Insoweit war eine Ausuferung des Tatbestandes angelegt. Allein aus dem Wortlaut war eine solche Verknüpfung nicht ersichtlich, zumal es sich bei besonders schweren Fällen, die mit einer erheblichen Strafandrohung einhergingen, um gravierende, vom Grundtatbestand abhebende, Verhaltensweisen handeln musste. Bei einer mittelbaren Gefahr hinsichtlich des Eintretens von Grenzzwischenfällen, die bei einem illegalen Verlassen des Staatsgebietes, dem Verhalten bei Bekanntwerden immanent waren, lag ein solch besonders schwerer Fall nicht vor. Aus rechtsstaatlichen Gesichtspunkten ist eine erhöhte Vorwerfbarkeit kriminellen Verhaltens nicht zu erblicken.

cc) § 213 Abs. 3 Ziffer 3

Neu eingefügt wurde auch die Tatbestandsvariante der Ziffer 3, *die Begehungsweise mit besonderer Intensität*. Fraglich ist, inwieweit hier die Grundsätze der Bestimmtheit gewahrt sind. Bestimmtheit ist nur dann gegeben, wenn der Adressat der Norm, hier der Täter, ohne Weiteres erkennen konnte, welche kriminelle Verhaltensweise die Strafschärfung des § 213 Abs. 3 Ziff. 3 nach sich zieht. Dies ist hier nicht ersichtlich, denn es ist schon unklar, welcher Grad an Intensität für die Erfüllung dieser Tatbestandsvariante vorliegen musste. Der Kommentar führt hierzu aus, dass eine solche Intensität schon dann vorliegen kann, wenn ein erheblicher physischer Aufwand beim Grenzübertritt vorlag.[204] Der Gemeinsame Standpunkt des OG 1980 sieht ein Vorliegen dieser Begehungsweise nicht nur bei einem erheblichen physischen Aufwand als gegeben an, sondern zugleich bei besonderen geistigen Anstrengungen.[205] Beispielhaft aufgeführt wurden hier die Verhaltensweisen des Baus oder der Benutzung von Luftfahrtgeräten (insbesondere Ballons), Booten oder Tauchgeräten, aber auch die Durchführung von Konditionstraining.[206] Letzteres konnte nur relevant werden, soweit der Betroffene bei der Flucht gefasst wurde, insbesondere bei der schwimmenden Durchquerung von Grenzflüssen/Ostsee und sodann im Verfahren durch Aussagen Dritter ein solches Training nachgewiesen werden konnte. Nur dann konnte ihm bei der Vorberei-

---

203 OG, Informationen des OG, Sonderdruck, 1980, S. 3 (14).

204 Ministerium der Justiz, Strafrecht der DDR – Kommentar (1981), § 213, Ziff. 10, S. 507.

205 OG, Informationen des OG, Sonderdruck, 1980, S. 3 (15).

206 OG, Informationen des OG, Sonderdruck, 1980, S. 3 (15).

tung des ungesetzlichen Grenzübertritts und Durchführung desselben eine besondere Intensität vorgeworfen werden.

Für die benannte Intensität reicht jedoch eine mehrfache Tatbegehung grundsätzlich nicht aus[207], was schon aus Ziffer 6 von § 213 Abs. 3 folgt, der gerade die mehrfache Tatbegehung als strafschärfend ansieht. Allerdings konnte Ziffer 3 im konkreten Fall, bei besonderer Intensität der mehrfachen Tatbegehung einschlägig sein.[208] Im Ergebnis kann davon ausgegangen werden, dass die Ziffer 3 als Auffangtatbestand dienen sollte, für all jene Fälle, die noch nicht unter Ziffer 1 oder Ziffer 2 fielen, um so umfassend reagieren zu können.

dd) § 213 Abs. 3 Ziffer 4

In Ziffer 4 fand sich nunmehr die vormalige Ziffer 2 des § 213 Abs. 2 StGB-DDR 1968, die die Tatbegehung durch *Urkundenfälschung bzw. den Missbrauch von Urkunden oder die Ausnutzung eines Versteckes* normierte.[209] Festzuhalten bleibt nur, dass unter Falschbeurkundung auch die Ausstellung von BRD-Pässen fiel, die über Botschaften beantragt wurden.[210] Hintergrund des Eingreifens dieser Tatbestandsvariante war die Ansicht, dass der antragstellende DDR-Bürger bewirkte, dass er in dem BRD-Pass „als Deutscher im Sinne der in der BRD praktizierten völkerrechtswidrigen Staatsbürgerschaftsregelung“ geführt wurde.[211] Die einzelnen Tatbestandsvarianten in Ziffer 4 zeigten damit nach Ansicht des Gesetzgebers den besonderen kriminellen Charakter dieser Verhaltensweisen auf.[212] Eine tateinheitliche Anwendung mit § 213 war damit nicht möglich.[213] § 213 ging bei Vorliegen der Voraussetzungen des Abs. 3 Ziffer 4 den dort benannten Delikten vor.

ee) § 213 Abs. 3 Ziffer 5

Die nunmehrige Ziffer 5 wurde an die vormalige Ziffer 3 des § 213 Abs. 2 StGB-DDR 1968 angelehnt, wobei das Wort „Gruppe“ entfallen und durch die Formulierung „zusammen mit anderen“ ersetzt wurde. Diesbezüglich wird deutlich, dass jedes bewusste gemeinschaftliche Handeln von mindestens zwei

207 Ministerium der Justiz, Strafrecht der DDR – Kommentar (1981), § 213, Ziff. 10, S. 507.

208 OG, Informationen des OG, Sonderdruck, 1979, S. 1 (62). Das OG schweigt jedoch darüber, welche Fälle bei mehrfacher Tatbegehung die Intensität des § 213 Abs. 3 Ziff. 3 erreichen sollten.

209 Es wird auf die Ausführungen unter Zweiten Teil, Siebtes Kapitel, A)II.2.b) verwiesen.

210 OG, Informationen des OG, Heft 5, 1979, S. 3 (8).

211 OG, Informationen des OG, Heft 5, 1979, S. 3 (8).

212 OG, Informationen des OG, Sonderdruck, 1979, S. 1 (62).

213 OG, Informationen des OG, Sonderdruck, 1979, S. 1 (62).

Personen umfasst war.[214] Damit tritt klarer hervor, dass allein eine Teilnehmerhandlung zum ungesetzlichen Grenzübertritt nicht umfasst sein sollte[215], sondern die Betroffenen selbst Täter des § 213 Abs. 1 oder Abs. 2 sein mussten, um den Eintritt des besonders schweren Falles hervorzurufen. Ein Zusammenwirken wurde nach dem Sonderdruck des OG 1979 jedoch auch dann angenommen, wenn mit Menschenhändlern zusammengewirkt wurde.[216] Diese Ansicht wurde 1980 aufgegeben, sodass ein Zusammenwirken mit Tätern des Menschenhandels nicht mehr unter § 213 Abs. 3 Ziff. 5 fiel.[217] Dies resultiert daraus, dass verschiedene Tätergruppen vorlagen, die nicht hinsichtlich eines Delikts zusammenwirkten, sondern unterschiedliche Zielrichtungen verfolgten. Anders wurde dies jedoch bei einem Zusammenwirken von einem Täter des § 213 mit einer Militärperson gesehen. Hierbei wurde hinsichtlich des § 213 für die Zivilperson Absatz 3 Ziffer 5 angenommen.[218] Die Militärperson unterlag jedoch dem vorrangig eingreifenden Delikt der Fahnenflucht, § 254 Abs. 2 Nr. 1, der zugleich den ungesetzlichen Grenzübertritt mit umfasste.[219]

Soweit mehrere bei der Begehung der Tat nach § 213 zusammenwirkten und ein Täter strafbefreiend zurückgetreten war, konnte hinsichtlich des noch zu bestrafenden Täters der Erschwernisgrund des § 213 Abs. 3 Ziff. 5 weiterhin Anwendung finden.[220] Ausreichend für das Eingreifen des Erschwernisgrundes war, dass alle Täter schuldhaft gehandelt hatten.[221] Ein strafbefreiender Rück-

---

214 Ministerium der Justiz, Strafrecht der DDR – Kommentar (1981), § 213, Ziff. 12, S. 508; OG, Informationen des OG, Sonderdruck, 1979, S. 1 (62); OG, Informationen des OG, Sonderdruck, 1980, S. 3 (15), wobei hierbei auch auf die familienrechtliche Verbundenheit abgestellt wurde. Die Hochschulschrift des MfS aus dem Jahre 1988 stellt hier explizit auf die Mittäterschaft ab und verweist darauf, dass andere Teilnahmeformen von diesem Tatbestand nicht umfasst sind, vgl. BStU, MGS, JHS 23866, Bl. 24/25.

215 So auch Ministerium der Justiz, Strafrecht der DDR – Kommentar (1981), § 213, Ziff. 12, S. 508.

216 OG, Informationen des OG, Sonderdruck, 1979, S. 1 (62).

217 OG, Informationen des OG, Heft 6, 1980, S. 2 (7); OG, Informationen des OG, Sonderdruck, 1980, S. 3 (15).

218 OG, Informationen des OG, Heft 6, 1980, S. 2 (7); OG, Informationen des OG, Sonderdruck, 1980, S. 3 (15).

219 So zu entnehmen aus: OG, Informationen des OG, Heft 6, 1980, S. 2 (7). Gleiches ergibt sich jedoch auch aus dem Gesetzestext des § 254 Abs. 2 Nr. 1, GBl. DDR I 1968, S. 1 (45), der wie folgt lautete:

„[...] (2) In schweren Fällen wird der Täter mit Freiheitsstrafe von zwei bis zu zehn Jahren bestraft. Ein schwerer Fall liegt insbesondere vor, wenn die Tat

1. mit dem Ziel begangen wird, das Staatsgebiet der Deutschen Demokratischen Republik zu verlassen oder diesem fernzubleiben; [...]".

220 OG, Informationen des OG, Heft 1, 1980, S. 2 (5).

221 OG, Informationen des OG, Heft 1, 1980, S. 2 (5).

tritt steht dieser Annahme nicht entgegen, da es sich insoweit um einen persönlichen Strafaufhebungsgrund handelte, der die Schuld nicht entfallen ließ.[222]

ff) § 213 Abs. 3 Ziffer 6

Ziffer 6 stellte eine Änderung des § 213 Abs. 2 Ziff. 4 StGB-DDR 1968 dar. Eine Strafschärfung wurde nur noch dann angenommen, wenn der Täter bereits wegen ungesetzlichen Grenzübertritts verurteilt war. Die vormals enthaltenen Fälle der „mehrfachen Begehung der Tat ohne Verurteilung“ bzw. „des Versuchs des Grenzübertritts ohne Verurteilung“ wurden herausgenommen. Im Ergebnis hat der Gesetzgeber damit die zum § 213 Abs. 3 Ziff. 4 StGB-DDR 1968 aufgekommene Diskussion entschärft.[223] Infolgedessen ist der Tatbestand auch bestimmter geworden. Von der bestraften Tat umfasst waren dabei sowohl Täterschaft als auch Teilnahme, Vorbereitung, Versuch und Vollendung.[224] Nach dem offiziösen Kommentar lag ein besonders schwerer Fall auch nur dann vor, wenn die Strafe noch nicht getilgt war.[225] Damit wurde es dem Betroffenen ermöglicht, nur nach dem Grundtatbestand verurteilt zu werden und so einer Freiheitsstrafe zu entgehen. Mithin wurde dem Betroffenen die lange Zeit der Straffreiheit angerechnet. Weiterhin war ein schwerer Fall nicht schon dann begründet, wenn der Angeklagte bereits zuvor wegen Fahnenflucht bestraft worden war, da insoweit ohnehin keine Tatbestandsmäßigkeit vorlag.[226] Allerdings konnte im letztgenannten Fall eine Strafschärfung über § 44 eintreten.[227]

d) § 213 Abs. 4

In Absatz 4 wurde nunmehr die Strafbarkeit des Versuchs und der Vorbereitung normiert. Diesbezüglich ist im offiziösen Kommentar aufgelistet, welche Verhaltensweisen als Vorbereitung zu werten waren:

„- die Erprobung verschiedener Ablaufvarianten und Begehungsmethoden oder Tatmittel auf ihre Tauglichkeit bei Durchführung des angestrebten ungesetzlichen Grenzübertritts [...]

- Gespräche mit anderen, die auf die Gewinnung eines Mittäters oder Gehilfen gerichtet sind,

---

222 OG, Informationen des OG, Heft 1, 1980, S. 2 (5).

223 Vergleiche zum Diskussionsstand die Darstellung in diesem Kapitel unter A)II.2.d).

224 Ministerium der Justiz, Strafrecht der DDR – Kommentar (1981), § 213, Ziff. 13, S. 508.

225 Ministerium der Justiz, Strafrecht der DDR – Kommentar (1981), § 213, Ziff. 13, S. 508.

226 OG, Informationen des OG, Heft 6, 1980, S. 2 (8); OG, Informationen des OG, Sonderdruck, 1980, S. 3 (16).

227 OG, Informationen des OG, Heft 6, 1980, S. 2 (8); OG, Informationen des OG, Sonderdruck, 1980, S. 3 (16).

- das Erkunden von Begehungsmöglichkeiten,
- die Erarbeitung konkreter Tatvorbereitungs- und Durchführungspläne innerhalb einer Tätergruppe."[228]

Es musste jedoch im Rahmen der Vorbereitungshandlung bereits eine konkrete Festlegung hinsichtlich der Tat erfolgt sein, worauf sich dann die vorbereitende Handlung beziehen sollte.[229]

Hinsichtlich des Versuchsbeginns wurde darauf abgestellt, dass das Verlassen des Wohn- oder Aufenthaltsortes mit dem Ziel der Überschreitung der Staatsgrenze ohne Genehmigung ausreichend war.[230] Damit einhergehende Zwischenziele, die zur Erreichung des Endziels, Verlassen der DDR, notwendig waren, wurden vom Versuchsstadium mit umfasst.[231] Auf eine Annäherung an die Staatsgrenze selbst kam es mithin nicht an, soweit der Vorsatz, den gewöhnlichen Aufenthaltsort zu verlassen, um das Endziel zu einem bestimmten Zeitpunkt zu erreichen, nachweisbar war. Bis zum Zeitpunkt des Überschreitens der Staatsgrenze lag im Ergebnis nur ein Versuch vor. Folglich ergab sich eine Strafbarkeit wegen Versuch auch dann, wenn sich der Täter auf ein ausländisches Wasserfahrzeug begab und dieses sich noch in den Hoheitsgewässern der DDR aufhielt.[232]

In Bezug auf Absatz 2 war die Vorbereitung der Nichtrückkehr anzunehmen, wenn der Täter „den Entschluß zur Nichtrückkehr in der DDR faßt[e] und den Wohn- und Aufenthaltsort [verließ], um die Staatsgrenze mit dem Ziel der ungesetzlichen Nichtrückkehr zu passieren".[233] Diese Festlegung entsprach einer systemimmanenten Auslegung, da eine Vollendung erst mit der Nichtrückkehr z.B. nach Ablauf einer befristeten Genehmigung, eintrat und der Versuch damit erst vorlag, wenn die Grenze überschritten wurde, um nach Ablauf der Genehmigung nicht zurückzukehren.[234] Damit muss jedes weitere

---

228 Ministerium der Justiz, Strafrecht der DDR – Kommentar (1981), § 213, Ziff. 15, S. 508.

229 Ministerium der Justiz, Strafrecht der DDR – Kommentar (1981), § 213, Ziff. 15, S. 508.

230 Ministerium der Justiz, Strafrecht der DDR – Kommentar (1981), a.a.O., OG, Informationen des OG, Heft 5, 1979, S. 3 (8).

231 Ministerium der Justiz, Strafrecht der DDR – Kommentar (1981), a.a.O.; OG, Informationen des OG, Heft 5, 1979, S. 3 (8).

232 Ministerium der Justiz, Strafrecht der DDR – Kommentar (1981), a.a.O.

233 Ministerium der Justiz, Strafrecht der DDR – Kommentar (1981), a.a.O.

234 So auch zu lesen in: Ministerium der Justiz, Strafrecht der DDR – Kommentar (1981), a.a.O.

vorgelagerte Verhalten als Vorbereitung angesehen werden, u.a. auch das Erlangen einer Genehmigung mit dem Ziel nicht zurückzukehren.[235]

Der Rücktritt vom Versuch richtete sich, wie schon 1968, nach den allgemeinen Regelungen der §§ 21 ff. Insoweit lag auch diesen Vorschriften das Verständnis zugrunde, dass der Rücktritt bei Vorliegen aller Voraussetzungen einen persönlicher Strafaufhebungsgrund darstellte.[236]

e) subjektive Seite

Für alle Begehungsweisen war Vorsatz erforderlich.[237] Eine weitergehende Absicht wurde nach dem Willen des Gesetzgebers nicht normiert.

2. Rechtsfolgenseite

Auf Rechtsfolgenseite wurde die Möglichkeit der Verhängung eines öffentlichen Tadels herausgenommen.

a) § 213 Abs. 1, Abs. 2

In Bezug auf § 213 Abs. 1, 2 blieb es bei einer Freiheitsstrafe von bis zu zwei Jahren. Hinsichtlich der weiteren Rechtsfolgenmöglichkeiten ergaben sich Änderungen durch das 3. StÄG im Bereich der Verurteilung auf Bewährung, § 33, der Geldstrafe[238], § 36, der Haftstrafe[239], § 41, und der Rückfalltat[240], § 44.

Im Rahmen der Verurteilung auf Bewährung, § 33[241], erfolgten Änderungen nur insoweit, als eine weitere Konkretisierung der möglichen Auflagen in Absatz 4 erfolgte. Eine weitere Änderung trat nicht ein. Insbesondere verblieb es bei der Verweisung auf die Zusatzstrafen in § 33 Abs. 5. Für § 213 waren diese Änderungen nicht wesentlich.

---

235 Ministerium der Justiz, Strafrecht der DDR – Kommentar (1981), a.a.O. Im Rahmen der Aktenauswertung im Hauptstaatsarchiv Dresden zeigte sich, dass insbesondere bei den Jugendlichen der Versuchsanteil sehr hoch war. Die Überführung hinsichtlich dieses Tatbestandsstadiums und der Vorbereitung erfolgte in 99% der Fälle im Wege eines Geständnisses, welches insbesondere durch Druck zustande kam. Insoweit wird auf das Elfte Kapitel C)III. verwiesen.

236 Ministerium der Justiz, Strafrecht der DDR – Kommentar (1981), § 213, Ziff. 16, S. 509.

237 Ministerium der Justiz, Strafrecht der DDR – Kommentar (1981), § 213, Ziff. 14, S. 508.

238 Für § 213 ist interessant, dass nunmehr Geldstrafen bis zu 100.000 Mark generell möglich waren.

239 Inhaltlich wurde die Haftstrafe nur insoweit neu ausgestaltet, als die Dauer nach vollen Wochen und Monaten berechnet wurde, § 41 Abs. 3.

240 Ab 1979 waren nicht mehr nur bestimmte Verbrechen Voraussetzung für die Anwendung des § 44, sondern alle Verbrechen wirkten Rückfall begründend. Ministerium der Justiz, Strafrecht der DDR – Kommentar (1981), § 44, Ziff. 5 Buchstabe c), S. 175.

241 GBl. DDR I 1979, S. 139 (140).

Im Rahmen der Zusatzstrafe der Aufenthaltsbeschränkung nach § 51 wurde nunmehr auch die Zuweisung zu einem bestimmten Ort aufgenommen.[242] Allerdings sollte die Aufenthaltsbeschränkung vorrangig angewandt werden.[243] Bei Anordnung einer Aufenthaltsbeschränkung konnte das zuständige Staatsorgan zugleich festlegen, in welchem Ort oder Gebiet der Verurteilte seinen Wohnsitz zu nehmen hatte.[244]

b) § 213 Abs. 3

Hinsichtlich des § 213 Abs. 3 kam es auf Rechtsfolgenseite zu einer Straferhöhung von fünf auf acht Jahre im Höchstmaß.[245]

3. Amnestien

Die eingangs benannte Amnestie aus dem Jahre 1972 wurde fortgeführt mittels einer allgemeinen Amnestie durch Beschluss vom 24. September 1979[246] aus Anlass des 30. Jahrestages der DDR. Allgemeine Amnestie bedeutete, dass nicht ein bestimmtes Delikt als solches diesem Straferlass unterworfen war, sondern der Gnadenausspruch sich auf alle Delikte bezog. Amnestien in der DDR waren im Wesentlichen eine Reaktion der Regierung auf politische Ereignisse[247] und dienten damit der Sicherung der Stellung der DDR als eigenständiger Staat. Im Fall der Amnestie vom 24. September 1979 waren alle rechtskräftig Verurteilten mit Strafen mit und ohne Freiheitsentzug erfasst.[248] Hinsichtlich dieser wurden Entlassungen aus dem Strafvollzug vorgenommen sowie ein Vollstreckungsverbot erteilt.[249] Ausgenommen von dieser Amnestie waren Nazi- sowie Kriegsverbrechen, Verbrechen gegen die Menschlichkeit und schwerste Gewaltverbrechen wie Mord.[250] Des Weiteren unterfielen der Amnestie nicht solche Personen, die schon mehrfach zu Strafen

242 GBl. DDR I 1979, S. 139 (140).

243 OG, Informationen des OG, Heft 1, 1980, S. 3.

244 OG, Informationen des OG, Heft 1, 1980, S. 2 (4).

245 GBl. DDR I 1979, S. 139 (143).

246 GBl. DDR I 1979, S. 281 f.

247 1960 war es notwendig, die durch die Verhaftungen im Nachgang des 17. Juni 1953 exorbitant gestiegenen politischen Gefangenenzahlen wieder abzumildern, Beschluss des Staatsrates vom 1. Oktober 1960, GBl. DDR I 1960, S. 533. 1989 wiederum diente die Amnestie der Abmilderung des Reformdruckes insbesondere hinsichtlich der Reisefreiheit auf die SED, Beschluss des Staatsrates vom 27. Oktober 1989, GBl. DDR I 1989, S. 237.

248 GBl. DDR I 1979, S. 281 (282), Nr. 1 des Beschlusses.

249 GBl. DDR I 1979, S. 281 (282), Nr. 2 des Beschlusses.

250 GBl. DDR I 1979, S. 281 (282), Nr. 4 des Beschlusses.

mit Freiheitsentzug verurteilt worden waren.[251] In Nummer 6 des Amnestiebeschlusses war eine Regelung enthalten, die ein Wiederaufleben der Vollziehung der ausgesprochenen Strafdrohung für den Fall vorsah, dass der Betroffene innerhalb der nächsten drei Jahre nach Erlass der Amnestie erneut wegen einer vorsätzlichen Tat straffällig werden sollte.[252] Im Hinblick auf diese Einschränkungen verlor die Amnestie an Wirksamkeit, gerade im Hinblick auf den Tatbestand des § 213. Die Effektivität wurde auch dadurch eingeschränkt, dass seit 1963 vermehrt Freikaufverfahren[253] im Hinblick auf die sog. „Republikflüchtigen" stattfanden, sodass diese von den Regelungen der Amnestie nicht mehr betroffen waren.[254]

III. Änderungen nach 1979

1. Gesetzesänderungen

Von den Gesetzesänderungen 1982[255] und 1985[256], aber auch vom 4. Strafrechtsänderungsgesetz 1987[257] war § 213 weder auf Tatbestands- noch auf Rechtsfolgenseite betroffen. Durch das 5. Strafrechtsänderungsgesetz 1988[258] erfolgten bezüglich § 213 Änderungen nur in geringem Umfang auf Rechtsfolgenseite. Geändert wurde die Ausgestaltung der Freiheitsstrafe, § 39, und die Rückfalltat, § 44.

Hinsichtlich der Freiheitsstrafe handelte es sich insoweit um eine Konkretisierung des § 39 Abs. 2 und der Anwendbarkeit der Freiheitsstrafe auf Vergehen, was auch schon seit 1968 möglich war[259]. Bezüglich der Rückfalltat wurden die Voraussetzungen des § 44 Abs. 1 spezifiziert. Danach sollte eine Verhängung einer erhöhten Strafe wegen einer Rückfalltat nur noch dann möglich sein, soweit der Täter aus den bisherigen Strafen keine Lehren gezogen hatte

---

251 GBl. DDR I 1979, S. 281 (282), Nr. 5 des Beschlusses.

252 GBl. DDR I 1979, S. 281 (282), Nr. 6 des Beschlusses.

253 Darunter wurde ein Verfahren verstanden, bei dem Häftlinge der DDR, insbesondere politisch Inhaftierte, durch die BRD aus der DDR freigekauft worden sind. Die BRD leistete dabei Entschädigungszahlungen an die Regierung der DDR, um diesen Häftlingen den ständigen Aufenthalt in der BRD als freie Menschen zu ermöglichen. Dieses Verfahren und seine Auswirkungen werden im Zehnten Kapitel dargestellt.

254 *Werkentin*, NJ 1992, S. 521 (525).

255 GBl. DDR I 1982, S. 269 ff.

256 GBl. DDR I 1985, S. 345 ff.

257 GBl. DDR I 1987, S. 301 ff.

258 GBl. DDR I 1988, S. 335 ff.

259 GBl. DDR I 1988, S. 335 (337).

und daher eine nachhaltige Bestrafung erforderlich war.[260] Zudem wurde ein Absatz 3 in § 44 eingefügt.[261] Dieser besagte, dass die Grundsätze der Rückfalltat keine Anwendung finden sollten, wenn die Vortat ein im jugendlichen Alter begangenes Vergehen war.

2. Änderungen aufgrund der Anpassung der Leitlinien des OG 1988

1988 erschien ein neuer Gemeinsamer Standpunkt des OG[262], der einige Änderungen hinsichtlich der Normanwendung des § 213 enthielt.

a) § 213 Abs. 1

Das OG konkretisierte durch Aufnahme von Beispielen, welche Verhaltensweisen unter das *widerrechtliche Passieren* zu fassen waren:

> „[...] wenn der Täter die Staatsgrenze z.B.
> - außerhalb der staatlich festgelegten Grenzübergangsstellen (Güst) oder
> - über die Güst mit einem rechtswidrig erlangten, unberechtigt in seinem Besitz befindlichen oder ungültigen Grenzübertrittsdokument oder
> - über die Güst paasiert [sic], sich aber dort der Kontrolle entzogen hat."[263]

Hinsichtlich der Verstöße gegen den *Transit* konkretisierte das OG nunmehr weiter die bereits 1980 dargestellte Tätergruppe. Es führte insoweit aus, dass nur noch Ausländer i.S.v. § 80 Abs. 5 gegen diese Tatbestandsvariante verstoßen konnten.[264] Eine Ausdehnung auf DDR-Bürger wurde ausdrücklich abgelehnt. Dabei hielt es das OG für irrelevant, inwieweit sich diese ständig, legal oder ungesetzlich im Ausland aufhielten und sich beim Transit auf ausländische Personaldokumente beriefen.[265] Im Ergebnis kam es nur auf die Staatszugehörigkeit an, um den Begriff „Ausländer" entsprechend auszufüllen. Der offiziöse Kommentar hielt dagegen an der bereits 1979 vertretenen Auffassung fest und umfasste als Normadressaten Ausländer sowie DDR-Bürger.[266]

---

260 GBl. DDR I 1988, S. 335 (337).

261 GBl. DDR I 1988, S. 335 (337).

262 Der vollständige Text befindet sich in: OG, Informationen des OG, Heft 2, 1988, S. 9 ff.

263 OG, Informationen des OG, Heft 2, 1988, S. 9.

264 OG, Informationen des OG, Heft 2, 1988, S. 9 (10).

265 OG, Informationen des OG, Heft 2, 1988, S. 9 (10).

266 Ministerium der Justiz, Strafrecht der DDR – Kommentar (1987), § 213, Ziff. 3, S. 473. Auch hinsichtlich dieser Auflage erfolgte seitens der Herausgeber keine Kennzeichnung, welcher Autor, welche Abschnitte bearbeitet hatte. Demzufolge ist es in dieser Arbeit nicht möglich den eigentlichen Bearbeiter anzugeben.

Hierbei berief sich dieser jedoch auf ein Urteil des OG aus dem Jahre 1974, welches auch schon in der Auflage von 1981 angeführt war.[267] Damit ist ersichtlich, dass bei Erscheinen des Kommentars 1987 die neue Leitlinie des OG noch nicht bekannt und daher auch keinen Eingang in den Kommentar gefunden hatte. Nach 1988 erschien aufgrund des Zusammenbruchs des Systems der DDR keine neue Auflage des Kommentars.

b) § 213 Abs. 2

Diesbezüglich konkretisierte das OG 1988, dass hinsichtlich der Tatbestandvariante 2 der Vorsatz, die vorgegebenen Fristen nicht einzuhalten, entscheidend war.[268]

c) § 213 Abs. 3

Hierzu führte das OG aus, wieso eine Verwirklichung der Erschwerungsmerkmale auch im Ausland möglich war. Es stellte darauf ab, dass die Normierungen in § 213 Abs. 3 „kein eigenes Verwirklichungsstadium"[269] aufwiesen, sodass die Verwirklichung des Absatzes 3 von der Verwirklichung der Grundtatbestände in den Absätzen 1 und 2 abhängig war. Beispielhaft kann folgende Aussage des OG herangezogen werden:

> „So ist ein Täter bereits dann wegen eines versuchten ungesetzlichen Grenzübertritts im schweren Fall gemäß § 213 Abs. 1 und 3 Ziffer 4 StGB strafrechtlich verantwortlich, wenn er die Wohnung mit dem Ziel verlassen hat, die Staatsgrenze unter Ausnutzung eines Verstecks widerrechtlich zu passieren und er festgenommen wird, bevor er das Fahrzeug, in welchem er sich verstecken wollte, erreicht hat."[270]

Ersichtlich ist, dass allein die Zielrichtung des Täters ausschlaggebend ist für das Eingreifen des § 213 Abs. 3.

aa) § 213 Abs. 3 Ziffer 1

Das OG verwendete hier zum ersten Mal eine Definition, die dem Charakter der Ziffer 1 als konkretes Gefährdungsdelikt nahe kommt. Es umschrieb die zum Erschwerungsgrund führende Lage als „konkrete Gefährdungssituation"[271].

---

267 Vgl. Ministerium der Justiz, Strafrecht der DDR – Kommentar (1981), § 213, Ziff. 3, S. 505 mit der Auflage Ministerium der Justiz, Strafrecht der DDR – Kommentar (1987), § 213, Ziff. 3, S. 473.

268 OG, Informationen des OG, Heft 2, 1988, S. 9 (11).

269 OG, Informationen des OG, Heft 2, 1988, S. 9 (11).

270 OG, Informationen des OG, Heft 2, 1988, S. 9 (12).

271 OG, Informationen des OG, Heft 2, 1988, S. 9 (12).

Die bereits 1979 und 1980 in den Leitlinien herausgearbeiteten Beispiele für eine solche Gefährdungssituation hatte das OG beibehalten.[272]

bb) § 213 Abs. 3 Ziffer 2

Ab 1988 erfolgte durch den Gemeinsamen Standpunkt des OG eine Einschränkung des Erschwerungsgrundes *Waffe* dahingehend, dass als Waffen nur noch Schusswaffen i.S.d. § 206[273] sowie Sprengkörper wie Handgranaten umfasst sein sollten.[274] Der Erschwerungsgrund nach § 213 Abs. 3 Ziff. 2 Var. 1 wurde dabei von jedem Täter des § 213 verwirklicht, welcher vorsätzlich in Bezug auf das Mitführen handelte.[275] Irrelevant war dabei, wer tatsächlich die Waffe mit sich führte.[276]

Hervorzuheben ist, dass durch den Gemeinsamen Standpunkt des OG 1988 die Definition für *gefährliche Mittel* präzisiert wurde. Gefährliche Mittel lagen danach bei solchen Gegenständen vor:

> „[...] die bei ihrer Anwendung entsprechend ihrer typischen Funktion geeignet sind, eine konkrete Gefahr für das Leben oder die Gesundheit von Menschen zu bewirken oder die Sicherheitsvorkehrungen an der Staatsgrenze unwirksam zu machen.“[277]

Unter diese Definition wurden nunmehr die vorher bis 1988 unter den Waffenbegriff fallenden Hieb- und Stoßwaffen, wie z.B. Bajonette und Schlagstöcke aber auch speziell abgerichtete Hunde oder Chemikalien wie Tränengas, gefasst.[278]

Auch die Auslegung der gefährlichen Methode wurde dahingehend präzisiert, dass hierunter insbesondere mittelbar gegen das Schutzgut von Leib oder Leben wirkende Verhaltensweisen umfasst waren.[279] Das OG bediente sich folgender Umschreibung:

---

272 OG, Informationen des OG, Heft 2, 1988, S. 9 (12). Insoweit wird auch verwiesen auf die Ausführungen in diesem Kapitel unter B)II.1.c).

273 Schusswaffen waren nach dem Kommentar, solche Gegenstände, „aus denen feste Körper (Geschosse) durch einen Lauf in eine bestimmbare Richtung gebracht werden können“. Zurückgegriffen werden konnte dabei auf die Definition von 1968, da § 206 keinen Änderungen unterlegen war. Beispielhaft zu nennen sind für Schusswaffen: Pistolen, Revolver, Karabiner, Jagdgewehre, Kleinkalibergewehre und -pistolen etc. Vergleiche Ministerium der Justiz-*Bluhm / Forker / Gerberding / Neumann*, Strafrecht der DDR – Lehrkommentar, Band II (1969), § 206, Ziff. 2, S. 231.

274 OG, Informationen des OG, Heft 2, 1988, S. 9 (13).

275 OG, Informationen des OG, Heft 2, 1988, S. 9 (13).

276 OG, Informationen des OG, Heft 2, 1988, S. 9 (13).

277 OG, Informationen des OG, Heft 2, 1988, S. 9 (13).

278 OG, Informationen des OG, Heft 2, 1988, S. 9 (13).

279 OG, Informationen des OG, Heft 2, 1988, S. 9 (13).

„Als gefährliche Methode [...] wird immer die Ausnutzung solcher Bedingungen, Umstände und Gegenstände erfasst, die im normalen Gebrauch oder unter typischen Bedingungen und Umständen keine konkrete Gefahr für Leben oder Gesundheit von Menschen bzw. für die Sicherheitsvorkehrungen an der Staatsgrenze darstellen, sondern die erst durch die spezifische Art der Verfahrensweise eine solche Gefahr verursachen.“[280]

Dementsprechend bestätigte das OG das bereits 1968 in dem Bereich gefährliche Mittel und Methoden angelegte Rechtsgut des Schutzes von Leben oder Gesundheit von anderen Menschen.[281]

cc) § 213 Abs. 3 Ziffer 3

Bezüglich der Ziffer 3, besondere Intensität, stellte das OG klar, dass diese Normierung als Auffangtatbestand zu sehen war. Mithin sollte dieser Erschwerungsgrund nur eingreifen, soweit nicht bereits eine andere Ziffer des Abs. 3 einschlägig war.[282]

dd) § 213 Abs. 3 Ziffer 4

Hinsichtlich dieses Erschwerungsgrundes wurde zwar die Auslegung beibehalten, allerdings hatte das OG 1988 nunmehr die durch die Rechtsprechung gefundenen Gründe in entsprechenden Definitionen präzisiert.

„Ein Mißbrauch von Urkunden liegt vor, wenn zum Zwecke eines ungesetzlichen Grenzübertritts Dokumente verwendet werden, die für eine andere Person bestimmt sind oder die der Täter unberechtigt in seinem Besitz hat.

Ausnutzung eines Verstecks ist die Nutzung jeder bereits vorhandenen oder zur Tatausführung besonders geschaffenen Stelle oder Vorrichtung, die auf Grund ihrer Eigenschaft vom Täter genutzt wird, um sich vor der Kontrolle zu verbergen.“[283]

Aufgrund dieser Vorgaben konnte zumindest in der bis 1990 fortdauernden gerichtlichen Praxis eine Vereinheitlichung der Rechtsprechung erreicht werden.

ee) § 213 Abs. 3 Ziffer 5

Das OG weitete diese Tatvariante immer mehr aus. Ausreichend war es 1988 schon, wenn der Täter einen Dritten zur Tatausführung verleiten wollte, jener jedoch nicht auf das Angebot einging.[284] Allein der Versuch des Verleitens zur gemeinsamen „Republikflucht“ wurde als Zusammenwirken angesehen.

---

280 OG, Informationen des OG, Heft 2, 1988, S. 9 (13).

281 Vgl. hierzu auch die Ausführungen in Zweiten Teil, Siebtes Kapitel, A)II.2.a).

282 OG, Informationen des OG, Heft 2, 1988, S. 9 (14).

283 OG, Informationen des OG, Heft 2, 1988, S. 9 (14).

284 OG, Informationen des OG, Heft 2, 1988, S. 9 (15).

d) § 213 Abs. 4

Das OG erläuterte 1988, dass ein Versuch zur rechtswidrigen Nichtrückkehr erst im Ausland begangen werden konnte.[285] Vollendung der Nichtrückkehr gem. Absatz 2 Variante 1 trat mit Ablauf der Frist für die genehmigte Ausreise ein, bzw. wenn der Täter vor Ablauf dieser Frist, nach außen zu erkennen gab, seiner Pflicht zur Rückkehr nicht Folge zu leisten, oder das „sozialistische Lager“ verlassen hatte.[286]

3. 1989 – Entwurf der Änderung des § 213

Aufgrund der rasanten Ereignisse 1989, mithin zum einen der Öffnung der Grenze von Ungarn nach Österreich und zum anderen der Besetzung von deutschen Botschaften der BRD in Prag und Warschau, musste die Führung der DDR reagieren.[287] Zur Aufhaltung der Fluchtbewegungen wurde daher ein Entwurf für ein Gesetz zur Regelung von Auslandsreisen vorgesehen.[288] Dieses wurde offiziell von folgenden Erwägungen getragen:

> „Ein neues Reisegesetz, das jedem DDR-Bürger rechtlich das Tor zur Welt öffnet und seine Reisen nur von seinen Wünschen und seiner Finanzkraft abhängig macht, ist seit langem ein dringender Wunsch unserer Bürger. Sein Nichtvorhandensein hat in der Vergangenheit viel Vertrauen gekostet und trug nicht unwesentlich dazu bei, daß wir Zehntausende vor allem junger Menschen verloren haben. Auch auf diesem Gebiet soll jetzt eine Wende erreicht werden. Niemand gibt sich den Illusionen hin, daß nach dem neuen Reisegesetz uns keine Bürger mehr verlassen werden. Aber der Ausbau der Rechtssicherheit, die Ernsthaftigkeit unserer Bemühungen, auf allen Gebieten meßbare Fortschritte zu erreichen und auf der Grundlage des in unserer sozialistischen Gesellschaft Bewährte kühne Schritte nach vorn zu gehen – und dies in aller Öffentlichkeit und immer im Dialog mit den Bürgern –, das gibt doch Grund zu der Hoffnung, daß viele Menschen wieder neuen Mut schöpfen und beim Aufbruch zu neuen Ufern tatkräftig dabei sind.“[289]

---

285 OG, Informationen des OG, Heft 2, 1988, S. 9 (10).

286 OG, Informationen des OG, Heft 2, 1988, S. 9 (10/11). Das OG präzisierte in seinem Gemeinsamen Standpunkt dabei nicht, was unter der letzten aufgeführten Möglichkeit der Vollendung genau zu verstehen sein soll. So dass diese Begrifflichkeit, sozialistisches Lager, zum einen räumlich verstanden werden zum anderen jedoch auch ein reine politische Zuordnung gemeint sein kann. Im Ergebnis kann die Anmerkung des OG nur dahingehend aufgefasst werden, dass der Betroffene sich politisch vom Sozialismus gelöst hatte und damit seine Abkehr von der DDR zum Ausdruck brachte.

287 *Tantzscher*, Die verlängerte Mauer, S. 18.

288 *Tantzscher*, Die verlängerte Mauer, S. 18.

289 Entwurf des Gesetzes über Reisen von Bürgern der Deutschen Demokratischen Republik in das Ausland (Beschluss des Politbüros des ZK der SED vom 31. Oktober 1989). Zit. nach: *Tantzscher*, verlängerte Mauer, S. 19 mit Verweis auf BStU, ZA, Rechtsstelle 381, Bl. 297–316 (315).

Auf Grundlage des neuen Reisegesetzes sollte zugleich eine Änderung des § 213 dergestalt erfolgen, dass ausschließlich die „Beeinträchtigung der Grenzsicherheit“ strafbar sein sollte.[290] Der Wortlaut für § 213 war folgendermaßen vorgesehen:

> „(1) Wer widerrechtlich die Staatsgrenze der Deutschen Demokratischen Republik passiert, wird mit Geldstrafe, Verurteilung auf Bewährung, Haftstrafe oder mit Freiheitsstrafe bis zu zwei Jahren bestraft.
>
> (2) Ebenso wird bestraft, wer Bestimmungen des Transits durch die Deutsche Demokratische Republik erheblich verletzt.
>
> (3) In schweren Fällen der Tat nach Abs. 1 wird der Täter mit Freiheitsstrafe von einem Jahr bis fünf Jahren bestraft. Ein schwerer Fall liegt insbesondere vor; wenn
>
> 1. die Tat Leben oder Gesundheit von zum Schutz der Staatsgrenze tätigen Personen gefährdet;
> 2. die Tat unter Mitführung von Waffen, Androhung von Gewalt oder unter Anwendung gefährlicher Mittel und Methoden erfolgt.
>
> (4) Der Versuch ist strafbar. Vorbereitung ist in den Fällen des Abs. 3 strafbar.“[291]

Eine Umsetzung dieser Pläne scheiterte an den Ereignissen 1989/1990 und der Wiedervereinigung des Gebietes der DDR mit der BRD.

4. Amnestien

In den Jahren 1982 bis 1989 folgten den politischen Verschärfungen wiederum Entschärfungen in Form von Amnestien. Hintergrund hierfür waren jedoch nicht nur liberale Ansätze im Umgang mit politisch Verfolgten, sondern gerade auch rein tatsächliche Gegebenheiten wie überfüllte Gefängnisse bzw. die Sicherung der Stellung der DDR im völkerrechtlichen Gefüge.[292] 1982[293] wurde wiederum, wie schon 1972, eine Amnestie zugunsten derjenigen Personen ausgesprochen, die bereits erfolgreich die DDR verlassen hatten. Die weiter für § 213 relevante Amnestie vom 17. Juli 1987[294] beruhte allein auf dem 38. Jahrestag der DDR. Hierbei handelte es sich um eine sog. „Allgemei-

290 Entwurf des Gesetzes über Reisen von Bürgern der Deutschen Demokratischen Republik in das Ausland (Beschluss des Politbüros des ZK der SED vom 31. Oktober 1989). Zit. nach: *Tantzscher*, Die verlängerte Mauer, S. 19 mit Verweis auf BStU, ZA, Rechtsstelle 381, Bl. 297–316 (305).

291 Entwurf des Gesetzes über Reisen von Bürgern der Deutschen Demokratischen Republik in das Ausland (Beschluss des Politbüros des ZK der SED vom 31. Oktober 1989). Zit. nach: *Tantzscher*, Die verlängerte Mauer, S. 19 mit Verweis auf BStU, ZA, Rechtsstelle 381, Bl. 297–316 (305).

292 So auch *Werkentin*, NJ 1992, S. 521 ff.

293 Verordnung zu Fragen der Staatsbürgerschaft, GBl. I 1982, S. 418.

294 GBl. DDR I 1987, S. 191.

ne Amnestie", da diese nicht besondere Delikte umfasste sondern alle Taten, die vor dem 7. Oktober 1987 rechtskräftig abgeurteilt worden waren.[295] Ausgenommen wurden nach Nummer 2 des Amnestiebeschlusses allein Taten wegen Nazi- bzw. Kriegsverbrechen, Verbrechen gegen die Menschlichkeit, Spionage und Mord.[296] Explizit auf § 213 bezogen waren die Amnestien vom 27. Oktober und 6. Dezember 1989[297]. Folge solcher Amnestien war die Entlassung des Betroffenen aus dem Strafvollzug bzw. der U-Haft, die Statuierung eines Vollstreckungsverbotes, Strafen ohne Freiheitsentzug wurden erlassen, soweit diese noch nicht verwirklicht waren, sowie die Einstellung von Ermittlungsverfahren und allen noch nicht rechtskräftig abgeschlossenen Verfahren.[298] Die letztgenannten Amnestien wiesen jedoch Ausnahmebereiche auf, die gerade nicht vom Erlass der Strafe betroffen waren. Für die Amnestie vom Oktober 1989 galt dies für Aburteilungen nach § 213 Abs. 3 Ziff. 1 und 2.[299] Bezüglich von Aburteilungen mit Freiheitsentzug sollte bis zum 30. November 1989 die Entlassung aus der jeweiligen Vollzugsanstalt erfolgen.[300] Hinsichtlich der Amnestie vom Dezember 1989 war ein Wiederaufleben der Strafe vorgesehen für den Fall, dass der Betroffene innerhalb von drei Jahren nach Erlass der Strafe erneut wegen einer vorsätzlichen Tat verurteilt werden würde.[301] Diese Ausnahmeklausel vom Dezember 1989 erfuhr allerdings aufgrund des Zusammenbruchs der DDR und der Wiedervereinigung mit der BRD im Jahre 1990 kaum noch praktische Relevanz.

5. Änderung 1990

Im Rahmen des Befehls Nr. 15/89 vom 28. Oktober 1989 wurde zugleich eine vorläufige Orientierung zur Strafverfolgung des ungesetzlichen Grenzübertritts an die ausführenden Organe der DDR übersandt.[302] Hinsichtlich künftiger Strafverfolgungen im Rahmen von § 213 wurde folgendes angewiesen:

---

295 GBl. DDR I 1987, S. 191, Nr. 1 des Beschlusses.

296 GBl. DDR I 1987, S. 191, Nr. 2 des Beschlusses.

297 GBl. DDR I 1989, S. 237 und S. 266.

298 GBl. DDR I 1987, S. 191; GBl. DDR I 1989, S. 237 und S. 266.

299 GBl. DDR I 1989, S. 237, dort Nr. 2 des Beschlusses.

300 MfS BV Dresden, AKG Nr. 10189, Bl. 11, Anlage 2 zum Befehl Nr. 15/89 von Mielke. Für die Durchführung des Amnestiebeschlusses vom 27. Oktober 1989 erließ der Generalstaatsanwalt der DDR die Anweisung Nr. 12/89, vgl. MfS BV Dresden, AKG Nr. 10189, Bl. 9, Anlage 2 zum Befehl Nr. 15/89 von Mielke.

301 GBl. DDR I 1989, S. 266, dort Nr. 6 des Beschlusses.

302 MfS BV Dresden, AKG Nr. 10189, Bl. 17, Anlage 3 zum Befehl Nr. 15/89 von Mielke.

„[...]

1. Angriffe, die sich direkt gegen die Staatsgrenze der DDR richten, sind differenziert mit dem Strafrecht oder als Ordnungswidrigkeiten zu verfolgen.

   Gemäß § 213 Abs. 1 StGB sollen vorrangig Strafen ohne Freiheitsentzug unter stärkerer Anwendung der Geldstrafe als Haupt- oder Zusatzstrafe und Haftstrafe angewandt werden, wenn es erforderlich ist, die Täter nachhaltig zur Einhaltung der sozialistischen Gesetzlichkeit anzuhalten. Das gilt insbesondere bei mehrfacher Tatbegehung, hoher Intensität des Handelns, Ankündigung erneuter Tatbegehung und für Organisatoren von Gruppierungen.

   Ordnungsstrafmaßnahmen sollen zur Anwendung kommen, wenn aus den Umständen der Tat und der Persönlichkeit des Täters begründet geschlossen werden kann, daß er den Verstoß gegen die Bestimmungen zum Schutz der Staatsgrenze nicht wiederholt.

   Auf Straftaten der Vorbereitung zum ungesetzlichen Grenzübertritt ist mit Belehrung zu reagieren.

2. Die Nichtrückkehr von genehmigten Auslandsreisen im Sinne des § 213 Absatz 2 StGB wird strafrechtlich nicht mehr verfolgt.

3. § 213 Absatz 3 in Verbindung mit Absatz 1 StGB ist nur bei tatsächlicher Erhöhung der Tatschwere anzuwenden. Dies ist insbesondere der Fall, wenn

   - Leben oder Gesundheit von Menschen gefährdet werden,
   - die Tat unter Mitführung von Waffen oder unter Anwendung gefährlicher Mittel und Methoden erfolgt,
   - Zusammenwirken mit Schleuserorganisationen vorliegt.

   In diesen Fällen sind Vorbereitung und Versuch strafrechtlich zu verfolgen.

4. Die Unumgänglichkeit der Untersuchungshaft ist gewissenhaft zu prüfen. Sie liegt vorrangig bei schweren Fällen des § 213 Absatz 3 StGB vor.

   Ist eine Strafe ohne Freiheitsentzug zu erwarten, ist die Untersuchungshaft in der Regel nicht unumgänglich.“[303]

Diese Orientierung und damit die Abschwächung der Handhabung des § 213 entfaltete keine praktische Relevanz mehr. Die restriktive Anwendung der Normierung durch die DDR hatte dem Ansehen des Staatssystems in der eigenen Bevölkerung mehr geschadet als dieses unterstützt. Obwohl über die Jahre durch die eigenen stasiinternen Untersuchungen[304] zu § 213 ein konkretes Bild der Hintergründe für die Tatbegehung entstand, wurde die Tragweite

303 MfS BV Dresden, AKG Nr. 10189, Bl. 17/18, Anlage 3 zum Befehl Nr. 15/89 von Mielke.

304 Vergleiche hierzu auch die Ausführungen im Neunten und Elften Kapitel dieser Arbeit, in denen auf diese Untersuchungen Bezug genommen wird.

erst unter dem Druck der letzten Tage der DDR erfasst und noch versucht umzusetzen. Dies jedoch zu spät.

§ 213 wurde im Jahr 1990 durch das Verfassungsgesetz vom 21. Juni 1990 aufgehoben.[305]

C) Stellungnahme

Die Reformierungen des Tatbestandes des § 213 sind in einem engen Zusammenhang mit den politischen Veränderungen und den Aktivitäten in der Bevölkerung zu sehen. § 213 als politisches Steuerungsinstrument erfuhr immer dann eine Anpassung, wenn entweder die Zahlen hinsichtlich der Fluchtbewegung anstiegen oder auf politischer Ebene die DDR gezwungen war, Freiräume anzuerkennen, wie z.B. im Rahmen der KSZE.[306]

Aufgrund der Teilung Deutschlands 1949 war die DDR dem Konflikt hinsichtlich der Anerkennung als Staat mit eigener Rechtspersönlichkeit im Gefüge der Staatengemeinschaften und der Aufrechterhaltung des sozialistischen Systems ausgesetzt. Diesen Spannungen wurde durch Strafschärfungen begegnet.

D) Die Normierung des § 213 im Lichte der Verfassung der DDR

Es stellt sich jedoch nach Erörterung der Normierung des § 213 die Frage, wie sich dieser in das Verfassungsrecht der DDR einfügte.

Wie schon im Ersten Teil der Arbeit dargestellt gab es verschiedene Phasen der Anpassung des Verfassungsrechts der DDR. Bis 1968 war in Art. 8 Verf-DDR 1949 das Recht der Freizügigkeit normiert.[307] Zudem beinhaltete Art. 10 Abs. 3 Verf-DDR 1949 das Recht des Bürgers der DDR auszuwandern.[308] In Bezug auf § 213 konnte die Verfassung 1949 noch keine Wirkungen zeitigen, da der Tatbestand ebenfalls erst 1968 in Kraft trat.

Im Rahmen der Verfassung von 1968 wurde das Recht der Freizügigkeit nunmehr in Art. 32 Verf-DDR 1968 eingefügt. Dieser lautete:

---

305 GBl. DDR I 1990, S. 331 (348), Anlage III Nr. 19 Ziffer 2.

306 Vgl. hierzu auch die Ausführungen im Ersten Teil, Zweites Kapitel.

307 GBl. DDR I 1949, S. 5 (6).

308 GBl. DDR I 1949, S. 5 (7).

> „Jeder Bürger der Deutschen Demokratischen Republik hat im Rahmen der Gesetze das Recht auf Freizügigkeit innerhalb des Staatsgebietes der Deutschen Demokratischen Republik.“[309]

Das Recht auf Auswanderung wurde aus den verfassungsrechtlichen Regelungen getilgt. Damit kann sich eine Bewertung des § 213 allein an Art. 32 Verfassung-DDR 1968 ausrichten. In diesem Sinne beschränkt sich das Recht der Freizügigkeit auf das Staatsgebiet der DDR. Im Umkehrschluss bedeutet das, dass dem Verlassen des Hoheitsgebietes kein Grundrechtsschutz zukam. Demzufolge stand es dem Gesetzgeber frei, eine entsprechende Normierung in Form des § 213 zu treffen, der das Recht aus Art. 32 Verfassung-DDR 1968 nicht tangierte. Eine Verfassungswidrigkeit dieser Norm ist aufgrund der Änderung der Verfassung nicht anzunehmen. Eine solche Bewertung wäre zum Zeitpunkt bis 1968, auf Grundlage der Verfassung 1949, eventuell anders ausgefallen. In Bezug auf die Verfassung 1949 wäre jedoch zu berücksichtigen gewesen, auf welchem Hoheitsgebiet diese Regelung Geltung erhalten sollte. Die Grundvoraussetzungen waren hier andere. 1968 zum Zeitpunkt des sog. „Kalten Krieges“ ging keine Seite mehr von einer deutschen Einheit aus, sodass die Verfassung auch nur für das Hoheitsgebiet der DDR Geltung erlangte. Dies folgt ebenso aus Art. 1 Verf-DDR 1968, der allein die DDR in den Blick nahm. Die Ablehnung der Einheit durch die DDR-Regierung ergibt sich zugleich aus den Bestrebungen derselben zur Anerkennung als eigenständiger deutscher Staat auf dem internationalen Parkett. Hinsichtlich der Verfassung von 1974 ergaben sich aus der Betrachtung von § 213 und Art. 32, der weiterhin die Freizügigkeit normierte, keine Veränderungen.

In Bezug auf die Verfassung 1949 kann nur § 8 PaßG als Vorgängernormierung des § 213 in den Blick genommen werden. Hierbei muss das Verhältnis von § 8 PaßG zu den Grundrechten auf Freizügigkeit, Art. 8 (1949), sowie Auswanderung, Art. 10 Abs. 3 (1949), ermittelt werden. Beide Grundrechte waren durch Gesetze einschränkbar. In diesem Kontext betrachtet ist fraglich, inwieweit der Tatbestand des § 8 PaßG verfassungsmäßig war. Diese Normierung als Gesetzgebungsakt war grundsätzlich geeignet die entsprechenden Grundrechte zu begrenzen. Allein daraus kann aber keine Verfassungswidrigkeit hergeleitet werden. Zu fragen ist deshalb, ob die inhaltliche Ausgestaltung dieses Tatbestandes die vorgegebenen Grundrechte in einem Maße berührte, dass diese im Ergebnis selbst in ihrem Kernbereich angegriffen wurden. Wichtig hierfür ist vorab festzustellen, welchen Anwendungsbereich die in Bezug genommenen Grundrechte besaßen. In der Verfassung der DDR 1949 war in Art. 1 festgehalten, dass Deutschland unteilbar sei und es nur eine

309 GBl. DDR I 1968, S. 199 (211).

deutsche Staatsangehörigkeit gebe.[310] Aus dieser Formulierung könnte gefolgert werden, dass die Verfassung von 1949 für das gesamte deutsche Gebiet, mithin DDR und BRD, Geltung erlangen sollte. Diese Auslegung stimmt mit der Prämisse überein, dass 1949 auch die sowjetische Besatzungsmacht sowie die Vertreter der SED noch von einer Einheit beider deutscher Staaten ausgingen.[311] Dem steht jedoch die tatsächliche Ausgestaltung der Beziehungen der zwei deutschen Staaten untereinander entgegen. Beide strebten den Aufbau eigener politischer Systeme, einmal getragen vom Kapitalismus und zum anderen vom Sozialismus an. Jedoch zeigt auch § 8 PaßG, dass die DDR bei Schaffung desselben von einem einheitlichen deutschen Gebiet ausging. Insoweit wurde nur vom Verlassen des Gebietes der DDR nach dem Ausland gesprochen. Das Wort Ausland wurde erst 1957 entfernt, um gerade die Strafbarkeit auch im Hinblick auf Handlungen betreffend das Gebiet der BRD und damit ebenfalls den innerdeutschen Reiseverkehr zu erfassen.[312] Es muss im Ergebnis also davon ausgegangen werden, dass auch die Verfassung der DDR 1949 für das Gebiet der BRD gelten sollte. Mithin galten das Recht der Freizügigkeit sowie die Auswanderungsfreiheit nach der DDR-Verfassung ebenfalls auf dem Gebiet der BRD und entsprachen den Grundrechten der Bürger.

Im zweiten Schritt ist zu prüfen, ob die Normierung des § 8 PaßG die betroffenen Grundrechte in einem Maße berührte, dass in deren Kernbereich eingegriffen wurde. Dies ist in jedem Fall dann gegeben, wenn eine Ausübung des Grundrechts unmöglich bzw. die Grundrechte dergestalt tangiert werden, dass eine Ausübung fast nicht mehr möglich war. Im heutigen Verfassungsrecht wird von der Wesensgehaltstheorie gesprochen, Art. 19 Abs. 2 GG. Diese besagt, dass ein Grundrecht dann in seinem Wesensgehalt verletzt wird, wenn dessen Menschenwürdegehalt, der jedem Grundrecht inne ist, durch die Einschränkung angetastet wird.[313] § 8 PaßG beschäftigte sich allein mit dem illegalen Verlassen des Gebietes der DDR und Verstößen gegen Auflagen in Bezug auf Aufenthaltsfestlegungen wie z.B. Reisefristen und -wege. Es wird mithin nicht die Freizügigkeit/Auswanderung im Gesamten unmöglich gemacht, sondern nur Teile bezogen auf abweichendes Verhalten (Illegalität) eingeschränkt. Damit wurde im Ergebnis auch nicht der Menschenwürdegehalt der Grundrechte angegriffen und nach hier vorliegender Ansicht bereits nicht tangiert. Es findet allein die Normierung abweichenden Verhaltens statt, ohne den Menschen zum bloßen Objekt herabzustufen. Hintergrund war, wie in

310 GBl. DDR I 1949, S. 5 (6).

311 Vgl. die Ausführungen im Ersten Teil, Zweites Kapitel dieser Arbeit.

312 Vgl. hierzu die Ausführungen im Zweiten Teil, Fünftes Kapitel dieser Arbeit.

313 Zit. nach: Maunz / Dürig-*Remmert*, GG, Art. 19 Abs. 2, Rn. 36 ff. m.w.N.

jedem Staat bei Erlass von einschränkenden Gesetzen, die Befolgung gesellschaftlich anerkannter Verhaltensregeln, hier die Einhaltung von Grenzlinien sowie auferlegten Aufenthaltsbestimmungen, zu erreichen. Zugleich sollte als weiteres Ziel, wie im Fünften Kapitel ausgeführt, die Abwanderungsbewegung der damaligen Zeit reduziert werden. Trotz allem kann allerdings aus dieser Handhabung noch keine Verfassungswidrigkeit gefolgert werden.

Eine andere Frage ist jedoch, ob durch die Schaffung einer solchen Norm in Form des § 8 PaßG, aber auch des § 213, eine Pönalisierung eintrat. Strafrecht ist nach heutiger und damaliger Ansicht als letztes Mittel des Staates zur Ahndung abweichender Verhaltensweisen zu verstehen. Es soll danach nur auf solche Handlungen Anwendung finden, die dem Grundbild der Gesellschaft, mithin der Verfassung als objektiv-rechtliche Werteordnung, nicht mehr entsprechen und mit gravierenden Rechtsfolgen zu ahnden sind. Ob diese Sichtweise noch mit einer Kriminalisierung des illegalen Verlassens des Gebietes der DDR übereinstimmt, ist fraglich. Eine Ausgestaltung als Ordnungswidrigkeit wäre insoweit noch nachvollziehbar. Eine Strafbarkeit sprengt hingegen das Verständnis des Strafrechts als ultima ratio. Es kam, wie jedoch auch wieder oft in heutiger Zeit zu beobachten, zu einer Pönalisierung bestimmter Verhaltensweisen und damit Politisierung des Strafrechts. Ein solches Vorgehen ist immer dann zu beobachten, wenn entweder bestimmte Fälle zu einem Aufschrei in der Bevölkerung geführt haben und die Politik keine andere gleichgeartete Möglichkeit sieht, diesem Ruf gerecht zu werden.[314] Oder aber es müssen Machtgefüge und Handlungsspielräume der Politik und ihrer untergeordneten Gefüge geschaffen werden, um auf Missstände reagieren zu können.

E) Das Verständnis des bundesdeutschen Verfassungsgebers

Wesentlich ist jedoch auch die Untersuchung, wie sich nach dem Zusammenbruch der DDR die Sicht auf § 213 aus bundesdeutschem Verständnis darstellte.

In den Blickpunkt der bundesdeutschen Justiz und damit auch des bundesdeutschen Verfassungsrechts ist § 213 aufgrund seiner Bedeutung für die sog. Mauerschützenfälle gerückt. Relevant wird § 213 i.V.m. § 27 GrenzG dabei als Rechtfertigungsgrund für Grenzer, die auf Flüchtende schossen und diese verletzten bzw. im schlimmsten Fall töteten. § 27 GrenzG rechtfertigte die

314 In den letzten Jahren betraf dies immer wieder die Forderung nach einer weiteren Verschärfung des Jugendstrafrechts, insbesondere aufgrund von Fällen steigender Gewalt gegenüber anderen Mitbürgern (U-Bahn-Fall München). Diesen Forderungen ist die Politik bislang nicht nachgekommen.

Anwendung der Schusswaffe, soweit es um die Verhinderung einer Straftat ging, die sich als Verbrechen darstellt. Wie bereits in diesem ausgeführt, konnte § 213 unter bestimmten Voraussetzungen Verbrechenscharakter aufweisen und wurde daher als Rechtfertigungsgrund i.R.d. § 27 GrenzG anerkannt. Mit der Problematik haben sich bisher zahlreiche Arbeiten beschäftigt, sodass hier nicht vertieft darauf eingegangen werden soll.[315] Relevant erscheint jedoch, wie im Kontext der strafrechtlichen Verfolgbarkeit der Schüsse an der Grenze die Norm des § 213 am Maßstab des Grundgesetzes zu bewerten ist. Diese Frage kann sich jedoch nicht daran orientieren, ob die Schüsse an der innerdeutschen Grenze gerechtfertigt waren, sondern ob § 213 auch nach bundesdeutschem Recht verfassungsgemäß ist. Dies wäre dann der Fall, wenn die Ausreisefreiheit nicht nach dem Grundgesetz geschützt ist. Art. 11 GG sieht insoweit – wie auch die Verfassung der DDR – das Grundrecht auf Freizügigkeit vor. Der im bundesdeutschen Verfassungsrecht bestehende Streit befasst sich mit der Frage ob dieses Recht auf Freizügigkeit im sachlichen Schutzbereich neben der Niederlassungsfreiheit und Einreise in die BRD zugleich auch die Ausreise umfasst. Das Bundesverfassungsgericht hat dabei schon 1957 entschieden, dass ein solches Recht vom Willen des Verfassungsgebers von Art. 11 GG nicht umfasst sein soll.[316] Sie ist jedoch als Ausfluss der allgemeinen Handlungsfreiheit, Art. 2 Abs. 1 GG, zu verstehen.[317] Art. 2 GG stellt ein sog. Auffanggrundrecht im Bereich des Grundrechtskatalogs dar. Die Ausreisefreiheit, die darin verkörpert ist, wird folglich als ordre public der BRD aufgefasst.[318] Ein Verstoß hiergegen führt jedoch, aufgrund des Nichtvorliegens elementarer Wertungswidersprüche zu Grundsätzen der Menschenrechte, nicht zu seiner Unwirksamkeit.[319] Die Norm selbst stellt mithin keine Verletzung des „unantastbaren Kernbereichs des Rechts" dar.[320]

---

315 Insoweit wird u.a. verwiesen auf die Arbeiten von: *Herzog*, Die strafrechtliche Verantwortlichkeit von Todesschützen an der innerdeutschen Grenze, Berlin 1993; *Rosenau*, Tödliche Schüsse im staatlichen Auftrag, Die strafrechtliche Verantwortung von Grenzsoldaten für den Schusswaffengebrauch an der deutsch-deutschen Grenze, 2. Auflage, Berlin 1998; *Rummler*, Die Gewalttaten an der deutsch-deutschen Grenze vor Gericht, Berlin 2000; *Buchner*, Die Rechtswidrigkeit der Taten von „Mauerschützen" im Lichte von Art. 103 II GG unter besonderer Berücksichtigung des Völkerrechts, Frankfurt am Main 1996; *Biermann*, Gesetzliches Unrecht in der DDR und Rückwirkungsverbot – am Beispiel von § 27 des DDR-Grenzgesetzes, Göttingen 1998.

316 BVerfG Urteil vom 16. Januar 1957, Az. 1 BvR 253/56, in: NJW 1957, S. 297 ff.

317 BVerfG, NJW 1957, S. 297 (298).

318 LG Berlin, NStZ 1992, S. 492 (493).

319 LG Berlin, NStZ 1992, S. 492 (493).

320 *Rautenberg / Burges*, DtZ 1993, 71 (74). Allerdings sind Entscheidungen nach § 213 i.R.d. StrRehaG als rechtsstaatswidrig eingestuft worden, da sie nach den Erkenntnissen

Soweit die Norm des § 213 gegen moralische Prinzipien zweifelsohne verstößt, ist eine Nichtigkeit daraus nicht abzuleiten.[321] Zumal, wie auch angesichts der geschichtlichen Entwicklung von DDR und BRD zu sehen ist, die Beurteilung solcher moralischer Standards auch vom jeweiligen politischen System abhängig ist. *Rautenberg* führte hier zu einem Urteil des BGH treffend aus:

> „[…] wonach die Frage der Nichtigkeit von § 213 StGB/DDR ‘in Bezug auf die Ausreisefreiheit nicht einmal unter bundesdeutschen Juristen einheitlich beantwortet’ wird, denn zum Wesen des ‘Kernbereichs’ gehört m.E. seine Offenkundigkeit und Eindeutigkeit.
>
> […] In der zweiten Entscheidung des 5. Senats des BGH zu dieser Problematik vom 25.3.1993 (NJ 1993, 275) heißt es dann sogar, daß § 213 StGB/DDR hätte ‘menschenrechtsfreundlich ausgelegt werden’ sollen, was mit der Annahme der Nichtigkeit dieser Norm unvereinbar ist, denn eine nichtige Norm kann nicht menschenrechtsfreundlich ausgelegt werden.“[322]

Etwas anderes kann dann gelten, wenn wie im heute europarechtlich vernetzten Raum, Grundfreiheiten wie die Niederlassungsfreiheit aber auch Arbeitnehmerfreizügigkeit existieren. Diese stellen gerade auf den grenzüberschreitenden Bezug ab und fördern die Grenzüberschreitung. Im europarechtlichen Sinne müsste hinsichtlich der Norm des § 213 eine Europarechtswidrigkeit anzunehmen sein. Die statuierten Grundfreiheiten sind gerade nicht von Genehmigungen abhängig, sodass es einen Fall der illegalen Grenzüberschreitung im Schengener Raum nicht mehr geben kann.

---

des bundesdeutschen Gesetzgebers i.d.R. der politischen Verfolgung dienten. Insoweit ist jedoch die Einzelentscheidung in den Blick zu nehmen, wie vom Gesetzgeber zum StrRehaG vorgesehen und nicht die Norm als solche. Vgl. zum Gesamten auch *Reinartz* in: BT-Drs. 12/97, S. 7997.

321 LG Berlin, NStZ 1992, S. 492 (493).

322 *Rautenberg*, NJ 1994, S. 88 (89).

Achtes Kapitel: Die Änderung des § 214 durch das Strafrechtsänderungsgesetz von 1977 und seine weitere Entwicklung

> „[...] Bürger, die unter Berufung auf die Schlußakte der KSZE, andere völkerrechtliche Dokumente oder innerstaatliche Rechtsvorschriften versuchen, die DDR der Nichteinhaltung völkerrechtlicher Verpflichtungen oder innerstaatlicher Rechtsvorschriften zu bezichtigen, oder Straftaten oder andere Rechtsverletzungen androhen, sind auf mögliche strafrechtliche oder andere rechtliche Konsequenzen hinzuweisen.“ *Willi Stoph*[1]

Relevanz im Rahmen der Ausreise erhielt § 214 durch die Neufassung des Absatzes 1 im Jahre 1977 infolge des 2. StÄG. In seiner ursprünglichen Fassung diente § 214 dem Schutz aller Bürger, die Angriffen aufgrund ihrer staatlichen oder gesellschaftlichen Tätigkeit ausgesetzt waren.[2] Infolge der politischen Entscheidungen der DDR, insbesondere der Teilnahme an der Schlussakte von Helsinki 1975, stützten sich ab dieser Zeit immer mehr Ausreiseantragsteller auf die Normierungen im Korb III, Zusammenarbeit in humanitären und andere Bereichen, der Schlussakte der KSZE.[3] Um dieser Welle von Ausreiseanträgen Herr zu werden, wurden flankierend von arbeitsrechtlichen Maßnahmen auch die strafrechtlichen Normierungen angepasst.

A) Der Weg zur Neugestaltung des § 214 – Kurzüberblick

Das MfS reagierte 1976 auf die politische und gesellschaftliche Dimension der Ausreisebewegung zunächst durch Gründung einer „Zentrale[n] Koordinierungsgruppe zur Bekämpfung von Flucht und Übersiedlung“ und entsprechen-

---

1 Willi Stoph aus der Verfügung vom 8. März 1977 Nr. 34/77 als Vorsitzender des Ministerrates. Entnommen aus: *Lochen / Meyer-Seitz*, Die geheimen Anweisungen zur Diskriminierung Ausreisewilliger, Anlage 3 zu Dokument 1, S. 44 (45/46).

2 Dies ergibt sich schon aus dem vormaligen Wortlaut des § 214 Abs. 1, GBl. DDR I 1968, S. 1 (40):

„Wer gegen Bürger wegen ihrer staatlichen oder gesellschaftlichen Tätigkeit mit Tätlichkeiten vorgeht oder solche androht, wird mit Freiheitsstrafe bis zu zwei Jahren oder mit Verurteilung auf Bewährung, Geldstrafe oder mit öffentlichem Tadel bestraft.“

Gleiches ergibt sich aus dem offiziösen Kommentar von 1969, Ministerium der Justiz-*Hinderer / Lischke / Peller*, Strafrecht der DDR – Lehrkommentar, Band II (1969), § 214, Ziff. 1, S. 245.

3 Text abgedruckt im Anhang dieser Arbeit.

der Bezirkskoordinierungsgruppen.[4] Im Weiteren lag die Priorität beim Vorgehen auf der Zurückdrängung der Ausreisebewegung[5], da diese seit Mitte der 70er Jahre einen extremen Zuwachs erfuhr. Die Verfolgung der Flüchtigen selbst wurde demgemäß nachrangig betrieben.

Anfangs erfolgte ein Vorgehen gegen Ausreiseantragsteller durch arbeitsrechtliche Disziplinierungen. Dadurch sollte der Antragsteller zur Rücknahme seines Übersiedlungsersuchens bewegt werden. Infolge dieser Zielrichtung erging eine „Orientierung des Obersten Gerichts, des Generalstaatsanwaltes und des Bundesvorstandes des FDGB zur einheitlichen Behandlung arbeitsrechtlicher Probleme, die sich ergeben können, wenn Bürger die Absicht zur Übersiedlung in die BRD verfolgen“[6]. Daraus ergab sich, dass die einzelne Handhabung in Betrieben, indem z.B. die Auflösung des Arbeitsverhältnisses auf das Übersiedlungsersuchen gestützt wurde, nicht gewollt war. Eine solche Begründung bezogen auf arbeitsrechtliche Problemstellungen war zu offensichtlich und verbot sich im Hinblick auf die gesetzliche Lage.[7] Vielmehr wurde Folgendes avisiert:

> „Ausschlaggebend sind die Auswirkungen des mit der Verfolgung dieser Absicht [Antrag auf Übersiedlung] gezeigten Verhaltens auf die arbeitsrechtliche Stellung des Werktätigen. Eine Änderung oder Beendigung des Arbeitsrechtsverhältnisses ist notwendig, wenn der betreffende Bürger Leitungsaufgaben zu erfüllen hat (einschließlich der Meistertätigkeit); [...]. Das gleiche trifft zu, wenn der Bürger Verantwortung für die Erziehung ihm anvertrauter Kinder, Jugendlicher oder auch Erwachsener trägt oder wenn die Sicherheit der vom Werktätigen zu bedienenden volkswirtschaftlich wichtigen Produktionsanlagen, Geräte usw. beeinträchtigt werden kann. [...] In den nach dem Gesetz erforderlichen Begründungen der arbeitsrechtlichen Maßnahmen **ist in keinem Falle die Tatsache der Übersiedlungsabsicht des Werktätigen als Grund für die Beendigung des Arbeitsrechtsverhältnisses zu nennen**.“[8]

Demgemäß ergibt sich, dass die Entscheidung der Betriebe, Arbeitnehmer aufgrund des Übersiedlungsersuchens zu entlassen, nicht als schlechthin

---

4 *Eisenfeld*, Zentrale Koordinierungsgruppe, S. 3; *Raschka*, Einschüchterung, Ausgrenzung, Verfolgung, S. 31.

5 *Eisenfeld*, Zentrale Koordinierungsgruppe, S. 4; *Raschka*, Einschüchterung, Ausgrenzung, Verfolgung, S. 31.

6 Abgedruckt in: *Lochen / Meyer-Seitz*, Die geheimen Anweisungen zur Diskriminierung Ausreisewilliger, Anlage 4 zum MfS-Befehl Nr. 6/77 vom 18. März 1977, VVS MfS 008-7/77, S. 52.

7 Abgedruckt in: *Lochen / Meyer-Seitz*, Die geheimen Anweisungen zur Diskriminierung Ausreisewilliger, Anlage 4 zum MfS-Befehl Nr. 6/77 vom 18. März 1977, VVS MfS 008-7/77, S. 52.

8 Abgedruckt in: *Lochen / Meyer-Seitz*, Die geheimen Anweisungen zur Diskriminierung Ausreisewilliger, Anlage 4 zum MfS-Befehl Nr. 6/77 vom 18. März 1977, VVS MfS 008-7/77, S. 52–54.

untragbar eingestuft wurde, sondern allenfalls die darauf fußende Begründung nicht gewollt war. Dass letztendlich der ausschlaggebende Punkt der Beendigung des Arbeitsverhältnisses das Übersiedlungsersuchen war, wurde nicht infrage gestellt, sondern allein eine solche Begründung nach außen. Vordergründig sollten arbeitsrechtliche Maßnahmen isoliert auf verhaltensbedingte Gründe gestützt werden, z.B. die Nichterbringung bestimmter geforderter Leistungen.

Trotz der Bindung der DDR an die KSZE und andere völkerrechtliche Dokumente, die eine Übersiedlung nicht infrage stellten, widersprach die Berufung auf solche Akte dem rechtsstaatlichen Verständnis der DDR.[9] Danach gab es kein Recht zur Übersiedlung in nichtsozialistische Staaten und nach Westberlin.[10]

Die Zahlen der Ausreiseantragsteller stiegen bis 1983 kontinuierlich an und explodierten 1984.[11] Mitursache für den weiteren Anstieg war unter anderem die Madrider Folgekonferenz der KSZE.[12] In deren Rahmen kam es zur Verpflichtung aller Teilnehmerstaaten, die Ausübung der Menschenrechte und Grundfreiheiten zu fördern und jenen somit praktische Relevanz zu verleihen.[13] Diese Rechte sollten nicht eine bloße Hülle darstellen, sondern den Menschen auch zur Entfaltung ihrer eigenen Persönlichkeit verhelfen, unabhängig von nationalen Gegebenheiten.[14] Die völkerrechtliche Bindung und der damit einhergehende politische Druck machten es der DDR immer schwieriger, nach eigenen Rechtsvorstellungen offen zu agieren. Es folgte ein System der Anpassung nach außen. Beispielhaft zu nennen ist die Verordnung zur Regelung von Fragen der Familienzusammenführung und Eheschließung mit

---

9 Beschluss des Sekretariats des ZK der SED zur Gewährleistung des einheitlichen, abgestimmten Vorgehens der Staats- und wirtschaftsleitenden Organe, Betriebe, Kombinate und Einrichtungen sowie gesellschaftlichen Organisationen zur Unterbindung rechtswidriger Versuche von Bürgern der DDR, die Übersiedlung nach nicht sozialistischen Staaten und Westberlin zu erreichen vom 16. Februar 1977, SAPMO-BA, ZPA J IV/2/3/2555. Abgedruckt in: Der Bundesbeauftragte, Analysen und Berichte, Ausreisen oder dableiben?, Dokument 2, S. 66.

10 Beschluss des Sekretariats des ZK der SED vom 16. Februar 1977 SAPMO-BA, ZPA J IV/2/3/2555, abgedruckt in: Der Bundesbeauftragte, Analysen und Berichte, Ausreisen oder dableiben?, Dokument 2, S. 66.

11 Zit. nach: Der Bundesbeauftragte-*Eisenfeld*, Analysen und Berichte, Ausreisen oder dableiben?, S. 7 m.w.N.

12 Zit. nach: Der Bundesbeauftragte-*Eisenfeld*, Analysen und Berichte, Ausreisen oder dableiben?, S. 7 m.w.N.

13 Zit. nach: Der Bundesbeauftragte-*Eisenfeld*, Analysen und Berichte, Ausreisen oder dableiben?, S. 7 m.w.N.

14 Zit. nach: Der Bundesbeauftragte-*Eisenfeld*, Analysen und Berichte, Ausreisen oder dableiben?, S. 7 m.w.N.

Ausländern vom September 1983.[15] Auf dieser Grundlage war es nunmehr möglich, erfolgreich Übersiedlungsersuchen zu stellen. Allerdings war die Verordnung dahingehend sehr offen gestaltet, indem auch eine Vielzahl von Vorbehalten dem Übersiedlungsersuchen entgegen stehen konnte.[16] Somit war der Schritt hin zu einer Anerkennung der legalen Übersiedlung ein nur sehr kleiner, der wenig Zugeständnisse in der praktischen Umsetzung erfuhr.

Um jedoch zumindest die Zahl der Ausreiseantragsteller drastisch zu verringern, erfolgten kurzfristig massive Ausbürgerungen. Darunter waren insbesondere Antragsteller, die dem Regime aus politischen Gründen nicht mehr tragbar erschienen.[17] Im 1. Quartal 1984 wurden insgesamt 21.053 Personen ausgebürgert.[18] Diese Vorgehensweise bewirkte jedoch das Gegenteil der gewollten Zielrichtung. Die Zahl der Antragsteller stieg weiter explosionsartig an, da in der Reaktion der Regierung der DDR das Signal gesehen wurde, dass das bisherige Vorgehen auf Resonanz stieß. In Zahlen ausgedrückt, hieß das, dass von 1976 bis 1989 die DDR mit rund 500.000 Antragstellungen konfrontiert wurde.[19]

Aufgrund des Anstieges der Übersiedlungsersuchen wuchs jedoch gleichwohl das repressive Vorgehen, das sich in einer Erhöhung der Zahl der eingeleiteten Ermittlungsverfahren zeigte.[20]

Bereits 1977 wurden im Rahmen des Befehls Nr. 6/77 „Grundsätze für die Anwendung strafrechtlicher Mittel durch Sicherheits- und Justizorgane“

15 Anlage 3 zur Dienstanweisung 2/83. Abgedruckt in: *Lochen / Meyer-Seitz*, Die geheimen Anweisungen, S. 149 ff mit Verweis auf das GBl. DDR I 1983, S. 254.

16 Dies ergibt sich aus § 8 der benannten Verordnung. Soweit gesellschaftliche Rechte durch die Wohnsitzänderung beeinträchtigt worden wären, konnte die Versagung des Übersiedlungsersuchens ausgesprochen werden, § 8 Abs. 1 der Verordnung. Beispielhaft aufgeführt wurden: „[...] Erziehungsrechte oder Umgangsbefugnisse von Bürgern gegenüber Minderjährigen berührt werden; der Antragsteller Kinder, Eltern, Großeltern oder Geschwister in der Deutschen Demokratischen Republik hinterlassen würde, die seiner Betreuung und Unterstützung oder Fürsorge bedürfen; [...]; eine ordnungsgemäße Verwaltung von Grundstücken, Gebäuden und anderem Vermögen des Antragstellers nicht gewährleistet ist [...].“ Die Versagung war zwingend auszusprechen nach § 8 Abs. 2 der Verordnung, wenn z.B. „Interessen der Deutschen Demokratischen Republik, insbesondere zum Schutz der öffentlichen Ordnung sowie ihrer Sicherheit“ entgegenstanden oder auch „der Antragsteller in ein Strafverfahren einbezogen oder eine durch Gerichtsurteil gegen ihn ausgesprochene Freiheitsstrafe zu verwirklichen“ war.

17 Der Bundesbeauftragte-*Eisenfeld*, Analysen und Berichte, Ausreisen oder dableiben?, S. 9.

18 Der Bundesbeauftragte-*Eisenfeld*, Analysen und Berichte, Ausreisen oder dableiben?, S. 9.

19 Der Bundesbeauftragte-*Eisenfeld*, Analysen und Berichte, Ausreisen oder dableiben?, S. 11.

20 Der Bundesbeauftragte-*Eisenfeld*, Analysen und Berichte, Ausreisen oder dableiben?, S. 9.

formuliert.[21] Insbesondere wurde die Personengruppe, die strafrechtlichen Maßnahmen unterfallen sollte, genauer festgelegt. Im Hinblick auf § 214 Abs. 1 waren dies Personen

> „die sich in die gegnerische Kampagne der politischen Diskriminierung der DDR eingliedern, die sozialistische Staats- und Gesellschaftsordnung oder die Tätigkeit staatlicher Organe verunglimpfen und demonstrative Aktionen und Provokationen in der Öffentlichkeit durchführen.“[22]

Es wurde festgelegt, welche Tatbestände auf welche Verhaltensweisen anzuwenden waren:

> „in den Fällen staatsfeindlicher Diskriminierung, insbesondere beim Zusammenwirken mit feindlichen Kräften, die von außen gegen die DDR wirksam werden, und bei der Anwendung konspirativer Methoden, die Tatbestände der staatsfeindlichen Verbindungsaufnahme, der Nachrichtenübermittlung und der staatsfeindlichen Hetze,
>
> in anderen Fällen der Diskriminierung und vor allem des provokatorischen Auftretens in der Öffentlichkeit die Tatbestände der Staatsverleumdung, der Zusammenrottung, des Widerstandes gegen staatliche Maßnahmen und der Beeinträchtigung staatlicher oder gesellschaftlicher Tätigkeit [§ 214 Abs. 1],
>
> bei Tätern, die ihre feindliche Einstellung durch hartnäckige Arbeitsverweigerung demonstrieren, der Tatbestand des asozialen Verhaltens,
>
> wenn die Täter ihre Kinder daran hindern, die Schule zu besuchen, und Aussprachen sowie entsprechende Auflagen der Organe der Volksbildung mit den Tätern bzw. Ordnungsstrafverfahren zu keinem Ergebnis geführt haben, der Tatbestand der Verletzung von Erziehungspflichtigen [Erziehungspflichten].“[23]

Im Ergebnis kam es zu einer umfassenden strafrechtlichen Würdigung des Verhaltens. Die entsprechend favorisierten Tatbestände wurden weit ausgelegt, um die Erfassung als strafrechtliches Verhalten zu ermöglichen. Strafrechtliche Repressalien wurden damit zu einem weiteren Druckmittel gegenüber den Ausreiseantragsstellern.

Die Einbeziehung des § 214 Abs. 1 in den Maßnahmekatalog der repressiven Vorgehensweisen wurde durch seine Neugestaltung 1977, wie nachfolgend

---

21 Abgedruckt in: *Lochen / Meyer-Seitz*, Die geheimen Anweisungen zur Diskriminierung Ausreisewilliger, Anlage 2 zum MfS-Befehl Nr. 6/77 vom 18. März 1977, VVS MfS 008-7/77, S. 42–43.

22 Abgedruckt in: *Lochen / Meyer-Seitz*, Die geheimen Anweisungen zur Diskriminierung Ausreisewilliger, Anlage 2 zum MfS-Befehl Nr. 6/77 vom 18. März 1977, VVS MfS 008-7/77, S. 42.

23 Abgedruckt in: *Lochen / Meyer-Seitz*, Die geheimen Anweisungen zur Diskriminierung Ausreisewilliger, Anlage 2 zum MfS-Befehl Nr. 6/77 vom 18. März 1977, VVS MfS 008-7/77, S. 42–43.

dargestellt, ermöglicht. In einer SED-Hausmitteilung vom 29. Oktober 1976 war dieser Tatbestand als strafrechtliche Reaktionsmöglichkeit noch nicht aufgeführt.[24]

B) Die Fassung des § 214 nach dem 2. StÄG 1977

Infolge des 2. StÄG vom 7. April 1977 erhielt § 214 Abs. 1 folgende Fassung:

> „(1) Wer die Tätigkeit staatlicher Organe durch Gewalt oder Drohungen beeinträchtigt oder in einer die öffentliche Ordnung gefährdenden Weise eine Missachtung der Gesetze bekundet oder zur Missachtung der Gesetze auffordert, wird mit Freiheitsstrafe bis zu zwei Jahren oder mit Verurteilung auf Bewährung, Haftstrafe, Geldstrafe oder mit öffentlichem Tadel bestraft."[25]

Das Vorgehen gegen Bürger, die staatliche Tätigkeiten ausüben, wurde in Abs. 2 normiert. Wesentlich für den hier vorliegenden Untersuchungsgegenstand ist jedoch § 214 Abs. 1 in seiner Fassung ab 1977.[26] In den Leitlinien des OG wurde bereits 1980 deutlich gemacht, dass in dem Verhalten der Ausreiseantragsteller ein Erpressungsversuch gegenüber den Behörden der DDR gesehen wurde:

> „Die Anwendung dieser Bestimmung wird vorrangig auf solche Täter konzentriert, die aus negativer Grundhaltung entsprechend gezielte Handlungen begehen, bei der Tat mit gegnerischen Kräften zusammenwirken bzw. ihre Ausreise durch Einordnung in das System der politischen Diskriminierung der DDR zu erpressen versuchen."[27]

I. § 214 Abs. 1 Kategorisierung als Verbrechen oder Vergehen

Gemäß § 1 Abs. 2 war § 214 Abs. 1 als einfaches Vergehen zu klassifizieren, da auf Rechtsfolgenseite im Höchstmaß eine Freiheitsstrafe von bis zu zwei Jahren vorgesehen war. Zur Unterscheidung zwischen Vergehen, besonders

---

24 SED Hausmitteilung, Abteilung Staats- und Rechtsfragen beim ZK der SED an Erich Honecker zur Durchführung von Maßnahmen zur Zurückweisung von Versuchen revanchistischer Kreise in der BRD vom 29. Oktober 1976. Abgedruckt in: Der Bundesbeauftragte, Analysen und Berichte, Ausreisen oder dableiben?, Dokument 1, S. 62–65.

25 GBl. DDR I 1977, S. 100 (101/102).

26 Zum Einen führte das OG in seinen Standpunkten aus, dass Absatz 1 in Bezug zu Absatz 2 selbstständige Tatbestände darstellten und zudem inhaltlich verschiedene Begehungsweisen umfassten, vgl. OG, Informationen des OG, Heft 1, 1980, S. 5. Zum Anderen stellte es klar, dass gerade Abs. 1 im Zusammenhang mit Aussiedlungsersuchen zur Anwendung gelangte, indem Antragsteller „Gewalt oder provokatorische Aktionen in der Öffentlichkeit" androhten, vgl. OG, Informationen des OG, Heft 6, 1980, S. 2 (8).

27 OG, Informationen des OG, Heft 6, 1980, S. 2 (8).

schwerem Vergehen und Verbrechen im Strafrecht der DDR wird auf die Ausführungen im Siebten Kapitel verwiesen.

II. Tatbestand des § 214 Abs. 1

In Abkehrung von der Normierung 1968 war vorrangiger Schutzzweck nunmehr nach Abs. 1 die ungestörte Tätigkeit staatlicher Organe sowie der Rechtsordnung und diente zugleich der Durchsetzung der sozialistischen Gesetzlichkeit.[28] Nur nach Absatz 2 unterlag auch der einzelne Bürger bei seiner staatlichen Tätigkeit dem strafrechtlichen Schutz.[29]

1. Objektiver Tatbestand

Tatobjekt waren damit im Rahmen von § 214 Abs. 1 die staatlichen Organe. Im Ergebnis handelt es sich insbesondere um Organe, die gesetzesvollziehend tätig waren.[30] Mithin bezog sich der Schutz auf diejenigen Organe, die mit den Ausreiseanträgen beschäftigt waren und über deren Genehmigung oder Ablehnung entschieden.

Der Tatbestand bestand aus zwei Alternativen. Zum einen die *Beeinträchtigung durch Gewalt* oder *Drohung.* Und zum anderen, die *Bekundung einer Missachtung in einer die öffentliche Ordnung gefährdenden Weise oder die Aufforderung dazu.*

a) Beeinträchtigung staatlicher Tätigkeit

Tathandlungen der 1. Tatbestandsalternative waren damit die Gewalt oder die Drohung. Beide Tathandlungen mussten den Erfolg der Beeinträchtigung staatlicher Tätigkeit herbeiführen. Fraglich ist, welchen Umfang diese Beeinträchtigung aufweisen musste, um strafrechtliche Relevanz zu entfalten.

Unter Gewalt wurde „jede Einwirkung, bei der körperliche Kraft angewendet wird oder die mit Hilfe mechanischer Vorrichtungen oder durch Auslösung bzw. unter Ausnutzung chemischer oder physikalischer Vorgänge erreicht wird unabhängig davon, ob sie gegen Personen oder Sachen gerichtet ist“[31], verstanden. Die strafrechtliche Berücksichtigung gewaltsamen Vorgehens gegen staatliche Organe entspricht auch dem heutigen Verständnis. Gerade im gesellschaftlichen Zusammenleben ist Gewalt nicht als Mittel zur Erreichung

---

28 Ministerium der Justiz, Strafrecht der DDR – Kommentar (1981), § 214, Ziff. 1, S. 510.

29 Ministerium der Justiz, Strafrecht der DDR – Kommentar (1981), § 214, Ziff. 1, S. 510; OG, Informationen des OG, Heft 5, 1979, S. 3 (8/9).

30 Ministerium der Justiz, Strafrecht der DDR – Kommentar (1981), § 214, Ziff. 2, S. 510.

31 Ministerium der Justiz, Strafrecht der DDR – Kommentar (1981), § 214, Ziff. 3, S. 510.

von Zielen anerkannt und muss daher unterbunden werden. Nach heutiger Sicht folgt dies schon aus Art. 2 Abs. 2 GG, der körperlichen Unversehrtheit. Die gleiche Folgerung ist jedoch auch aus dem Verständnis zu ziehen, dass Gewalt keinen geeigneten Lösungsansatz bietet und anarchische Züge besitzt.

Der Begriff der Drohung wurde nach dem offiziösen Kommentar folgender Definition unterworfen:

> „[...] sind Ankündigungen von Nachteilen aller Art, die sowohl persönlicher Natur für den Empfänger als auch Nachteile für die staatliche Tätigkeit sein können. [...] die geeignet sind, die geordnete staatliche Tätigkeit – auch die eines einzelnen Mitarbeiters des Staatsapparates – zu beeinträchtigen. Die jeweilige Drohung muss ernst zu nehmen sein, d.h. objektiv den Eindruck der Ernsthaftigkeit erwecken."[32]

Diese Definition entspricht im Wesentlichen dem bundesdeutschen Drohungsbegriff. Danach muss ebenfalls insbesondere der Eindruck der Ernsthaftigkeit objektiv vorhanden sein.[33]

Durch die vorgenannten Tathandlungen musste der Erfolg der Beeinträchtigung der staatlichen Tätigkeit erreicht werden. Dies war dann der Fall, wenn der Täter mithilfe der vorgenannten zwei Tatmodalitäten die Herbeiführung einer rechtswidrigen Entscheidung oder Einleitung solcher Maßnahmen bzw. die Unterlassung rechtmäßiger Entscheidungen/Maßnahme erzwingen wollte.[34] Ausreichend für die Beeinträchtigung war bereits die Einengung des Entscheidungsspielraumes der staatlichen Organe, zu einem besonderen weiteren Erfolg musste es nicht kommen.[35] Der Erfolg trat damit schon mit dem geringsten Mitteleinsatz ein und führte demzufolge zu einer Ausdehnung der Strafbarkeit. Dieser Regelung sollten dabei auch folgende Konstellationen unterfallen:

> „Das trifft auch auf die Fälle zu, in denen von staatlichen Organen provokatorisch eine Ausreisegenehmigung gefordert und mit der Androhung verbunden wird, zu einer staatsfeindlichen Organisation Verbindung aufzunehmen oder internationale Organisationen durch irreführende Informationen zu veranlassen, gegen die DDR vorzugehen."[36]

Im Blickpunkt standen deshalb gerade Verhaltensweisen, die im internationalen Rechtsverkehr zu einer Diskreditierung der DDR führen könnten und die Widersprüche zu internationalen Abkommen und nationalen Gesetzmäßigkei-

---

32 Ministerium der Justiz, Strafrecht der DDR – Kommentar (1981), § 214, Ziff. 3, S. 510.

33 Vgl. insoweit Münchner Kommentar zum StGB-*Sinn*, § 241 Rn 4, Stand 2012.

34 OG, Informationen des OG, Heft 6, 1980, S. 2 (9).

35 OG, Informationen des OG, Heft 6, 1980, S. 2 (9); OG, Informationen des OG, Sonderdruck 1980, S. 3 (17); Ministerium der Justiz, Strafrecht der DDR – Kommentar (1981), § 214, Ziff. 3, S. 511.

36 OG, Informationen des OG, Heft 6, 1980, S. 2 (9).

ten aufzeigen könnten. Schon die Androhung die Hilfe international angesehener Organisationen, wie Amnesty International, in Anspruch zu nehmen bzw. das Stützen auf den Akt von Helsinki führte zur Strafbarkeit. Letzteres ist insoweit widersprüchlich, da sich die DDR durch die Mitzeichnung des Korbes III gerade zur Ausreisefreiheit nach außen bekannte, im Inneren jedoch dieser völkerrechtlichen Verpflichtung nicht entsprach.

b) Gefährdung öffentlicher Ordnung

Unter diese Tatalternative fielen die *Bekundung der Missachtung der Gesetze* bzw. *die Aufforderung zur Missachtung von Gesetzen.*

Bei der Ausübung der hier in Rede stehenden Tathandlungen kam die schriftliche, mündliche oder symbolhafte Missachtung in Betracht.[37] Mithin war im Ergebnis auch ein konkludentes Handeln ausreichend.[38]

Eine Gefährdung lag dann vor, wenn schon die Eignung der entsprechenden Handlung gegeben war, die öffentliche Ordnung zu stören.[39] Nicht relevant war der Eintritt einer solchen Störung. Im Ergebnis handelte es sich hierbei um ein abstraktes Gefährdungsdelikt. Fraglich ist, inwieweit eine solche Gefährdung strafrechtliche Relevanz aufweist. Nach heutigem Verständnis kann eine solche Gefährdung nur gegeben sein, wenn die Störung eine Intensität annimmt, die einen ordnungsgemäßen Bearbeitungsablauf nicht mehr gewährleistet. Dies bedeutet, dass bei nur geringen Eingriffen in den behördlichen Ablauf derlei Intensität nicht gesehen werden kann. Voraussetzung wäre ein querulatorisches Vorgehen, das von einer Häufigkeit ist, die eine erhebliche Einwirkung auf den behördlichen Ablauf beinhaltet.

Eine solche Intensität wurde vom OG jedoch nicht angenommen. Vielmehr wurde beispielhaft folgender Fall für die Ausfüllung des Tatbestandes herangezogen:

> „wenn der Täter in der Öffentlichkeit oder gegenüber staatlichen Organen und deren Vertretern in demonstrativer oder provokatorischer Weise die Gesamtheit oder einzelne Gesetze der DDR herabwürdigt und z.B. ankündigt, sie als ungültig oder für ihn nicht verbindlich zu betrachten."[40]

---

37 Ministerium der Justiz, Strafrecht der DDR – Kommentar (1981), § 214, Ziff. 4, S. 511.

38 So auch Ministerium der Justiz, Strafrecht der DDR – Kommentar (1981), § 214, Ziff. 4, S. 511.

39 OG, Informationen des OG, Heft 6, 1980, S. 2 (9); OG, Informationen des OG, Sonderdruck 1980, S. 3 (17).

40 OG, Informationen des OG, Sonderdruck 1980, S. 3 (17).

2. Subjektiver Tatbestand

In subjektiver Hinsicht musste sich der Vorsatz auch auf die Beeinträchtigung der Tätigkeit staatlicher Organe erstrecken.[41] In Bezug auf die Tathandlung des Drohens musste der Täter den Eindruck der Ernsthaftigkeit hervorrufen wollen.[42] Hierbei war der Wille ausreichend, dieser Eindruck der Ernsthaftigkeit musste jedoch nicht sein Ziel sein.[43]

3. Besonderheiten

§ 214 Abs. 1 war im Zusammenhang mit § 214 Abs. 3 zu sehen. Danach wirkte sich die Beteiligung an Absatz 2 in einer Gruppe als straferhöhend aus. Zum Gruppenbegriff wird auf die Ausführungen zu § 213 Abs. 2 Ziff. 3, im vorangegangenen Kapitel verwiesen. Nach Absatz 5 war schon der Versuch nach Absatz 1 strafbar.

III. Rechtsfolgenseite

Auf Rechtsfolgenseite bot das Delikt des § 214 Abs. 1 einen umfangreichen Maßnahmenkatalog. Das Gericht konnte auf Freiheitsstrafe bis zu zwei Jahren, Verurteilung auf Bewährung, Haftstrafe, Geldstrafe und öffentlichen Tadel erkennen. Bezüglich der Ausgestaltung der einzelnen Rechtsfolgen wird auf die Ausführungen im Siebten Kapitel verwiesen. Bei einer Begehung in einer Gruppe nach Absatz 3 drohte eine Freiheitsstrafe von bis zu fünf Jahren.[44]

IV. Verjährungsbestimmungen

Hinsichtlich der Verjährungsbestimmungen wird auf die Ausführungen zu § 213 Abs. 1 verwiesen.[45] Für § 214 Abs. 1 galt aufgrund der Rechtsfolge Freiheitsstrafe bis zu zwei Jahren eine 2-jährige Verjährungsfrist, § 82 Abs. 1 Nr. 2.

C) Änderungen durch das 3. StÄG 1979

Im 3. StÄG von 1979 kam es auf Rechtsfolgenseite zu einer Strafschärfung. Absatz 1 drohte nunmehr eine Freiheitsstraße von bis zu drei Jahren an.[46]

41 Ministerium der Justiz, Strafrecht der DDR – Kommentar (1981), § 214, Ziff. 8, S. 512.

42 Ministerium der Justiz, Strafrecht der DDR – Kommentar (1981), § 214, Ziff. 8, S. 512.

43 Ministerium der Justiz, Strafrecht der DDR – Kommentar (1981), § 214, Ziff. 8, S. 512.

44 GBl. DDR I 1968, S. 1 (40).

45 Vgl. Zweiter Teil, Siebtes Kapitel, A)IV.

46 GBl. DDR I 1979, S. 139 (144).

Aufgrund dessen verjährte eine Handlung nach § 214 Abs. 1 ab diesem Zeitpunkt in acht Jahren gem. § 82 Abs. 1 Nr. 3.

Absatz 3[47] wurde insoweit neu gefasst, dass sich dieser zum einen nunmehr auch auf § 214 Abs. 1 bezog. Zum anderen wurde der Begriff „Gruppe" entfernt und ersetzt durch das „Zusammenwirken mit Anderen". Dabei mussten mindestens zwei Täter zusammenwirken, sodass Mittäterschaft zur Straferhöhung nach Absatz 3 führte.[48] Teilnahmehandlungen waren für das Eingreifen nach Absatz 3 damit nicht mehr strafschärfend. Insoweit fand im Rahmen des 3. StÄG eine Milderung statt, da eine Einengung des Tatbestandes erfolgte. Die untergeordnete Tatbeteiligung konnte daher nur noch nach Absatz 4 verfolgt werden. Auf Rechtsfolgenseite wurde eine Freiheitsstrafe von bis zu fünf Jahren statuiert. Dementsprechend trat durch die Erweiterung des Anwendungsbereiches des Absatzes 3 auch für § 214 Abs. 1 eine Strafschärfung ein.

D) Weiterfolgende Regelungen ab 1988

Im Zuge des Verfassungsgesetzes vom 21. Juni 1990 wurde die Normierung des § 214 für Taten nach In-Kraft-Treten des Einigungsvertrages zunächst für nicht anwendbar erklärt.[49] Durch das 6. StÄG vom 29. Juni 1990 wurde § 214 wie folgt neu gefasst:

„Beeinträchtigung verfassungsmäßiger Tätigkeit

(1) Wer die verfassungsmäßige Tätigkeit von Volksvertretungen, deren Organe oder Mitglieder oder von staatlichen Organen durch Nötigung (§ 129) beeinträchtigt, wird mit Freiheitsstrafe bis zu drei Jahren, Verurteilung auf Bewährung, Haftstrafe oder mit Geldstrafe bestraft.

(2) Der Versuch ist strafbar."[50]

Mithin fand nunmehr eine Einschränkung dahingehend statt, dass nicht mehr auf den weiten Begriff der staatlichen Tätigkeit abgestellt wurde, sondern auf den engen Begriff der verfassungsmäßigen Tätigkeit.

---

47 GBl. DDR I 1979, S. 139 (144).

48 Ministerium der Justiz, Strafrecht der DDR – Kommentar (1981), § 214, Ziff. 6, S. 512; OG, Informationen des OG, Heft 5, 1979, S. 3 (12).

49 GBl. DDR I 1990, S. 331 (348), Anlage III Nr. 19 Ziffer 8.

50 GBl. DDR I 1990, S. 526 (534).

E) Würdigung

Die Schaffung des Tatbestandes des § 214 Abs. 1 war eine Folge der Ereignisse auf dem internationalen Parkett ab 1975 und der dadurch eröffneten Möglichkeiten für die Bürger der DDR. Die SED sah sich aufgrund des Anstiegs der Zahlen der Ausreiseantragsteller – trotz anderweitigen Vorgehens in Form von arbeitsrechtlichen Maßnahmen oder Ausbürgerungen – zu einem strafrechtlichen Handeln gezwungen. Wie zumeist steht hinter der Ausgestaltung politischer Strafnormen die Ohnmacht der Regierung, anderweitig ohne Neugestaltung des politischen und rechtlichen Systems auf gesellschaftliche Phänomene zu reagieren. Die Nutzung des Strafrechts als Instrument der Regulierung hat jedoch im Ergebnis den menschlichen Willen zum Ausbruch aus einem System nicht dem Willen der Regierung unterworfen, sondern dazu beigetragen, politische Missstände offen zu legen, und im Ergebnis auch zum Zusammenbruch des Regimes geführt. Das zwanghafte Festhalten an alten Strukturen und das Hinterherhinken gegenüber gesellschaftlichen Bedürfnissen schadet einem System und kann im Endeffekt über längere Zeit dessen Platz im völkerrechtlichen Gefüge nicht förderlich sein.

Zu beachten ist, dass im Falle der Verfolgung der Ausreiseantragsteller ein letztlich legales Verhalten aufgrund der politischen Dimensionen zur Illegalität herabgestuft wurde. Die Nachvollziehbarkeit einer solchen Herangehensweise in der Form, dass eine strafrechtliche Verfolgung möglich wurde, ist nach heutigem Rechtsverständnis nicht gegeben.

Neuntes Kapitel: Soziale und politische Hintergründe – Statistische Auswertungen sowie Maßnahmen des MfS

> „Im Sozialismus ist der von der Ausbeutung befreite Mensch keine Ware und kann daher auch nicht Handelsobjekt sein. Der Menschenhandel ist dem Sozialismus wesensfremd. Da im Kapitalismus die Auswanderung die Flucht vor der Ausbeutung ist, kann ein sozialistischer Staat im Interesse seiner von der Ausbeutung befreiten Staatsbürger eine solche nicht zulassen. Die Ablehnung der dem bürgerlichen Arsenal entstammenden '*Auswanderungsfreiheit*' ist Ausdruck des humanistischen Gehalts unserer Staats- und Rechtsordnung." *Gustav Jahn*[1]

Die vorgenannten rechtlichen Normierungen, insbesondere der § 8 PaßG sowie die §§ 213, 214 Abs. 1, waren Reaktionen der DDR auf gesellschaftliche Entwicklungen und Bewegungen, die überwiegend schon in Teil 1 dieser Arbeit beschrieben wurden. Seit Schaffung der vier Besatzungszonen kam es gerade aus der SBZ zur Abwanderung in die Zonen der West-Alliierten. Bereits 1945 betraf dies eine Abwanderungsbewegung von 1,6 Millionen Ostdeutschen.[2] Die Schaffung der Besatzungszonen war nicht ein bloßer Ausdruck der vorübergehenden Herrschaft, sondern vielmehr auch die Demonstration von Machtverhältnissen in Bezug auf die vertretenen Nationen. Keines der Siegerländer, insbesondere die UdSSR, war gewillt, die eroberten Teile Deutschlands ohne Gegenwert abzugeben.

Nachfolgend wird anhand statistischer Berichte die Entwicklung der Fluchtbewegung und ihrer sozialen Hintergründe aufgezeigt. Zudem erfolgt ein Überblick über die Einbindung des MfS in den Prozess der Verfolgung von Republikflüchtigen sowie Ausreiseantragstellern. Zu beachten ist, dass das MfS bei diesem Prozess nicht nur im Rahmen des Ermittlungs- und Gerichtsverfahrens tätig wurde, sondern schon im Vorfeld Verdachtsmomente z.B. durch konspirative Maßnahmen[3] ermittelte.

---

1 *Jahn*, WZ Halle 1959, S. 1175 (1176).

2 *Eisenfeld / Engelmann*, 13.8.1961: Mauerbau, S. 17.

3 Der Begriff der „konspirativen Maßnahme" umfasste operative Kombinationen, um bei den Betroffenen die gewünschte Reaktion – Absehen vom Übersiedlungsersuchen – zu erreichen. Bei diesen operativen Kombinationen wurden insbesondere Zersetzungsmaßnahmen in Form von Isolierung der Betroffenen, Verunsicherung, Einschüchterung, Berufliche Behinderungen, Ladung zu dienstlichen Vorgesetzten, Aussprachen vor dem Kollektiv etc. eingeleitet. Der Betroffene wurde mithin schon im eigenen Alltag mit dem MfS konfrontiert und nicht erst im Rahmen strafrechtlicher Prozesse. Vgl. insoweit zum Ganzen *Raschka*, Zwischen Überwachung und Repression, S. 26/44 mit Verweis auf die Richtlinie des MfS 1/76 vom Januar 1976.

A) Soziale und politische Hintergründe – Statistische Auswertungen

I. Entwicklung in den 50er Jahren bis 1961

Aus Aufzeichnungen im Archiv des MfS ergab sich die folgende Dokumentierung der Republikfluchten in den Jahren 1953 – 1957 durch die Volkspolizei.

Jahr	1953	1954	1955	1956	1957
Gesamtzahl Personen	270.440	173.279	270.115	316.028	228.656

Quelle: Entnommen aus *Eisenfeld / Engelmann*, 13.8.1961: Mauerbau, S. 21.

Diese Zahlen decken sich allerdings nicht mit den in der BRD in den Notfallaufnahmelagern aufgenommenen Daten.[4] Anhand des vorliegenden Zahlenmaterials in der BRD waren z.B. 1953 330.000 Flüchtlinge datenmäßig erfasst worden.[5] Die Differenz der Daten beruht auf vielfältigen Ursachen. Zum einen kam es durch das Statistische Bundesamt durch Zuwanderungen über Westberlin teilweise zu Doppelzählungen. Zum anderen meldeten sich nicht alle Zuwanderer im Rahmen des Notaufnahmeverfahrens, so dass auch darauf Verschiebungen in die andere Richtung beruhen.[6] Es kann jedoch auch angenommen werden, dass nach den Kriegsjahren noch nicht alle Bewohner der jeweiligen Besatzungszonen dokumentarisch aufgezeichnet waren und damit auch nicht alle Grenzgänger der polizeilichen Erfassung unterlagen. Hintergrund für den Anstieg der Fluchtbewegung, insbesondere für die Jahre 1955 und 1956, war die nunmehr offene Spaltung in zwei deutsche Staaten und die Abkehr vom Gedanken der Wiedervereinigung.

Das MfS wurde schon frühzeitig mit der Aufklärung der Abwanderungsbewegung und der Schaffung von Strategien gegen diese beauftragt. 1958 schätzte das MfS die Gründe für die Republikflucht wie folgt ein:

> „[...] [persönliche Gründe]
>
> a) den Wunsch nach wirtschaftlicher Verbesserung, Unzufriedenheit auf der Arbeitsstelle u.ä.;

---

4 Zit. nach *Eisenfeld / Engelmann*, 13.8.1961: Mauerbau, S. 21 mit Verweis auf BStU, ZA, AS 109/65, Bd. 10, Bl. 43.

5 Entnommen aus: *Eisenfeld / Engelmann*, 13.8.1961: Mauerbau, S. 21.

6 *Schumann* in: Materialien der Enquete-Kommission, Bd. V/3, S. 2361.

b) private Gründe – wie Übersiedlung, Nachreisen zu anderen bereits im Westen wohnenden Familienangehörigen oder Verwandten, Ehestreitigkeiten usw.;

c) fachliche Mängel in der Arbeit, disziplinarische oder moralische Vergehen, welche mit einer Herabsetzung in der Stellung oder mit dem Wechsel der Arbeitsstelle verbunden sind;

d) Furcht vor Strafe nach Begehen einer strafbaren Handlung. [...]

[politische Gründe]

a) Auftreten gegen die bestehenden politischen Verhältnisse der DDR;

b) fühlen sich persönlich »verfolgt« oder befürchten eine Verhaftung aus politischen Gründen;

c) Ablehnung der politischen Arbeit;

d) Tätigkeit gegen die DDR für feindliche Dienststellen und Organisationen, [...].“[7]

Es spielten mithin nicht allein politische Motivationen, wie die Nichtidentifikation mit dem bestehenden Regime, eine Rolle, sondern gerade auch ganz persönliche Gründe wie Familienzusammenführung oder die Verbesserung des Lebensstandards. Dabei beruhten Entscheidungen zum Verlassen der DDR oftmals nicht auf einem Motiv, sondern es kam zu einem Zusammenspiel vieler Faktoren.[8]

Wirtschaftlich gesehen, gab es zwischen beiden Ländern große Unterschiede. Wo die DDR immer wieder mit Lieferengpässen zu kämpfen hatte, galt die BRD als Land des Konsums. Aus ökonomischer Sicht herrschte in der DDR eine Mangelwirtschaft. Trotz Nachfrage konnte das Regime nicht alle Wirtschaftsgüter zur Verfügung stellen, die Kapazitäten waren beschränkt.[9] Diese Einschränkung im privaten Konsumbereich förderte weiter die Unzufriedenheit der Bevölkerung, zumal aufgrund von westlichen Kontakten die Erfahrung bestand, dass diese Problematik in der BRD nicht gegeben war.[10]

Trotz Kenntnis der hinter der Abwanderungsbewegung liegenden Motive erfolgte fast keine Auseinandersetzung mit dem eigenen System, vielmehr wurde das Handeln der BRD in den Blick genommen. Dieser wurde der Vorwurf gemacht durch aktives Tun – Abwerbung – die Abwanderungsbewe-

---

7 Einschätzung der Gründe für die Republikfluchten durch das MfS vom 7. August 1958. Entnommen aus: *Eisenfeld / Engelmann*, 13.8.1961: Mauerbau, S. 23 mit Verweis auf BStU, ZA, AS 109/65, Bd. 10, Bl. 6–8.

8 Dies ergab sich aus der Aktenauswertung des SächsHStA, Staatsanwalt Stadt Dresden.

9 Vergleiche insoweit auch die Aussagen zur Motivationslage der Republikflüchtigen im Elften Kapitel dieser Arbeit, dort These 8.

10 Dies ergab sich aus der Aktenauswertung des SächsHStA, Staatsanwalt Stadt Dresden.

gung zu fördern, mithin ein Bild vom „Goldenen Westen" zu suggerieren, welches so nicht vorhanden war.[11] Richtig ist, dass jedes System Vor- und Nachteile hat und auch in der BRD nicht jeder den gleichen Lebensstandard erreicht. Dies beruht gerade auf dem System der Sozialen Marktwirtschaft, dem eine kapitalistische Ordnung zugrunde liegt, welches den Einzelnen in die Verantwortung nimmt. Allerdings erfolgte durch das Regime der DDR nicht nur ein Aufzeigen der Nachteile des westlichen Systems, sondern eine Abwertung ohne eine Auseinandersetzung mit den eigenen Schwächen. Diese Herangehensweise der Analyse der Fluchtbewegung war jedoch auch Ausdruck des Ost-West-Konfliktes, dem sog. Kalten Krieg, wobei sich die Fronten in einem Maße verhärteten, in dem eine konstruktive Auseinandersetzung nur eingeschränkt möglich war.

Ende der 50er Jahre stagnierten zunächst die Fluchtzahlen. Hintergrund war einerseits die Stabilisierung im ökonomischen Bereich. Andererseits die Einführung des neuen § 8 PaßG und damit der steigenden Strafdrohung.[12]

Insbesondere die „Gruppe der Intelligenz" – Lehrer, Ingenieure, Wissenschaftler, Ärzte etc. – wählte den Weg des illegalen Verlassens der DDR.[13] Die DDR war ein Arbeiter- und Bauernstaat, der es sich zur Aufgabe gemacht hatte, gerade die vorgenannten Klassen zu fördern. Die sog. „Intelligenz" hingegen, war nicht in diesem Maße anerkannt. Dies spiegelte sich auf allen Ebenen wieder, sei es im Verdienst, in Zugangsmöglichkeiten zu Konsumgütern oder zu Wohnungen. Ein Lehrer beispielsweise verdiente trotz des Studiums und der langen Ausbildungszeit weniger als ein Facharbeiter. Es stießen im Ergebnis wieder zwei Welten aufeinander, nur hier im umgekehrten Sinne. Wo vorher die „Intelligenz" als höherwertig angesehen war, bezog sich dieser Status nunmehr auf die Arbeiterschaft. Anstatt ihrem Leitbild einer klassenlosen Gesellschaft gerecht zu werden, kam es auch zum Aufbau von Klassenschranken, wenn auch nicht in dem Umfang wie es heute wieder der Fall ist. Zum anderen war gerade in den Berufen der „Intelligenz" eine Unterordnung unter das System gefragt.[14] Beispielhaft kann erneut der Beruf des Lehrers herangezogen werden. Die Lehrer waren konfrontiert mit dem Leitbild der sozialistischen Erziehungsarbeit,

---

11 Vgl. Einschätzung der Gründe für die Republikfluchten durch das MfS vom 7. August 1958, BStU, ZA, AS 109/65, Bd. 10, Bl. 6–8. Zit. nach: *Eisenfeld / Engelmann*, 13.8.1961: Mauerbau, S. 23.

12 *Eisenfeld / Engelmann*, 13.8.1961: Mauerbau, S. 25.

13 MfS Bericht vom 30. Juli 1958. Abgedruckt in: *Eisenfeld / Engelmann*, 13.8.1961: Mauerbau, S. 26 mit Verweis auf BStU, ZA, ZAIG 72, Bl. 13.

14 Vgl. hierzu auch die Ausführungen bei *Schumann* in: Materialien der Enquete-Kommission, Bd. V/3, S. 2380 f.

welches gerade auch die Nahebringung des sozialistischen Systems und dessen Stellung im völkerrechtlichen Gefüge beinhaltete. In den unteren Klassen erfolgte dies insbesondere durch das Fach Heimatkunde, in den höheren Klassen durch das Fach Staatsbürgerkunde. Die Lehrer waren dabei gehalten, das System und seine Eingliederung positiv darzustellen. Gerade diese Kluft zwischen dem Erfordernis der Lehrerarbeit und eigenen politischen, aber auch religiösen Ansichten sowie Auseinandersetzungen[15], machten es schwer, dem sozialistischen Erziehungsauftrag Folge zu leisten.[16]

Schuhmann führt insoweit aus:

> „Berufsverbote oder Einschränkungen der beruflichen Chancen folgten überwiegend auf politische Unbotmäßigkeit: z.B. wegen der Weigerung, Wehrkundeunterricht zu erteilen (Nr. 917). [...] Echte Berufsverbotsfälle betrafen vor allem Lehrer. [...] Auch Gewissenskonkflikte wurden repressiv beantwortet. Nicht nur Lehrer berichteten, insbesondere wenn sie christliche Orientierung hatten, von beruflichen Schwierigkeiten."[17]

Viele wählten die Republikflucht, um diesen Konflikt nicht mehr ausgesetzt sein zu müssen. Um diesen Auseinandersetzungen von staatlicher Seite zu begegnen, erfolgte ab 1958 eine Ideologisierung in der universitären Ausbildung.[18] In Bezug auf das Rechtswesen zeigte sich dies in der Einführung der Volksrichterausbildung, wie schon im Ersten Teil beschrieben.

In den Jahren bis 1961 gab es zudem vielfach Grenzgänger, mithin Menschen, die im Osten, insbesondere Ostberlin, wohnten und im Westen (Westberlin) arbeiteten. Diese Personengruppe, die die wirtschaftlichen Verhältnisse im westlichen Bereich Deutschlands sah, konnte sich schwer mit der Mangelwirtschaft der DDR abfinden.[19] Sie galten daher als besonders gefährdet, was sich in den hohen Fluchtanteilen niederschlug.[20] Erste repressive Maßnahmen in Form der Registrierung der Grenzgänger sowie die Abnahme der Personalausweise, führte noch nicht zum gewünschten Erfolg.[21] Die Flucht-

---

15 Im Alltag wurde für den Betroffenen ein Druck aufgebaut, dem nicht jeder standhalten konnte. Schon die Einstellung Nichtparteimitglied zu sein, führte zu Auseinandersetzungen und Repressalien im beruflichen Leben. Vgl. insoweit auch die Ausführungen bei *Schumann* in: Materialien der Enquete-Kommission, Bd. V/3, S. 2380 f.

16 Die Darstellung dieser Verhältnisse und deren Einschätzungen deckt sich auch mit Auskünften und Erfahrungsberichten im Bekanntenkreis der Verfasserin.

17 *Schumann* in: Materialien der Enquete-Kommission, Bd. V/3, S. 2380 f.

18 *Eisenfeld / Engelmann*, 13.8.1961: Mauerbau, S. 28.

19 Einschätzung aufgrund der Ausführungen in: *Eisenfeld / Engelmann*, 13.8.1961: Mauerbau, S. 37.

20 *Eisenfeld / Engelmann*, 13.8.1961: Mauerbau, S. 37.

21 *Eisenfeld / Engelmann*, 13.8.1961: Mauerbau, S. 38.

zahlen stiegen gerade im Juli und August 1961 dramatisch an.[22] Um diese einzudämmen und zu beseitigen, folgte am 13. August 1961 der Mauerbau.[23] Die Notwendigkeit des Mauerbaus wurde seitens der SED dahingehend erklärt, dass es sich um eine reine Maßnahme der Sicherung der Staatsgrenze vor Übergriffen von Außen handele.[24] In einer Rede von Chruschtschow stellte sich dies wie folgt dar:

> „Der 13. August 1961 ist ein historischer Tag in der Entwicklung der Deutschen Demokratischen Republik. [...] Sie haben die Grenze mit Westberlin Ihrer Kontrolle unterstellt. Und das war der wichtigste Schritt zur Festigung der Souveränität der Deutschen Demokratischen Republik. Sie wurde in der Tat zum wahren Herrn und Hüter ihrer Grenzen und erhielt die Möglichkeit, ihre sozialistischen Errungenschaften und die friedliche Arbeit ihrer Bürger zuverlässig vor Eingriffen von außen zu schützen."[25]

Auch Parteivertreter anderer Länder billigten eine solche Maßnahme, wie sich aus den Protokollen der Parteitage ergab.[26]

---

22 Vgl. die abgedruckte Statistik in: *Eisenfeld / Engelmann*, 13.8.1961: Mauerbau, S. 38 mit Verweis auf Dokumente zur Deutschlandpolitik IV/6, S. 1592. Hintergrund für den Anstieg waren jedoch auch die Zwangskollektivierung im landwirtschaftlichen Bereich seit 1960, vgl. Poppe / Eckert / Kowalczuk-*Eisenfeld*, Zwischen Selbstbehauptung und Anpassung – Die Ausreisebewegung, S.192.

23 Auch die Alliierten, insbesondere der amerikanische Präsident Kennedy, werteten diese Maßnahme nicht als Angriff, sondern als defensive Handlung, zum Schutz des eigenen Landes vor der Abwanderung, vgl. die Ausführungen In: *Eisenfeld / Engelmann*, 13.8.1961: Mauerbau, S. 60. Diese Ansicht wurde von den Betroffenen nicht geteilt, sie baten die Alliierten um Hilfe, um die Trennung von der DDR und damit ihrer Familienangehörigen aufzuheben. Ein Anlass zum Einschreiten wurde seitens der Alliierten jedoch nicht gesehen, so dass auch diese an der langen Trennung der beiden Teile Deutschlands und der Abschottung der DDR ihren Anteil beitrugen. Vgl. hierzu auch die Ausführungen in: *Eisenfeld / Engelmann*, 13.8.1961: Mauerbau, S. 57 ff.

24 *Ulbricht*, Protokoll der Verhandlungen des VI. Parteitages der SED, Bd. 1, S. 54. Unterstellt wurden der BRD Unterminierungsversuche gegen die Regierung der DDR. Ziel war es zwei deutsche Staaten aufzubauen, die nebeneinander existieren konnten. Ulbricht argumentierte in seiner Rede gerade mit dem Mauerbau und der dadurch erfolgten Verschärfung des kalten Krieges aufgrund vorausgegangener Nichtanerkennungsmaßnahmen der BRD. *Ulbricht*, a.a.O., S. 62/188, aber auch *Chruschtschow*, a.a.O., S. 300.Widersprüchlich ist in diesem Zusammenhang jedoch, dass zugleich weiter auf dem Vorhaben der Wiedervereinigung bestanden wird. Das eigentliche Ziel der Souveränität eines eigenen Staates wurde damit nur mittelbar beleuchtet und die Nichtverwirklichung der Wiedervereinigung in den Willensbereich der BRD gestellt. 1967 auf dem VII. Parteitag wurde der Wiedervereinigung nur unter sozialistischer Führung Geltung eingeräumt, vgl. *Ulbricht*, Protokoll der Verhandlungen des VII. Parteitages der SED. Bd. 1, S. 70 f.

25 *Chruschtschow*, a.a.O., S. 301.

26 Beispielhaft *Vogt*, Protokoll der Verhandlungen des VI. Parteitages der SED, Bd. 2, S. 371; Vertreter der Kommunistischen Partei Syriens (ohne Namensangabe), a.a.O.,

Aus Sicht der deutschen Bevölkerung in beiden Teilen wurde mit dem Mauerbau eine neue Phase des „Kalten Krieges“ eingeleitet, die gerade auch psychologisch beide Seiten extrem forderte. Für die Menschen, die plötzlich von ihren Familien getrennt waren, kam es zu einem enormen seelischen Druck, der Fluchtgedanken förderte und gerade nicht die Identifizierung mit dem sozialistischen System mit sich brachte.

II. Die 60er Jahre

Aufgrund des Mauerbaus 1961 und damit der Abriegelung der gesamten DDR, gewannen die illegalen Ausreisen über die sog. Drittstaaten wie z.B. Polen oder Ungarn an Bedeutung. Viele Flüchtende waren der Ansicht, dass über diese Drittländer das Verlassen der DDR einfacher sei, da vermutet wurde, dass insbesondere die direkte Grenze zur BRD den höchsten Sicherheitsvorkehrungen unterlag.[27]

Für die 60er Jahre ergab sich folgende Statistik:

Jahr	Verurteilte im Jahresdurchschnitt	Strafen mit Freiheitsentzug in Prozent
1965–1969	4.266	75,2

Quelle: Werte entnommen aus *Raschka*, Kleine Delikte, S. 25/27.

Zu berücksichtigen ist, dass diese Zahlen damit allein diejenigen Flüchtigen umfassten, denen die Beendigung des Delikts nicht gelungen war. Es gab somit eine viel höhere Zahl von laufenden Ermittlungsverfahren. Die für die gesamte DDR laufenden Ermittlungsverfahren liegen jedoch erst ab den 70er Jahren vor und werden im nächsten Abschnitt vorgestellt.

S. 401; Vertreter der Kommunistischen Partei Libanons (ohne Namensangabe), a.a.O., S. 407; Vertreter der Kommunistischen Partei Honduras (ohne Namensangabe), a.a.O., S. 475. Die Maßnahme vom August 1961 wurde von den Vertretern der Kommunistischen Parteien begrüßt und als wichtiger Akt auf dem Weg zu einem Friedenspakt mit der BRD angesehen.

27 Diese Intention der Republikflüchtigen ergab sich aus der Aktenauswertung des SächsHStA, Staatsanwalt Stadt Dresden.

III. Die 70er und 80er Jahre

Die bereits in diesem Kapitel unter A)I. dargestellten persönlichen und politischen Gründe für die Republikflucht galten auch für die Ausreiseantragstellung, welche ab 1977 in den strafrechtlichen Fokus rückten. Diese Gründe behielten ihre Brisanz bis zum Ende der DDR.[28]

Ab 1977 kam es durch die Umgestaltung des § 214 zu einer Verlagerung der statistischen Erfassung auf die Ausreiseantragsteller. Aus politischer Sicht beruhte dies im Wesentlichen auf dem KSZE-Prozess und der damit einhergehenden Entspannungspolitik des DDR-Regimes bezüglich der Beziehungen zur BRD. Daraus resultierte jedoch zugleich eine zwiespältige Interessenlage für diese.[29] Aufgrund der Bewegungen der DDR auf dem internationalen Parkett und der damit einhergehenden Verträge, kam es zu einem jähen Anstieg der Ausreiseantragsteller.[30] Das MfS äußerte sich dazu wie folgt:

> „In dem Maße, wie es den sozialistischen Staaten gelang, den Imperialismus zur friedlichen Koexistenz zu zwingen, in dem Maße war auch mit einem starken Anstieg des Reise- und Touristikverkehrs mit den kapitalistischen Staaten zu rechnen. Aus den Erfahrungen der letzten Jahre wie bekanntgewordenen Plänen des Gegners zog das MfS die Schlussfolgerung, daß die imperialistischen Geheimdienste, Menschenhändlerbanden, Zentren der politisch-ideologischen Diversion und andere Einrichtungen in einem bedeutend vielfältigeren Maße versuchen würden, den Reise- und Transitverkehr zu feindlichen Zwecken auszunutzen."[31]

Aufgrund der Verlagerung auf die Ausreiseantragsteller ging die Personengruppe der Republikflüchtigen statistisch zurück. Dieses Ergebnis war jedoch ein Resultat der strafrechtlichen Ausweitung der Normierung in § 214 Abs. 1, da damit die potenzielle Gefährdungsgruppe im Hinblick auf § 213 schon im eigentlich legalen Vorfeld einer Bestrafung unterlag.

---

28 Vergleiche zu den Motivlagen beispielhaft auch die Information Nr. 572a/76 vom August 1976 über Erkenntnisse zur Situation im Bereich Medizin der DDR – Staatliches Gesundheitswesen, Hoch- und Fachschulwesen, Pharmazie und Medizintechniker, BStU, MfS, ZAIG 2543, Bl. 16–42.

29 Vgl. Information Mielke vom Januar 1976 über Probleme der gegnerischen Kontaktpolitik/Kontakttätigkeit. Zitiert nach: *Eisenfeld*, Die zentrale Koordinierungsgruppe, S. 14/15 mit Verweis auf BStU, ZA, DSt 102099.

30 Die Zahl der Ausreiseantragsteller stieg von 12.652 (1975) auf 19.521 (1976) im. Vgl. Jahresanalyse der ZKG für das Jahr 1976 vom 24. Januar 1977, BStU, ZA, ZKG 2164, Bl. 25.

31 Geschichte des Ministeriums für Staatssicherheit, hrsg. von der JHS, Potsdam 1980, Bd. II, Kapitel 4, S. 656. Zit. nach: *Eisenfeld*, Die zentrale Koordinierungsgruppe, S. 15 mit Verweis auf BStU, ZA, JHS 30/80.

Dies ergibt sich auch aus folgenden Zahlen zur Republikflucht:

Jahr	**Verurteilungen im Jahresdurchschnitt**	**Strafen mit Freiheitsentzug in Prozent (Jahresdurchschnitt)**	**Ermittlungsverfahren der HA IX des MfS**
1970–1974	3.229	84,7	877
1975–1979	2.220	82,4	772
1980–1984	2.283	84,0	1.021
1985–1988	1.994	47,6	1.217

Quelle: Die dargestellten Werte wurden aus Daten zusammengeführt aus *Raschka*, Kleine Delikte, S. 25/27/36 mit Verweis auf Ministerium der Justiz der DDR, Kriminalitätsstatistik der DDR, BArch, DP1, VA, 8630.

Bezüglich der Divergenz zwischen den Ermittlungsverfahren durch das MfS sowie den Verurteilungen, ist anzuführen, dass das MfS nicht bei allen Fällen des ungesetzlichen Grenzübertritts die Ermittlungen führte.[32] Zwar waren nach § 88 StPO-DDR als Untersuchungsorgane die Diensteinheiten des MfS, des Ministeriums des Inneren sowie der Zollverwaltung vorgesehen.[33] Allerdings erfolgte durch die „Orientierung über die Einleitung/Übernahme von Ermittlungsverfahren“ insbesondere wegen Verstößen gegen § 213 der HA IX/4 vom 14. April 1976 eine Überleitung von weniger schwerwiegenden Taten auf die Volkspolizei. Durch diese Regelung behielt sich das MfS das Ermittlungsverfahren für die Fälle vor, die in Beziehung mit einem Staatsverbrechen standen oder der Fluchtversuch „unter Anwendung terroristischer Mittel und Methoden“ erfolgte bzw. die Taten im Blickfeld der Öffentlichkeit standen[34]. Demgemäß enthalten die Zahlen der Ermittlungsverfahren bei der HA IX[35] nur diejenigen Fälle, die ausschließlich vom MfS selbst bearbeitet worden sind. Es

---

32 Vgl. *Raschka*, Kleine Delikte, S. 38/39.

33 GBl. DDR I 1968, S. 49 (61).

34 Vgl. die Ausführungen in: *Raschka*, Kleine Delikte, S. 39 mit Verweis auf BStU, MfS HA IX, 91, Bl. 77 ff.

35 Die HA IX bzw. auf unterer Ebene die Abteilung IX der Bezirksverwaltung waren diejenigen Einheiten, die „die gesetzlich definierte Funktion des MfS als Untersuchungsorgan wahrnahmen“. Dies bezog sich auf § 88, 98 StPO-DDR. Vgl. zum Gesamten *Raschka*, Kleine Delikte, S. 36. Tiefergehend hierzu auch *Wiedmann*, Organisationsstruktur des MfS 1989, S. 131–135.

erfolgte keine Einbeziehung derjenigen Verfahren, die durch die Volkspolizei in eigener Verantwortung geführt worden sind.[36]

Aus der Statistik *Raschka's*, aber auch schon aus den hier zusammen gefassten Daten ist ersichtlich, dass in den 80er Jahren die Strafen mit Freiheitsentzug gesunken waren[37], was in gleichem Maße auch die Gesamtverurteilungen betraf. Dieser Umstand ist u.a. dem Fall der Mauer 1989 geschuldet, da zum Zeitpunkt 1988/1989 bereits eingeleitete Ermittlungsverfahren nicht mehr mit einer Anklage vorangetrieben, sondern eingestellt wurden.[38]

Weiterhin erklärt sich der statistische Rückgang der Verurteilungen daraus, dass infolge einer gelungenen Flucht auch die Strafverfolgung durch die DDR nicht mehr möglich war. Im Ergebnis kam es jedoch nicht zu einer Abnahme der Fluchtzahlen, sondern zu einer Zunahme der gelungenen Fluchtversuche, die dann nicht mehr zu einer Verurteilung, soweit der Betroffene nicht zurückkehrte, führte.[39] Es erhöhten sich im Ergebnis die Verhaltensweisen der Nichtrückkehr nach genehmigter Ausreise, sei es aus einem sozialistischen Drittland oder aus dem kapitalistischen Ausland.[40]

---

36 Siehe auch Ausführungen *Raschka*, Kleine Delikte, Tabelle S. 39.

37 Vgl. *Raschka*, Kleine Delikte, Tabelle S. 27. Aus dieser Statistik erfolgte ab 1983 ein Absinken auf 47,6%. Bei den zusammengeführten Daten sanken die Strafen mit Freiheitsentzug um 17,7% auf 65,8%.

38 Dies zeigte das von der Verfasserin untersuchte Aktenmaterial im Hauptstaatsarchiv Dresden. Ab 1988 waren gehäuft Verfahrenseinstellungen vorgenommen worden.

39 Zit. nach: *Raschka*, Kleine Delikte, S. 30 mit Verweis auf Bericht des GStA der DDR über die Entwicklung und Bekämpfung der Kriminalität vom März 1989 (BArch, DP1, VA, 6126).

40 Zit. nach: *Raschka*, Kleine Delikte, S. 30 mit Verweis auf Bericht des GStA der DDR über die Entwicklung und Bekämpfung der Kriminalität vom März 1989 (Barch, DP1, VA, 6126).

Die Fluchtfälle wurden dabei seit 1976 vom MfS wie folgt registriert:

Jahr	Gelungene Fluchtversuche **gesamt**	davon **Verbleiber**	Verhinderte Fluchtversuche **gesamt**	Fluchtfälle **insgesamt**
1976	951	286	3620	4571
1977	927	246	3601	4528
1978	778	254	2886	3664
1979	832	340	2856	3688
1980	872	412	3321	4193
1981	663	309	2912	3575
1982	647	326	3077	3724
1983	697	382	2910	3607
1984	627	291	1968	2595
1985	627	314	1509	2136
1986	1539	1299	2173	3712
1987	3565	3235	3006	6571
1988	6543	5898	4224	10767
1989 (8.10.)	53.576	8746		

Fluchtfälle (Personen) 1976–1988
Quelle: *Eisenfeld*, Die Zentrale Koordinierungsgruppe, S. 49, dort Tabelle 2.

Aus der obigen Darstellung wird deutlich, dass eine Zunahme gelungener Fluchtfälle vorlag. Wobei insbesondere den „Verbleibern"[41] ein erhöhter Stellenwert zuzumessen ist. Ein Rückgang der Fluchtfälle bzw. Kontinuität ist in den Jahren 1981 bis 1986 zu verzeichnen. Dies beruht einerseits auf der Strafverschärfung des § 213 durch das 3. StÄG, siehe obige Darstellung. Andererseits aber auch auf der Verlagerung der Strafbarkeit auf das Delikt des § 214, die Beeinträchtigung staatlicher Tätigkeit, durch den Prozess der KSZE

41 Verbleiber sind Bürger der DDR, die von einer genehmigten Ausreise in die BRD nicht zurückkehrten, vgl. auch *Raschka*, Kleine Delikte, S. 31.

und damit der Verlagerung auf den Versuch die legale Ausreise aus der DDR zu erreichen. In den 80er Jahren erhöhte sich kontinuierlich die Zahl der Ausreiseantragsteller bedingt durch die Lockerung der Beziehungen zur BRD und dem Ende des kalten Krieges 1988. Es wurde die Phase des Zusammenbruchs des sozialistischen Systems in der DDR eingeläutet.

Im Vergleich hierzu die Zahlen zum Delikt nach § 214 Abs. 1, Beeinträchtigung staatlicher Tätigkeit:

Jahr	**Verurteilungen im Jahresdurchschnitt**	**Strafen mit Freiheitsentzug in Prozent**	**Ermittlungsverfahren der HA IX des MfS (Jahresdurchschnitt)**
1970–1979	361 (1979)	72,5	Keine Daten
1980–1988	1.907	61,3	833

Quelle: Dargestellte Werte wurden aus Daten zusammengeführt, die aus *Raschka*, Kleine Delikte, S. 25/27/36 entnommen worden sind.

Die vorrangig betroffene Personengruppe waren Ärzte, Ingenieure sowie qualifizierte Facharbeiter.[42]

B) Maßnahmen des MfS

Die DDR-Regierung war von Beginn des Bestehens der SBZ und nachfolgender Bildung eines eigenständigen Landes mit der Abwanderungsbewegung konfrontiert. Daher gab es vielfältige Methoden zur Verhinderung von erneuten Fluchtfällen und nachfolgend zur Absenkung der Zahlen von Ausreiseantragstellern. Im Rahmen dieser Arbeit können nicht alle Maßnahmen, die durch das MfS ergriffen worden sind, aufgezeigt werden. Zur Verdeutlichung von Verflechtungen der Sicherheitsorgane (MfS) mit den Justizorganen werden Handlungen des MfS im Vorfeld vor strafrechtlicher Verfolgung beispielhaft dargestellt.

42 Dokument vom 28. Januar 1976, Info Nr. 77/76 über massive gegnerische Interventionen zur Erzwingung von Genehmigungen zur Übersiedlung von Bürgern der DDR nach nichtsozialistischen Staaten und Westberlin, BStU, MfS, ZAIG 2477, Bl. 1–7. Zit. nach: *Münkel*, Die DDR im Blick der Stasi, Dok. v. 28. Januar 1976, http://www.ddr-im-blick.de/Hubert_Co%7CBStUINTERNET/html/78198ivhfknvg_/S1018_600_de_1154 501941/MAINTAB%5Etoc_sheet/_OLINK_TOC+CL+144954.

I. In Bezug auf § 213 – Flüchtige

Für den Zeitraum ab 1970 ist insbesondere der „Befehl Nr. 1/75 vom 15. Dezember 1975 zur Vorbeugung, Aufklärung und Verhinderung des ungesetzlichen Verlassens der DDR und Bekämpfung des staatsfeindlichen Menschenhandels“[43] relevant. Hintergrund für den Erlass waren steigende Fluchtzahlen. Im Befehl werden diese insbesondere auf die Abwerbung von Fachkräften als ein Prozess „zur Schwächung der Wirtschaftskraft“ zurückgeführt.[44] Ansatzpunkte für operative Maßnahmen wurden in nachfolgenden Indizien gesehen:

> „[...]
>
> - Kontakte aus den verschiedensten Anlässen zu Bürgern der DDR,
> - familiäre und andere verwandtschaftliche Beziehungen in die DDR,
> - noch vorhandene feindlich-negative bzw. politisch schwankende Kräfte sowie
> - durch leichtfertige bzw. verantwortungsloses Verhalten hervorgerufene begünstigende Umstände und Bedingungen innerhalb der DDR.“[45]

In solchen Verflechtungen zwischen DDR-Bürgern und Bürgern der BRD/anderer Staaten mit freier Marktwirtschaft wurde eine Einflussnahme gesehen, die insbesondere den Entspannungsprozess gefährden sollte.[46]

Ermittlungen zu eventuell zu verfolgenden strafbaren Handlungen in Form des ungesetzlichen Verlassens der DDR erfolgten insbesondere im Bereich der politisch-operativen Arbeit.[47] Diese beinhaltete zum einen die frühzeitige Aufdeckung der Pläne, der Mithelfer sowie der Lücken im Sicherheitssystem.[48] Letzteres erfolgte auch im Hinblick auf Grenzdurchbrüche bzw. Schleusungen. Es sollte festgestellt werden, inwieweit an Grenzsicherungsanlagen Mängel bestanden. Weiterhin war in diesem Rahmen die Aufdeckung von Wegen, Methoden sowie Mitteln insbesondere hinsichtlich gelungener Fälle

---

43 Text abgedruckt in: *Lochen / Meyer-Seitz*, Die geheimen Anweisungen, S. 73 ff.

44 Befehl Nr. 1/75 vom 15. Dezember 1975, abgedruckt in: *Lochen / Meyer-Seitz*, Die geheimen Anweisungen, S. 73.

45 Befehl Nr. 1/75 vom 15. Dezember 1975, abgedruckt in: *Lochen / Meyer-Seitz*, Die geheimen Anweisungen, S. 74.

46 Befehl Nr. 1/75 vom 15. Dezember 1975, abgedruckt in: *Lochen / Meyer-Seitz*, Die geheimen Anweisungen, S. 74.

47 Befehl Nr. 1/75 vom 15. Dezember 1975, abgedruckt in: *Lochen / Meyer-Seitz*, Die geheimen Anweisungen, S. 74.

48 Befehl Nr. 1/75 vom 15. Dezember 1975, abgedruckt in: *Lochen / Meyer-Seitz*, Die geheimen Anweisungen, S. 74/75.

notwendig, um für zukünftige Fälle vorbeugend tätig zu werden.[49] Wichtig war für die angestrebten präventiven Maßnahmen zugleich auch die Aufklärung von Rückverbindungen in den ehemaligen Arbeits- und Freizeitbereich.[50]

Zum Zweiten rückten in den Fokus des MfS Personen mit Spezialkenntnissen, Geheimnisträger und Personen mit Bezug zur Öffentlichkeitsarbeit.[51] Beispielhaft aufgeführt wurden folgende Personengruppen:

> „[...]
>
> Angehörige der wissenschaftlichen, wissenschaftlich-technischen und medizinischen Intelligenz,
>
> Fachkräfte aus solchen ökonomischen Bereichen, die für die weitere Vertiefung und Beschleunigung der sozialistischen ökonomischen Integration, die weitere konsequente Durchsetzung des sozial-politischen Programms der SED sowie für die Sicherheit und Verteidigungsbereitschaft der DDR von großer Bedeutung sind,
>
> Mitarbeiter des Außenhandels,
>
> Reisekader und im grenzüberschreitenden Verkehr tätige Personen,
>
> Angehörige und ehemalige Angehörige der bewaffneten Organe,
>
> Personen, deren politisch-operative Sicherung besonders im Interesse der Verhinderung ihrer Ausnutzung zur politischen Diskreditierung der DDR erforderlich ist, wie
>
> - Kunst- und Kulturschaffende,
> - Sportfunktionäre und Leistungssportler [,]
> - Mitarbeiter der Volksbildung,
>
> im Zusammenhang mit der Realisierung abgeschlossener Verträge und Vereinbarungen an der Staatsgrenze der DDR zur BRD bzw. zu Westberlin zum Einsatz kommende Kräfte,
>
> Angehörige diplomatischer und anderer Vertretungen der DDR im Ausland.“[52]

Als wesentlich wurden auch Maßnahmen zur Unterbindung von Kontakten in das „kapitalistische Ausland“ angesehen. Dies betraf insbesondere Personen, die sich bereits im Blickfeld der Justiz befanden, mithin z.B. einschlägig

---

49 Befehl Nr. 1/75 vom 15. Dezember 1975, abgedruckt in: *Lochen / Meyer-Seitz*, Die geheimen Anweisungen, S. 75.

50 Befehl Nr. 1/75 vom 15. Dezember 1975, abgedruckt in: *Lochen / Meyer-Seitz*, Die geheimen Anweisungen, S. 75.

51 Befehl Nr. 1/75 vom 15. Dezember 1975, abgedruckt in: *Lochen / Meyer-Seitz*, Die geheimen Anweisungen, S. 76.

52 Befehl Nr. 1/75 vom 15. Dezember 1975, abgedruckt in: *Lochen / Meyer-Seitz*, Die geheimen Anweisungen, S. 76/77.

Vorbestrafte, Ausreiseantragsteller sowie Personen mit Kontakten zur ständigen Vertretung der BRD.[53]

Da sich auch die Flucht über Drittstaaten häufte, war eine intensive Zusammenarbeit mit den Sicherheitsorganen anderer sozialistischer Staaten geplant.[54] Grundlage hierfür waren die bereits in Teil 2, Siebtes Kapitel, A)II. benannten Rechtshilfeabkommen.

II. In Bezug auf § 214 – Ausreiseantragsteller

Mit dem MfS-Befehl Nr. 6/77 vom 18. März 1977[55] begann die systematische strafrechtliche Verfolgung der Ausreiseantragsteller.[56] Seit dem Beitritt 1973 zur UNO und der Beteiligung an der KSZE in Helsinki, stieg der Druck auf die DDR-Regierung, die in den völkerrechtlichen Verträgen hinterlegte Ausreisefreiheit auch öffentlich zu leben. Wie schon erwähnt, erhofften sich viele DDR-Bürger aufgrund dieses Zugeständnisses nach außen auch eine Teilhabe am internationalen Verkehr. Der Befehl Nr. 6/77 erging zur „Vorbeugung, Verhinderung und Bekämpfung feindlich-negativer Handlungen im Zusammenhang mit rechtswidrigen Versuchen von Bürgern der DDR, die Übersiedlung nach nichtsozialistischen Staaten und Westberlin zu erreichen, sowie zur Unterbindung dieser rechtswidrigen Versuche“[57]. Als Auslöser für die steigende Zahl der Übersiedlungsersuchen wurde jedoch nicht die Teilnahme an Verträgen auf dem internationalen Parkett gesehen, sondern insbesondere die „politisch-ideologische Diversion“ sowie die „gegnerische[n] Kontaktpolitik“[58]. Es wurde damit unterstellt, dass hinter dem Ausreiseantragsteller ein „Drahtzieher“ steht, der die DDR instrumentalisiert. Dass die Ausreiseantragsteller zumeist allein auf Grundlage der internationalen Bestimmungen ihre Rechte in eigener Person wahrnahmen und mit dem vorhandenen System

---

53 Befehl Nr. 1/75 vom 15. Dezember 1975, abgedruckt in: *Lochen / Meyer-Seitz*, Die geheimen Anweisungen, S. 78.

54 Befehl Nr. 1/75 vom 15. Dezember 1975, abgedruckt in: *Lochen / Meyer-Seitz*, Die geheimen Anweisungen, S. 83.

55 Text abgedruckt in: *Lochen / Meyer-Seitz*, Die geheimen Anweisungen, S. 23 ff.

56 Unterbindungen der Ausreisebewegung wurden jedoch auch schon vor 1977 avisiert. Davon zeugt auch die Aussprache des *Hans-Hermann Lochen* in: Materialien der Enquete-Kommission, Recht, Bd. IV, S. 274. Lochen beruft sich dabei auf eine Anweisung des MdI von 1971 über die Bearbeitung und Entscheidung von Anträgen Übersiedlungswilliger.

57 Überschrift des Befehls vom 18. März 1977, abgedruckt in: *Lochen / Meyer-Seitz*, Die geheimen Anweisungen, S. 23 ff.

58 Befehl Nr. 6/77 vom 18. März 1977, 2. Absatz, abgedruckt in: *Lochen / Meyer-Seitz*, Die geheimen Anweisungen, S. 23.

unzufrieden waren, wurde nicht in das Blickfeld genommen. Vielmehr wurde das Verhalten wie folgt gesehen:

> „[...]
>
> Das gegnerische Vorgehen zielt vor allem darauf ab, feindlich-negative Gruppen, Gruppierungen und Konzentrationen zu schaffen, die durch gemeinsame Aktionen, 'Proteste', 'Unterschriftssammlungen' und 'Petitionen', 'Kundgebungen' u.a. demonstrative Verhaltensweisen gegen die DDR auftreten.
>
> Damit sollen ganz offensichtlich das Kräftereservoir des Gegners erweitert, feindliche Stützpunkte im Innern der DDR geschaffen und eine Untergrundtätigkeit organisiert werden.
>
> Die Initiatoren und Organisatoren dieser feindlich-negativen Gruppen, Gruppierungen und Konzentrationen erhalten von staatlichen Einrichtungen des Gegners, von den Massenmedien und von Persönlichkeiten des gesellschaftlichen Lebens aus nichtsozialistischen Staaten und Westberlin, von feindlichen Organisationen sowie abgedeckt über Einzelpersonen direkte Anleitung und Unterstützung. [...]."[59]

Der Befehl ging zunächst dahin, die Ausreiseantragsteller zu überprüfen. Im Vordergrund stand[60]

- die Aufklärung der Persönlichkeit, insbesondere ihre politische Einstellung, die Berufsqualifikation etc.;
- Ursachen und Motive der Übersiedlungsabsicht;
- Verbindungen zu Personen außerhalb der DDR, insbesondere zu ehemaligen Ausreisenden;
- Zugehörigkeit zu bestimmten Gruppen, die als feindlich eingeschätzt worden sind; bedeutsame Handlungen und Verhaltensweisen in Bezug auf den Ausreisewunsch.

Im Anschluss an die operative Aufklärung konnten strafrechtliche Mittel angewandt werden. Diese fanden sich in der Anlage 2 zum Befehl Nr. 6/77.[61] Insbesondere in den Fällen der „Diskriminierung und vor allem des provokatorischen Auftretens in der Öffentlichkeit"[62] sollte die Prüfung und Anwendung des § 214 eingreifen.

Weitere Maßnahmen neben der operativen Aufklärung und Einleitung strafrechtlicher Schritte, waren:

---

59 Befehl Nr. 6/77 vom 18. März 1977, 4. bis 6. Absatz, abgedruckt in: *Lochen / Meyer-Seitz*, Die geheimen Anweisungen, S. 23.

60 Gesamter Inhalt der Aufklärungsmechanismen findet sich in Befehl Nr. 6/77 vom 18. März 1977, abgedruckt in: *Lochen / Meyer-Seitz*, Die geheimen Anweisungen, S. 26.

61 Abgedruckt in: *Lochen / Meyer-Seitz*, Die geheimen Anweisungen, S. 42–43.

62 Anlage 2 zum Befehl Nr. 6/77 vom 18. März 1977 abgedruckt in: *Lochen / Meyer-Seitz*, Die geheimen Anweisungen, S. 42.

- die operative Einflussnahme auf Personen mit dem Ziel der Anbindung des Betroffenen an das sozialistische System und insbesondere der Zurückweisung des Übersiedlungsersuchens (Verwendung als IM);
- nur in Ausnahmefällen sollte dem Übersiedlungsersuchen stattgegeben werden, wobei diese Fälle restriktiv anzuwenden waren;
- Kontrolle durch die DVP bei Verbleibern;
- Einreiseverbot/Transitsperre für Übersiedler.[63]

Die Kriterien für die Beurteilung der Stattgabe eines Übersiedlungsersuchens waren wie folgt durch den Generaloberst Mielke festgelegt:

> „[Einbeziehung] der Persönlichkeit des betreffenden Bürgers und der Ergebnisse der Überprüfung bezüglich der Echtheit der Motive und Gründe;
>
> des Charakters der Beziehungen zu den Personen, zu denen die Übersiedlung erfolgen soll;
>
> der Ergebnisse der politisch-operativen Aufklärung und Überprüfung sowie der politisch-operativen Bearbeitung;
>
> des Umfangs und Charakters der mit einer Übersiedlung entstehenden Rückverbindungen u.a. Folgeerscheinungen;
>
> der zu erwartenden Reaktion der Bevölkerung bzw. anderer übersiedlungswilliger Personen auf eine Genehmigung.“[64]

Ziel war es mithin, die Erfolgschancen für eine Übersiedlung so gering wie möglich zu halten und so auch andere von der Antragstellung abzuhalten. Allerdings kam es in den Jahren des Bestehens der DDR immer wieder zu sog. „Ausreisewellen“[65]. Dieses widersprüchliche Verhalten – zum einen restriktive Handhabung zum anderen Ausweisung mehrerer Hunderter – führte nicht zum

63 Befehl Nr. 6/77 vom 18. März 1977 abgedruckt in: *Lochen / Meyer-Seitz*, Die geheimen Anweisungen, S. 33–38.

64 Befehl Nr. 6/77 vom 18. März 1977 abgedruckt in: *Lochen / Meyer-Seitz*, Die geheimen Anweisungen, S. 35.

65 Dies betraf insbesondere die Zeit der 80er Jahre. Hintergrund für die Ausbürgerung war insbesondere das Argument der „Übersiedlung von Feinden, kriminellen Elementen u.a. Unverbesserlichen“, zit. nach: Der Bundesbeauftragte-*Eisenfeld*, Analysen und Berichte, Ausreisen oder dableiben?, S. 10 mit Verweis auf BStU, ZA, ZKG 94, Bl. 115. Wesentlich war hierbei die Überlegung, dass im Bezug auf besonderes renitente Ausreiseantragsteller, diese weitere DDR-Bürger zu Ausreiseanträgen animieren würden indem sie die Lebensbedingungen in der BRD verherrlichten, vgl. zum Gesamten Der Bundesbeauftragte-*Eisenfeld*, Analysen und Berichte, Ausreisen oder dableiben?, S. 9–11. Im Stattgeben der Ausreise wurde daher die Möglichkeit gesehen, diese Einflussnahme zu unterbinden und damit im Ergebnis ein Absinken der Abwanderungszahlen zu erreichen.

gewünschten Ergebnis des Absinkens der Zahlen der Antragsteller, sondern zum Ansteigen dieser.[66]

Dem Befehl Nr. 6/77 war die Verfügung 34/77 vom 8. März 1977 vorangegangen.[67] Diese Verfügung beinhaltete den Aufruf zu einem „einheitlichen Vorgehen zur Unterbindung rechtswidriger Versuche, die Übersiedlung nach nichtsozialistischen Staaten und Westberlin zu erreichen“[68]. Aus dieser Verfügung ergibt sich auch, dass die Berufung auf die Schlußakte der KSZE sowie weitere völkerrechtliche Statute nicht als Grundlage für ein Übersiedlungsersuchen anerkannt wurde.

In der Verfügung wurde dies wie folgt beschrieben:

> „Bürger, die unter Berufung auf die Schlußakte der KSZE, andere völkerrechtliche Dokumente oder innerstaatliche Rechtsvorschriften versuchen, die DDR der Nichteinhaltung völkerrechtlicher Verpflichtungen oder innerstaatlicher Rechtsvorschriften zu bezichtigen, oder Straftaten oder andere Rechtsverletzungen androhen, sind auf mögliche strafrechtliche oder andere rechtliche Konsequenzen hinzuweisen.“[69]

Außer im strafrechtlichen Bereich galten auch Mittel aus dem arbeitsrechtlichen Gebiet als angemessene Vorgehensweise.[70] Betroffen von arbeitsrechtlichen Maßnahmen waren insbesondere

- Personen mit Leitungsaufgaben;
- Personen, die in den Staatsdienst involviert waren;
- Verantwortliche für Erziehung von Kindern und Jugendlichen sowie
- Personen mit Arbeit an volkswirtschaftlich wichtigen Produktionsanlagen.[71]

---

66 Durch die Teilnahme an völkerrechtlichen Verträgen hatte sich die DDR selbst in diesen Widerspruch gesetzt. Zum einen sah sie sich der Notwendigkeit der Umsetzung der unterzeichneten Verträge der KSZE ausgesetzt. Zum anderen zeichnete sich jedoch durch die vermehrte Abwanderung ein Arbeits- und Fachkräftemangel ab, der die angespannte wirtschaftliche Lage weiter schwächte. Vgl. auch die Ausführungen in: Der Bundesbeauftragte-*Eisenfeld*, Analysen und Berichte, Ausreisen oder dableiben?, S. 9–11.

67 Ebenfalls abgedruckt in: *Lochen / Meyer-Seitz*, Die geheimen Anweisungen, S. 44 ff.

68 Verfügung Nr. 34/77 vom 8. März 1977 abgedruckt in: *Lochen / Meyer-Seitz*, Die geheimen Anweisungen, Anlage 3 zu Dokument 1, S. 45.

69 Verfügung Nr. 34/77 vom 8. März 1977 abgedruckt in: *Lochen / Meyer-Seitz*, Die geheimen Anweisungen, Anlage 3 zu Dokument 1, S. 45/46.

70 Verfügung Nr. 34/77 vom 8. März 1977 abgedruckt in: *Lochen / Meyer-Seitz*, Die geheimen Anweisungen, Anlage 3 zu Dokument 1, S. 46.

71 Verfügung Nr. 34/77 vom 8. März 1977 abgedruckt in: *Lochen / Meyer-Seitz*, Die geheimen Anweisungen, Anlage 3 zu Dokument 1, S. 49.

Schon in dieser Verfügung wurden beispielhafte Ausnahmefälle für die Genehmigung eines Übersiedlungsersuchens aufgezeigt. Dazu zählten Rentner, Invalidenrentner sowie Pflegebedürftige und Personen, die aufgrund von Eheschließung sowie Familienzusammenführung die Übersiedlung anstrebten.[72] Im Ergebnis konnte die DDR auf sozial schwache Personen, die das Allgemeinwohl in der Regel belasten, verzichten.

Auch in den nachfolgenden Jahren folgten wiederholt Verfügungen des MfS zur Bekämpfung der Übersiedlungsersuchen. Anzuführen ist in diesem Zusammenhang auch die MfS-Dienstanweisung Nr. 2/83 vom 13. Oktober 1983.[73] Durch diese Anweisung trat der Befehl Nr. 6/77 außer Kraft.[74] Im Rahmen dieser Anweisung wurde als Anlage 3 die erste nationale Rechtsgrundlage für die Genehmigung von Übersiedlungsersuchen geschaffen. Dies war die Verordnung zur Regelung von Fragen der Familienzusammenführung und der Eheschließung zwischen Bürgern der Deutschen Demokratischen Republik und Ausländern sowie die dazugehörige 1. Durchführungsbestimmung vom 15. September 1983.[75] Diese Verordnung beruhte dabei auf den Ergebnissen der KSZE und deren Folgetreffen.[76]

Wenn auch die Voraussetzungen für die Genehmigung der Übersiedlung eng waren[77], stellte dies einen ersten Erfolg für die Ausreiseantragsteller, die sich nunmehr auch auf nationales Recht berufen konnten, dar.

---

72 Verfügung Nr. 34/77 vom 8. März 1977 abgedruckt in: *Lochen / Meyer-Seitz*, Die geheimen Anweisungen, Anlage 3 zu Dokument 1, S. 46.

73 Abgedruckt In: *Lochen / Meyer-Seitz*, Die geheimen Anweisungen, S. 83 ff. Die Dienstanweisung hatte folgenden Wortlaut: „MfS-Dienstanweisung Nr. 2/83 vom 13. Oktober 1983 zur Unterbindung und Zurückdrängung von Versuchen von Bürgern der DDR, die Übersiedlung nach nichtsozialistischen Staaten und Westberlin zu erreichen, sowie für vorbeugende Verhinderung, Aufklärung und wirksame Bekämpfung damit im Zusammenhang stehender feindlich-negativer Handlungen".

74 Dienstanweisung Nr. 2/83 vom 13. Oktober 1983 abgedruckt in: *Lochen / Meyer-Seitz*, Die geheimen Anweisungen, S. 133.

75 Anlage 3 zur Dienstanweisung 2/83 abgedruckt in: *Lochen / Meyer-Seitz*, Die geheimen Anweisungen, S. 149 ff mit Verweis auf das GBl. DDR I 1983, S. 254.

76 Dienstanweisung Nr. 2/83 vom 13. Oktober 1983 abgedruckt in: *Lochen / Meyer-Seitz*, Die geheimen Anweisungen, S. 92.

77 Unter Familienzusammenführung fielen Eltern und ihre minderjährigen Kinder, aber auch Eltern bzw. volljährige Kinder, die der Betreuung/Pflege bedurften, vgl. § 7 der VO abgedruckt als Anlage 3 zur Dienstanweisung 2/83 vom 13. Oktober 1983, In: *Lochen / Meyer-Seitz*, Die geheimen Anweisungen, S. 150. Die DDR-Regierung schuf jedoch zugleich in § 8 der VO ein vielfältiges System von Versagungsgründen, wobei Abs. 1 als Ermessenstatbestand und Abs. 2 als Mussvorschrift ausgestaltet worden sind, vgl. § 8 der VO abgedruckt als Anlage 3 zur Dienstanweisung 2/83 vom 13. Oktober 1983, abgedruckt in: *Lochen / Meyer-Seitz*, Die geheimen Anweisungen, S. 150. Als Versagungsgrund i.R.

Der im Rahmen der Dienstanweisung Nr. 2/83 relevante Personenkreis für operative Maßnahmen wurde nunmehr dahingehend ausgeweitet, dass insbesondere Personen mit feindlichen Tendenzen gegenüber der DDR in den engeren Fokus der MfS-Ermittlungen rückten.[78] Die Feindseligkeit konnte in antisozialistischen Äußerungen, Angehörigkeit zu feindlich-negativen Zusammenschlüssen, Kontakt zu Behörden/Persönlichkeiten des öffentlichen Lebens im Ausland (nichtsozialistische Staaten, insbesondere die BRD) sowie auch Verbindungen zu legal Übergesiedelten, aber auch Republikflüchtlingen liegen.[79] Die eingeleiteten operativen Maßnahmen sollten den Antragsteller insbesondere zur „Abstandnahme von [seinen] Übersiedlungsabsichten" bewegen.[80] Es diente jedoch auch zur Beweisbeschaffung für Straftaten u.a. nach § 214.[81] Die Dienstanweisung sah jedoch gleichwohl eine Übersiedlung aus politisch-operativen Gründen vor, mithin solchen, die im staatlichen Interesse waren. Dazu wurde ausgeführt:

> „[...]
>
> - unmittelbare konkrete Gefahr für die staatliche Sicherheit besteht, die durch andere Maßnahmen nicht wirksam oder nicht dauerhaft abgewendet werden kann,

---

einer Ermessensentscheidung kam u.a. in Betracht, dass der Antragsteller weitere Verwandte in der DDR hinterließ, die seiner Betreuung/Unterstützung bedurften, vgl. § 8 Abs. 1 der VO abgedruckt als Anlage 3 zur Dienstanweisung 2/83 vom 13. Oktober 1983, abgedruckt in: *Lochen / Meyer-Seitz*, Die geheimen Anweisungen, S. 150. Als zwingend war die Versagung insbesondere dann auszusprechen, wenn der Antragsteller Wehrdienst leistet oder leistete sowie eine entsprechende Sperrfrist noch nicht abgelaufen war, vgl. § 8 Abs. 2 der VO abgedruckt als Anlage 3 zur Dienstanweisung 2/83 vom 13. Oktober 1983, abgedruckt in: *Lochen / Meyer-Seitz*, Die geheimen Anweisungen, S. 150. Neben diesen öffentlich zugänglichen Versagungsgründen wurden in der Dienstanweisung weitere Anlässe für einen Einspruch gegen die Genehmigung festgehalten. Dazu gehörten insbesondere die Gefährdung der operativen Arbeit des MfS, aber auch Diffamierungsmöglichkeiten der DDR durch Verletzungen, die sich bei einem Fluchtversuch an der innerstaatlichen Grenze ergeben haben (z.B. Schusswunden), vgl. Dienstanweisung 2/83 vom 13. Oktober 1983, abgedruckt in: *Lochen / Meyer-Seitz*, Die geheimen Anweisungen, S. 118.

78 Dienstanweisung Nr. 2/83 vom 13. Oktober 1983 abgedruckt in: *Lochen / Meyer-Seitz*, Die geheimen Anweisungen, S. 100/101.

79 Vergleiche den Katalog in der Dienstanweisung Nr. 2/83 vom 13. Oktober 1983 abgedruckt in: *Lochen / Meyer-Seitz*, Die geheimen Anweisungen, S. 100/101. Der bereits in dem Befehl 6/77 vom 18. März 1977 ins Blickfeld genommene Personenkreis von Spezialfachkräften wurde in der Dienstanweisung ebenfalls beibehalten, vgl. Dienstanweisung Nr. 2/83 vom 13. Oktober 1983 abgedruckt in: *Lochen / Meyer-Seitz*, Die geheimen Anweisungen, S. 101.

80 Dienstanweisung Nr. 2/83 vom 13. Oktober 1983 abgedruckt in: *Lochen / Meyer-Seitz*, Die geheimen Anweisungen, S. 103.

81 Dienstanweisung Nr. 2/83 vom 13. Oktober 1983, a.a.O.

- Schaden von der DDR abgewendet werden kann (z.B. Verhinderung der Realisierung ernstzunehmender Absichten demonstrativer Selbsttötungen, die mit anderen Maßnahmen nicht zuverlässig verhindert werden können[82]),
- bedeutsame Vorteile für die DDR erreicht werden können,
- nach Ausschöpfung aller Möglichkeiten der Einflußnahme keine Chance mehr besteht, Unverbesserliche, die aus ihrer feindlich-negativen Einstellung heraus hartnäckig ihre Übersiedlung erreichen wollen, zurückzugewinnen."[83]

Diese Gründe konnten allerdings nur dann greifen, soweit kein Versagungstatbestand nach § 8 der VO vorlag und auch keine negativen Folgen für die DDR zu entstehen drohten.[84] Soweit einem Übersiedlungsersuchen nachgegeben wurde, hatte dies in Bezug auf das Leben in der DDR jedoch erhebliche Konsequenzen. Es kam zu einer Zurückdrängung aus dem Arbeits- und Freizeitbereich, der Unterbindung von Rückverbindungen in die DDR sowie des Gebrauchs der Möglichkeit der Verhängung von Reisesperren in die DDR.[85] Diese Folgen wurden dem Ausreiseantragsteller auch vom MfS in entsprechender Weise deutlich gemacht.[86]

Um Übersiedlungsersuchen zurückzudrängen sollte vermehrt auf die Möglichkeiten der Einflussnahme im Arbeitskollektiv zurückgegriffen werden.[87] Dies beinhaltete eine offensive Diskussion solcher Übersiedlungsersuchen im Kollegenkreis. Der Antragsteller sollte sich im Kollegenkreis mit seinem Ansinnen auseinandersetzen und argumentativ rechtfertigen.[88] Ziel war es, diesen zur Rücknahme zu bewegen. Das Kollektiv sollte die Absicht des Ausreiseantragstellers verurteilen und ihn „ausgehend von einem klaren

---

82 Ursache für diesen Grund war der Fall „Oskar Brüsewitz", einem evangelischen Pfarrer, der Suizid in Form der Selbstverbrennung beging, um auf die Missstände in der DDR aufmerksam zu machen. Vgl. Ausführungen von *Lochen* in: Materialien der Enquete-Kommission, Bd. IV, S. 277.

83 Dienstanweisung Nr. 2/83 vom 13. Oktober 1983 abgedruckt in: *Lochen / Meyer-Seitz*, Die geheimen Anweisungen, S. 120.

84 Dienstanweisung Nr. 2/83 vom 13. Oktober 1983 abgedruckt in: *Lochen / Meyer-Seitz*, Die geheimen Anweisungen, S. 120.

85 Dienstanweisung Nr. 2/83 vom 13. Oktober 1983 abgedruckt in: *Lochen / Meyer-Seitz*, Die geheimen Anweisungen, S. 122/123.

86 Dienstanweisung Nr. 2/83 vom 13. Oktober 1983 abgedruckt in: *Lochen / Meyer-Seitz*, Die geheimen Anweisungen, S. 122/123.

87 Anlage 5 zur Dienstanweisung Nr. 2/83 vom 13. Oktober 1983 abgedruckt in: *Lochen / Meyer-Seitz*, Die geheimen Anweisungen, S. 174.

88 Anlage 5 zur Dienstanweisung Nr. 2/83 vom 13. Oktober 1983 abgedruckt in: *Lochen / Meyer-Seitz*, Die geheimen Anweisungen, S. 174.

Standpunkt der Arbeiterklasse, konsequent in die Schranken“ verweisen.[89] Dies war eine Form der politisch-ideologischen Einflussnahme, ohne direkt die Parteifunktionäre einzuschalten. In der Praxis führte die Einflussnahme in eine private Entscheidung mittels öffentlicher Diskussion zu einer Prangerwirkung und Isolation des Betroffenen. Auch konnte diese Auseinandersetzung zu strafrechtlichen Konsequenzen führen, da bei einer Offenlegung der Missstände in der DDR ein Angriff auf die DDR gesehen werden konnte. Der Antragsteller bewegte sich also auf einem schmalen Grad.

Mit der Dienstanweisung Nr. 2/88 vom 10. Dezember 1988[90] folgte eine erneute Reaktion des MfS auf die steigenden Zahlen der Ausreiseantragsteller. Einhergehend mit dieser Anweisung wurde am 30. November 1988 zugleich eine Verordnung über Reisen von Bürgern der Deutschen Demokratischen Republik nach dem Ausland[91] erlassen. Gleichzeitig traten die VO zur Regelung von Fragen der Familienzusammenführung und Eheschließung von 1983 nebst deren Durchführungsbestimmung, sowie die Anordnung über Regelungen zum Reiseverkehr von Bürgern der DDR vom 15. Februar 1982[92] außer Kraft. Die VO 1988 stellte eine Zusammenfassung aus den außer Kraft getretenen Regelungen dar und behandelte Dienstreisen, Tourismusreisen, Privatreisen sowie ständige Ausreisen. Eine nennenswerte Erweiterung bezogen auf die Gründe von Privatreisen in das nichtsozialistische Ausland im Vergleich zu den bislang bestehenden Rechten ist nicht erkennbar.[93]

III. Argumentationslinie gegen ein Recht auf Ausreise

Im Zusammenhang mit der Dienstanweisung Nr. 2/83 vom 13. Oktober 1983 wurde als weitere Anlage 5 eine Argumentationsgrundlage für die Auseinandersetzung mit den Motiven und Auffassungen der Übersiedlungswilligen zusammengestellt.[94] Im Nachfolgenden wird die Gegenargumentation zu den

89 Anlage 5 zur Dienstanweisung Nr. 2/83 vom 13. Oktober 1983 abgedruckt in: *Lochen / Meyer-Seitz*, Die geheimen Anweisungen, S. 175.

90 Abgedruckt in: *Lochen / Meyer-Seitz*, Die geheimen Anweisungen, S. 209 ff.

91 GBl. DDR I S. 271. Abgedruckt in: *Lochen / Meyer-Seitz*, Die geheimen Anweisungen, S. 591 ff.

92 GBl. DDR I S. 271 (274). Abgedruckt in: *Lochen / Meyer-Seitz*, Die geheimen Anweisungen, S. 594.

93 So im Wesentlichen auch *Süß*, Die Staatssicherheit im letzten Jahrzehnt der DDR, S. 83. Reisen in das kapitalistische Ausland blieben insbesondere an verwandtschaftliche Beziehungen gebunden.

94 Anlage 5 zur Dienstanweisung Nr. 2/83 vom 13. Oktober 1983 abgedruckt in: *Lochen / Meyer-Seitz*, Die geheimen Anweisungen, S. 180 ff.

meist vorgetragenen Grundlagen für ein Recht auf Ausreise vorgestellt. Dies ist die Berufung auf Art. 12 der UNO-Konvention von 1966, vgl. hierzu auch Teil 1 der Arbeit, die Schlußakte der KSZE von Helsinki sowie die Entlassung aus der Staatsbürgerschaft der DDR auf Basis der VO zur Regelung von Fragen der Familienzusammenführung und der Eheschließung.

1. Art. 12 der UNO-Konvention von 1966

Die Regierung der DDR beruft sich für ein Nichtbestehen eines umfassenden Rechtes auf Ausreise auf Absatz 3 des Art. 12 der UNO-Konvention. Dieser lautete:

> „Die oben erwähnten Rechte dürfen nur eingeschränkt werden, wenn dies gesetzlich vorgesehen und zum Schutz der nationalen Sicherheit, der öffentlichen Ordnung (ordre public), der Volksgesundheit, der öffentlichen Sicherheit oder der Rechte und Freiheiten anderer notwendig ist und die Einschränkungen mit den übrigen in diesem Pakt anerkannten Rechten vereinbar sind.“[95]

Die Einschränkung in der UNO-Konvention wurde dahingehend ausgelegt, dass es ein generelles Übersiedlungsrecht nicht gebe. Vielmehr entscheide immer der Staat im Wege seiner Souveränität, ob und unter welchen Voraussetzungen eine Wohnsitzänderung möglich sei.[96] Die Wirkung des Absatz 3, der als Ausnahmevorschrift zu werten ist – vgl. insoweit auch die Ausführungen im Ersten Teil, Zweites Kapitel dieser Arbeit – wurde damit als Regelfall normiert. Inwieweit ein Recht auf Übersiedlung und damit das Verlassen des DDR-Gebietes legal war, sollte sich allein anhand von nationalen Vorschriften wie dem Paßgesetz oder anderweitiger Rechtsvorschriften ergeben. Ein Verlassen der DDR, um in einem anderen Staat zu leben, oblag nach Ansicht der DDR nicht dem Ermessen des Betroffenen, sondern war alleinige Entscheidung des nationalen Gesetzgebers. Damit entschied die DDR-Regierung jedoch nicht nur über das „Wie“ der Ausreise, sondern zugleich auch über das „Ob“. Gerade an Letzteres wurden jedoch erhöhte Anforderungen gestellt.

Ein Recht auf Freizügigkeit konnte nach Argumentation der DDR nur auf dem eigenen Staatsgebiet garantiert werden und ergebe sich schon aus Art. 32 der Verfassung.[97] Allein dort habe der Staat es in der Hand, dass der Bürger uneingeschränkt reisen kann. Der Ansässigkeitsstaat habe keine Möglichkeit

---

95 GBl. DDR II 1976, S. 108; zit. nach *Simma / Fastenrath*, Menschenrechte, S. 26.

96 Anlage 5 zur Dienstanweisung Nr. 2/83 vom 13. Oktober 1983, a.a.O.

97 Anlage 5 zur Dienstanweisung Nr. 2/83 vom 13. Oktober 1983 abgedruckt in: *Lochen / Meyer-Seitz*, Die geheimen Anweisungen, S. 182 f. Art. 32 der Verfassung normiert zutreffend das Recht der Freizügigkeit auf dem Gebiet der DDR. Es enthält jedoch keine Regelungen zur Verfahrensweise bei Verlassen dieses Gebietes.

auch auf die Einreise in einen anderen Staat hinzuwirken.[98] In diesem Sinne beschränkt sich das Recht der Freizügigkeit nach Art. 32 der Verf-DDR 1968 auf das Staatsgebiet derselben. Insoweit wird auch auf die Ausführungen im Siebten Kapitel zum Verständnis des § 213 im Lichte der Verfassung der DDR hingewiesen. Im Umkehrschluss bedeutet das, dass dem Verlassen des Hoheitsgebietes kein Grundrechtsschutz zukam. Insoweit geht diese Ansicht auch konform mit der bereits im Siebten Kapitel dargestellten Auslegung zu Art. 11 GG. Das bundesdeutsche Grundrecht auf Freizügigkeit beinhaltet ebenfalls kein Recht auf Ausreise. Allerdings ist diesbezüglich zu beachten, dass im Grundgesetz für die Anerkennung auch der Ausreisefreiheit Art. 2 Abs. 1 GG herangezogen wird, wie schon an obiger Stelle ausgeführt. Die Ausreisefreiheit die darin verkörpert ist, wird folglich als ordre public der BRD aufgefasst.[99] Einen solchen ordre public sah jedoch das Verfassungsrecht der DDR nicht vor, so dass die Möglichkeit der Ausreise, die sich aus den internationalen Verträgen ergab, ad absurdum geführt wurde. Um den eingegangenen Verpflichtungen gerecht zu werden, hätte zumindest im Rahmen der Auslegung von Art. 32 der Verf-DDR 1968 nunmehr das Recht auf Ausreise mit umfasst sein müssen. Nur so hätte eine Übereinstimmung auf nationaler Ebene mit international bestehenden Normen erzielt werden können.

2. Schlußakte der KSZE von Helsinki

Bezogen auf die KSZE von Helsinki wurde 1983 nunmehr nur festgehalten, dass diese Regelungen insbesondere auch aufgrund der Einführung der VO zur Regelung von Fragen der Familienzusammenführung sowie Eheschließung eingehalten seien.[100] Zudem habe die Schlußakte von Helsinki zugleich festgeschrieben, dass die Ausgestaltung von Regelungen gegenüber Bürgern der einzelnen Staaten allein im Souveränitätsbereich des betroffenen Staates läge.[101] Diese Ausgestaltung insbesondere hinsichtlich von Familienzusammenführungen und Eheschließung kam jedoch erst acht Jahre nach dem Beschluss in Helsinki. Allerdings musste die DDR 1983 aufgrund der gestiegenen Zahlen innerhalb der Fluchtbewegung sowie bezüglich der Ausreiseantragsteller und nachfolgender Treffen der KSZE tätig werden, um ihren

98 Anlage 5 zur Dienstanweisung Nr. 2/83 vom 13. Oktober 1983 abgedruckt in: *Lochen / Meyer-Seitz*, Die geheimen Anweisungen, S. 182.

99 LG Berlin, NStZ 1992, S. 492 (493).

100 Anlage 5 zur Dienstanweisung Nr. 2/83 vom 13. Oktober 1983 abgedruckt in: *Lochen / Meyer-Seitz*, Die geheimen Anweisungen, S. 180.

101 Anlage 5 zur Dienstanweisung Nr. 2/83 vom 13. Oktober 1983 abgedruckt in: *Lochen / Meyer-Seitz*, Die geheimen Anweisungen, S. 180.

völkerrechtlichen Pflichten nachzukommen. Es handelte sich mithin nicht um eine freiwillige Einführung von nationalen Regelungen.

3. VO zur Regelung von Fragen der Familienzusammenführung und der Eheschließung

Hinsichtlich dieser Verordnung wurde in der Anlage 5 zur Dienstanweisung Nr. 2/83 vom 13. Oktober 1983 festgehalten, dass sie „keine Grundlage für die Entlassung aus der Staatsbürgerschaft der DDR" darstellen sollte.[102] Auch bei Wohnsitzänderung durch Familienzusammenführung oder Eheschließung behielt der Betroffene die Staatsbürgerschaft der DDR. Dieser konnte ein Bürger nur dann verlustig gehen, soweit die Gründe Entlassung, Widerruf oder Aberkennung nach § 9 Staatsbürgerschaftsgesetz vorlagen.[103] In der Entlassung aus der Staatsbürgerschaft der DDR, welche nur auf Antrag erfolgte[104], sahen jedoch Ausreiseantragsteller nur das letzte Mittel, um die Ausreise zu erreichen. Primäres Ziel war es vielmehr, im Ausland leben und arbeiten zu können. Die Staatsbürgerschaft spielte dabei für die Wenigsten eine Rolle. Der Antrag auf Entlassung war damit nur eine Möglichkeit, um diese Motivationslage Wirklichkeit werden zu lassen.

IV. Anwendung strafrechtlicher Maßnahmen

Im Falle der Republikflucht wurden bereits die strafrechtlichen Möglichkeiten im Zweiten Teil, Siebtes Kapitel dargestellt. Bezüglich der Ausreiseantragsteller bestanden, wie schon zuvor ausgeführt, jedoch erst seit 1977 strafrechtliche Möglichkeiten im Rahmen des § 214. Allerdings blieb das Verhalten auch zuvor nicht ohne strafrechtliche Konsequenzen. Dies zeigt u.a. das Schreiben des MdI vom 15. November 1976 und die dort beigefügte Anlage 1.[105] Insbesondere wurden darin der von solchen Maßnahmen betroffene Personenkreis, sowie die anzuwendenden Strafnormierungen aufgezeigt. In das Blickfeld auch der Heranziehung von strafrechtlichen Maßnahmen fielen speziell Personen mit Kontakten zu ausländischen Behörden/Dienststellen oder anderen ausländischen Organisationen, soweit von diesen eine Diffamierung der Gegebenheiten in der DDR erwartet wurde bzw. die die Erwartung beinhalteten zwangsweise die

102 Anlage 5 zur Dienstanweisung Nr. 2/83 vom 13. Oktober 1983 abgedruckt in: *Lochen / Meyer-Seitz*, Die geheimen Anweisungen, S. 185.

103 Anlage 5 zur Dienstanweisung Nr. 2/83 vom 13. Oktober 1983 abgedruckt in: *Lochen / Meyer-Seitz*, Die geheimen Anweisungen, S. 185.

104 Anlage 5 zur Dienstanweisung Nr. 2/83 vom 13. Oktober 1983 abgedruckt in: *Lochen / Meyer-Seitz*, Die geheimen Anweisungen, S. 186.

105 Abgedruckt in: *Lochen / Meyer-Seitz*, Die geheimen Anweisungen, S. 361 ff.

Ausreise zu erwirken.[106] Als Straftatbestände kamen vor Änderung des § 214 die staatsfeindliche Verbindungsaufnahme bei staatsfeindlicher Diskriminierung – mithin beim Zusammenwirken mit feindlichen Kräften und Anwendung konspirativer Methoden –, die Nachrichtenübermittlung sowie die staatsfeindliche Hetze in Betracht.[107] Zum anderen konnte in anderen Fällen der Diskriminierung auf die Tatbestände der Staatsverleumdung, der Zusammenrottung, des Widerstandes gegen staatliche Maßnahmen sowie der Beeinträchtigung staatlicher oder gesellschaftlicher Tätigkeit – § 214 a.F. – zurückgegriffen werden. Soweit der Betroffene neben Tatbeständen aus dem Bereich der Verbrechen gegen die Deutsche Demokratische Republik auch allgemeine Kriminalitätsdelikte beging, waren Letztere bei der strafrechtlichen Verfolgung vorrangig anzuwenden. Begründet wurde diese Vorrangwirkung mit der höheren gesellschaftlichen Wirksamkeit.[108] Hintergrund scheint jedoch vielmehr zu sein, dass dem Kapitel über Verbrechen gegen die DDR zugeordneten Tatbestände nicht auf das Verhalten der Ausreiseantragsteller zugeschnitten waren. Demgemäß bildeten diese keine wirksame argumentative Grundlage, um eine Strafverfolgung und damit Verurteilung auch in den Augen der Öffentlichkeit zu rechtfertigen.

Problematisch war zudem, dass die im Rahmen von operativen Maßnahmen, wie z.B. Postkontrollen, erlangten Beweise nicht legal und damit nicht verwertbar waren.[109] Weitergehende Maßnahmen wie die Erlangung von Geständnissen dienten dann dazu, die illegalen Beweismittel auf eine legale Beweisgrundlage zu stellen.[110] Für die DDR war es wichtig, das eigentliche Ermittlungs- und Gerichtsverfahren anhand der gesetzlichen Grundlagen formell ordnungsgemäß zu vollziehen.[111] Als Druckmittel für die Erlangung von Geständnissen diente im Rahmen der Verhöre u.a. auch die gezielte Erwähnung der Kinder des Betroffenen und die Aufzeigung der Möglichkeit der Zwangsadoption.[112]

---

106 Anlage 1 zum Schreiben des MDI vom 15. November 1976 abgedruckt in: *Lochen / Meyer-Seitz*, Die geheimen Anweisungen, S. 364/365.

107 Anlage 1 zum Schreiben des MDI vom 15. November 1976 abgedruckt in: *Lochen / Meyer-Seitz*, Die geheimen Anweisungen, S. 365.

108 Zum Ganzen vgl. Anlage 1 zum Schreiben des MDI vom 15. November 1976 abgedruckt in: *Lochen / Meyer-Seitz*, Die geheimen Anweisungen, S. 366.

109 Zit. nach: *Raschka*, Zwischen Überwachung und Repression, S. 45/60.

110 Weitere Beispiele für die Herstellung legaler Beweismittel in: *Raschka*, Zwischen Überwachung und Repression, S. 45.

111 So auch *Raschka*, Zwischen Überwachung und Repression, S. 60.

112 Beispielhaft die Darstellung in: *Raschka*, Zwischen Überwachung und Repression, S. 51.

C) Würdigung

Die Flucht und Ausreise war eine Bewegung, die eng mit dem Verhalten des DDR-Regimes zusammen hing. Durch die Abschottung der DDR-Bürger und Kontrolle gerade auch im Privatleben setzten sich die DDR-Bürger sehr kritisch mit den gesellschaftlichen Verhältnissen auseinander und zogen Vergleiche mit anderen Staatssystemen insbesondere der Sozialen Marktwirtschaft. Menschen von einem System durch Zwang und Repressalien zu überzeugen, konnte nicht Erfolg versprechend sein und musste im Ergebnis zu einem Anstieg der Fallzahlen führen. Aufgrund der ergriffenen MfS-Maßnahmen war dem Regime auch bekannt, aus welchen Gründen Ausreiseverlangen gestellt wurden. Es fehlte jedoch an einer konstruktiven Auseinandersetzung. Diese wurde zugunsten von Maßnahmen der Macht- und damit Kontrollsicherung nicht in den Blick genommen. Vergessen waren die ursprünglichen sehr guten Ansatzpunkte einer klassenlosen Gesellschaft, die hinter dem Aufbau des Sozialismus standen, wie im Ersten Teil erläutert. Somit war ein politisches System wieder den führenden Menschen und ihren Machtansprüchen untergeordnet worden.

Zehntes Kapitel: Das Freikaufverfahren – Ein Zusammenspiel zwischen DDR und BRD mit politischer Brisanz

> „Wenn Sie mich fragen, hätten Sie das alles noch mal gemacht, dann sage ich: Ja. Und wenn ich keine andere Möglichkeit gehabt hätte, ich hätte auch mit dem Teufel paktiert, wenn ich nur keiner werden mußte. Mein Ziel war stets die Hilfe für die Bedrängten."
>
> *Wolfgang Vogel*[1]

Das sog. Freikaufverfahren erregt bis heute die Gemüter. Die einen sahen in ihm die Möglichkeit, politisch Verfolgten zu helfen, die anderen bezeichnen es als modernen Menschenhandel.[2]

Dieses Kapitel bietet eine Zusammenfassung des mittelbar mit den politischen §§ 213 sowie 214 zusammenhängenden Freikaufverfahrens. Eine vertiefte und damit differenziertere Auseinandersetzung, insbesondere über die Beweggründe seitens der DDR und die mit der Gegenleistung finanzierten Maßnahmen, müssen einer eigenen Arbeit vorbehalten bleiben.[3] Im Hinblick auf dieses Thema ist zudem weiterhin die Quellenlage unzulänglich.[4] Zur besseren

---

1 Interview mit Wolfgang *Vogel*, Der Spiegel, Nr. 15/1990 vom 9. April 1990, S. 61 (73). Wolfgang Vogel, *1925/† 2008, war DDR-Jurist und ab 1952 Hauptreferent im Ministerium der Justiz. Er schied 1953 aus dem Staatsdienst aus und ließ sich als Rechtsanwalt in Ostberlin nieder. 1957 wurde er als Rechtsanwalt auch für Westberlin zugelassen. Er spielte als Vermittler auf Seiten der DDR eine entscheidende Rolle für das Freikaufverfahren. Die Person Vogels ist umstritten. Einerseits wurde er als diskreter Vermittler geschätzt, auf den man sich verlassen konnte. Andererseits wurde ihm der Vorwurf eines „hochrangigen Werkzeugs" der Staatssicherheit gemacht, vgl. *Friedrichsen*, Der Spiegel, Nr. 46/1994 vom 14. November 1994, S. 75 (76). Beides ist nicht von der Hand zu weisen. Vogel war nicht nur ein charismatischer Anwalt, sondern auch Geheimer Mitarbeiter des MfS. Diese zwei Seiten Vogels beschreibt *Wölbern*, Der Häftlingsfreikauf, S. 135 treffend so: „Trotz seiner engen Anbindung an das MfS blieb Vogels Handeln eine permanente Gratwanderung. Hätte er nicht nach Kompromissen zwischen den beteiligten Parteien gesucht, wäre die Fortführung des Freikaufs in Gefahr gewesen, was auch seinen eigenen Interessen geschadet hätte".

2 Vgl. insoweit das Buch von *Michael Meyer*, Freikauf, Menschenhandel in Deutschland.

3 Insoweit wird daher auf die Dissertation mit dem Thema „Der Häftlingsfreikauf. Eine deutsch-deutsche Beziehungsgeschichte" von Alexander *Koch*, M.A., Universität Heidelberg, erschienen 2014, sowie die Arbeit von Jan Philipp *Wölbern* „Der Häftlingsfreikauf aus der DDR 1962/63-1989 – Zwischen Menschenhandel und humanitären Aktionen", ebenfalls erschienen 2014, verwiesen. Letzterer beleuchtete das Thema auf 506 Seiten intensiv aus dem Blickwinkel der BRD aber auch aus Sicht der DDR, soweit ihm die Quellen zugänglich waren.

4 Zur Quellensituation vergleiche auch die Ausführungen in: *Wölbern*, Der Häftlingsfreikauf, S. 19 ff. Vieles wurde nur mündlich ausgetauscht und nicht schriftlich fixiert.

Nachvollziehbarkeit der Thematik aus Sicht eines Betroffenen hat die Verfasserin ein Interview mit dem Zeitzeugen Herrn Cliewe Juritza[5] am 26. April 2014 in Berlin-Hohenschönhausen geführt.

Die nachfolgende Darstellung beschäftigt sich mit der Entwicklung dieses Verfahrens sowie mit seiner finanziellen Seite.

A) Der Freikauf – Entwicklung, Umsetzung, Ziele

Zwei Jahre nach dem Mauerbau begann die Geschichte von Vermittlungen zwischen Ost und West auf einem ganz besonderen Parkett. Ausschlaggebend war der Agentenaustausch Abel, russ. Agent, vs. Powers, US-Pilot. Bei dieser Aktion 1961/1962 begann Rechtsanwalt Vogel – eine der tragenden Persönlichkeiten des Freikaufverfahrens – seine Karriere als Vermittler zwischen dem Westen und dem Osten.[6] Aus diesen Aktionen zum Agentenaustausch wurde die Idee des Freikaufverfahrens zwischen den beiden Staaten Deutschlands in Form der Freilassung politischer Gefangener gegen Warenlieferungen aus der BRD geboren.[7] Vermittler in diesen Verfahren waren auf Seiten der BRD der Rechtsanwalt Jürgen Stange und auf Seiten der DDR der Rechtsanwalt Wolfgang Vogel.[8] In der BRD wurde das Freikaufverfahren unter dem Namen „Besondere Bemühungen der Bundesregierung im humanitären Bereich"[9] geführt.

Soweit die DDR-Archive zugänglich sind, ist erkennbar, dass der größte Teil von vormals bestehenden Schriftstücken nicht mehr existiert. In den BRD-Archiven erwartet den Forscher das genaue Gegenteil. Der wesentliche Teil der Dokumente ist vorhanden, unterliegt jedoch weiteren Sperrfristen, die eine Auswertung nicht erlauben. So auch *Jenkis*, Der Freikauf von DDR-Häftlingen, S. 8/9.

5 Herr Cliewe Juritza wurde 1966 in Berlin Friedrichshain geboren. Nach zwei erfolglosen Fluchtversuchen erfolgte im Juli 1984 auf dem Weg nach Eisenach seine Verhaftung wegen Verdacht des versuchten ungesetzlichen Grenzübertritts. Zu diesem Zeitpunkt war er 18 Jahre alt. Im Oktober 1984 wurde er zu zwölf Monaten Freiheitsstrafe verurteilt. Die Haft endete nach zehn Monaten mit dem Freikauf durch die BRD. Während des gesamten Verfahrens verteidigte Rechtsanwalt Wolfgang Vogel Herrn Juritza. Herr Juritza studierte später Politikwissenschaft mit Schwerpunkt Stadtbaugeschichte Berlin. Er arbeitet heute als Stadtführer in Berlin, vgl. auch http://cliewe.de/.

6 *Pötzl*, Spiegel Geschichte, Nr. 2/2009 vom 31. März 2009, S. 138. *O.V.*, Der Spiegel, Nr. 42/1964 vom 14. Oktober 1964, S. 31 mit Verweis auf die Darstellung des Falles Abel vs. Powers in: *Donovan*, Der Spiegel, Nr. 20/1964 vom 13. Mai 1964, S. 66 ff; so auch *Wölbern*, Der Häftlingsfreikauf, S. 48.

7 *O.V.*, Der Spiegel, Nr. 42/1964 vom 14. Oktober 1964, S. 31.

8 Z.B. *o.V.*, Der Spiegel, Nr. 42/1964 vom 14. Oktober 1964, S. 31.

9 Vgl. insoweit auch *Wölbern*, FAZ Nr. 179/2011 vom 4. August 2011, S. 7; *Rehlinger*, Freikauf, S. 9.

I. Der Weg zum Freikaufverfahren

Ursprünglich hatte sich der Freikauf aus den humanitären Bemühungen der evangelischen Kirche seit 1947 um das Schicksal von Kriegsgefangenen und Zivilinternierten entwickelt.[10] Dem folgte nach 1949 das Auswärtige Amt, welches die Betreuung wirklicher und angeblicher Kriegsverbrecher in der DDR übernahm.[11] Ziel war es, diesen Personen Rechtsschutz zu gewähren, so dass im Laufe der Zeit beim Ministerium eine Anwaltskanzlei unter dem Namen „Rechtsschutzstelle" errichtet wurde. Diese Stelle betreute die Menschen in der DDR in politischen Strafverfahren und wurde allein auf anwaltlichem Wege tätig, ohne politische Aufgaben wahrzunehmen. Um einen vollständigen anwaltlichen Beistand zu gewährleisten, wurden auch Korrespondenzanwälte aus der DDR eingeschaltet, welche die Verteidigung und Betreuung des Mandanten übernahmen. Einer dieser Anwälte war Wolfgang Vogel. Jürgen Stange hingegen wurde aufgrund seines Zugangs nach Ostberlin durch die Rechtsschutzstelle gebeten, eilige Botschaften mit Anwälten im Osten auszutauschen.[12]

Politisch involviert war Rainer Barzel. Dieser trat 1962 in Berlin sein Amt als neuer Bundesminister für gesamtdeutsche Fragen an.[13] Mit ihm begann die Einbindung der Bundesregierung in die bis dahin nur vereinzelt von humanitären Vereinigungen, Privatpersonen bzw. den Kirchen initiierten Austauschaktionen. Die vorher Zuständigen im Bundesministerium für gesamtdeutsche Fragen hatten ein solches Vorgehen mit der Begründung „Menschen gegen Geld, das trug den Stempel des Unmoralischen" abgelehnt.[14] 1962 wurde laut *Rehlinger*[15] durch Wolfgang Vogel die Bereitschaft

---

10 *Rehlinger*, Freikauf, S. 12. Rehlinger war Jurist und seit 1957 bis 1969 als Ministerialbeamter im Bundesministerium für gesamtdeutsche Aufgaben tätig. Anschließend war er Präsident des gesamtdeutschen Instituts, woran sich eine Tätigkeit ab 1972 in der Bundestagsfraktion der CDU/CSU anschloss. Im Oktober 1982 war er als Staatssekretär im Bundesministerium für innerdeutsche Beziehungen tätig. 1988/1989 war er Senator für Justiz und Bundesangelegenheiten des Landes Berlin. Vgl. den Klappentext zu seinem Buch in *Rehlinger*, Freikauf.

11 *Rehlinger*, Freikauf, S. 12; *Wölbern*, Der Häftlingsfreikauf, S. 43 f.

12 Zum gesamten Vorgang vgl. *Rehlinger*, Freikauf, S. 13 f.; *Wölbern*, Der Häftlingsfreikauf, S. 44.

13 *Rehlinger*, Freikauf, S. 16/17.

14 *Rehlinger*, Freikauf, S. 16.

15 *Rehlinger*, Freikauf, S. 17. Nach den Erkenntnissen von Wölbern findet sich kein expliziter Nachweis dafür, dass Vogel den Gedanken des Freikaufs – Häftlinge vs. Gegenleistung – aufgebracht hat. Allerdings fehlen auch Beweise des Gegenteils. Es wird vermutet, dass Vogel die Idee mit dem Zusatz eingebracht hat, „die DDR-Wirtschaft [sei] schließlich »nicht in der besten Verfassung«." Vgl. auch *Wölbern*, Der Häftlings-

der DDR signalisiert in größerem Umfang politische Häftlinge gegen materielle Gegenleistung zu entlassen. Die Kirchen, die bis dahin im Wesentlichen solche Aktionen unterstützten, gerieten aufgrund des Umfangs der angestrebten Maßnahmen finanziell aber auch personell an ihre Grenzen.[16] Doch das Verständnis, wer als politischer Häftling galt, ging in beiden deutschen Staaten auseinander. Nach Ansicht der DDR-Regierung gab es keine politischen Gefangenen, sondern nur nach rechtsstaatlichen Gesichtspunkten verurteilte Verbrecher:

> „Wer unsere antifaschistisch-demokratische Ordnung angreift, wer den Aufbau unserer Friedenswirtschaft stört, begeht eine strafbare Handlung und wird seiner verbrecherischen Taten wegen bestraft. Die Strafgefangenen dieser Art sind deshalb auch keine 'politischen Gefangenen', sondern kriminelle Verbrecher. Die Bezeichnung als politische Häftlinge wird daher hiermit untersagt."[17]

Nach jetzigem Verständnis liegt jedoch dann eine politische Gefangenschaft vor, wenn eine Person aufgrund ihrer politischen Überzeugungen verurteilt wird, unabhängig davon, ob das Verhalten unter Strafe gestellt ist. Allein eine Strafandrohung in einem Gesetz nimmt diesem nicht seinen politischen Charakter, wie es gerade auch bei den §§ 213, 214 Abs. 1 der Fall war.

Vogel und Stange stellten über die Rechtsschutzstelle den Kontakt her. Diese war jedoch nicht für solch brisante politische Themen zuständig und verfügte auch nicht über die notwendigen finanziellen Mittel. Somit wurde über einen weiteren Mitarbeiter der Rechtsschutzstelle, Helmut Sehrig, das Angebot der DDR an den Verleger Axel Springer herangetragen, der in allen deutschlandpolitischen Angelegenheiten äußerstes Engagement zeigte.[18] Axel Springer hatte großes „politisches Gewicht" und Einfluss.[19] Dies nutzte er, um den Kontakt zu Bundesminister Barzel herzustellen und das Angebot der DDR an

---

freikauf, S. 52. Genau lässt es jedoch nicht mehr nachvollziehen. Es ist jedoch nachgewiesen, dass der konkrete Vorschlag für den ersten Freikauf 1963 durch die DDR erfolgte, vgl. insoweit *Wölbern*, Der Häftlingsfreikauf, S. 55.

16 *Rehlinger*, Freikauf, S. 15.

17 Rundverfügung des Justizministeriums Nr. 125/1951. Zit. nach: *Knauer*, Der Spiegel, Nr. 51/1999 vom 20. Dezember 1999, S. 136.

18 Zum Ganzen vgl. *Rehlinger*, Freikauf, S. 17/18. So auch *Wölbern*, Der Häftlingsfreikauf, S. 63–67 m.w.N. Der Umweg über Springer erfolgte, da ein direkter Vortrag des Vorschlages bei Rainer Barzel, dem Gesamtdeutschen Minister, der dies eingehend mit dem damaligen Staatssekretär Thedieck erörterte, zunächst zur Ablehnung führte. Dies stellte einen erheblichen Rückschritt für die Anwälte Stange und Vogel dar. So dass ein Weg gesucht wurde, mit Barzel in einem persönlichen Gespräch die Idee eines Häftlingsfreikaufs zu erörtern. Diese persönliche Ebene bot sich durch Einbeziehung des Verlegers Axel Springer. *Wölbern*, Der Häftlingsfreikauf, a.a.O.

19 *Rehlinger*, Freikauf, S. 18.

die Bundesregierung heranzutragen.[20] Barzel reagierte diesmal offen und entschied sich, das politische Risiko einzugehen.[21] Das war die endgültige Entscheidung für das Entstehen der Akte „Besondere Bemühungen der Bundesregierung im humanitären Bereich".

II. Das Freikaufverfahren und seine Durchführung

Das Freikaufverfahren, seine Initiatoren und alle damit einhergehenden Schritte unterlagen höchster Geheimhaltung. Dennoch gelangten Informationen darüber an die westdeutsche Presse, welche diese auch veröffentlichte.[22]

1. Der Beginn eines bislang einzigartigen Verfahrens

Im Jahr 1963, bei der ersten Durchführung eines solchen umfangreichen Häftlingsfreikaufs durch Einschaltung der Staatsapparate, war der Verfahrensablauf noch offen und musste erst durch viele Verhandlungen abgeklärt werden. Zu diesem Zeitpunkt waren 12.000 politische Häftlinge der DDR in der Rechtsschutzstelle der BRD registriert. Die Offerte der DDR beinhaltete die Freilassung von 1.000 Häftlingen, wobei keine personenbezogenen Vorgaben gemacht wurden. Vielmehr sollte durch die BRD die konkrete Auswahl und Vorlage einer Namensliste erfolgen.[23] Die Bundesregierung war damit gehalten, eine entsprechende „Rangliste" zu erstellen. Dies war zugleich eine Bewährungsprobe für die künftigen Verhandlungen zwischen beiden Staaten. Problematisch war hierbei, dass es bislang keine offiziellen Kontakte zwischen der DDR und der BRD gab. Die Bundesregierung befürchtete, dass jede Verbindungsaufnahme auf Regierungsebene als Anerkennung des zweiten deutschen Staates interpretiert werden könnte.[24] Um dies zu umgehen, wurden im späteren Verlauf die formellen Verhandlungen durch Einschaltung des

---

20 *Rehlinger*, a.a.O.

21 *Rehlinger*, Freikauf, S. 22. Barzel informierte daher zunächst auch den Bundeskanzler Adenauer, den Chef des Kanzleramtes Globke sowie Staatssekretär Thedieck. Als die Sache positiv beschieden war, wurden u.a. auch Bundesfinanzminister Dahlgrün und der Vorsitzende des zuständigen Ausschusses des Bundestages Wehner eingeweiht. *Rehlinger*, a.a.O. So auch Barzel selbst, vgl. *Barzel* in: Materialien der Enquete-Kommission, Bd. V/1, S. 1003.

22 Vgl. beispielhaft die Artikel *o.V.*, Der Spiegel, Nr. 42/1964 vom 14. Oktober 1964, S. 31 ff; *Meyer*, Der Spiegel, Nr. 12/1977 vom 14. März 1977, S. 164 ff; *o.V.*, Der Spiegel Nr. 37/1977 vom 5. September 1977; *o.V.*, Der Spiegel Nr. 45/1979 vom 5. November 1979, S. 32 ff. Diese Veröffentlichungen gefährdeten im Laufe der Jahre immer wieder die Fortführung der Verhandlungen über das Freikaufverfahren, u.a. *Wölbern*, Der Häftlingsfreikauf, S. 101.

23 Vgl. zum Ganzen die Ausführungen in *Rehlinger*, Freikauf, S. 24.

24 *Jenkis*, Der Freikauf von DDR-Häftlingen, S. 8.

Diakonischen Werkes der Evangelischen Kirche auf Seiten der BRD sowie der Kommerziellen Koordinierung auf Seiten der DDR geführt.[25]

1963 wurde Rehlinger[26] von Barzel dazu bestimmt, die Liste der freizukaufenden Häftlinge anzufertigen. Fraglich war jedoch, nach welchen Kriterien aus 12.000 bei der Rechtsschutzstelle registrierten Personen 1.000 Freizukaufende herausgefiltert werden sollten. Es gab keine Erfahrungswerte aus anderen politischen Vorgängen.[27] Auch war zu diesem Zeitpunkt nicht absehbar, ob sich ein solcher Vorgang wiederholen würde. Nach Rehlinger flossen folgende Kriterien in die Auswahl ein „Grund der Verurteilung, Höhe der Strafe, Gesundheitszustand, familiäre Verhältnisse, bisheriger Lebensweg"[28] und Einzelumstände. Die nach diesen Kriterien entstandene Liste wurde sodann durch Jürgen Stange an die DDR-Regierung übermittelt. Die Liste wurde zwar positiv aufgenommen, aber zunächst nur als Zeichen des Eintritts in konkretere Verhandlungen gewertet. Was auf Seiten der BRD als sichere Grundlage für eine Verhandlung aufgefasst wurde, stellte sich im Verlauf dieser ersten Aktion als langwieriges Unterfangen heraus. Die DDR signalisierte nunmehr, dass sie zunächst 500 Personen frei lassen würde. Auch hierauf ging die BRD weiter ein und kürzte die Liste auf 500 Namen. Aber auch diese Aufstellung war für den Beginn des Häftlingsfreikaufs noch nicht endgültig[29] wie Rehlinger ausführte:

> „So wurde die Liste auf die Forderung der DDR hin von mir weiter von fünfhundert auf hundert, dann auf fünfzig und schließlich auf zehn Inhaftierte zusammengestrichen. Ein schmerzlicher Vorgang, wenn man an das Schicksal der vielen schwer geprüften Menschen dachte. Am Ende einigten wir uns auf insgesamt acht Häftlinge."[30]

Aufgrund der politischen Spannungen zwischen den beiden Staaten konnte aber gerade in dieser Auswahl noch enorme Brisanz stecken. Allein die BRD war für die Namen der Freizulassenden verantwortlich, die DDR gab nur die Personenzahl vor. Die zugrunde gelegten Kriterien für die am Ende acht Freizulassenden waren schwer erklärlich, denn je enger der Personenkreis

25 *Jenkis*, Der Freikauf von DDR-Häftlingen, S. 8.
26 Zur Person *Rehlingers* vgl. die Anmerkungen in Fußnote 10.
27 *Rehlinger*, Freikauf, S. 27.
28 *Rehlinger*, Freikauf, S. 25.
29 Zum gesamten Ablauf vgl. die Ausführungen in *Rehlinger*, Freikauf, S. 26.
30 *Rehlinger*, Freikauf, S. 26.

wurde, umso weniger Unterscheidungskriterien zwischen den Einzelnen gab es. Die Differenzierungen für die Auswahl variierten nur in Nuancen:[31]

> „In der Schlussrunde stand ein Paket von Häftlingen zur Entscheidung, das einen Häftling einschloss, der vom sowjetischen Militärtribunal zu lebenslanger Haft verurteilt worden war. Es umfasste weiter Häftlinge mit verschieden langen Strafen, die wegen ihrer Gesinnung und Verbindung zur CDU, der SPD, den Freien Demokraten und den Gewerkschaften einsaßen, zwei junge Menschen, die wegen ihres christlichen Bekenntnisses verfolgt worden waren, und einen Bürger, der spontan und allein gegen die neue Gewaltherrschaft protestiert hatte."[32]

Daher versuchte Rehlinger Kandidaten zu wählen, die so wenig wie möglich Angriffsfläche durch die DDR boten.[33] Im Ergebnis schuf er mit den acht verbliebenen Namen eine breite Auswahl, die auch nicht mehr durch die DDR beanstandet wurde.[34] Die Preise wurden dann pro Fall verhandelt[35]. Insgesamt betrug der Preis für alle Freizukaufenden 205.000 DM.[36] Außer der Liste gab es keinen schriftlichen Vertrag über die Konditionen und die Durchführung dieses Freikaufs.[37] Die Gefangenen sollten durch Stasibeamte und nach Möglichkeit durch Vogel in den Gefängnissen abgeholt und sodann von Ostberlin aus durch Stange über die Grenze in die Rechtsschutzstelle gebracht werden. Dieses Verfahren wurde den Häftlingen im Gefängnis nicht bekannt gegeben. Vielmehr holte die Gefängnisleitung sie ohne Erklärung aus ihren Zellen und sie bekamen ihre Privatsachen ausgehändigt. Dann erfolgte die Übergabe durch den Direktor der Strafanstalt an Vogel.[38] Der Direktor verabschiedete den Häftling nur kurz mit den Worten, dass er nun entlassen sei

31 Zum Gesamten *Rehlinger*, Freikauf, S. 27–29.

32 *Rehlinger*, Freikauf, S. 29.

33 *Rehlinger*, Freikauf, S. 29.

34 *Rehlinger*, Freikauf, S. 29.

35 *Rehlinger*, Freikauf, S. 30.

36 Zit. nach: *Wölbern*, Der Häftlingsfreikauf, S. 73 mit Verweis auf einen Vermerk Rehlingers vom 12. Mai 1964, DzD, BesBem Bd. 1, S. 118. *Rehlinger* selbst erwähnt in seinem Buch, Freikauf auf S. 35 einen Preis von 320.000 DM. Woraus dieser Unterschied resultiert ist nicht nachvollziehbar. Es könnte sich jedoch im Buch von Rehlinger um einen Schreibfehler oder eine Erinnerungslücke handeln, da Wölbern ausführt, dass ursprünglich 220.000 DM vereinbart waren und 15.000 DM aufgrund der Begnadigung eines Häftlings nicht mehr benötigt wurden. Mit hoher Wahrscheinlichkeit sollte es in den Ausführungen von Rehlinger selbst auch 220.000 DM heißen und nicht 320.000 DM. Die Verfasserin nimmt daher Bezug auf die Recherchen von Wölbern, die sich auf einen den Ereignissen zeitnahen Vermerk Rehlingers stützen. Rehlinger selbst trägt aus seinen Erinnerungen nach mehreren Jahren vor, so dass sich hier Abweichungen ergeben können.

37 *Rehlinger*, Freikauf, S. 30.

38 *Rehlinger*, Freikauf, S. 31.

und den fremden Herren folgen solle.[39] Der Direktor wusste jedoch nur, dass der freizulassende Häftling vom Staatsrat begnadigt sei, der eigentliche Hintergrund wurde ihm nicht eröffnet.[40] Vogel erklärte auf dem Weg nach Berlin, dass der Häftling nun in die BRD gelange und, dass er an weitere Personen übergeben werde, die ihn nach Westberlin brächten.[41] Die einzelnen Betroffenen nahm dann Stange in Ostberlin in Empfang und brachte diese nach Westberlin, wo sie den Anwälten der Rechtsschutzstelle übergeben wurden.[42] Dies war einer der sensibelsten Bereiche, denn die Häftlinge standen unter enormen Druck und konnten die Situation nicht einschätzen. Sie wussten nicht, ob sie den ihnen bis dahin unbekannten Menschen trauen konnten und hatten zumeist nicht einmal die Hälfte der ihnen eröffneten Erklärungen wirklich verinnerlicht. Niemand konnte vorhersagen, wie die Betroffenen im Westen reagieren würden. In einem Fall äußerte sich dies wie folgt:

> „Er sei sehr still gewesen, habe nur stumm um sich geblickt und ungläubigen Auges die Umgebung wahrgenommen. Als er dann die Wirklichkeit erkannte, begriff, dass er tatsächlich frei war, sei er mit einem Schock zusammengebrochen: »Das einer an mich gedacht hat.« seien die einzigen Worte gewesen, die er über die Lippen gebracht habe.“[43]

Die vereinbarte Gegenleistung wurde in bar von Rechtsanwalt Stange überbracht. Dies war nach Rehlinger[44] nicht ohne Risiko[45], denn er musste mit dem

---

39 *Rehlinger*, Freikauf, S. 31/32.

40 Apelt-*Engert*, Flucht, Ausreise, Freikauf, S. 94 – Gespräch mit Rehlinger.

41 *Rehlinger*, Freikauf, S. 32.

42 *Rehlinger*, Freikauf, S. 31.

43 *Rehlinger*, Freikauf, S. 33.

44 *Rehlinger*, Freikauf, S. 34–37.

45 Das tatsächliche Risiko ist hier in Frage zu stellen. Aus Erfahrungsberichten aus dem Bekanntenkreis der Verfasserin ergab sich, dass hier ein engmaschiges Kontrollsystem bestand. Es wurde ausgeführt, dass nach Ansicht der Zeitzeugen grundsätzlich bekannt war, wer sich wo aufhielt. Insbesondere bei politisch motivierten Aktionen. Dies ergab sich aus folgender Episode: Die erzählende Person war als Grenzer am Grenzabschnitt zur BRD im heutigen Thüringen eingesetzt. Bei einer Nachtschicht bemerkte er Geräusche am Grenzzaun. Mit einem Kameraden ging er diesen Geräuschen nach. Dabei beobachteten sie wie ein Mann durch ein Loch im Grenzzaun in die DDR gelangte. Dies alles ohne den am Grenzzaun angebrachten Alarm auszulösen. Die Grenzer stellten den Mann und forderten ihn auf ihnen zu folgen und den Beweggrund für den Übertritt anzugeben. Dieser erklärte sie sollten sich an ihren Vorgesetzten wenden, dieser wüsste Bescheid. Nach einem Telefonat mit dem Vorgesetzten mussten sie den Mann freigeben und dieser wurde abgeholt. Hervorzuheben ist, dass das Loch im Grenzzaun nur bei genauem Hinsehen erkannt werden konnte und zudem gerade für die Zeit des Übertrittes der Alarm ausgestellt worden war. Im Nachhinein wurde vermutet, dass es sich bei dem Unbekannten um einen Mitarbeiter der Staatssicherheit handelte, der Informationen brachte.

Geld im Zug die Grenze überqueren. Diese wurde jedoch scharf kontrolliert, um gerade Schmuggelversuche zu unterbinden. Jedoch stand das Unternehmen unter einem guten Stern und konnte von den Initiatoren erfolgreich zu Ende gebracht werden. Damit war der Auftakt zu einem jahrzehntelangen Geldtransfer als Gegenleistung gegen Häftlinge[46] eingeleitet.[47] Bei der Fortführung dieses Unternehmens wurde jedoch von Barzahlungen Abstand genommen und die Kirche als Vermittler eingeschaltet. Bischof Kunst bot an, die Zahlungen in Form von Warenlieferungen entsprechend dem Kirchentransfer vorzunehmen.[48]

2. Die nachfolgenden Jahre und die Weiterentwicklung des Freikaufs

In den folgenden Jahren wurde das System des Freikaufs auf beiden Seiten immer weiter verfeinert. Die Kriterien für die in Frage kommenden Häftlinge wurden verbessert und abgestimmt. Dies waren nunmehr insbesondere die der Haft zugrunde liegenden Beschuldigungen und die Bewertung des Schadens für die DDR[49]. Als Delikte für den Freikauf kamen insbesondere die Republikflucht bzw. die Aktivitäten von Fluchthelfern in Betracht.[50] Zudem spielten das Ausbildungs- und Bildungsniveau des Häftlings eine wesentliche Rolle für die Ermittlung des Preises.[51] Vogel äußerte sich in einem Interview im Dezember 1976 hierzu wie folgt:

> „Um dieses Verfahren, das Sie anscheinend überrascht und schockiert, zu verstehen, müssen Sie die politische und marxistische Einstellung in Betracht ziehen, nach der in einem sozialistischen Staat Delikte beurteilt und bewertet werden. Bei uns wird ein Delikt nach dem Schaden beurteilt, der dem sozialen System und der Gesamtheit zugefügt worden ist. Das ist natürlich eine Denkweise, die jener der kapitalistischen Länder völlig fremd ist.“[52]

Im Bezug auf die Geldübergabe wird diesseits vermutet, dass auch hier die Überwachungsorgane der DDR über das Vorhaben insoweit informiert worden sind, dass sie Befehl hatten, bestimmte Personen nicht zu durchsuchen. Die Teilnehmer an der Aktion „Häftlingsfreikauf“ waren dem DDR-Regime bekannt.

46 Zum Gesamten vgl. *Rehlinger*, Freikauf, S. 37/38.

47 Die gesamten Darstellungen von Rehlinger wurden von Dr. Elke-Ursel Hammer bestätigt, die die Berichte Rehlingers anhand der von ihr im Bundesarchiv zugänglichen Akten nachzeichnen konnte, vgl. Apelt-*Engert*, Flucht, Ausreise, Freikauf, S. 108 im Gespräch mit Hammer.

48 *Binder* in: Materialien der Enquete-Kommission, Bd. VI/1, S. 576.

49 *Meyer*, Der Spiegel, Nr. 12/1977 vom 14. März 1977, S. 164 (166).

50 *Meyer*, Der Spiegel, Nr. 12/1977 vom 14. März 1977, S. 164 (166).

51 *Meyer*, Der Spiegel, Nr. 12/1977 vom 14. März 1977, S. 164 (166).

52 *Meyer*, Freikauf, S. 214/215.

Diese Darstellung entspricht der marxistischen Lehre dahingehend, dass die Bundesregierung die Ausbildungskosten zu erstatten habe, da die DDR von den in die Ausbildung investierten Geldern nicht mehr profitieren konnte.[53] Je höher der Ausbildungsstand umso höher war der für den Freikauf zu zahlende Preis, z.B. für einen Facharzt zwischen 150.000 bis 180.000 DM und für einen Arbeiter ca. 30.000 DM.[54]

Allerdings waren nicht nur staatliche Stellen involviert, sondern auch die beiden Großkirchen, die als Vermittler fungierten.[55] Zur genauen Stellung der Kirchen in diesem Gesamtsystem wird verwiesen auf die ausführliche Darstellung in *Wölbern*, Der Häftlingsfreikauf. Die Einbeziehung der Kirchen erfolgte gerade auch im Hinblick auf die Problematik der Anerkennung eines zweiten deutschen Staates – wie zuvor bereits angesprochen. Hätte eine direkte Verbindung zwischen der DDR und der BRD bestanden, wäre genau dies eingetreten. Eine Anerkennung der DDR als eigenständiger Staat war jedoch in der ersten Phase des Freikaufs nicht erwünscht.

In den nach 1963 folgenden Freikäufen bis 1987 war Ausgangspunkt in der DDR das Gefängnis am Kaßberg[56] in Chemnitz, damals Karl-Marx-Stadt. Für diese Zentralisierung sprachen im Wesentlichen drei Punkte:

- Baumaßnahmen in der Strafvollzugseinrichtung Berlin II;
- kürzerer Reiseweg für die Busse zurück in die BRD sowie
- am Wichtigsten die Größe der Untersuchungshaftanstalt in Chemnitz.[57]

---

53 *Jenkis*, Der Freikauf von DDR-Häftlingen, S. 40.

54 *Meyer*, Der Spiegel, Nr. 12/1977 vom 14. März 1977, S. 164 (166). Insoweit wird auch auf den Abschnitt B) dieses Kapitels und die dortigen Ausführungen verwiesen.

55 *O.V.*, Der Spiegel, Nr. 15/1990 vom 9. April 1990, S. 61 (66). Bei dieser Vermittlertätigkeit handelte es sich um reine Amtshilfe. Die Kirchen hatten keinen Einfluss weder auf die Liste der freizukaufenden Häftlinge noch auf die Höhe des Preises. Vgl. insoweit *Binder* in: Materialien der Enquete-Kommission, Bd. VI/1, S. 339.

56 Das Gefängnis am Kaßberg war eines der größten Stasigefängnisse der DDR und durch seine Einbeziehung in das Freikaufverfahren unter den Häftlingen später auch bekannt als „Tor zur Freiheit“, vgl. Reportage im MDR vom 13. Dezember 2012 „DDR geheim: Vom Chemnitzer Kaßberg in den Westen“, http://www.mdr.de/doku/edo254.html. Hinsichtlich des Gefängnisses auf dem Kaßberg gibt es gerade wegen seiner zentralen Stellung im Rahmen des Häftlingsfreikaufs seit 2011 Bestrebungen, diesen Ort als Gedenkstätte zu würdigen. Initiator ist der Verein Lern- und Gedenkort Kaßberg-Gefängnis. Bislang konnte jedoch eine solche Einrichtung einer Gedenkstätte nicht umgesetzt werden. Für Interessierte zur weiteren Geschichte und Zukunft des Gefängnisses auf dem Kaßberg in Chemnitz wird verwiesen auf *Aris / Heitmann*, Via Knast in den Westen sowie den Verein Lern- und Gedenkort Kaßberg-Gefängnis http://www.gedenkort-kassberg.de/index.php/startseite.

57 Vgl. zum Ganzen Aris / Heitmann-*Wölbern*, Via Knast in den Westen, S. 49/50.

Das Gefängnis am Kaßberg verfügte über die Logistik, zeitgleich zu „normalen Inhaftierten“ mehrere hundert für den Freikauf vorgesehene Häftlingen aufzunehmen.[58]

In diesem errichtete das MfS einen sog. Trakt B, in welchem die zur Freilassung bestimmten Häftlinge aus der ganzen DDR verbracht wurden.[59] Weiterer Zweck dieses Traktes war die Nutzung als sog. „Päppelanstalt“[60] zur Wiederherstellung der psychischen und physischen Gesundheit der Häftlinge.[61] Dies äußerte sich nicht nur in der Allgemeinversorgung, sondern auch darin, dass hier soziales Verhalten erwünscht war. Es gab keine Isolation, sondern die Türen der Zellen standen offen und es wurde ein gemeinsamer Freigang ermöglicht.[62]

Herr Juritza schilderte seine Empfindungen in Bezug auf den Aufenthalt in Chemnitz wie folgt:

> „Es war eine andere Atmosphäre gewesen. Dieses Bedrückende war weg. Trotz der Enge. War ja auch eine enge Zelle gewesen. Ich weiß nicht wie viele wir dort drin waren. Drei oder vier. Weiß ich nicht. Aber es war ein Ende abzusehen und deshalb war diese Atmosphäre unter den Gefangenen auch gelöster. Dann hat man unterschrieben, dass man aus der DDR Staatsbürgerschaft rausgeht. Das Geld, das man auf dem Sparguthaben hatte durch die Arbeit im Gefängnis, musste man ausgeben. Da gab es einen kleinen Laden, da konnte man sich irgendetwas kaufen. Man konnte illegal Tee brühen auf der Zelle. Man muss sich das alles mal vorstellen. Oben war eine Elektroleitung gewesen. Die hatte man angezapft in der Weise, dass man die Isolierung, die Plastikisolierung weggekratzt hat und dann hatte man so einen Tauschsieder sich selber gebaut. Einen sog. Fuchs. Dann hat man das da angeklemmt und dann in den Kessel rein. Das war aber in Halle auch schon. Da habe ich auch illegal Tee gebrüht. Das war komisch. Man konnte Tee kaufen, Tee lose. Aber es gab ja keine Möglichkeit zum Tee brühen. Es gab ja dann irgendwie

58 Vgl. zum Ganzen Aris / Heitmann-*Wölbern*, Via Knast in den Westen, S. 49/50.

59 Reportage im MDR vom 13. Dezember 2012 „DDR geheim: Vom Chemnitzer Kaßberg in den Westen“, http://www.mdr.de/doku/edo254.html.

60 In den MfS-Akten lautete das Stichwort „Aktion Peppelanstalt“. Zit. nach Aris / Heitmann-*Wölbern*, Via Knast in den Westen, S. 50.

61 Reportage im MDR vom 13. Dezember 2012 „DDR geheim: Vom Chemnitzer Kaßberg in den Westen“, http://www.mdr.de/doku/edo254.html. Hierzu gibt es allerdings widersprüchliche Aussagen. Einheitlich ist, dass in diesem Trakt die Versorgung der Häftlinge bedeutend besser ausfiel als in den anderen Gefängnisabteilungen sowie anderen Haftanstalten. In der Regel belief sich der Aufenthalt in diesem Trakt auf 2 Wochen. So auch Aris / Heitmann-*Wölbern*, Via Knast in den Westen, S. 51 mit Auszügen aus Häftlingserinnerungen.

62 Reportage im MDR vom 13. Dezember 2012 „DDR geheim: Vom Chemnitzer Kaßberg in den Westen“, http://www.mdr.de/doku/edo254.html.

> keinen so einen Küchentrakt. Also hat man das illegal gemacht. Ja also wie gesagt, die Atmosphäre war eben dann besser, weil es jetzt das Ende abzusehen war."[63]

Beibehalten wurde jedoch, dass die Häftlinge bei der Einlieferung nach Chemnitz und Weiterverbringung in die BRD keine Informationen über ihre Verwendung erhielten, was wiederum zu psychischem Druck führte.[64] Nach ihrem Aufenthalt im Gefängnis am Kaßberg brachte man die Häftlinge mit Bussen über die innerdeutsche Grenze.[65] Diese wurden auch als sog. „Wunderbusse" bezeichnet. Involviert in den Transport war ein hessisches Busunternehmen, welches die verwendeten Reisebusse in einem kleinen Detail speziell umgebaut hatte.[66]

> „Über einen Knopf am Armaturenbrett konnte er die Nummernschilder drehen. Aus dem Ost-Berliner Kennzeichen IA-48-$_{32}$ wurde die Westnummer HU-X $_{3}$. Nicht einmal der TÜV in Hanau wusste von den Umbauten."[67]

Bedauerlich ist, dass die Busse heute nicht mehr existieren, sondern verschrottet worden sind.[68] Technische Zeitzeugen gingen also verloren. Ab 1987 wurde diese Möglichkeit nicht mehr genutzt, sondern auf den Zugtransport umgestellt. In den Zügen war ein besonderes Abteil reserviert, und die Häftlinge wurden in ein zentrales Aufnahmelager nach Gießen gebracht.[69]

Am 5. Mai 1986 erfolgte durch ein Schreiben des Ministerrates erstmals eine schriftliche Zusammenfassung der für die Übersiedlung von Strafgefangenen in die BRD erforderlichen Schritte.[70] Dieses beruhte auf der Dienstanweisung Nr. 2/83 vom 13. Oktober 1983.[71] Mielke behielt sich hierbei mit dem Schreiben vom 5. Mai 1985 die alleinige Entscheidungskompetenz für die Übersiedlung von Strafgefangenen in die BRD vor.

Die finanzielle Seite wurde in der DDR ab 1967 durch den Koko[72]-Chef Schalck-Golodkowski abgewickelt. Die Gegenleistung für die Freilassung bestand in

---

63 Interview der Verfasserin mit Herrn Cliewe Juritza vom 26. April 2014 in Berlin-Hohenschönhausen.

64 Reportage im MDR vom 13. Dezember 2012 „DDR geheim: Vom Chemnitzer Kaßberg in den Westen", http://www.mdr.de/doku/edo254.html.

65 *O.V.*, Der Spiegel, Nr. 15/1990 vom 9. April 1990, S. 61.

66 *Knauer*, Der Spiegel, Nr. 51/1999 vom 20. Dezember 1999, S. 136 (137).

67 *Knauer*, Der Spiegel, Nr. 51/1999 vom 20. Dezember 1999, S. 136 (137).

68 *O.V.*, Der Spiegel, Nr. 35/2004 vom 23. August 2004, S. 18.

69 *O.V.*, Der Spiegel, Nr. 15/1990 vom 9. April 1990, S. 61.

70 Text abgedruckt in: *Lochen / Meyer-Seitz*, Die geheimen Anweisungen, S. 206–208.

71 Vgl. hierzu auch die Ausführungen im Neunten Kapitel dieser Arbeit.

72 Dieses war zunächst Teil des Ministeriums für Außenhandel mit einer Sonderzuständigkeit für die Geschäfte mit den Kirchen, vgl. *o.V.*, Der Spiegel, Nr. 14/1991 vom

Gutschriften für die Handelsverträge mit der BRD.[73] Die Einlösung dieser Gutschriften erfolgte in Erdöl, Industriediamanten, Kupfer, aber auch Lebensmitteln wie Apfelsinen.[74] Solche Güter wurden jedoch häufig auf den Weltmärkten weiterverkauft, so dass aus den Warengutscheinen entsprechende Geldmittel gewonnen worden sind.[75] Die Gelder kamen dann insbesondere der Finanzierung von Parteizwecken zugute, wie z.B. des Fuhrparks der SED-Regierung für 3,2 Millionen D-Mark, aber auch für „operative Maßnahmen" gegen die BRD.[76] Aus Sicht der BRD[77], aber auch nach Aussagen der DDR-Organe sollten die Guthaben der Aufwertung der wirtschaftlichen Versorgung dienen. Schalck-Golodkowski führte hierzu aus, dass die Guthaben „für die unter Honecker initiierten Verbesserungen in der Versorgung der Bevölkerung" dienten.[78] Dieser zugrunde liegende Zweck wurde nur in geringem Umfang umgesetzt.[79] Erich Honecker war über die Details der Deals unterrichtet.[80] Er verfügte über ein persönliches Generalsekretärskonto, Nr. 0628 bei der

1. April 1991, S. 65 (68). Später war diese Abteilung dann dem MfS unterstellt, vgl. *Buthmann*, Koko, S. 3. KoKo selbst „umfasste 1989 mehr als 150 Handelsgesellschaften, Briefkasten- und sonstige Firmen. Sein Leistungsprofil beinhaltete fiskalische und Handelsgeschäfte mannigfacher Art, embargobrechende Technologieimporte, Waffenexporte, Import von Sondermüll aus der Bundesrepublik Deutschland und Westberlin, Provisionseinnahmen durch Zwangseinschaltung von Vertreterfirmen, Transit- und Touristikgeschäfte, »kalte Enteignungen«, Kirchengeschäfte und Häftlingsfreikäufe, Export von Kunst- und Kulturgegenständen, »Kontenfreimachungen«, »Wiedergutmachungsleistungen«, Versorgung der SED-Nomenklatura mit westlichen Konsumartikeln, Kreditierung von Industrieinvestitionen und […], die spezielle Funktion ihres Leiters, […], als Unterhändler in deutsch-deutschen Angelegenheiten." Zit. nach *Buthmann*, Koko, S. 3–4.

73 *O.V.*, Der Spiegel, Nr. 15/1990 vom 9. April 1990, S. 61 (64).

74 *O.V.*, Der Spiegel, Nr. 15/1990 vom 9. April 1990, S. 61 (64); *Volze* in: Materialien der Enquete-Kommission, Bd. V/3, S. 2779.

75 *O.V.*, Der Spiegel, Nr. 14/1991 vom 1. April 1991, S. 65 (68).

76 *O.V.*, Der Spiegel, Nr. 37/1990 vom 10. September 1990, S. 17; *o.V.*, Der Spiegel, Nr. 14/1991 vom 1. April 1991, S. 65 (69).

77 Diese Maxime, die Deviseneinnahmen der DDR-Bevölkerung zuzuführen, stellte Ludwig Erhard auf. Zit. nach *Jenkis*, Der Freikauf von DDR-Häftlingen, S. 52.

78 Zit. nach *Wölbern*, Der Häftlingsfreikauf, S. 443 m.w.N.

79 *O.V.*, Der Spiegel, Nr. 14/1991 vom 1. April 1991, S. 65 (68/69). Beispielhaft wird in diesem Artikel die Bestellung von 5.000 t Äpfel gegen 2.000.000 DM, „dem Gegenwert von 50 Häftlingen", erwähnt. Nach den Recherchen von *Wölbern* gingen nur 11,1% der Gelder in die Verbesserung der Versorgungslage, hingegen dienten knapp 77% aller Ausgaben der Sicherstellung der Zahlungsfähigkeit der DDR, mithin der Finanzierung der Kredite bei westlichen Banken. Vgl. zum Gesamten die Ausführungen in: *Wölbern*, Der Häftlingsfreikauf, S. 444.

80 *O.V.*, Der Spiegel, Nr. 37/1990 vom 10. September 1990, S. 17; *o.V.*, Der Spiegel, Nr. 14/1991 vom 1. April 1991, S. 65. Er wurde über die Eingänge der Gegenleistun-

Deutschen Handelsbank, auf welches ebenfalls Erlöse aus den Freikäufen flossen.[81]

Allerdings entrichtete nicht nur die BRD Leistungen für die Freilassung der Häftlinge. Vielmehr mussten sie auch selbst teuer für dieses Privileg zahlen. Sie mussten ihr Eigentum in der DDR zurück lassen. Dieses fiel an die Regierung. Gleiches galt für alles, was sie während des Haftaufenthaltes erwirtschaften konnten.[82] Mit der Entlassung in die BRD wurde ihnen auch die Staatsbürgerschaft der DDR aberkannt.

Die Menschen wurden mithin vor einen Neuanfang gestellt, der sie mit Nichts anfangen ließ. Zudem hatten viele ihre Angehörigen noch in der DDR, was die Situation nicht vereinfachte, denn eine Verabschiedung war aufgrund der Geheimhaltung der Aktionen nicht möglich. Trotz allem waren die meisten Freigelassenen zutiefst dankbar, die Möglichkeit zu erhalten, sich in der BRD ein neues Leben aufbauen zu können mit der Aussicht, ihre Angehörigen nachzuholen.[83]

Das von der Bundesregierung unterstützte Freikaufverfahren betraf jedoch offiziell nur Häftlinge, die wegen politischer Vergehen/Verbrechen inhaftiert waren. Soweit gemischte Tatbestände der Verurteilung zugrunde lagen oder anderweitige Straftaten, die keine politische Verfolgung implizierten, wollte die BRD nicht eingreifen. Für diese Fälle sollte nur der Weg der privaten Verhandlung verbleiben.[84]

Herr Juritza erinnerte sich im Gespräch jedoch an folgende Begebenheit:

> „Und dann natürlich beim Freikauf waren ja auch Kriminelle drunter. Wir hatten einen in der Zelle, der hatte erzählt, wie er eine alte Oma ausgeraubt hat. Und das war so merkwürdig gewesen oder man war dann irgendwann schon so abgebrüht von den Geschichten, dass er das so lustig erzählt hat, wie er sich verkleidet hat. Ja mit der Gesichtsmaske und wie er der alten Oma die Handtasche wegreißen wollte und die Oma hat nicht nachgegeben. Und das war einer, der hat das erzählt wie so eine Räuberpistole. Meine war es ja auch. Aber wie so eine witzige. Ja. Und da hat man gemerkt, da saß auch ein Krimineller mit unter den Freigekauften. Denn es

---

gen regelmäßig informiert und zeichnete auch entsprechende Belege ab. So auch die Erkenntnisse von *Wölbern*, Der Häftlingsfreikauf, S. 139 m.w.N.

81 *O.V.*, Der Spiegel, Nr. 14/1991 vom 1. April 1991, S. 65.

82 Reportage im MDR vom 13. Dezember 2012 „DDR geheim: Vom Chemnitzer Kaßberg in den Westen“, http://www.mdr.de/doku/edo254.html; Aris / Heitmann-*Wölbern*, Via Knast in den Westen, S. 53.

83 Zum Gesamten Reportage im MDR vom 13. Dezember 2012 „DDR geheim: Vom Chemnitzer Kaßberg in den Westen“, http://www.mdr.de/doku/edo254.html.

84 Vgl. zum Ganzen *o.V.*, Der Spiegel, Nr. 15/1990 vom 9. April 1990, S. 61 (72); *Wölbern*, FAZ Nr. 179/2011 vom 4. August 2011, S. 7.

> waren ja nicht nur Politische. Westdeutschland. Äh die DDR hat ein Paket geschnürt nach meiner Kenntnis. Da waren auch ein paar Kriminelle drunter und Westdeutschland hat das dann eben mit in Kauf genommen."[85]

Aufgrund des Verfahrensablaufes zum Freikauf konnte die Bundesregierung nicht verhindern, dass auch Inhaftierte mit krimineller Vorgeschichte enthalten waren. Auch wenn sie dies offiziell ausschloss. Die DDR schlug im Verlaufe der Jahre die für den Freikauf in Frage kommenden Häftlinge vor, erstellte mithin eine Vorliste. Aus dieser wählte dann die BRD die für den Freikauf nach den offiziellen Kriterien in Frage kommenden Inhaftierten aus. Auf der Vorliste befanden sich jedoch auch Personen, die auch nach dem Rechtssystem in der BRD grundsätzlich als Kriminelle einzustufen gewesen wären. Zwar gab es seit 1972 Vereinbarungen, Vorstrafen entsprechend auf dieser Vorliste kenntlich zu machen, damit sich das zuständige Innerdeutsche Ministerium ein umfassendes Bild machen konnte. Zudem wurden die Freigekauften nach ihrer Ankunft in Gießen von den Anwälten der Rechtsschutzstelle zu etwaigen Vorstrafen befragt. Doch nicht jeder gab diese an. Des Weiteren wurde auch seitens der DDR nicht jede Vorstrafe auf der erstellten Liste angeführt. Vogel berief sich darauf, dass viele Strafen bereits aus den Strafregistern gelöscht seien und in Folge dessen keine Erkenntnisse bei der Erstellung der Liste durch die DDR vorhanden gewesen seien.[86] Aufgrund dieser lückenhaften Kenntnisse der Bundesregierung erfolgten durch die DDR auch Abrechnungen für Personen, die erfunden[87] waren oder bereits entlassen:

> „Während der H-Aktion 1970 wurden von unserer Seite 239 Personen, vorwiegend solche mit kriminellen Einschlag oder mehrfach Vorbestrafte wegen Vergehen nach § 213 (latente Gefahr) einbezogen. Da auch diese 239 einfach mit verrechnet werden, erhielten wir eine Summe von insgesamt
>
> 239 * 4 = 9.560.000,--
>
> Die von der Westseite übergebenen H-Listen besaßen große Lücken in exakten Angaben. Dadurch war es möglich, 102 sog. erfundene Personen, die einfach gezählt wurden mit zu verrechnen.
>
> 102 * 4 = 4.080.000,--

---

85 Interview der Verfasserin mit Herrn Cliewe Juritza vom 26. April 2014 in Berlin-Hohenschönhausen.

86 BStU, MfS, HA IX, 13661, Bl. 45.

87 Die in Rechnung gestellten Zahlen konnten von der BRD nicht nachgeprüft werden, da aufgrund der Geheimhaltung der Häftlingsfreikäufe auf Seiten der BRD keine eigenen Listen existierten. Die BRD musste vielmehr den von der DDR erstellten Listen vertrauen. Auch bei der Registrierung in Gießen erfolgte keine Aufstellung mit einem Vermerk Häftlingsfreikauf. Damit war es möglich, erfundene oder bereits entlassene Personen abzurechnen.

Strafgefangene, insgesamt 45, die ebenfalls auf den H-Listen standen, aber bereits zur Entlassung gelangten, wurden gleichfalls mit verrechnet.

45 * 4 = 560.000,--

Zählt man diese Beträge zusammen, ergibt sich eine Summe von insgesamt

16.000.000,--

die von uns erwirtschaftet wurde, ohne geringe oder keine Gegenleistungen."[88]

Die Möglichkeiten zur Überprüfung der Häftlinge für die BRD waren begrenzt, da sie auf die übergebenen Daten durch die DDR angewiesen war. Soweit aufgrund der Befragung der „Freigekauften" sich ergab, dass der Betroffene kein rein politischer Häftling war, wurde gegenüber der DDR die Gegenleistung verweigert.[89]

3. Zusammenfassung

Zusammenfassend ist der Häftlingsfreikauf in zwei Phasen zu unterteilen: Die erste Phase von 1963 bis 1972 sog. Anlaufphase[90], sowie die zweite Phase von 1972 bis 1989. Der Unterschied zwischen diesen beiden Phasen bestand im Wesentlichen in dem diesem Verfahren zugeschriebenen Charakter. In der ersten Phase war das Freikaufverfahren eine Sondermaßnahme, deren Wiederholung nicht zwingend war. Vielfach standen Verhandlungen vor dem Abbruch, da sich insbesondere auf bundesdeutscher Seite Gegenstimmen regten, die gegen die „Diktate der Zone" aufbegehrten. Erst mit Unterzeichnung des Grundlagenvertrages von 1972[91], der das Verhältnis zwischen den beiden Staaten entspannte, hat sich das Freikaufverfahren zu einer gängigen Routine entwickelt und konnte damit in die zweite Phase eintreten.[92] Phase zwei war gerade dadurch gekennzeichnet, dass sich die DDR auf internationalem Parkett humanitären Zielen verpflichtet hatte.[93] Dies führte jedoch nicht zu einem

88 MfS, HA IX, Nr. 18437, Bl. 41.

89 BStU, MfS, HA IX, Nr. 18030, Bl. 1 f.; BStU, MfS, HA IX, Nr. 18437, Bl. 41; BStU, MfS, HA IX, Nr. 18030, Bl. 26–29; BStU, MfS, HA IX, 13661, Bl. 44 f.
Vgl. zum gesamten Abschnitt auch *Wölbern*, Der Häftlingsfreikauf, S. 463 f. mit Verweis auf *Rehlinger*, Freikauf, S. 110–113.

90 *Jenkis*, Der Freikauf von DDR-Häftlingen, S. 77.

91 Vertrag über die Grundlagen der Beziehungen zwischen der Bundesrepublik Deutschland und der Deutschen Demokratischen Republik vom 21. Dezember 1972, in Kraft am 21. Juni 1973.

92 Vgl. zum gesamten Absatz *Wölbern*, FAZ, Nr. 179/2011 vom 4. August 2011, S. 7. Mit Einleitung der sog. Entspannungspolitik, erfolgte auch eine Anerkennung der DDR als eigenständiger deutscher Staat.

93 Es wird insbesondere auf die KSZE Schlussakte von Helsinki 1975 verwiesen, vgl. dazu die Ausführungen im Ersten Teil, Zweites Kapitel, A)III. dieser Arbeit.

Rückgang der Zahlen der Freigekauften, sondern aufgrund der maroden finanziellen Lage der DDR eher zu einem Anstieg.[94] Begünstigt wurde dieser zusätzlich durch den Wegfall der sowjetischen Subventionen 1981. Folge war eine erhöhte Abhängigkeit der DDR von den Deviseneinnahmen aus dem Häftlingsfreikauf.[95] Zugleich wurde durch die Abschiebung der politisch Inhaftierten und der beschleunigten Genehmigung von Ausreiseanträgen die Zahl der Neuanträge begünstigt und umfasste vom 28. Januar bis 19. März 1984 allein 10.661.[96] Im Ergebnis war die zweite Phase des Häftlingsfreikaufs der Beginn des Niedergangs des Systems der DDR. Es kam zu einer Destabilisierung durch Abwanderung, die rechtlichen Instrumentarien zur Bekämpfung der Ausreisebewegung konnten aufgrund der internationalen Verträge nur noch begrenzt eingesetzt werden und die zunehmende Verschuldung band die DDR immer enger an die Ökonomie der BRD.[97]

B) Fakten und Zahlen

I. Ermittlung des Preisniveaus und der Kriterien

Anfangs – 1963 – gab es gestaffelte Berechnungen, unterteilt nach Strafmaß/-höhe und dem abzugeltenden Strafrest. Hinsichtlich der Pauschalpreise der nachfolgenden Jahre, hat der Spiegel folgende Werte ermittelt: für einen Facharzt zw. 150.000 bis 180.000 DM, im Allgemeinen aber für Ärzte und Akademiker 120.000 bis 160.000 DM; für Arbeiter ca. 30.000 DM sowie für Lehrer 40.000 bis 50.000 DM.[98] Am Ende betrugen die Kosten für einen

94 *Passens*, MfS Untersuchungshaft, S. 275. So auch Aris / Heitmann-*Wölbern*, Via Knast in den Westen, S. 48. Waren es bis Ende der 60er Jahre noch pro Jahr unter 1.000 Freigekaufte, wurde dieser Wert in den 70er sowie 80er Jahren nicht mehr unterschritten. Auffällig war auch, dass in der ersten Phase viele Freigekaufte an ihren Wohnort in der DDR entlassen worden sind. In der zweiten Phase des Häftlingsfreikaufs war jedoch die Entlassung in die BRD vorrangig zu verzeichnen. Vgl. hierzu Aris / Heitmann-*Wölbern*, Via Knast in den Westen, S. 48. Hintergrund für diese Spaltung der Entlassungsorte war die Nichtaufklärung des MfS gegenüber den Häftlingen zur freien Wahl hinsichtlich des Entlassungsortes. Spätestens seit Mitte der 70er Jahre wurden die Betroffenen jedoch über ihr Wahlrecht informiert, was zu einem Anstieg der Entlassungen in die BRD führte. Seit 1986 kam eine interne Dienstanweisung hinzu, die vorsah, dass die engeren Angehörigen innerhalb von zwei Monaten ebenfalls die Ausreise antreten konnten. Vgl. insoweit die Ausführungen in: Aris / Heitmann-*Wölbern*, Via Knast in den Westen, S. 52.

95 *Raschka*, Justizpolitik im SED Staat, S. 231.

96 Zit. nach *Raschka*, Justizpolitik im SED Staat, S. 229.

97 Vgl. insoweit *Raschka*, Justizpolitik im SED Staat, S. 231.

98 *Meyer*, Der Spiegel, Nr. 12/1977 vom 14. März 1977, S. 164 (166). Vgl. zum Ganzen auch die Ausführungen von *o. V.*, Der Spiegel, Nr. 15/1990 vom 9. April 1990, S. 61 (66/68).

Häftling pauschal 95.847 DM.[99] Insgesamt wurden rund 34.000 Häftlinge freigekauft, wobei an die DDR offiziell ca. 3,4 Milliarden DM flossen.[100] Nach den im Untersuchungsausschuss über die Koko in den 90er Jahren getätigten Aussagen von Schalck-Golodkowski kursierten dann jedoch Zahlen von bis zu 8 Milliarden DM, die für den Freikauf aufgewandt worden sein sollen.[101] *Rehlinger* kommentierte die Summe wie folgt:

> „Diese Summe [8 Milliarden DM], [...], sei 'ziemlich korrekt' – nur habe Schalck wohl 'unzulässigerweise ganz unterschiedliche Sachverhalte zusammengezählt': die Kirchengeschäfte A, B und C."[102]

Beim Kirchengeschäft[103] A handelte es sich um Vereinbarungen mit der evangelischen und beim Kirchengeschäft C mit der katholischen Kirche. Allein das Kirchengeschäft B umfasste das Freikaufverfahren. Alle drei Geschäfte wurden auf Seiten der DDR durch Schalck-Golodkowski koordiniert.[104] Nach anderweitigen Auskünften umfassten allerdings alle drei Geschäfte nur 6,2 Milliarden DM, 2,8 Milliarden DM für die Geschäfte A und C sowie 3,4 Milliarden DM für das Geschäft B. Dies bestätigten Barthold Witte, früherer Ministerialdirektor im Auswärtigen Amt, sowie Armin Volze, ehemaliger Bonner Ministerialrat.[105] Aufzeichnungen über die übrigen 1,8 Milliarden DM gebe es nicht und eine weitergehende Prüfung sei aus Geheimhaltungsgründen nicht möglich.[106] Es bleibt mithin ungeklärt, wie sich die genannte Summe von 8 Milliarden DM zusammensetzt und ob bezüglich des Freikaufs eine höhere Summe als die nachgewiesenen 3,4 Milliarden DM an der Bundesregierung vorbeigeflossen sind. Nach dem Bericht des Spiegels[107] spricht vieles dafür aufgrund des Vorliegens von Aktenfunden aus dem Archiv des SED-Zentralkomitees. Darin enthalten sind Aufzeichnungen über Zuschüsse der BRD an die DDR zum Um- und Ausbau von Grenzübergangsanlagen, die allerdings nicht in vollem Umfang offiziell ausgewiesen werden sollten. Die

---

99 *Wölbern*, FAZ, Nr. 179/2011 vom 4. August 2011, S. 7; *Volze* in: Materialien der Enquete-Kommission, Bd. V/3, S. 2779.

100 *O.V.*, Der Spiegel, Nr. 14/1991 vom 1.April 1991, S. 65.

101 *O.V.*, Der Spiegel, Nr. 50/1993 vom 13. Dezember 1993, S. 18.

102 *O.V.*, Der Spiegel, Nr. 51/1993 vom 20. Dezember 1993, S. 28.

103 Insoweit ging es um „die Lieferung von Rohstoffen aus dem Westen gegen bestimmte finanzielle Leistungen an die Kirchen im Osten." Zit. nach Vollnhals, Die Kirchenpolitik von SED und Staatssicherheit, S. 34.

104 Ausführungen in: *o.V.*, Der Spiegel, Nr. 51/1993 vom 20. Dezember 1993, S. 28 (29).

105 Zum Gesamten: o.*V.*, Der Spiegel, Nr. 51/1993 vom 20. Dezember 1993, S. 28 (29).

106 *O.V.*, Der Spiegel, Nr. 51/1993 vom 20. Dezember 1993, S. 28 (29).

107 *O.V.*, Der Spiegel, Nr. 51/1993 vom 20. Dezember 1993, S. 28 (29); *o.V.*, Der Spiegel, Nr. 17/1993 vom 26. April 1993, S. 62.

Handhabung folgte wohl daraus, dass in der Finanzierung gerade auch die Sicherungsanlagen an der ostdeutschen Grenze enthalten waren. Diese restlichen Summen, die nicht offiziell auftauchen sollten, wurden nach diesem Aktenfund „im Rahmen sogenannter humanitärer Fragen [Freikaufverfahren]" versteckt.[108] Ungeklärt bleibt allerdings, wie hoch die Zuflüsse waren und in welchen Fällen diese Handhabung erfolgt sein soll. Zum anderen zeigt der Aktenfund nur, dass anderweitige Zahlungen der Bundesregierung im Freikaufverfahren versteckt worden sind. Dies beweist jedoch nicht, dass das Freikaufverfahren selbst mehr Geldleistungen umfasste, als verzeichnet worden sind. Sicher ist allein die Zahlung von 3,4 Milliarden DM.[109]

Angesichts der Gegenleistungen wurde immer wieder die Frage aufgeworfen, ob aus Gründen der Geldbeschaffung Verurteilungen zu Freiheitsstrafen bewusst erfolgten.[110] Nachweise hierfür gibt es nicht. *Vogel* verneinte es entschieden.[111] Allerdings ergaben die Recherchen des Spiegels folgendes:

> „Ein Staatsanwalt habe ihm frank und frei erklärt, auf Dienstbesprechungen sei stets die Weisung ausgegeben worden, 'in all diesen Fällen' Strafen von mehr als einem Jahr auszusprechen. Begründung: 'Wenn ihr weniger verhängt, kriegen wir diese Modalitäten mit dem Freikauf nicht hin. Ihr müsst über ein Jahr verhängen.' Die Recherchen seiner Behörde, so Klein, zeigten eindeutig, daß die Zahl der 'Verhaftungen, Verhöre und Verurteilungen' seit Herbst 1983 'sprunghaft' angestiegen sei. 1983 gilt als ein Schicksalsjahr in der DDR – führenden SED-Funktionären dämmerte, daß ihr Staat in den Konkurs trieb."[112]

Damit hatte das Freikaufverfahren der DDR jedenfalls nach diesen Informationen Einfluss auf die Strafhöhe. Gleiches folgt aus der Darstellung von *Roland J. Lange* zu den Möglichkeiten des Verteidigers von Angeklagten in der DDR. Dieser führt aus:

> „Auf der anderen Seite war ihnen aber auch bewußt, daß sie den Mandanten in strafrechtlicher Hinsicht ohnehin kaum oder überhaupt nicht hätten helfen können und das Procedere bei den Gerichten, jedenfalls während der letzten zehn bis fünfzehn Jahre, vorrangig nur noch darauf abzielte, eine möglichst hohe Freiheitsstrafe

---

108 Zum Gesamten Beispiel vgl.: *o.V.*, Der Spiegel, Nr. 51/1993 vom 20. Dezember 1993, S. 28 (29).

109 Dies ergibt sich auch aus anderen Zeitungsdokumenten, die allein die Zahl 3,4 Milliarden DM benennen, vgl. *Wölbern*, FAZ, Nr. 179/2011 vom 4. August 2011, S. 7. Vgl. auch die wissenschaftliche Aufarbeitung von *Jenkis*, Der Freikauf von DDR-Häftlingen, S. 10/11 m.w.N.

110 So auch in *o.V.*, Der Spiegel, Nr. 50/1993 vom 13. Dezember 1993, S. 18 (20).

111 *O.V.*, Der Spiegel, Nr. 15/1990 vom 9. April 1990, S. 51 (64).

112 Darstellung der Ausführungen von *Wolfram Klein*, Oberstaatsanwalt Magdeburg, vor dem Schalck-Untersuchungsausschuss in: *o.V.*, Der Spiegel, Nr. 50/1993 vom 13. Dezember 1993, S. 18 (21).

auszusprechen, um dadurch den Preis für den Häftlingsfreikauf in die Höhe zu treiben."[113]

Soweit niedrigere Strafanträge als seitens der Staatsanwaltschaft gestellt wurden, wurde seitens der Richter in Zweifel gezogen, ob der Rechtsanwalt das Wohl seines Mandanten im Blick habe.

> „Dies ging schließlich soweit, daß der Verteidiger sich bei Stellung niedrigerer Strafanträge als der von der Staatsanwaltschaft gestellten Anträge vom Vorsitzenden Richter die zynische Frage gefallen lassen mußte, ob seine Verteidigung wegen des niedrigeren Strafantrages überhaupt den Interessen des Mandanten diene, der doch in den Westen wolle und bei einer höheren Strafe viel schneller in das 'gelobte Land' käme als das bei einem Urteil nach den Anträgen des Verteidigers der Fall wäre, wie das dem Autor selbst passiert ist."[114]

Diese Aussage zeugt davon, dass auch die Richter gehalten waren, den Häftlingsfreikauf als Größe in das Strafverfahren einzukalkulieren. Eine Manipulation der Häftlingszahlen in den Jahren ab 1972 ist damit nicht auszuschließen.

II. Auswertung der Ermittlungsakten des Staatsanwalts der Stadt Dresden

Aus den in der vorliegenden Untersuchung ausgewerteten Akten ist eine solche Handhabung nicht explizit ablesbar. Es finden sich mithin keine Aufzeichnungen, dass hohe Freiheitsstrafen im Zusammenhang mit dem Häftlingsfreikauf standen. Ersichtlich ist jedoch, dass die Verhängung der Freiheitsstrafe von mindestens einem Jahr beim Delikt der Republikflucht der Regelfall war. Es ergibt sich auch, dass die Verteidigung entweder über den Antrag der Staatsanwaltschaft hinaus ging oder bei niedrigerem Strafantrag dem Antrag der Staatsanwaltschaft stattgegeben wurde. Aus den Akten lässt sich ersehen, dass oftmals die Verurteilten nach Verbüßung der Strafe oder vorzeitigem Straferlass in die BRD entlassen worden sind. In der Strafakte findet sich in solchen Fällen der Entlassungsschein (rosa) mit dem Hinweis: „Entlassung in die BRD". Allerdings ist in den Akten nicht festgehalten, ob diese Entlassung auf einem Freikauf beruhte.

Allerdings deutet folgende Verknüpfung auf die eine Teilnahme am Freikaufverfahren hin. Bei den aus den Akten ersichtlichen Entlassungen in die BRD ist als Verteidiger mit wenigen Ausnahmen der Rechtsanwalt Vogel benannt. Zudem gab es bei den Entlassungen in die BRD vorab eine Anweisung des Staatsanwaltes des Bezirkes an den Staatsanwalt der Stadt Dresden, Antrag auf

113 *Lange* in: Materialien der Enquete-Kommission, Bd. IV, S. 638.

114 *Lange* in: Materialien der Enquete-Kommission, Bd. IV, S. 638.

Strafaussetzung auf Bewährung für die Reststrafe zu stellen. Innerhalb weniger Tage erfolgte dann der Beschluss des zuständigen Kreisgerichtes über die Strafrestaussetzung und die Entlassung in die BRD. Hintergrund war, dass die Entlassung juristisch umgesetzt werden musste. So dass das MfS eng mit den Staatsanwaltschaften, die gem. § 349 StPO-DDR für Anträge auf Strafaussetzung zuständig waren, zusammenarbeitete.[115] Es ist daher anzunehmen, dass in den vorgefundenen Fällen, die eine Anweisung des Staatsanwaltes des Bezirkes sowie kurz danach die Entlassung in die BRD beinhalten, das Freikaufverfahren Anwendung gefunden hat. Einen konkreten Nachweis gibt es jedoch nicht.

Nach den Recherchen von Wölbern ergab sich, dass die DDR in der Entlassungsbescheinigung zudem teilweise als Grundlage Amnestiebeschlüsse angab, obwohl sich die Inhaftierten bereits durch den Freikauf in Westdeutschland befanden.[116] Mithin ist aus den Akten nicht nachweisbar, welcher Verurteilte aufgrund des Freikaufverfahrens in die BRD entlassen wurde. Dies ist jedoch basierend auf den im Wesentlichen nur mündlichen Absprachen zum Freikauf auch nachvollziehbar. Zudem gehörte dies nicht zum förmlichen Ablauf eines Straf- sowie Vollstreckungsverfahrens und die DDR-Regierung war darauf bedacht, zumindest keine formellen Angriffspunkte zu bieten.

C) Ziele der beiden Staaten

Die Frage, die sich im Laufe der Zeit immer wieder stellte, war:

Warum ließen sich zwei Regierungen auf ein solches Unterfangen ein? Welchen Zweck verfolgten sie?

Die Hintergründe für das Freikaufverfahren fasste Vogel 1990 einmal wie folgt zusammen:

> „Die Motive für den Freikauf waren auf beiden Seiten unterschiedlich. Aus der Bundesrepublik kam humanitäre Hilfe für Menschen, die unter der Teilung zu leiden hatten. Außerdem sollte Transparenz der Mauer und Grenzen erreicht werden. [...] Für die DDR waren zwei vielleicht gleichrangige Überlegungen für die Freikaufpraxis maßgebend. Erstens brauchte man ein Ventil, um Ruhe im Inneren und vor allem an der Grenze zu gewährleisten. Denn jeder, der eingesperrt war, der nicht rüberkam, sondern wieder zurück, hat ja einen neuen Fluchtversuch unternommen. Zweitens haben die Mächtigen, die dafür geradezustehen hatten, die Gegenleistung immer als Ausgleich für Ausbildungskosten, namentlich für Akademiker, und

---

115 Vgl. auch *Wölbern*, Der Häftlingsfreikauf, S. 150 f. m.w.N.

116 Zit. nach *Wölbern*, Der Häftlingsfreikauf, S. 101 m.w.N.

> für die vielen verlorenen Facharbeiter verstanden. Was man von Staats wegen investiert hatte, sollte wieder reinkommen."[117]

Die erbrachten bundesdeutschen Gegenleistungen in Form von Devisen schoben im Ergebnis den Staatsbankrott, der nicht erst Ende der 80er Jahre drohte, hinaus.[118]

Auf der Seite der DDR ging es mithin zunächst um die Abmilderung des Devisenmangels, manche Autoren beschreiben dies als einen regelrechten „Devisenhunger".[119] Die Devisen wurden für westliche Technologie, aber auch Spionage benötigt. Jedoch auch, um die Abwanderung selbst zu kontrollieren und damit die eigene Versorgung im Land mit Fachkräften zu gewährleisten.[120] Die Verhandlungen über das sog. „Kopfgeld" waren Ausdruck einer betriebswirtschaftlichen Rentabilitätsrechnung. Die in die Ausbildung gesteckten Investitionen seitens der DDR mussten sich im gezahlten Preis zumindest annähernd widerspiegeln.[121] Zu diesen zwei Motiven kam noch hinzu, dass die DDR sich durch die vorzeitige Entlassung und Abschiebung von politischen Häftlingen in die BRD, als Nebeneffekt eine Schwächung des Widerstandes im eigenen Land versprach.[122] Hierzu äußerte sich *Vogel* einmal wie folgt:

> „Jeder Spion, jeder Flüchtling jeder Dissident, den wir austauschen, bedeutet ein Problem weniger, eine Reibungsursache weniger zwischen den beiden deutschen Staaten […]."[123]

Der Bundesregierung ging es jedoch insbesondere um die Befreiung der politisch Verfolgten, aber auch um eine inoffizielle Kontaktaufnahme zur DDR ohne deren Anerkennung auszusprechen. *Barzel* führte vier Motive für die Einleitung des Freikaufverfahrens an:

„a) der humanitäre Aspekt",

„b) die DDR diskreditierte sich selbst",

„c) der Unterdrückungsapparat der DDR wurde beeinträchtigt, denn der Richter, der das Urteil unterschrieben hatte, mußte nun die Freilassung unterschreiben" sowie

„d) es entstand ein Kontakt zur DDR ohne staats- und völkerrechtliche Anerkennung der DDR."[124]

---

117 *O.V.*, Der Spiegel, Nr. 15/1990 vom 9. April 1990, S. 61 (68).

118 *O.V.*, Der Spiegel, Nr. 50/1993 vom 13. Dezember 1993, S. 18.

119 *Jenkis*, Der Freikauf von DDR-Häftlingen, S. 22; Aris / Heitmann-*Wölbern*, Via Knast in den Westen, S. 47.

120 Vgl. zum Ganzen auch *Jenkis*, Der Freikauf von DDR-Häftlingen, S. 17.

121 *Jenkis*, Der Freikauf von DDR-Häftlingen, S. 20/21.

122 Aris / Heitmann-*Wölbern*, Via Knast in den Westen, S. 48.

123 *Meyer*, Freikauf, S. 215. Interview mit Vogel im Jahr 1976.

124 *Barzel* in: Materialien der Enquete-Kommission, Bd. V/1, S. 1003 f.

Dr. Dorothee *Wilms*, MdB, fasste die Erwägungen der Bundesregierung nochmals wie folgt zusammen:

> „Die Frage, ob der Freikauf moralisch gerechtfertigt war, ist eine berechtigte Frage. Aber ich denke, daß in Notsituationen, da, wo Menschen in Not sind, Geld weniger wichtig ist als Menschen. Ich stehe bis heute dazu, daß es richtig war, Menschen geholfen und dafür Geld bezahlt zu haben. [...] Ich glaube auch nicht, daß diese Transferleistungen, die in diesem Kontext an die DDR geflossen sind, zu einer Stabilisierung des Systems beigetragen haben.“[125]

Allerdings ist hier anzumerken, dass die Ausführenden, insbesondere Rechtsanwalt Stange auf bundesdeutscher Seite sowie Rechtsanwalt Vogel auf ostdeutscher Seite, nicht nur aus humanitären Gründen an diesem Verfahren teilnahmen. Die gezahlten Honorare seitens der Bundesregierung beliefen sich bei Vogel im Jahresschnitt auf rund 360.000,00 DM, wobei dieser bei der Rechtsschutzstelle im Jahr noch zusätzlich Gebühren i.H.v. 1,5 Millionen Mark abrechnete.[126] Außergewöhnlich ist hierbei, dass Vogel als ostdeutscher Repräsentant von der Bundesregierung bezahlt wurde. Auch Jürgen Stange erlitt in diesem Verfahren keinen materiellen Nachteil. Von anfangs 15.000,00 DM im Jahr für notwendige Auslagen, rechnete dieser 1982 sodann 556.200,00 DM ab.[127]

D) Würdigung

Zunächst war die Praxis des Freikaufverfahrens unter den Häftlingen nicht bekannt. Allerdings etablierte sich dieses Verfahren nicht nur im politischen Miteinander, sondern wurde auch eine feste Größe bei den Betroffenen hinsichtlich der Überlegungen eines Verstoßes gegen §§ 213, 214. Es wurden insbesondere folgende Kalkulationen angestellt:

> „Stelle ich einen (Ausreise-)Antrag, warte ich zwei Jahre, begehe ich eine Straftat, bekomme ich vielleicht ein Jahr, und nach einem halben Jahr bin ich sicher drüben.“[128]

---

125 *Wilms* in: Materialien der Enquete-Kommission, Bd. V/1, S. 781. Den gleichen O-Ton hat die Aussage von *Windelen* in: Materialien der Enquete-Kommission, Bd. V/1, S. 807; so auch *Schmidt*, Bundeskanzler a.D., in: Materialien der Enquete-Kommission, Bd. V/1, S. 1025.

126 Zit. nach: *Jenkis*, Der Freikauf von DDR-Häftlingen, S. 73 mit Verweis auf *Brinkschulte*, S. 87 f.

127 Zit. nach: *Jenkis*, Der Freikauf von DDR-Häftlingen, S. 74/75 mit Verweis auf *Brinkschulte*, S. 88.

128 *Wölbern*, FAZ, Nr. 179/2011 vom 4. August 2011, S. 7.

Auch das mit dem Zeitzeugen Herrn Cliewe Juritza geführte Interview zeigt, dass dieses Verfahren bei den Fluchtversuchen keine unerhebliche Rolle gespielt hat:

> „[…] Aber trotzdem muss ich Ihnen die näheren Umstände der Verhaftung erläutern. Damit es deutlicher wird. Ich wurde nicht gefragt nach meinem Ausweis, sondern, je nachdem wie ich aussah, hatte ich den Eindruck. Von der Transportpolizei waren in den Zügen ja die mit den dunkelblauen Uniformen. Ich wurde gefragt: 'Wollen Sie abhauen?' 'Ja' 'Na dann kommen Sie mal mit.' Das war die Verhaftung und deshalb Verdacht auf Versuch. […] Ich habe auf den Freikauf spekuliert. Mir war vollkommen klar, dass man diese Grenze nicht überwinden kann. Das war jetzt der dritte fehlgeschlagene Fluchtversuch und ich war körperlich und geistig geschwächt. Diese Kraft, die ich in Ungarn hatte, hatte ich nicht mehr. Was meinen Sie, was ich den in Ungarn da erzählt habe. Ja aber das war dann irgendwann weg. Schlecht gegessen, ja der ganze Stress. Ich fühlte mich ja dauernd beobachtet auf dieser ganzen Fahrt."[129]

Der Anstieg der Delikte beruhte also nicht allein auf Strafschärfungen oder Amnestiebeschlüssen, sondern auch auf dem Kalkül der Betroffenen freigekauft zu werden. Die Option des Freikaufs floss damit in die abzuwägenden Risiken aus der Begehung einer Straftat ein. Entscheidend ist, dass das Freikaufverfahren dazu diente politisch Verfolgten ihre Rechte wiederzugeben. Dies auch vor dem Hintergrund, dass die Gelder im Wesentlichen nicht der Bevölkerung der DDR und ihrer Versorgung zugutekamen. Das Verfahren wurde aufgrund seiner Etablierung in den innerdeutschen Beziehungen demgemäß im Laufe der Zeit zu einer festen Größe auch bei den Betroffenen. Das zeigt, dass die DDR, die aus dem „Devisenhunger" resultierende Abhängigkeit von der BRD nicht gesehen und die Wünsche sowie Bedürfnisse der eigenen Bevölkerung nicht wahrgenommen hat. Die DDR-Regierung hatte unterschätzt, dass das Verfahren den Betroffenen die Hoffnung auf Änderung gab. Als Menschen- oder Sklavenhandel sollte dieses Verfahren nicht tituliert werden. Zwar geht es auf den ersten Blick um die Ware Mensch gegen Geld. Damit würde man dem Verfahren jedoch einen Charakter und eine Intention zusprechen, die diesem zumindest seitens der BRD zu keinem Zeitpunkt zugrunde gelegt wurde. Zudem ist zu beachten, dass nach heutigem Verständnis Menschenhandel immer auch eine Form der Ausbeutung ist. Beim Menschenhandel sind sich beide Vertragsparteien einig, dass es sich bei dem Kaufgegenstand allein um ein Objekt handelt und hier Leistung – Geld – und Gegenleistung – Arbeitskraft – gleichwertig sind. Beim Freikaufverfahren hingegen waren gerade humanitäre Zwecke auf Seiten der BRD, insbesondere

---

129 Interview der Verfasserin mit Herrn Cliewe Juritza vom 26. April 2014 in Berlin-Hohenschönhausen.

die Befreiung der politisch Verfolgten, vorrangig. Die finanzielle Gegenleistung wurde demnach nicht aufgrund des Erhalts von Arbeitskraft, die es auszubeuten galt, erbracht. Auch die Motive der DDR beruhten nicht allein auf finanziellen Erwägungen, so gern dies auch von einigen Teilen der Literatur unterstellt wird, sondern es wurde darin, wie oben ausgeführt, auch eine Möglichkeit gesehen, Widerstände im eigenen Land gering zu halten. Dass dies im Ergebnis ein Trugschluss war und das Freikaufverfahren sogar den Widerstand förderte, zeigen die Ereignisse von 1989, aber auch die Kalkulationswirkung, die das Verfahren bei den Betroffenen auslöste.

Unabhängig von moralischen, rechtstheoretischen oder philosophischen Gesichtspunkten sollte am Ende doch die Sicht des Betroffenen zu diesem Verfahren stehen. Herr Juritza hat es im Gespräch am 26. April 2014 so ausgedrückt:

> „Ja für mich hat es sich 100%ig gelohnt. Eine sehr gute Sache. Wenn ich wieder in die DDR entlassen worden wäre, wär mein Leben komplett anders verlaufen. Dann würde ich hier wahrscheinlich gar nicht mit Ihnen sitzen. Sondern ich wäre ein alter frustrierter Mann geworden. Aus mir wäre in der DDR nichts mehr geworden. In Westdeutschland bin ich drei Jahre zur Schule gegangen, habe Abitur gemacht, dann studiert. Das Leben hat einen ganz anderen Lauf genommen.“[130]

130 Interview der Verfasserin mit Herrn Cliewe Juritza vom 26. April 2014 in Berlin-Hohenschönhausen.

DRITTER TEIL: DIE STRAFRECHTLICHE PRAXIS DES § 213 AM BEISPIEL VON SACHSEN – STAATSANWALT STADT DRESDEN

Elftes Kapitel: Die Gerichtspraxis am Beispiel von Sachsen – Staatsanwalt Stadt Dresden

„Ich glaube nicht das[s] meine Freunde so eine Aussage gemacht haben sollen. Denn niemand hatte einen Gedanken geäußert von einem Fluchtversuch ins Westliche Ausland. Mein nicht glauben begründe ich damit das[s] man mir meine Freund[e] erst gegenüberstellen soll und sie mir das ins Gesicht sagen soll[e]n von diesem Vorhaben. Ich achte unser[e] Sicherheitsorgane mit [sic] sie für Ordnung und Sicherheit eintreten, was mir nicht gefällt ist, das ein Sicherheitsorgan mit irgendwelchen Mitteln versucht Aussagen aus einer Person herauszupressen."

Anonymisiert[1]

A) Allgemeine Ausführungen

Aufgrund der Vielzahl der vorliegenden Akten zu Gerichtsprozessen zum Thema „Republikflucht" wurde die Auswahl des vorhandenen Datenmaterials anhand folgender Parameter begrenzt. Die Aktenauswertung beschränkt sich auf den Bestand Staatsanwalt Stadt Dresden, wobei nur Daten aus dem Hauptstaatsarchiv in Dresden verwandt wurden. Mithin kann diese Auswertung nur einen Auszug aus der Gerichtspraxis, bezogen auf die Stadt Dresden, geben. Eine Ausweitung der Untersuchung auf weitere Akten überschreitet aufgrund der Vielzahl der vorhandenen Datensätze den Rahmen dieser Arbeit.

Die Auswertung der Akten erfolgte in Form der Gegenüberstellung von zwei Personengruppen. Hierbei handelt es sich einerseits um jugendliche Täter im Alter von 14–18 Jahren, die in ihrer Persönlichkeitsstruktur noch ungefestigt waren. Dieser Gruppe standen die 40-, 45- und 50-Jährigen gegenüber, die grundsätzlich eine gefestigte Entwicklung aufwiesen, Familie sowie Beruf hatten. Den Hintergrund für die Gegenüberstellung dieser zwei Gruppen bildete der Gesichtspunkt, dass die Personengruppe der Jugendlichen i.d.R. impulsiv handelt und ohne große Vorüberlegungen. Demgegenüber lässt die Personengruppe der Erwachsenen im Alter von 40, 45 und 50 Jahren grundsätzlich ein geplantes Vorgehen erkennen.

Die Analyse erfolgte bezogen auf die Jugendlichen für den Zeitraum von 1969 bis 1989 anhand von 175 Akten und in Bezug auf die Erwachsenen auf der Grundlage von 134 Akten. Da in den Akten vielfach mehrere Personen als

---

1 SächsHStA, Staatsanwalt Stadt Dresden, Nr. 3898.

Täter in das Verfahren eingebunden waren, ergab sich daraus ein erhöhter Datensatz, der dann der Einzelauswertung zugrunde gelegt wurde, um Aussagen für jede einzelne Person treffen zu können. Danach belief sich der Datensatz für die Jugendlichen auf 242 und für die Erwachsenen auf 143. Die Jugendlichen begingen die Tat meistens in einer Gruppe von mindestens zwei Personen. Bei den Erwachsenen waren es meistens Einzeltäter, seltener war die gesamte Familie in die Tatbestandsverwirklichung und das Strafverfahren auf Täterseite einbezogen. Die in den nachfolgenden Diagrammen dargestellte prozentuale Verteilung wurde auf ganze Zahlen gerundet.

Aus den ausgewerteten Daten ist ersichtlich, dass innerhalb der untersuchten zwei Jahrzehnte von 1970–1989, insbesondere in den 80er Jahren, ein eklatanter Anstieg im Bereich des § 213 zu verzeichnen war. Waren es in den 70er Jahren bei den Jugendlichen noch 78 Personen, belief sich die Zahl in den 80er Jahren bereits auf 164 Personen. Mithin hatten sich die Werte hier verdoppelt. Bei den Erwachsenen verlief der Anstieg noch sprunghafter, in den 70er Jahren waren im Bereich der 40-, 45- und 50-Jährigen nur sieben Personen erfasst. In den 80er Jahren hingegen stieg dieser Wert auf 136 Personen. Begünstigt wurde diese Entwicklung gerade auch durch die, sich ab dem Ende der 80er Jahre überschlagenden Ereignisse im Rahmen von Botschaftsbesetzungen sowie Grenzöffnungen wie die zwischen Österreich und Ungarn.

Auch das MfS hatte Statistiken zur Zahl der Republikflüchtigen erhoben. Diese konnten von der Verfasserin nicht vollständig[2] in der BStU eingesehen werden. Der eingesehene Teil ist jedoch für die vorliegende Untersuchung repräsentativ, da nur einzelne Jahre fehlen und somit trotzdem ein Gesamtergebnis für die 70er und 80er Jahre präsentiert werden kann. Dresden wurde darin bereits ab den 70er Jahren als einer der territorialen Schwerpunkte erkannt.[3] Zudem gab es eine Datenbank „Ungesetzliche Grenzübertritte“, kurz DUG[4], die es ermöglichen sollte, die politisch-operative Arbeit zu

2 Im Rahmen der Einsicht in die Unterlagen des MfS waren nicht alle Statistiken einsehbar. Daher kann hier nur der, der Verfasserin vorliegende Teil Eingang in die Auswertung finden.

3 BStU, MGS, ZAIG, Nr. 2543, Bl. 11; BStU, MfS, ZKG, Nr. 2164, Bl. 37.

4 BStU, MGS, BV Dresden, BdL, Dok. 361, Bl. 1. Die vorliegende Orientierung zur Nutzung der Datenbank stammt vom 24. August 1982, a.a.O. Der Aufbau der Datenbank begann jedoch bereits 1974. In einer Arbeitsanweisung des MfS wurde der Aufbau der Datenbank als 1. Aufbaustufe bezeichnet, MfS BV Dresden, Abt. XIX, Nr. 21546, Bl. 17/18. Nach den verfügbaren Angaben gab es diese Datenbank jedoch seit 1978. Insoweit wird in der vorliegenden Quelle auf ein Merkblatt zur Recherche innerhalb dieser Datenbank vom 2. Januar 1978 verwiesen.

unterstützen. Ziel war es, Informationen zum ungesetzlichen Verlassen der DDR zentral für die operativen Diensteinheiten des MfS zusammenzustellen und so eine effektive Bekämpfung der Abwanderungsbewegung zu gewährleisten.[5]

Für den Zeitraum 1975 und 1976 wurden folgende Gesamtfluchtzahlen in Bezug auf den vollendeten ungesetzlichen Grenzübertritt auf dem Gebiet der DDR ermittelt:

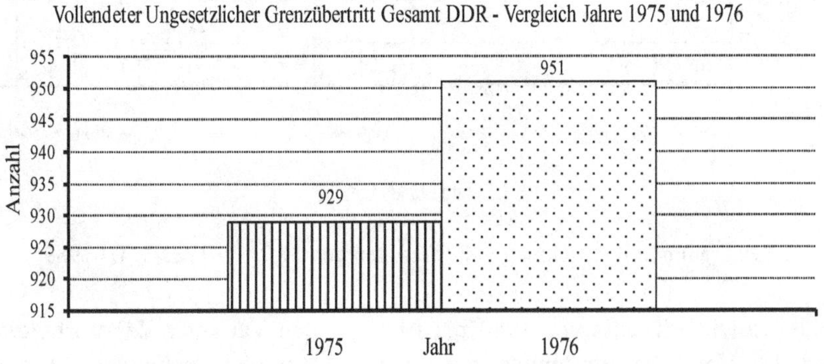

Diagramm 1: Vergleich Gesamtwerte DDR 1975 und 1976[6]

Anhand der Bevölkerungszahl der jeweiligen Bezirke ergab sich für den Bezirk Dresden für den vorgenannten Zeitraum, dass auf je 22.360 Einwohner ein Täter kam.[7]

Bezogen auf die Stadt Dresden vollzog sich insbesondere in den 80er Jahren ein sprunghafter Anstieg der Deliktszahlen. Dies spiegelt sich in der nachfolgenden Statistik wider:

---

5 BStU, MGS, BV Dresden, BdL, Dok. 361, Bl. 6. Gespeichert waren darin u.a. persönliche Daten zu Personen, bekanntgewordene Pläne/Absichten, angewandte Mittel/Methoden, gefährdete Schwerpunktbereiche/Objekte in der DDR und Tatbestandsmerkmale.

6 Diagramm erstellt nach den Werten in: BStU, MfS, ZKG, Nr. 2164, Bl. 35.

7 BStU, a.a.O., Bl. 38.

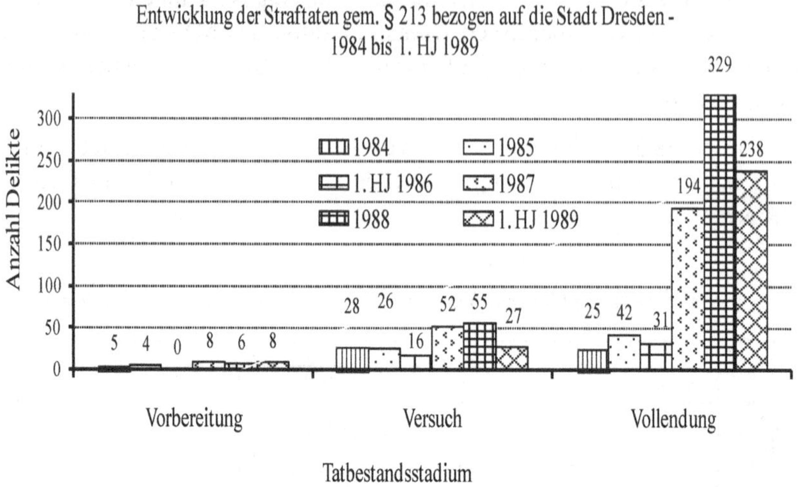

Diagramm 2: Entwicklung von Straftaten gem. § 213 – 1984-1. HJ 1989[8]

Es ist ersichtlich, dass von 1984 bis 1989 bei den Varianten der Vorbereitung und des Versuchs nur leichte Zunahmen zu verzeichnen waren. Allerdings stiegen im Vergleich hierzu die vollendeten Tatbegehungen, insbesondere ab 1987, auffällig an. Gegenüber dem Vorjahr kam es 1985, mit insgesamt 72 Delikten – Vorbereitung, Versuch und Vollendung – zu einem Zuwachs um 14 Tatbegehungen.[9] Auch 1986 nahm die Zahl weiter zu. Bereits im 1. Halbjahr gab es insgesamt 47 Tatbegehungen gem. § 213, was eine Steigerung im Verhältnis zum Vorjahreszeitraum (1985) um 6 Delikte ausmachte.[10] Im 1. Halbjahr 1987 erfolgte eine Zunahme um 61 Straftaten nach § 213, so dass hier schon eine Gesamtzahl von 108 Delikten erreicht wurde.[11] Diese Entwicklung setzte sich in den folgenden Jahren fort. 1988 belief sich die Zahl der Tatbestandsverwirklichungen nach § 213 bereits auf 390, was einen An-

8 Diagramm erstellt nach den Werten in: MfS BV Dresden, KD Dresden-Stadt, Nr. 90483, Bl. 33/34, 40, 70, 131/132 sowie 155. In der obigen Darstellung konnte nicht das gesamte Jahr 1986 aufgenommen werden. Der Verfasserin lag hier nur eine Statistik für das 1. Halbjahr vor. Gleiches gilt für das Jahr 1989. Dies ist bei der Betrachtung des Diagramms zu beachten.

9 MfS BV Dresden, KD Dresden-Stadt, Nr. 90483, Bl. 33/34.

10 MfS BV Dresden, KD Dresden-Stadt, Nr. 90483, Bl. 70.

11 MfS BV Dresden, KD Dresden-Stadt, Nr. 90483, Bl. 124.

stieg für das gesamte Jahr um 136 Straftaten ausmachte.[12] Diese Zahlen stiegen auch 1989 weiter an.[13]

B) Thesen

Dem Gruppenvergleich der ausgewerteten Akten als solchem wurden seitens der Verfasserin nachfolgende Thesen zugrunde gelegt. Bei der Thesenauswahl wurde zum einen ein kriminologischer Ansatzpunkt gewählt, Thesen 1–3, und zum anderen die strafrechtliche Ausgestaltung des Tatbestandes in der Praxis unter Beachtung der Verfahrenslänge und Motivationslage, These 4–8, untersucht.

1. These Geschlechterverteilung

Hinsichtlich der Gruppe der Jugendlichen wurde davon ausgegangen, dass hier ein erhöhter Anteil von männlichen Personen zu verzeichnen sein würde. Bezogen auf die Erwachsenen lag die Erwartung vor, dass sich ein relativ ausgeglichenes Bild ergeben würde.

2. These Zusammenhang zwischen Ausbildungsstand und Täterkreis

Ausgangspunkt bildete die Erwartung, dass sich der Täterkreis in beiden Gruppen hinsichtlich des Ausbildungsstandes auf den akademischen Bereich konzentrieren würde.

3. These Zusammenhang soziale Herkunft/Täterkreis

Aufgrund des Ergebnisses zur zweiten These wurde die weitere These aufgestellt, dass sich der Zusammenhang hinsichtlich des Akademikerkreises bezogen auf die Jugendlichen zumindest aus dem sozialen Umfeld/der sozialen Herkunft ergeben müsste.

4. These Zusammenhang zwischen Verfahrenslänge und zugrunde gelegten Beweismitteln

Es sollte festgestellt werden, ob die durchschnittliche Verfahrenslänge bei Prozessen mit Freiheitsstrafe mindestens ein halbes, wenn nicht sogar ein Jahr beinhaltet, und ob sich die für die Verurteilung zugrunde gelegten Beweismittel auf Zeugen, Geständnis, Tatwerkzeuge/-waffen stützen würden.

---

12 MfS BV Dresden, KD Dresden-Stadt, Nr. 90483, Bl. 131.

13 MfS BV Dresden, KD Dresden-Stadt, Nr. 90483, Bl. 155. Im ersten Halbjahr 1989 waren es schon insgesamt 273 Straftaten nach § 213.

5. These Verwirklichte Tatbestandsmerkmale in den jeweiligen Personengruppen bezogen auf den Zeitraum 70er und 80er Jahre

Die Verfasserin ging davon aus, dass bei den Jugendlichen zumeist die gemeinschaftliche Tatbegehung über das Drittland im Vordergrund stehen würde, hinsichtlich der Erwachsenen jedoch im Wesentlichen die alleinige Tatbegehung bezogen auf das Tatbestandsmerkmals des Gebrauchs von Waffen/des Baus von Fluchtfahrzeugen/Verstecken festzustellen sein würde.

6. These Höhe des Strafmaßes

Ausgangspunkt ist die These, dass zwischen den gebildeten Vergleichsgruppen bei der Strafmaßanwendung in Form der Freiheitsstrafe eklatante Unterschiede feststellbar sein würden. Bei der Erwachsenengruppe lag die Annahme vor, dass sehr hohe Freiheitsstrafen, mindestens zwei Jahre, ausgeurteilt würden, dagegen bei den Jugendlichen nur zu einem geringen Prozentsatz Freiheitsstrafen zum Ausspruch gelangen und deren Höhe auf einem Jahr beschränkt sein würde.

7. These Angewandte Rechtsfolgen in Bezug auf die Jugendlichen

Ausgangspunkt war die Erwartung, dass hier der vielfältige Rechtsfolgenkatalog des § 213 hinsichtlich der Verurteilung der Jugendlichen genutzt werden würde.

8. These Gründe und Motive

Gründe und Motive der verglichenen Personengruppen als Nachweis für den Ausgangspunkt „Spontanes Verhalten“ vs. „Planvolles Vorgehen“.

C) Statistische Auswertung bezogen auf die Vergleichsgruppen

Hinsichtlich der statistischen Auswertung wurden zwei Vergleichsgruppen gebildet. Zum einen die Gruppe der „Jugendlichen“ im Alter von 14 bis 18 Jahren und zum anderen die Gruppe der „Erwachsenen“ im Alter von 40, 45 und 50 Jahren. Ausgangspunkt war dabei im Hinblick auf die Gerichtspraxis in der DDR, zwei Vergleichsgruppen gegenüberzustellen, mit denen die Erwartung einhergeht, dass diese insbesondere betreffend des Ausbildungsstandes, der Tatbestandsverwirklichung sowie der Rechtsfolgenseite wesentlich divergieren. Dies wird nachfolgend anhand der gewählten Darstellungsform in Diagrammübersicht erläutert.

I. Vergleich Personengruppen nach Geschlecht und Ausbildungsstand

1. Auswertung These 1

These 1:

Es wurde des Weiteren die These aufgestellt, dass die zwei Vergleichsgruppen hinsichtlich der Geschlechterverteilung sehr divergieren würden. Bezüglich der Jugendlichen wurde davon ausgegangen, dass hier ein erhöhter Anteil an männlichen Personen zu verzeichnen sein würde. Bezogen auf die Erwachsenen lag die Erwartung vor, dass sich hier ein relativ ausgeglichenes Bild ergeben würde.

Der Tatbestand des § 213 ist politisch motiviert. Untersucht wurde daher, ob trotzdem dieselben Erfahrungswerte hinsichtlich der Verteilung von Geschlecht und Kriminalität wie bei anderen Tatbeständen gelten können. Im Ergebnis wurde der Frage nachgegangen, ob Frauen bei einem politischen Tatbestand wie dem § 213 trotz allem weniger straffällig sind als Männer.

Die Verteilung nach Geschlecht in beiden Vergleichsgruppen divergierte sehr. In der Gruppe der Jugendlichen waren von den Tätern 84% männlich und nur 16% weiblich.

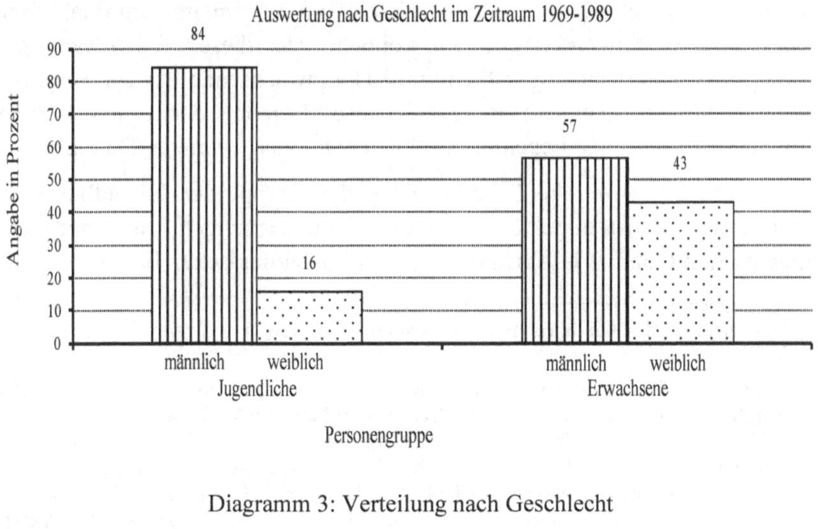

Diagramm 3: Verteilung nach Geschlecht

Diese Erkenntnis deckt sich auch mit Untersuchungen[14], die sich allgemein mit der Kriminalitätsneigung von Jugendlichen beschäftigten. Inwieweit die benannten Forschungen herangezogen werden können, ist zunächst fraglich. Bei § 213 handelt es sich um reines politisches Strafrecht, welches nach heutigem Rechtsverständnis nicht dem Kriminalitätsbegriff unterfällt. Fraglich ist also, ob auf einen solchen Tatbestand allgemeine kriminalistische Erfahrungen angewandt werden können. Zu beachten ist hierbei, dass bei den Jugendlichen in nicht unwesentlicher Anzahl von Fällen mehrere Delikte bei der Verurteilung zugrunde lagen, vor allem auch Eigentumsdelikte. In den Fällen, in denen bereits Straftaten wie z.B. Eigentumsdelikte vorlagen, diente als Motivation für die Republikflucht gerade der Wille sich der Bestrafung zu entziehen. Dieser Grund wurde mehrfach angeführt, so dass bei alleiniger Betrachtung dieser Sachlage – Begehung weiterer auch nach bundesdeutschem Recht strafbarer Handlungen – allgemein gültige Kriminalitätsstatistiken herangezogen werden könnten. Allerdings muss auch berücksichtigt werden, dass die Motivation zur Begehung des § 213 ein Zusammenspiel vieler Faktoren war. Allein das Motiv der Strafentziehung heranzuziehen, würde dem § 213 nicht gerecht. Damit ist § 213 unter Heranziehung des sog. „Elfes-Urteils“ des BVerfG vom 16. Januar 1957 zu betrachten. Nach diesen Grundsätzen ist § 213, wenn auch moralisch verwerflich, als gültiges (politisches) Strafrecht[15] anzusehen, auf welches gleichwohl allgemeine kriminalistische Erfahrungssätze Anwendung finden können. Aus diesen ergab sich, dass insbesondere männliche Jugendliche und Heranwachsende bei der Begehung von Straftaten überrepräsentiert sind.[16] Dieses Ergebnis deckt sich auch mit den in der hier zugrunde liegenden Untersuchung ausgewerteten Daten.

Worauf die obig ermittelte Divergenz bei der Gruppe der Jugendlichen zurückzuführen ist, ist ungeklärt. In vielen Untersuchungen, auch nach dem heutigen Stand der Wissenschaft, wird auf soziologische, biologische und

---

14 Vgl. insoweit die Ausführungen mit weiteren Nachweisen in *Streng*, Jugendstrafrecht, S. 3.

15 Insoweit wird zum Gesamten auch auf die Ausführungen im Zweiten Teil, Siebtes Kapitel, E). dieser Arbeit verwiesen. Bereits dort hatte die Verfasserin festgestellt, dass § 213 auch nicht unwirksam wegen Verstoßes gegen das Grundgesetz ist. Dies insbesondere aus dem Grunde, da Art. 11 GG nicht die Ausreisefreiheit umfasst. Vielmehr erfolgt der Schutz der Ausreisefreiheit über Art. 2 Abs. 1 GG als Auffangtatbestand. Die darin verkörperte Ausreisefreiheit wird als ordre public aufgefasst. Ein Verstoß hiergegen führt jedoch, aufgrund des Nichtvorliegens elementarer Wertungswidersprüche zu Grundsätzen der Menschlichkeit nicht zu seiner Unwirksamkeit, LG Berlin, NStZ 1992, S. 492 (493).

16 *Streng*, a.a.O.; Deutsche Akademie-*Brunner*, Jugendkriminalität und Resozialisierung, S. 17.

psychologische Erklärungsansätze zurückgegriffen. Ein zufriedenstellendes Ergebnis kann keine dieser Theorien bieten.[17] Ein Erklärungsversuch könnte sich aber aus den in den Akten enthaltenen Angaben der Jugendlichen ergeben. Danach handelten diese zumeist aufgrund von Problemen im Familienbereich (z.B. Streit mit den Eltern oder der Freundin), Unzufriedenheit mit der beruflichen Situation (u.a. Konflikte im Lehrberuf) und aus der Angst vor Strafverfolgung. Herauslesbar war bei den männlichen Jugendlichen weiter, dass diese versuchten, einen Platz in der Gesellschaft zu finden, auch um den Preis, aus dem bestehenden System auszubrechen. Die Mädchen waren zurückhaltender. Die hierzu erfolgten Angaben beliefen sich auf das Handeln in der Gruppe bzw. auch den Wunsch dem Freund, der bereits erfolgreich in die BRD gelangt war, zu folgen.[18] Die aus den Akten ermittelten Hintergründe waren damit eher im soziologisch-psychologischen Bereich zu finden.

In der Erwachsenengruppe ist das Bild der Verteilung nach dem Geschlecht hingegen im Wesentlichen ausgeglichen. Der Anteil der männlichen Täter beläuft sich auf 57% und der der weiblichen auf 43%.

Bei den Erwachsenen ist die gleichmäßige Verteilung gerade darauf zurückzuführen, dass hier vermehrt familiäre Ursachen für die Tatbegehung zugrunde lagen. Zum größten Teil, dazu jedoch erst nachfolgend, wurde der Tatbestand der Nichtrückkehr bei genehmigter Reise in die BRD verletzt. Dies folgte insbesondere daraus, dass in der BRD lebende enge Familienangehörige aufgrund ihres Alters der Pflege und Unterstützung der Kinder bedurften. Dies brachte vielfach gerade auch die Frauen dazu, in der BRD zu verbleiben, um ihren Angehörigen zu helfen, auch wenn im Übrigen keine kritische Einstellung zum System aus den Akten erkennbar war.

2. Auswertung These 2 bezogen auf Jugendliche

These 2:

Ausgangspunkt war die Erwartung, dass sich der Täterkreis in beiden Gruppen hinsichtlich des Ausbildungsstandes auf den akademischen Bereich konzentrieren würde. Im Ergebnis sollte sich herauskristallisieren, dass bei den Jugendlichen ein

---

17 *Schmölzer*, Geschlecht und Kriminalität, http://www.querelles-net.de/index.php/qn/article/view/228/236.

18 Auch das MfS kam in einer Jahresuntersuchung 1976 zu folgendem Ergebnis: „Bei den weiblichen Personen, die die DDR ungesetzlich verließen, bestanden in den meisten Fällen Verlöbnisse oder Liebesverbindungen zu Bürgern der BRD und Westberlins sowie zu in der BRD und Westberlin lebenden Ausländern.“ BStU, MfS, ZKG, Nr. 2164, Bl. 39. Allgemein handelten Frauen daher in einer Vielzahl von Fällen aus einer persönlichen Verbindung heraus. Dies traf auch auf den weiblichen Anteil der Jugendlichen zu.

hoher Anteil an Abiturienten vorhanden sei sowie bei den Erwachsenen die Konzentration auf der sog. „Intelligenz“ läge. Zudem wurde davon ausgegangen, dass trotz eines hohen Ausbildungsstandes die Jugendlichen eher impulsiv handeln und die Erwachsenen sehr planvoll vorgehen würden.

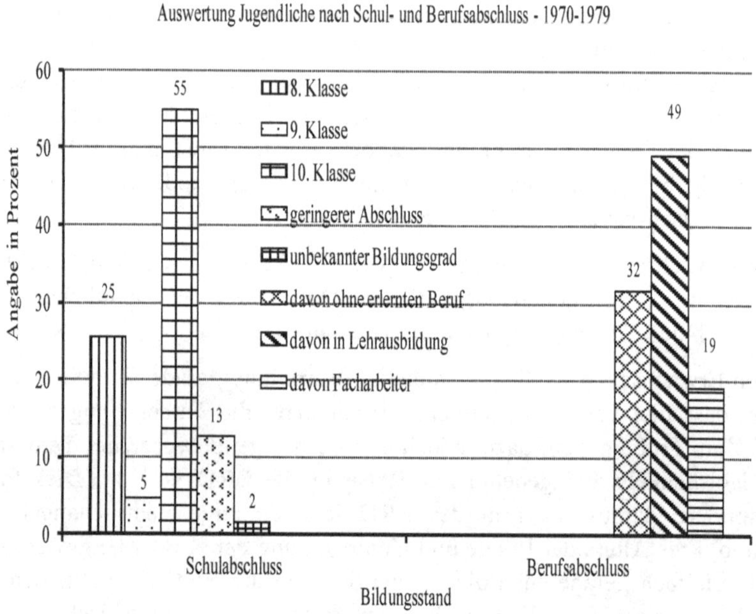

Diagramm 4: Ausbildungsstand Jugendlicher 1970–1979

Diesem Ansatzpunkt lag die Erwartung zugrunde, dass aufgrund des Vorliegens eines politischen Tatbestandes, eine kritische Auseinandersetzung mit den gesellschaftlichen Verhältnissen erfolgt. Eine solche kritische Auseinandersetzung auf konstruktiver Grundlage ist jedoch im Wesentlichen zumeist in der Schicht der sog. „Intelligenz“ zu finden. So dass insoweit eine Tendenz zum Täterkreis aus dieser Schicht ersichtlich sein müsste.

Hinsichtlich des Ausbildungsniveaus der Jugendlichen hat sich für den Zeitraum 1970 bis 1979 herauskristallisiert, dass diese zu 55% den Schulabschluss der 10. Klasse erreicht hatten. Zugrunde liegt hierbei ein Datensatz von 63 Jugendlichen mit Schulabschluss. Von diesen Jugendlichen waren 32% zum Zeitpunkt der Tat ohne erlernten Beruf, 49% in Lehrausbildung, 19% hatten ihre Ausbildung als Facharbeiter abgeschlossen. Nicht dargestellt sind

19% aller jugendlichen Täter (von 78 Datensätzen) in den 70er Jahren, die sich zum Zeitpunkt der Tat noch in der Schulausbildung befanden. In dieser Gruppe war nur ein Abiturient. Ersichtlich wird damit, dass die Jugendlichen, die diese Tat begingen, im Wesentlichen zur Arbeiterklasse gehörten. Damit hat sich die These zunächst nicht bestätigt.

Fraglich ist, warum sich dieses Ergebnis entgegen der aufgestellten These ergeben hat. Dies könnte auf dem Bildungssystem der DDR beruhen, das wesentliche Unterschiede zum Westlichen aufwies. Hinsichtlich der Zulassung zur EOS und später zum Studium wurden Kinder aus der Arbeiterklasse bis Anfang der 70er Jahre bevorzugt. Für Kinder aus Akademikerfamilien war es schwieriger, den Zugang zu erhalten.[19] Dies basierte auf dem Bestreben, eine staatsloyale „Elite" heranzuziehen. Auch die Zulassungsordnung sah insbesondere den Nachweis vor, dass der Bewerber an der Gestaltung des sozialistischen Staates mitwirkte und den Gedanken des Sozialismus nach außen lebte. Weiterhin bevorzugt wurden Bewerber, die sich freiwillig zur Nationalen Volksarmee meldeten.[20] In den 70er Jahren war es dadurch gelungen, eine auf der Basis des Sozialismus fußende Bildungselite heranziehen. Danach begann die Phase, aus dieser selbst geschaffenen Elite, eine neue sozialistische „Intelligenz" zu rekrutieren.[21] Folglich könnte sich vor diesem Hintergrund – schwieriger Zugang zum Studium bei Akademikerkindern – der hohe Anteil an Jugendlichen mit Facharbeiterausbildung erklären. Einzig die Auswertung des eigenen Bildungsstandes der Jugendlichen kann damit der These nicht gerecht werden. Vielmehr ist zur Ermittlung des Ausbildungsniveaus auch das soziale Umfeld mit einzubeziehen. Erst aus dieser weiteren Verknüpfung kann ersichtlich werden, ob bei den Jugendlichen der Schwerpunkt auf der Arbeiterklasse oder der sog. „Intelligenz" lag. Aus diesen Erkenntnissen wurde die These 3 aufgestellt, die nachfolgend erläutert wird.

---

19 Vgl. *Schroeder*, Thüringer Allgemeine vom 5. Januar 2011, http://www.thueringer-allgemeine.de/web/zgt/politik/detail/-/specific/Faktencheck-DDR-Partei-entschied-ueber-Lernen-an-Hochschulen-1377361879.

20 Vgl. *Schroeder*, Thüringer Allgemeine vom 5. Januar 2011, http://www.thueringer-allgemeine.de/web/zgt/politik/detail/-/specific/Faktencheck-DDR-Partei-entschied-ueber-Lernen-an-Hochschulen-1377361879.

21 Vgl. *Schroeder*, Thüringer Allgemeine vom 5. Januar 2011, http://www.thueringer-allgemeine.de/web/zgt/politik/detail/-/specific/Faktencheck-DDR-Partei-entschied-ueber-Lernen-an-Hochschulen-1377361879; so auch *Schmeling*, Das Studium in der ehemaligen DDR, S. 385.

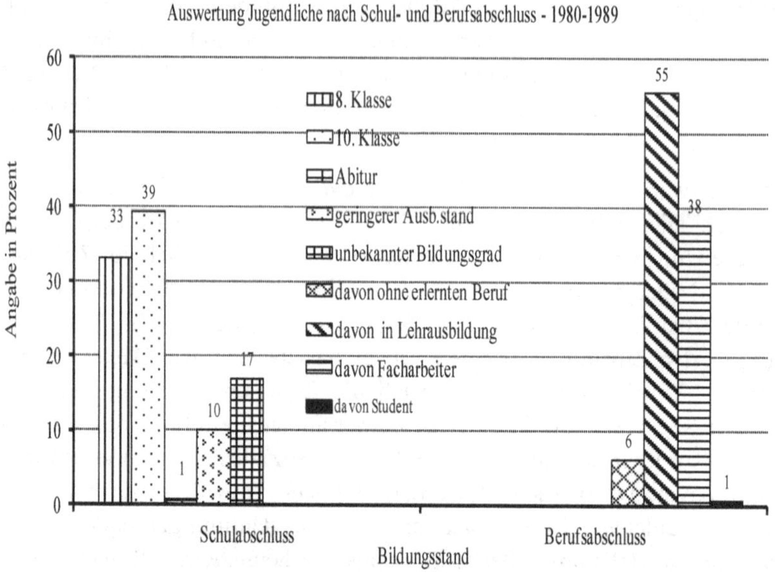

Diagramm 5: Ausbildungsstand Jugendlicher 1980–1989

Hinsichtlich des Zeitraums von 1980 bis 1989 ergibt sich, dass zwar die Schulbildung der 10. Klasse mit 38% immer noch überwog, jedoch nunmehr die Schulbildung der 8. Klasse mit 32% fast auf dieses Niveau angewachsen war. Dem Diagramm liegen die Daten von 130 Personen mit abgeschlossenem Schulabschluss zugrunde. Nicht dargestellt sind wiederum 21% von Jugendlichen, bezogen auf insgesamt 164 Datensätze für die 80er Jahre, die sich noch in der Schulausbildung befanden. Unter diesen 21% waren acht Personen, die gerade das Abitur absolvierten. Damit war auch in den 80er Jahren der Anteil der sog. „Intelligenz" nur marginal.

Demgegenüber stieg jedoch der Anteil derjenigen, die in Lehrausbildung waren oder ihren Facharbeiterabschluss bereits erworben hatten, auf insgesamt 93%, bezogen auf einen Datensatz von 130 (in den 70er Jahren gesamt 68% bezogen auf einen Datensatz von 63). Auch basierend auf dieser Auswertung ist die These nicht haltbar, dass die Mehrzahl der Flüchtigen zur sog. „Intelligenz" zu zählen war. Daher wird auch mit Bezug auf die 80er Jahre im Rahmen der These 4 untersucht, inwieweit ein akademischer Hintergrund (= soziale Herkunft) gegeben war.

Für die untersuchten Zeiträume zeigt sich damit, dass das Schuldbildungsniveau kaum Einfluss auf die Motivation der Jugendlichen hatte, aus der DDR zu flüchten.

Aus der Aktenauswertung ist erkennbar, dass, unabhängig vom sozialen Hintergrund, insbesondere kurzfristige Belastungen der Jugendlichen zur Begehung des Tatbestandes beigetragen haben. Bei der Mehrzahl der Jugendlichen ging es im Ergebnis nicht um eine ideologische Auseinandersetzung mit dem DDR-System. Es war aus den Akten ersichtlich, dass die Flucht gewagt wurde, um dem gewünschten Beruf/Arbeit nachgehen zu können. Die Jugendlichen die dies anführten, konnten die Ausbildung in ihrem bevorzugten Bereich nicht unbedingt nur aufgrund der vorliegenden Abschlussnoten, sondern insbesondere auch aufgrund der Bedarfsplanung der DDR nicht beginnen. Die Ausbildung erfolgte in den Berufen in denen Nachwuchskräfte gebraucht wurden. Ob diese Planung mit den Interessen der Jugendlichen konform ging, wurde in dieser Konzeption nicht berücksichtigt. Weiterhin ergab sich aus den gesichteten Akten, dass die Jugendlichen in vielen Fällen sehr impulsiv handelten und die mit der Verwirklichung des Tatbestandes einhergehenden Risiken nicht oder nur in geringem Maße bei der Begehung mit einbezogen. Die Planungen waren zumeist sehr kurzfristig und nicht vollständig durchdacht. Unmittelbarer Auslöser für die Tatbegehung selbst waren in vielen Fällen Probleme im Elternhaus, in der Schule oder mit dem Freund/der Freundin. Vorherrschend war damit der Gedanke, auf diese Weise den Problemen auszuweichen, zweitrangig folgte die Überlegung, dass ihnen bei einer erfolgreichen Flucht in der BRD mehr Chancen und Rechte offen stehen würden. Ende der 80er Jahre waren die Aussichten für die erfolgreiche Durchführung der Flucht auch erheblich gestiegen, gerade durch die Botschaftsbesetzungen, die Öffnung der Grenze zwischen Ungarn und Österreich und den langsamen Verfall der DDR.

Die These des Ausbildungsniveaus konnte damit nicht bestätigt werden.

Das gefundene Ergebnis – Tatbegehung unabhängig vom Bildungsgrad – entspricht jedoch den vorgenannten allgemeinen Untersuchungen zur Jugendkriminalität. Bei dieser Altersgruppe dominieren geradlinige, wenig vorgeplante, impulsive Tatbegehungen. Weiterhin besteht i.R. der Jugendkriminalität ein hoher Anteil an gemeinsamer Tatausführung in Gruppen und Banden.[22] Auch dies bestätigten die ausgewerteten Datensätze, wie noch anhand eines entsprechenden Diagramms in diesem Kapitel erläutert wird.

---

22 *Streng*, a.a.O; Deutsche Akademie-*Brunner*, Jugendkriminalität und Resozialisierung, S. 17.

3. Auswertung These 3 bezogen auf Jugendliche

These 3:

Aufgrund des Ergebnisses zur zweiten These wurde die weitere These aufgestellt, dass sich der Zusammenhang hinsichtlich des Akademikerkreises, bezogen auf die Jugendlichen zumindest aus dem sozialen Umfeld/der sozialen Herkunft ergeben müsste. Mithin ging die Erwartung davon aus, dass der in Augenschein genommene Personenkreis vermehrt aus dem Akademikerkreis stammte.

Zur Untersuchung der zuvor aufgeworfenen These, dass aufgrund des Bildungssystems eine hohe Anzahl der Jugendlichen aus einem Akademikerhaushalt stammen könnte, wurde auch die soziale Herkunft in die Untersuchung einbezogen. Unterstützt wurde diese Überlegung auch dadurch, dass bei anderen Untersuchungen über Ausreiseantragsteller[23], bezogen auf die Erwachsenen, insbesondere die sog. „Intelligenz“ aus dem Raum Dresden als Tätergruppe hervorstach. Darauf aufbauend folgt die These, dass Kinder gerade aus diesen Familien lernten, sich kritisch mit der DDR zu beschäftigen und die Haltung der Eltern übernahmen. Weitere Faktoren wie Großeltern konnten nicht in die Betrachtung einfließen, da in den untersuchten Akten teilweise nur die Daten der Eltern hinterlegt waren.

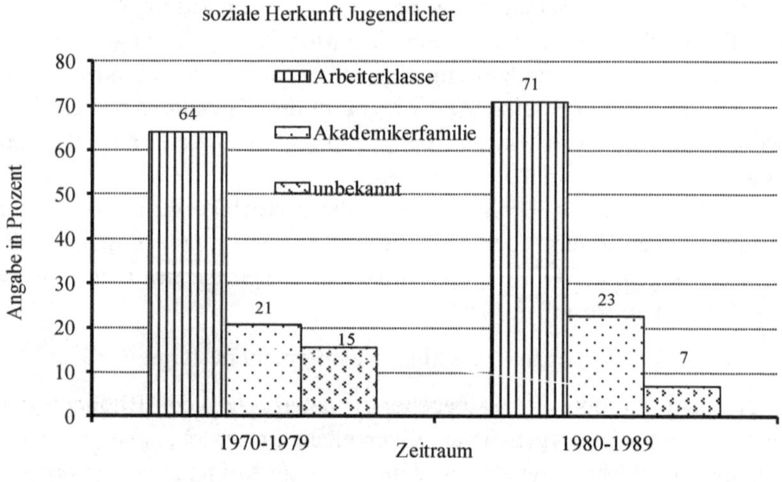

Diagramm 6: soziale Herkunft Jugendlicher 1970–1989

23 Dokument vom 28. März 1988, Info Nr. 149/88 über die Anzahl von Ärzten, Zahnärzten sowie Angehörigen des mittleren medizinischen Personals, die Ersuchen auf Übersiedlung nach nichtsozialistischen Staaten und Westberlin gestellt haben. BStU, MfS, ZAIG 3648, Bl. 7–10 (12. Expl.). Zit. nach: *Münkel*, Die DDR im Blick der Stasi, Dok. v. 28. März 1988, http://www.ddr-im-blick.de/Hubert_Co%7CBStUINTERNET/html/78198ivhfknvg_/S10 18_600_de_1154501941/MAINTAB%5Etoc_sheet/_OLINK _TOC+CL+144954.

Für den Zeitraum von 1970 bis 1979 ergab sich aus der Auswertung ein Anteil für die Arbeiterklasse von 64%. Der Anteil der Jugendlichen aus Akademikerfamilien belief sich auf 21%. In 15% der Fälle konnte die soziale Herkunft aus den Akten nicht ermittelt werden. Zu berücksichtigen ist weiterhin, dass von den untersuchten 78 Jugendlichen 15% teilweise in Kinderheimen sowie Jugendwerkhöfen erzogen worden waren. Dieser Anteil wurde nicht im obigen Diagramm dargestellt. Für die Zeit von 1980 bis 1989, stieg der Anteil der Jugendlichen aus dem Arbeitermilieu weiter auf 71%, sowie der Anteil aus dem Akademikerkreis auf 23%. Der Anteil der Jugendlichen, die durch Heimaufenthalte/Jugendwerkhoferfahrungen geprägt worden waren, sank auf ein Niveau von 11%, bezogen auf den gesamten zugrunde liegenden Datensatz von 164. Der verbleibende Anteil der unbekannten sozialen Herkunft liegt bei 7%.

Dieses Ergebnis zeigt, dass bei den Jugendlichen der Anteil aus einfachen sozialen Verhältnissen überwiegt bzw. diese zur gehobenen Arbeiterklasse gehörten, abgeleitet aus der alleinigen Betrachtung der ermittelten Zahlenwerte.

Allerdings muss berücksichtigt werden, dass die sog. Schicht der „Intelligenz" nach einer Studie des MfS nur 4% der berufstätigen Bevölkerung in den 70er Jahren ausmachte.[24] Demgemäß ist ein Anteil von 21% bzw. 23% von Jugendlichen aus Akademikerfamilien als sehr hoch einzuschätzen.

4. Auswertung These 2 bezogen auf die Erwachsenen

These 2:

Ausgangspunkt war hier die Erwartung, dass sich der Täterkreis in beiden Gruppen hinsichtlich des Ausbildungsstandes auf den akademischen Bereich konzentrieren würde.

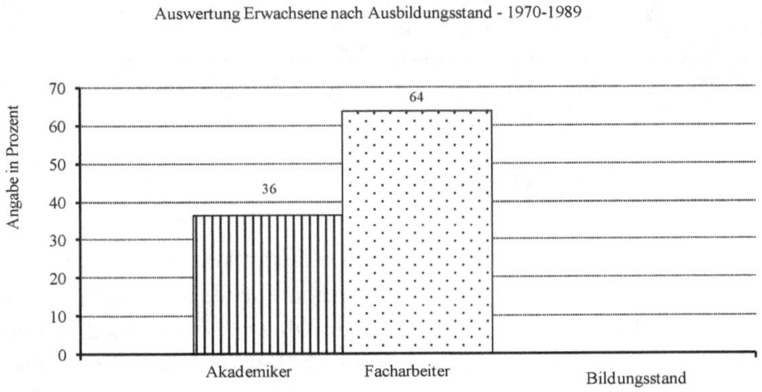

Diagramm 7: Ausbildungsstand Erwachsener 1970–1989

24 BStU, MfS, ZKG, Nr. 2164, Bl. 37.

Hinsichtlich der Erwachsenen ergibt sich, dass diese im Zeitraum von 1970 bis 1989 zu 36% einen akademischen Hintergrund aufwiesen und zu 64% aus der Arbeiterklasse stammten. In der ersten Gruppe sind auch Personen enthalten, deren Ehepartner der akademischen Gruppe zuzurechnen ist. Diese Zuordnung erfolgte aus dem Gedanken heraus, dass bei einer intakten Ehe Problematiken des Partners, Denkweisen oder kritische Ansatzpunkte miteinander diskutiert würden und im Ergebnis die fachliche Bildung sowie Einstellung auf den anderen Ehepartner „abfärbt". In der letzteren Gruppe sind jedoch auch diejenigen Facharbeiter einbezogen, die in der DDR selbstständig tätig waren bzw. eine Meisterausbildung absolviert hatten, da unter den Begriff der „Intelligenz" nur die akademische Laufbahn fiel.

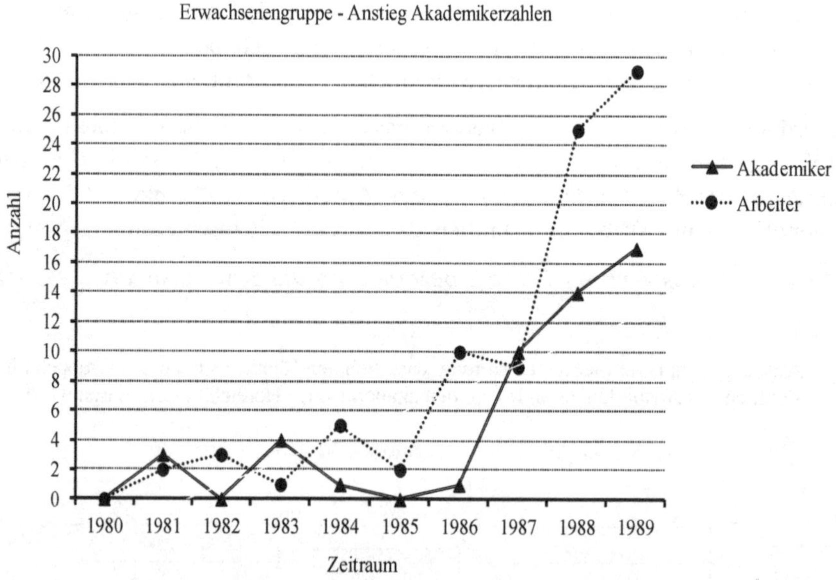

Diagramm 8: Akademikerzahlen Erwachsene in den 80er Jahren

Es zeigte sich jedoch, dass die Anzahl der Akademiker in den Jahren ab 1987 wesentlich anstieg. Das vorangestellte Diagramm greift dabei auf die absoluten Zahlen zurück. Waren es bis Mitte der 80er Jahre noch ein bis drei Personen, belief sich der Anstieg nunmehr auf bis zu 17 Personen der sog. „Intelligenz" im Jahr 1989. Ein relativ ausgewogenes Verhältnis zwischen Arbeitern mit neun Personen und Akademikern mit zehn Personen ergab sich für 1987.

Im Ergebnis ist die These 3 damit insoweit bestätigt, als auch bei den Erwachsenen ein hoher Anteil der Gruppe der sog. „Intelligenz" zuzuordnen ist. Bemerkenswert ist aber, dass sich dies erst für die Zeit ab 1987 herauskristallisierte. Keine Bestätigung fand die Annahme, dass sich der Täterkreis auf den Bereich der sog. „Intelligenz" konzentrieren würde. Somit hat sich diese These insgesamt nicht bestätigt.

Der Vollständigkeit halber ist auch hier zu erwähnen, dass die Schicht der Akademiker, bezogen auf die Gesamtbevölkerung der DDR, nur einen Anteil von ca. 4% einnahm, vgl. auch die Ausführungen unter C)I.3. Wäre diese Betrachtung in die These mit eingeflossen, ergäbe sich das Resultat, dass der Anteil der sog. „Intelligenz" als wesentlich anzusehen ist.

5. Statistiken des MfS

Hinsichtlich der sozialen Stellung der Täter ermittelte das MfS in den bereits unter A) vorgestellten Statistiken folgendes:

> „Den absoluten Schwerpunkt des Gesamtanfalles bilden, schon wie in den zurückliegenden Jahren und bei erheblich steigender Tendenz Arbeiter. Gab es 1984 durch diese Gruppe insgesamt 29 Handlungen, so waren es 1985 insgesamt 43 (+6) Handlungen. Ebenfalls eine Steigerung von 5 Handlungen auf 6 Handlungen ist bei Angehörigen der Intelligenz sowie bei Schülern, Lehrlingen und Personen ohne Arbeitsverhältnis von 9 Handlungen auf 15 Handlungen (+6) zu verzeichnen."[25]

Bezogen auf das Verhältnis von Arbeitern zur sog. „Intelligenz" wurde dieses bereits anhand der im Hauptstaatsarchiv Dresden ermittelten Daten dargestellt. Das Ergebnis der eigenen Auswertung deckt sich demzufolge mit den Analysen des MfS, die im Verlauf der weiteren Arbeit beispielhaft anhand zweier Analysen des MfS vorgestellt werden. Eine für den Zeitraum der 70er Jahre und die andere für die 80er Jahre.

Für den Bereich der sog. „Intelligenz" wird zudem die nachfolgende Analyse des MfS herangezogen, die sich auf den medizinischen Bereich konzentriert.

Sie betrifft den Zeitraum vom 1. Januar 1974 bis zum 31. Juli 1976, bezogen auf das gesamte Gebiet der DDR. Hinsichtlich des vollendeten ungesetzlichen Grenzübertritts wurde folgendes Ergebnis ermittelt:

---

25 MfS BV Dresden, KD Dresden-Stadt, Nr. 90483, Bl. 35/36.

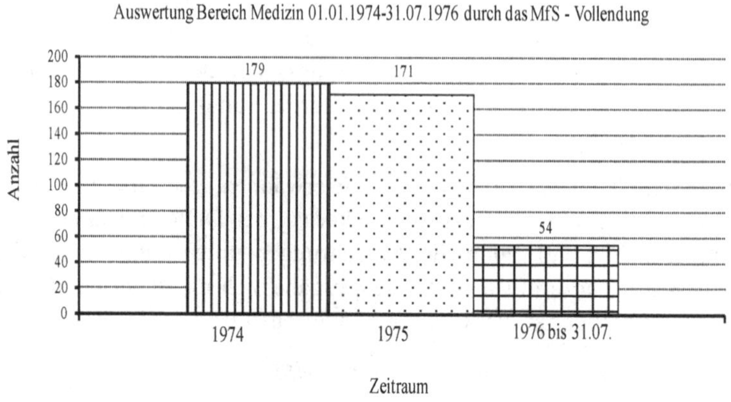

Diagramm 9: Bereich Medizin – Vollendung Gesamt DDR 1974–1976[26]

Unter den insgesamt 404 Personen befanden sich 241 Ärzte, 12 Studenten sowie 96 Personen des mittleren medizinischen Dienstes.[27]

Im Bereich der versuchten bzw. vorbereiteten Republikflucht gestaltete sich die Statistik für das gesamte Gebiet der DDR wie folgt:

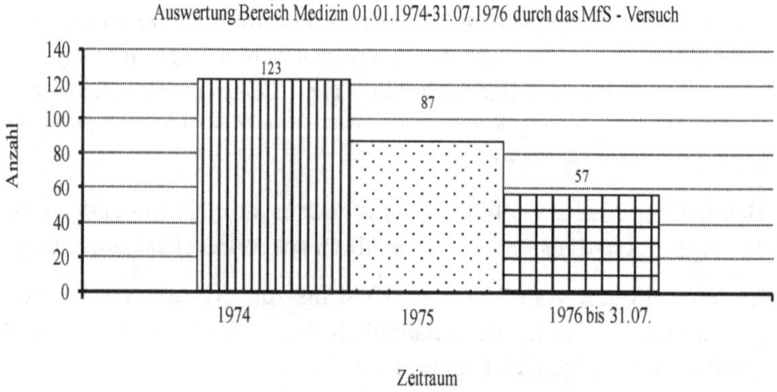

Diagramm 10: Bereich Medizin – Versuch – Gesamt DDR 1974–1976[28]

26 Diagramm erstellt anhand der Werte in: BStU, MGS, ZAIG, Nr. 2543, Bl. 10.

27 BStU, MGS, ZAIG, Nr. 2543, Bl. 10.

28 Diagramm erstellt anhand der Werte in: BStU, MGS, ZAIG, Nr. 2543, Bl. 10.

Insgesamt belief sich die Personenzahl auf 267. Darunter befanden sich 123 Ärzte, 15 Studenten und 54 mittleres medizinisches Personal.[29] Dresden trat hier mit 13 Personen hervor und wurde explizit erwähnt.[30] Hinzu kamen im genannten Zeitraum Anträge auf Ausreise von insgesamt 1.177 Beschäftigten im medizinischen Bereich einschließlich der Medizinstudenten auf dem gesamten Gebiet der DDR.[31] Als ein Schwerpunkt für die Ausreiseantragsteller wurde u.a. Dresden benannt, dem von 198 Ärzten 24 Ärzte zugeordnet wurden.[32] Dresden war damit bei den Ausreiseantragstellern im untersuchten Zeitraum auf dem 2. Platz hinter Leipzig.[33]

Zu beachten ist hierbei, dass sich im Rahmen der Analyse der Altersstruktur für die Zeit vom 1. Januar 1974 bis 31. Juli 1976 der Schwerpunkt im Bereich der 30- bis unter 40-Jährigen herauskristallisierte[34], mithin eine andere Altersgruppe als die, welche dieser Untersuchung zugrunde lag. Das erklärt jedoch auch den geringen Anteil der gefundenen Akten für den Bereich der 40-, 45- und 50-Jährigen im Hauptstaatsarchiv Dresden für die 70er Jahre mit nur sieben Datensätzen, so dass dies nach Auswertung der Ergebnisse des MfS eine realistische Zahl widerspiegelt.

Im Jahr 1985 lag der Altersschwerpunkt bei den Jungerwachsenen im Alter von 18 bis 25 Jahren. Waren es 1984 noch 22 Jungerwachsene, stieg die Zahl um 13 Personen auf 35 im Jahr 1985 an. Hierbei stand das Stadium des Versuchs im Vordergrund.[35] Wie bei der Auswertung durch das MfS, zeigt auch die eigene Analyse der vorhandenen Datensätze, dass der Versuchsfall bei den Jugendlichen (Jungerwachsenen) vorrangig vertreten war. Insoweit wird auch auf die obigen Ausführungen verwiesen. Im Bereich der Altersstufe der 41- bis 50-Jährigen bildeten 1985 die vollendeten Delikte den Schwerpunkt.[36] Dies ergab sich ebenso aus den ausgewerteten Datensätzen der Verfasserin. In den 80er Jahren konzentrierte sich die Altersstruktur daher zum einen auf die Jungerwachsenen und zum anderen auf die 41- bis 50-Jährigen. Dies belegt die folgende Tabelle für den Bereich der Stadt Dresden:

---

29 BStU, MGS, ZAIG, Nr. 2543, Bl. 10.

30 BStU, MGS, ZAIG, Nr. 2543, Bl. 11.

31 BStU, MGS, ZAIG, Nr. 2543, Bl. 11.

32 BStU, MGS, ZAIG, Nr. 2543, Bl. 11.

33 BStU, MGS, ZAIG, Nr. 2543, Bl. 11.

34 BStU, MGS, ZAIG, Nr. 2543, Bl. 80.

35 MfS BV Dresden, KD Dresden-Stadt, Nr. 90483, Bl. 35.

36 MfS BV Dresden, KD Dresden-Stadt, Nr. 90483, Bl. 35.

	6–13	14–17	18–25	26–30	31–40	41–50	51–60
Vorbereitung	-	2	2	1	1	-	-
Versuch	3	7	18	5	-	-	-
Vollendung	-	1	15	1	8	18	5
Insgesamt	3	10	35	7	9	18	5
+/- zu 1984	+3	+2	+13	+/-0	-2	+4	-1

Tabelle 1: Altersmäßige Struktur (Delikte) 1985[37]

Die Statistik des MfS zeigte auf, dass überwiegend Erwachsene aus dem Bereich der „Intelligenz" kamen, aber nicht die Jugendlichen. Erstere waren besonders betroffen durch die Verhältnisse in der DDR. Das MfS hat die Denk- und Verhaltensweisen der Erwachsenen in einer 53-seitigen Ursachenanalyse zusammengestellt.[38] Auch hieraus, wie auch aus den Motiven im Rahmen der Aktenauswertung, ist ersichtlich, dass in diesen Kreisen eine differenzierte Auseinandersetzung mit den Verhältnissen in der DDR erfolgte. Motive für ein Vorgehen nach § 213 lagen insbesondere in den Wohnraumverhältnissen, Gehaltsfragen, fehlenden Planstellen – d.h. im Ergebnis im fehlenden Personal, schlechten Arbeitsbedingungen z.B. in Form von baulich schlechtem Zustand der Behandlungsräume:

Gegenüber dem MfS wurde Folgendes dargelegt:

> „So werden im Kreiskrankenhaus Bad Freienwalde die gynäkologische, die Hautarztsprechstunde und die Schwangerenberatung in einem Raum durchgeführt. Im Krankenhaus Lübben sickern Fäkalienreste durch undichte Wände von Behandlungsräumen. An der Universitätsklinik Jena brachen in einzelnen Einrichtungen Fußböden ein. […] Im OP-Trakt des Bezirkskrankenhauses St. Georg Leipzig steht 50 Ärzten und Schwestern eine gemeinsame Toilette zur Verfügung. […]."[39]

Anzumerken ist, dass die Schilderung einen Zustand Mitte der 70er Jahre kennzeichnet. Dass die Menschen, die unter diesen Bedingungen arbeiten mussten, dies nicht mehr hinnehmen konnten, ist nachvollziehbar. Zumal sich gerade in diesen Jahren aufgrund der Einleitung der Entspannungspolitik auch auf dem internationalen Parkett viel bewegte und damit den Menschen in der DDR zeigte, dass sie gesehen werden und es andere Arbeitsbedingungen gab. Hinzuweisen ist in diesem

37 Entnommen aus: MfS BV Dresden, KD Dresden-Stadt, Nr. 90483, Bl. 42.

38 BStU, MGS, ZAIG, Nr. 2543, Bl. 16–69.

39 BStU, MGS, ZAIG, Nr. 2543, Bl. 64.

Zusammenhang auf die KSZE und die Akte von Helsinki, die ausdrücklich die humanitäre Zusammenarbeit der Staaten als eigenen Punkt statuierte.

Das erkannte auch das MfS, denn es führte in seiner Analyse wie folgt aus:

> „Die überwiegende Anzahl der straffällig gewordenen Ärzte lehnte die Abgrenzungspolitik gegenüber der BRD, die Maßnahmen zum Schutz der Staatsgrenze und die eingeschränkten Reisemöglichkeiten in nichtsozialistische Staaten, in denen Beschränkungen der 'persönlichen Freiheiten' und Bevormundungen durch den sozialistischen Staat gesehen werden, ab. Derartige Haltungen bildeten sich bei der Mehrzahl dieser Personen auf der Grundlage kleinbürgerlicher, prowestlicher Erziehung im Elternhaus überwiegend erst während des Studiums heraus.
>
> Stark ausgeprägte objektivistische Informationsbedürfnisse, bei Betonung des 'Rechtes auf Meinungsfreiheit und freier Meinungsbildung', trugen wesentlich dazu bei, daß sich dieser Personenkreis gezielt antisozialistischen politisch-ideologischen Einflüssen aussetzte und sich insbesondere aus westlichen Massenkommunikationsmitteln sowie Gesprächen mit Kontaktpartnern aus nichtsozialistischen Staaten und Westberlin entnommenen Argumentationen zu eigen macht."[40]

Die Fluchtzahlen innerhalb der „Intelligenz" nahmen in den folgenden Jahren weiter zu. In den 80er Jahren ergab eine Analyse des MfS für die Stadt Dresden, dass im Zeitraum von 1987 bis 1988 bei der sog. „Intelligenz" ein Anstieg um 100% zu verzeichnen war. 1987 waren es noch 46 Personen, 1988 hingegen schon 92 Personen. Die Berufsstruktur 1988 war schwerpunktmäßig auf Arbeiter, Angestellte sowie die „Intelligenz" ausgerichtet. Wobei 1988 im Rahmen der statistischen Auswertung vom MfS die Berufsgruppe der Selbstständigen aufgrund ihrer steigenden Zahl aufgenommen wurde.[41]

Der Anstieg im Rahmen der „Intelligenz" im Bezirk Dresden bezog sich schwerpunktmäßig auf den Bereich des Gesundheitswesens.[42]

Der Anstieg der Zahlen gerade ab den 70er Jahren, ist insbesondere auch auf das Umdenken und die Anpassung der Politik im internationalen Bereich zurückzuführen. Dies ergibt sich schon aus den zuvor angeführten Passagen zu den ermittelten Hintergründen für die Tatbegehung. Das Öffnen der DDR nach außen und das Streben nach internationaler Anerkennung führten zugleich im Inneren zu einem Aufrütteln der Menschen und einer intensiveren Auseinandersetzung mit den eigenen Arbeits- und Lebensbedingungen.

---

40 BStU, MGS, ZAIG, Nr. 2543, Bl. 18.

41 Zur gesamten Statistik vgl. BStU, MfS BV Dresden, KD Dresden-Stadt, Nr. 90483, Bl. 133. Auch 1989 blieb es bei dieser schwerpunktmäßigen Verteilung, vgl. MfS BV Dresden, KD Dresden-Stadt, Nr. 90483, Bl. 156. Es ergab sich jedoch, dass bezüglich der Altersgruppe der 18–25-Jährigen ein starker Anstieg zu verzeichnen war.

42 BStU, MfS BV Dresden, AKG PI, Nr. 144/87, Bl. 5.

6. Würdigung

Kinderreiche Familien waren als sozialer Hintergrund bei den hier untersuchten Jugendlichen nicht ungewöhnlich. Vorwiegend stammten diese aus dem Arbeitermilieu. Bei den Erwachsenen ergab sich keine andere Tendenz. Die dazu aufgestellte These konnte jedoch nicht belegt werden.

Allerdings zeigen die ermittelten Werte, gemessen am Anteil der Schicht der sog. „Intelligenz" am gesamten Bevölkerungsanteil, dass sie einen hohen Rang einnahmen.

Trotz dieses Gleichlaufs im Bildungsstand offenbarte sich auch das Bild, der eher impulsiven und spontanen Tatbegehung bei Jugendlichen. Kurzfristige Belastungen durch familiäre oder berufliche Probleme führten dazu, sich diesen durch Weggang zu entziehen. Hinzu kam, dass die Begehung hauptsächlich in einer Gruppe erfolgte und vielfach Jugendliche sich anschlossen ohne zu wissen, worauf sie sich einließen. Gerade aus diesem Gruppenverhalten folgt eine eigene Dynamik und Impulsivität. Im Gruppenverband wird grundsätzlich ein Ausgleich sowie die eigene Bestätigung gesucht: Das aus der Gruppe heraus gewährte Selbstwertgefühl verleitet zu Taten, die allein nicht unternommen worden wären. Die Anzahl der Begehungsweisen in der Gruppe wird noch in einem gesonderten Diagramm dargestellt.

II. Verfahrenslänge – These 4

These 4:

Es sollte festgestellt werden, ob die durchschnittliche Verfahrenslänge bei Prozessen mit Freiheitsstrafe mindestens ein halbes, wenn nicht sogar ein Jahr beinhaltet und die für die Verurteilung zugrunde gelegten Beweismittel, auf Zeugen, Geständnisse und Tatwerkzeuge/-waffen stützen würden.

Untersucht wurde ebenfalls die Verfahrenslänge hinsichtlich der Vergleichsgruppe der Jugendlichen. Bezogen auf die Erwachsenengruppe erfolgte keine Gegenüberstellung zu deren Verfahrenslänge, da hier zum großen Teil die Verfahren aufgrund einer erfolgreichen Flucht eingestellt worden sind. Im Ergebnis gab es bei der Erwachsenengruppe kein weitergehendes Ermittlungsverfahren, da die Täter infolge der Vollendung für die DDR-Justiz nicht mehr greifbar waren.

Strafverfahren in der DDR wurde öfters der Vorwurf von reinen Scheinprozessen gemacht. Die Verfahrenslänge könnte hierfür ein Indiz sein.

Eine kurze Verfahrenslänge ist wünschenswert, um Untersuchungshaftdauer und den Druck auf die Verhafteten so gering wie möglich zu halten solange die Unschuldsvermutung gilt. Eine zu kurze Verfahrensdauer in Anbetracht des zu erwartenden Urteils zeugt allerdings wiederum von einem Prozess, bei welchem das Ergebnis festzustehen scheint und in welchem nur noch bestimmte Details benötigt werden. Dies könnte gegen rechtsstaatliche Gesichtspunkte verstoßen, insbesondere im Hinblick auf die Unschuldsvermutung. Eine überlange Verfahrensdauer wiederum ist als Korrektiv in der Strafzumessung zu berücksichtigen.

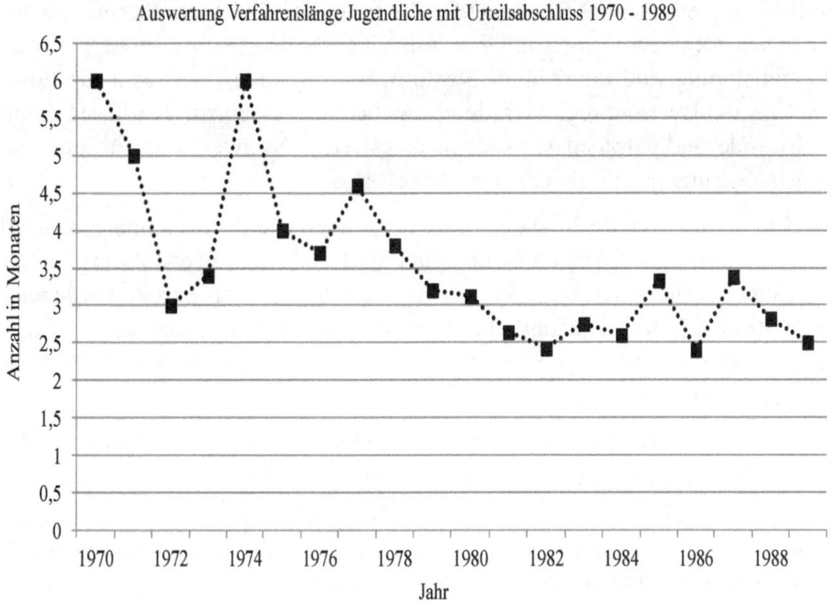

Diagramm 11: Verfahrenslänge Jugendliche gesamt

Hinsichtlich der Jugendlichen handelte es sich zumeist um versuchte Tatbegehungen, so dass hier die Verfahrenslänge von der Einleitung des Ermittlungsverfahrens bis zum Abschluss in Form der Urteilsverkündung, untersucht wurde. Soweit sich dem Urteil ein Berufungsverfahren anschloss, floss dieses ebenfalls in die Untersuchung mit ein. Damit lagen für die Untersuchung im Zeitraum der 70er Jahre 76 und für die 80er Jahre 86 Datensätze vor. Die weiteren Datensätze wurden herangezogen, da es sich hierbei nicht um Verfahren mit Urteilsspruch handelte, sondern schon im staatsanwaltschaftlichen Ermittlungsverfahren eine Einstellung erfolgte.

Im Ergebnis ist festzuhalten, vgl. auch das Diagramm 11, dass sich in den 70er Jahren die Verfahrenslänge – einschließlich der Berufungsverfahren – im Schnitt auf 4,2 Monate und in den 80er Jahren auf 2,8 Monate belief. Im Einzelfall konnte das Verfahren bei einem anschließenden Berufungsverfahren zwar bis zu neun Monate dauern, aber im Durchschnitt ergaben sich Werte von rund drei bis vier Monaten in dem relevanten Zeitraum. Das kürzeste Verfahren dauerte einen Monat und stammte von 1979. Im heutigen Strafprozess sind solche Verfahrenslängen nur selten der Fall. Zumal es sich hierbei um einen Tatbestand handelte, der in der Praxis zumeist in einer Freiheitsstrafe mündete. Im heutigen Strafprozess ist eine Verfahrenslänge von weniger als sechs Monaten bei Delikten, deren Rechtsfolge Freiheitsstrafen beinhaltet, eher ungewöhnlich. Dies folgt zum einen aus der mit einer Freiheitsstrafe einhergehenden Stigmatisierung und damit dem Strafprozess zugrunde liegendem Grundsatz der Unschuldsvermutung. Gerade diese bedingt in einem Rechtsstaat eine umfassende und infolgedessen meist langwierige Sachverhaltsermittlung und Darlegung einer nachvollziehbaren Beweislage.

Die Kürze der Verfahren hängt allerdings auch damit zusammen, dass die Täter zumeist ein Geständnis ablegten und so die Beweisführung extrem erleichterten. Hierdurch war der weitere Verfahrensablauf bereits vorgezeichnet, mithin die Anklage und die Verurteilung. Nur in einer sehr geringen Anzahl von Fällen wurde kein Geständnis abgegeben bzw. dieses im Laufe des Ermittlungsverfahrens widerrufen.

Hinsichtlich der Bedeutsamkeit des Geständnisses für das Ermittlungsverfahren heißt es auch in einem Lernheft des MfS:

> „Das Geständnis des Beschuldigten [ist] für die Beweisführung im Ermittlungsverfahren und im gesamten Strafverfahren speziell in der Untersuchungsarbeit des MfS meist von ausschlaggebender Bedeutung [...].“[43]

Das Geständnis wurde im Rahmen des Verfahrensablaufes zur Erstvernehmung sogar explizit als Voraussetzung für die Einleitung eines Ermittlungsverfahrens aufgeführt. Dort heißt es:

> „Im Rahmen der Überprüfung ist von dem vorläufig Festgenommenen/Zugeführten eine schriftliche Erklärung/Stellungnahme bzw. ein handschriftliches Geständnis zu fordern.“[44]

---

43 Grundfragen der Realisierung der Beweisführung im Ermittlungsverfahren. BStU, ZA, JHS 24318, Bl. 106. Entnommen aus *Raschka*, Zwischen Überwachung und Repression, S. 63.

44 BStU, MfS BV Dresden, Leiter der BV, Nr. 10293, Bl. 8.

Nur aufgrund eines Geständnisses war es möglich derart kurze Verfahrenslängen zu erreichen. Die Überlegung, die Beweisführung im Wesentlichen auf ein Geständnis zu stützen, beruhte gerade darauf, dass es sich bei § 213 um einen politischen Tatbestand handelte.[45] Damit musste zumindest nach außen der Anschein gewahrt werden, dass es sich um einen Prozess im Rechtssinne handelte und nicht um einen Indizienprozess oder sogar um einen reinen Schauprozess. Dies galt gerade vor dem Hintergrund, dass nach § 213 bereits die Vorbereitungshandlung strafbar war. Ohne Geständnis wäre in Bezug auf diese Tatbestandsvariante eine revisionsfeste Verurteilung schwierig geworden. In den hier untersuchten Fällen der Jugendlichen im Zeitraum von 1970 bis 1989 wurde in 99% der Datensätze ein Geständnis abgelegt, welches der späteren Verurteilung als wesentliches Beweismittel zugrunde lag. Ersichtlich war hierbei, dass die Jugendlichen in der Mehrzahl das Geständnis sofort bei der Festnahme ablegten. Nur in wenigen Ausnahmen erfolgte es erst nach kurzem oder längerem Leugnen. In einigen Fällen waren auch die Uhrzeiten der Vernehmung angegeben, so dass erkennbar wurde, unter welchem psychischen Druck die Jugendlichen stehen mussten. Diese wurden teilweise zur Nachtzeit abgehalten. Beginn der Vernehmungen war in einem Fall 01.00 Uhr und das Ende 09.00 Uhr vormittags. Am Ende der Vernehmung stand dann das Geständnis. Dieses widerrief der Jugendliche im konkreten Fall jedoch wieder in der nächsten Vernehmung. Hierzu führte er aus:

> „Meine Aussagen, die ich diesbezüglich gemacht habe, habe ich bereits widerrufen in meiner zweiten Vernehmung. Dazu kam es weil mir bei der ersten Vernehmung sinngemäß gesagt wurde, daß ich dort nicht wieder herauskomme, bevor ich nicht zugebe, daß ich abhauen will. Deshalb hatte ich erfunden, daß ich mir noch ein Seil beschaffen will, womit ich die Mauer überwinden wollte.“[46]

Solche genauen Ausführungen zu dem ausgeübten Zwang während der Vernehmungen sind leider in den Akten selten feststellbar.[47] Vielmehr ist zumeist schon bei der Erstbefragung, mithin der vorläufigen Festnahme, ein Geständnis in den Akten niedergelegt. Dies verwundert insbesondere bei dem Vorwurf von Vorbereitungshandlungen, da gerade in diesem Bereich, wenn der Jugendliche also nicht auf frischer Tat ertappt wurde, für die Justizorgane enorme Schwierigkeiten für einen Nachweis bestanden, insbesondere hinsichtlich der

---

45 Dies stellte auch *Raschka* fest, vgl. insoweit *Raschka*, Zwischen Überwachung und Repression, S. 63.

46 SächsHStA, Staatsanwalt Stadt Dresden, Nr. 14040.

47 In den untersuchten Akten wurden noch weitere folgende Verhörzeiten angegeben: 4.20–6.00 Uhr; 20.30–1.15 Uhr; 2.00–5.30 Uhr; 0.15–3.15 Uhr; 23.00–3.30 Uhr oder auch ein Verhör in derselben Nacht bei derselben Person von 1.30–1.40 Uhr sowie von 4.00–4.25 Uhr. Diese Zeiten fanden sich auch bei 15- bzw. 16-Jährigen.

subjektiven Seite. Daher zeigen die Funde, wenn sie auch spärlich vorhanden sind, dass die Jugendlichen unter enormen Stress durch die vernehmende Amtsperson gesetzt wurden, um ein Geständnis zu erreichen. Ein Jugendlicher führte hierzu aus, dass sein Geständnis falsch sei. Er habe dies nur abgelegt, damit er seine Ruhe habe. Er sei seit 40 Stunden wach gewesen und sehr müde. Mit dem Geständnis habe er erreicht, dass er endlich schlafen konnte.[48] An dieser Stelle ist darauf hinzuweisen, dass in einigen Akten Hinweise auf eine Bereinigung derselben gefunden wurden, mithin die Vollständigkeit der Akten nicht gegeben ist. Eine weitere relevante Methode, außer der Vernehmung zur Nachtzeit, war, dem Jugendlichen in zermürbender Weise immer dieselben Fragen zu stellen, bis das gewünschte Ergebnis, ein Geständnis, vorlag. Die Jugendlichen waren noch nicht so gefestigt, um dieser psychischen Belastungssituation stand zu halten.

Raschka, der eine Befragung von Häftlingen der Untersuchungshaftanstalten durchführte, kam zu ähnlichen Ergebnissen, wie sie die Akten nur andeuten. Darunter mithin die gewollte Herbeiführung von Drucksituationen auf die Beschuldigten durch die Durchführung von Dauer- und Nachtverhören, die Wiederholung ständig gleicher Fragen, damit einhergehender Schlafentzug, Unsicherheit sowie Isolation.[49]

Im Ergebnis wurde das Geständnis als Möglichkeit gesehen, die eigene Situation zu verbessern und Ruhe zu erhalten. Die weiteren Konsequenzen waren im ersten Moment gleichgültig.[50] Aus den Akten ergab sich weiter, dass der Kontakt zu den Eltern erst nach Ablegung eines Geständnisses ermöglicht wurde. Die Isolation führte bei den Jugendlichen zu einer Zwangssituation, die sie alles gestehen ließ, was ihnen vorgegeben wurde. Die Fragen in den Vernehmungsprotokollen waren ebenfalls so abgestimmt, dass der Jugendliche erkennen konnte, was von ihm als Aussage gefordert wurde. Nur in sechs Fällen wurde ein Geständnis widerrufen, nur in einer Akte befand sich kein Geständnis.

Weiterer Hintergrund für den schnellen Verfahrensablauf war auch die detaillierte Anweisung zur Vorgehensweise bei der Festnahme.[51] Anhaltspunkte für die Begehung des ungesetzlichen Grenzübertritts lägen insbesondere dann vor, wenn die Personen

48 SächsHStA, Staatsanwalt Stadt Dresden, Nr. 8513.

49 Vgl. die Untersuchungen von *Raschka*, Zwischen Überwachung und Repression, S. 66 ff.

50 So auch das Ergebnis von *Raschka*, Zwischen Überwachung und Repression, S. 67.

51 BStU, MfS BV Dresden, Leiter der BV, Nr. 10293, Bl. 1 ff.

„[…]

- Gegenstände mitführen, die zum widerrechtlichen Passieren der Staatsgrenze der DDR geeignet sind,
- gefälschte oder verfälschte Dokumente vorweisen,
- Erlaubnisse für den Aufenthalt im Grenzgebiet an der Staatsgrenze der DDR zur BRD/Westberlin bzw. im Schutzstreifen entlang der Küste der DDR nicht vorweisen können und zweifelhafte oder widersprüchliche Angaben zu Reiseziel, -grund, Zweck des Aufenthaltes u.ä. machen.“[52]

Für die Erstvernehmung gab es einen exakt ausgearbeiteten Fragebogen an dessen Ende ein handschriftliches Geständnis stehen sollte.[53] Folgende Fragen waren insbesondere zu beantworten:

„[…]

- Wann und unter welchen Umständen wurde der Entschluß gefaßt, den ungesetzlichen Grenzübertritt zu vollziehen?
  - Zeitpunkt herausarbeiten
  - Konflikte, die dazu führten
  - Beeinflussung von Ausländern oder DDR-Bürgern.
- Welche Vorbereitungshandlungen wurden zum ungesetzlichen Grenzübertritt durchgeführt?
  - Bekannte angesprochen, Mittäter gesucht
  - Kartenmaterial gesichtet, Durchbruchsort festgelegt
  - Werkzeug und Hilfsmittel besorgt
  - Fahrkarten gekauft, Fahrpläne eingesehen, Fahrstrecke festgelegt usw.
  - Aufklärung des grenznahen Raumes.
- Wo hat sich der Täter seit dem Verlassen der Wohnung bis zur Festnahme aufgehalten?
  - Welcher Anmarschweg wurde benutzt?
  - Bei Benutzung der DR als Beförderungsmittel sind die benutzten Reise- oder Güterzüge, Abfahrt-Ankunft und wo auf den Bahnhöfen aufgehalten, konkret herauszuarbeiten.
  - Erfolgten Kontrollen durch VP/Trapo, wann, unter welchen Umständen und wie hat sich der Verdächtige dabei verhalten?
  - Wurde den Kontrollen durch VP/Trapo durch bestimmte Verhaltensweisen ausgewichen?

---

52 BStU, MfS BV Dresden, Leiter der BV, Nr. 10293, Bl. 1.

53 BStU, MfS BV Dresden, Leiter der BV, Nr. 10293, Bl. 8.

  - Verhalten in Reisezügen BRD/DDR, Versteckmöglichkeiten usw.
- Wo sollte der ungesetzliche Grenzübertritt erfolgen und welche Methoden bzw. Hilfsmittel sollten angewandt werden?
  - Durchbruchsort herausarbeiten und warum gerade an diesem bestimmten Ort?
  - Beobachtung des Grenzgebietes
  - Hilfsmittel.
- Was war der Anlaß bzw. das Motiv zur Vorbereitung bzw. zum Versuch, die DDR ungesetzlich zu verlassen?
  - Konkretes Motiv herausarbeiten (Konflikte dadurch überwinden, Ablehnung gesellschaftlicher Verhältnisse in der DDR, Abenteuerlust, Entzug einer Freiheitsstrafe und dergleichen).
  - Wer hatte von der Absicht, die DDR ungesetzlich zu verlassen, Kenntnis? (Anschrift und Erreichbarkeit dieser Person)

(Beachte auch Rahmenuntersuchungsplan § 213 StGB ungesetzlicher Grenzübertritt, Anlage 2[54]).“[55]

Nach den hier eingesehenen Ermittlungsakten wurden diese Fragen im Verlauf weiterer Vernehmungen wiederholt gestellt, bis alle eventuell bestehenden Widersprüchlichkeiten beseitigt waren. Sodann folgte die Anklageerhebung und Verurteilung. Aufgrund der effizienten Herangehensweise und der Zusammenführung von Informationen aus anderen Ermittlungsverfahren durch die erwähnte Datenbank konnten sehr kurze Verfahren erreicht werden. Durch die Informationen aus anderen Verfahren wurde dem Betroffenen außerdem suggeriert, schon alles über den Tatplan zu wissen. Dies führte jedoch zu Stresssituationen für die Betroffenen, die über die Anspannung in heutigen Vernehmungssituationen hinausging.

III. Verwirklichte Tatbestandsmerkmale in den jeweiligen Personengruppen bezogen auf die einzelnen Jahre

1. Auswertung der These 5

These 5:

Die Verfasserin ging davon aus, dass bei den Jugendlichen zumeist die gemeinschaftliche Tatbegehung über das Drittland im Vordergrund stehen würde, hinsichtlich der Erwachsenen jedoch im Wesentlichen die alleinige Tatbegehung,

---

54 BStU, MfS BV Dresden, Leiter der BV, Nr. 10293, Bl. 15.

55 BStU, MfS BV Dresden, Leiter der BV, Nr. 10293, Bl. 6/7.

bezogen auf das Tatbestandsmerkmals des Gebrauchs von Waffen/des Baus von Fluchtfahrzeugen/Verstecken festzustellen sein würde.

Ein weiteres Untersuchungskriterium waren die verwirklichten Tatbestandsmerkmale in Zusammenschau mit den jeweiligen Tatbestandsstadien. Dabei wurde vor der Auswertung die These vertreten, dass bei Jugendlichen zumeist die gemeinschaftliche Tatbegehung über das Drittland im Vordergrund stehen würde und im Ergebnis vorrangig die Anwendung des § 213 Abs. 2 Nr. 3 StGB-DDR 1968 und ab 1979 des § 213 Abs. 3 Nr. 5 StGB-DDR aus den Ermittlungsakten ablesbar sein würde. Dieser Annahme lagen Erkenntnisse aus kriminologischen Untersuchungen zugrunde, die aufzeigten, dass Jugendliche eher spontan und risikofreudiger vorgehen sowie ihr Verhalten aufgrund von Gruppendruckphänomenen begünstigt wird. Bei den Erwachsenen ging die Verfasserin davon aus, dass es sich, soweit nicht ganze Familien betroffen waren, zumeist um Einzeltäter handeln würde. Aufgrund der bisherigen Recherche war davon auszugehen, dass die Erwachsenen die Alternative des Gebrauchs von Waffen/des Baus von Fluchtfahrzeugen/Verstecken nutzten, es sich also im Ergebnis um die Anwendung des § 213 Abs. 2 Nr. 1 StGB-DDR 1968 bzw. § 213 Abs. 3 Nr. 1–3 StGB-DDR 1979 handeln würde, so dass auch hier das planvolle Vorgehen zum Tragen kommt. Um die These, dass Jugendliche eher spontan vorgehen und Erwachsene hingegen planvoll, zu stützen, wurden auch die Tatbestandsstadien untersucht.

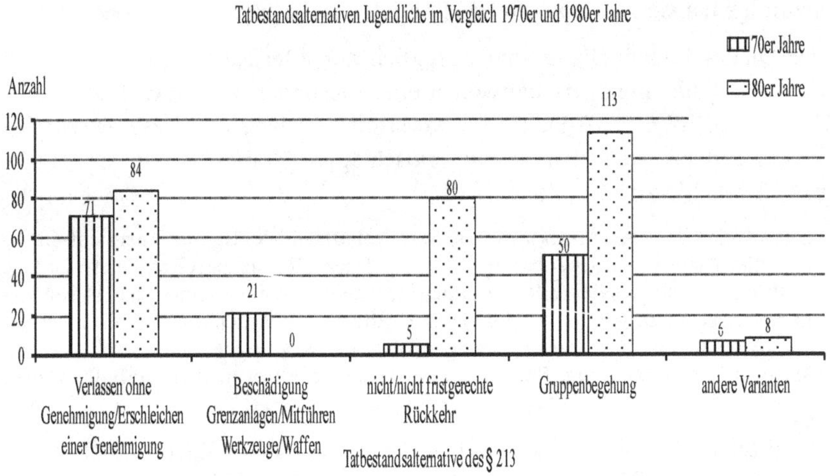

Diagramm 12: Tatbestandsalternativen Jugendliche gesamter Zeitraum

Für die 70er Jahre lagen der Auswertung 76 Datensätze zugrunde und für die 80er Jahre 164. Abweichend von den eigentlich vorliegenden Datensätzen über 78 Personen für die 70er Jahre blieben in der vorliegenden Auswertung zwei Personen unberücksichtigt. Diese waren wegen der Voraussetzungen des § 66 StGB-DDR strafrechtlich nicht verantwortlich.

Bei den aufgezeigten Tatbestandsalternativen ist zu beachten, dass die Jugendlichen in einigen Fällen mehrere Alternativen verwirklichten. Die dargestellte Gruppenbegehung als besonders schwerer Fall ist im Zusammenhang mit der Tatbegehung nach § 213 Abs. 1 – Verlassen der DDR ohne Genehmigung – bzw. § 213 Abs. 2 – nicht/nicht fristgemäße Rückkehr in die DDR – zu sehen. § 213 Abs. 2 in Form der nicht bzw. nicht fristgemäßen Rückkehr wurde durch das Strafrechtsänderungsgesetz 1979 eingeführt, vgl. Ausführungen im Siebten Kapitel dieser Arbeit. Daher sind für die 70er Jahre hinsichtlich dieser Tatbestandsalternative noch relativ wenige Fälle verzeichnet.

Überwiegend sind die Fälle der Gruppenbegehung und demzufolge der Ausnutzung der entstandenen Gruppendynamik feststellbar. In den 70er Jahren waren von 76 Datensätzen 50 Gruppendelikte und in den 80er Jahren von 164 Datensätzen 113. Diese verwirklichte Tatbestandsalternative bezog sich hauptsächlich, 103 Fälle in den 80er Jahren, auf den Grenzdurchbruch über das Drittland, vorrangig war dies die ČSSR.

Demzufolge hat sich die These 6 im Hinblick auf die Jugendlichen bestätigt.

In der Diagrammdarstellung sind bezüglich der 80er Jahre in den sonstigen Varianten 4 Fälle enthalten, die wegen eines besonders schweren Falles gem. § 213 Abs. 3 Ziff. 6 StGB-DDR 1979 verurteilt worden sind. Diese Alternative fand Anwendung, wenn bereits eine einschlägige Vorbestrafung vorlag. Ein Gericht führte hierzu aus:

> „Das Tathandeln des Angeklagten ist gesellschaftswidrig. Er war erneut entschlossen, die Staatsgrenze zwischen der DDR und der BRD anzugreifen. Diese Grenze stellt eine wichtige Nahtstelle zwischen den beiden Weltsystemen dar. Besonders in der derzeitigen, von imperialistischen Kräften verschärften internationalen Lage, sind Angriffe auf diese Grenze stets geeignet, Verwicklungen und Konflikte auszulösen, deren Ausmaß und Folgen vom Verursacher nicht mehr beeinflußt werden können.“[56]

Diese Urteilsbegründung aus dem Jahr 1982 war insbesondere Ausfluss des bestehenden „Kalten Krieges“. Gerade in den 80er Jahren, in denen eine kleine Annäherung zwischen den Staaten stattfand, war die Angst sehr groß, diese

56 SächsHStA, Staatsanwalt Stadt Dresden, Nr. 4629, Urteil, S. 2/3, Bl. 60/61 der Akte.

Angleichung durch Grenzdurchbrüche wieder aufzuheben. Nach Ansicht der Verfasserin war sie jedoch gerade auch dadurch bedingt, dass sich ab Mitte der 70er Jahre das Freikaufverfahren als feste Größe in der DDR etablierte.

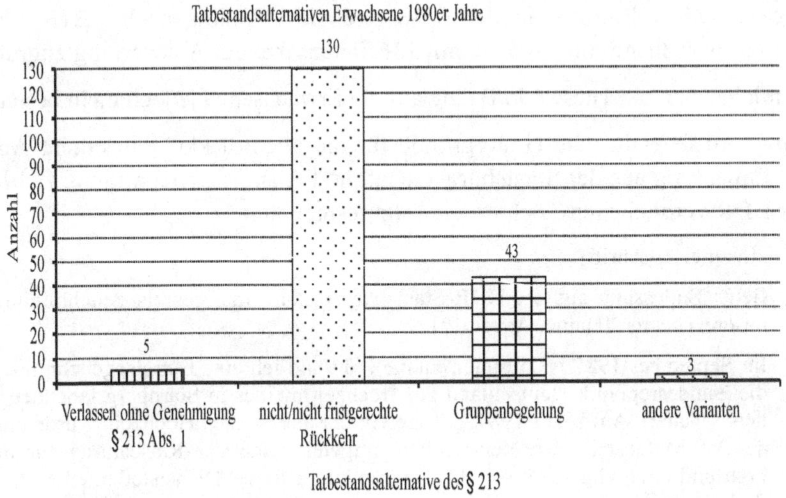

Diagramm 13: Tatbestandsvarianten Erwachsene in den 80er Jahren

Hinsichtlich der Erwachsenen wurde auf eine Darstellung der Tatbestandsalternativen in den 70er Jahren verzichtet, da insoweit nur sieben Datensätze vorhanden waren. Diese geringe Anzahl führt nicht zu einem statistisch repräsentativen Ergebnis.

Wie aus dem vorangestellten Diagramm erkennbar, liegt der Schwerpunkt der Handlungsweise auf der Nichtrückkehr aus dem Ausland. Dabei handelt es sich im Wesentlichen um Reisen in dringenden Familienangelegenheiten – 120 Datensätze –, kurz dFA, die zum Verbleib in der BRD und Westberlin genutzt worden sind. Bei 10 Personen handelte es sich um die rechtswidrige Nichtrückkehr von Urlaubs- bzw. Dienstreisen. Im Zusammenhang mit diesen sog. Verbleibern war aus den Akten ersichtlich, dass die Angehörigen in 41 Fällen ebenfalls in die BRD nachzogen. Aufgrund von Bitten der Verbleiber bzw. schon aus eigener Initiative, stellten die Angehörigen Anträge auf Familienzusammenführung und Übersiedlung in die BRD. Im Ergebnis führte die illegale Abwanderung, bei Ausnutzung der Reisen in dringenden Familienangelegenheiten zugleich zu einer legalen Auswanderung durch die nunmehr gegebene Möglichkeit der Familienzusammenführung.

Zu beachten ist auch, dass die dargestellte Gruppenbegehung als besonders schwerer Fall im Zusammenhang mit der Tatbegehung nach § 213 Abs. 1 – Verlassen der DDR ohne Genehmigung – bzw. § 213 Abs. 2 – nicht/nicht fristgemäße Rückkehr in die DDR – steht. In einem Fall kam es zur Aburteilung wegen der ungesetzlichen Einreise in die DDR, welche ebenfalls nach § 213 Abs. 1 strafbar war. Insgesamt lagen damit 136 Datensätze der Auswertung zugrunde.

Damit hat sich die These 6 in Bezug auf die Erwachsenen jedoch nicht bestätigt.

Ein Betroffener hat die Hintergründe für die Nichtrückkehr in einem Antrag auf Entlassung aus der Staatsbürgerschaft und Ausreisegenehmigung für die in der DDR verbliebenen Töchter wie folgt festgehalten:

> „[Name, Anschrift]
>
> Betr.: Entlassung aus der DDR-Staatsbürgerschaft und Ausreisegenehmigung für unsere Töchter, [Name, Anschrift]
>
> Im September 1987 beantragten meine Frau und ich eine Einreisegenehmigung in die Bundesrepublik Deutschland zur Hochzeit meines in Starnberg lebenden Bruders, [Name]. Am 23.11.1987, 5 Tage vor der angesetzten Hochzeit, wurde uns auf der VP-Meldestelle Dresden-Leuben mitgeteilt, daß der Reiseantrag für meine Frau und mich abgelehnt sei. Als Begründung gab der Dienststellenleiter an: 'Die Zielperson unterliegt einer Einreisesperre in die DDR und zu solchen Personen gibt es keine Reisegenehmigung.'
>
> Am 24.11.87 fuhr ich in das Ministerium des Inneren, Berlin, Mauerstraße. Nach einer längeren, sachlichen und korrekten Aussprache erklärte man mir, daß ich mich am darauffolgenden Tag um 9.00 Uhr beim Leiter der Paß- und Meldestelle im VPKA-Dresden melden soll und mir zu diesem Zeitpunkt eine endgültige Entscheidung übermittelt werde. Zuversichtlich ging ich am 25.11.87 auf das VPKA-Dresden.
>
> Durch eine Mitarbeiterin des Leiters der Paß- und Meldestelle wurde mir erklärt, daß ich den Leiter nicht sprechen könne und mir eine Entscheidung in den nächsten 2 Tagen telefonisch übermittelt werde. Nach erneuten Anrufen im Ministerium des Inneren und auf dem VPKA-Dresden erfuhr ich, daß diese Reise genehmigt sei – ob für ein oder zwei Personen blieb offen – jedoch der Reisetermin von der Ausfertigung meines Reisepasses abhängig sei.
>
> Am Freitag, den 27.11.87 gegen 8.30 Uhr erhielt ich einen Anruf, daß den Anträgen stattgegeben wurde und wir die Reiseunterlagen ab 16.00 Uhr abholen können. Nach Übergabe des Reisepasses mußte ich feststellen, daß diese schon 14 Tage früher ausgestellt wurden und die angegebene Begründung keinesfalls den Tatsachen entsprach. Zur Durchsetzung dieser Reisegenehmigung benötigte ich 3 Tage meines Jahresurlaubs.
>
> Zum Sachverhalt unserer zweiten beantragten Reise in die Bundesrebublik Deutschland:
>
> Anfang Februar 1988 erhielt meine Ehefrau, nachdem ich abgelehnt wurde, die Genehmigung zu einem weiteren besuchsweisen Aufenthalt in der Bundesrepublik

Deutschland. Am 10.02.88 fuhr sie zur Hochzeit ihrer Großcousine nach Siegen. Am 12.02.88 gegen 5.30 Uhr wurde ich durch die Cousine informiert, daß meine Frau einen Nervenzusammenbruch habe und ärztlicher Behandlung bedürfe. Am 13. oder 14.02.88 bat ich meinen in Starnberg wohnenden Bruder darum, sich um meine Ehefrau zu kümmern, da mir verständlicherweise mein Bruder näher steht, als die Cousine meiner Frau. Bei der Überführung meiner Frau von Siegen nach München verließ der Fahrer, aufgrund des schlimmen Zustandes meiner Frau, die Autobahn in Nürnberg und lieferte sie in ein Krankenhaus ein. Darüber wurde ich telefonisch informiert. Am 17.02.88 gegen 16.00 Uhr erhielt ich ein Telegramm mit folgendem Wortlaut: 'Herrn [Vorname Name, Anschrift] – Frau [Vorname Name] liegt mit lebensbedrohender Krankheit, endogene Depression mit Suizidneigung im Krankenhaus. Kommen dringend erforderlich. Bestätigt Amtsarzt, Gesundheitsamt Nürnberg, Dienstsiegel'.

Am 18.02.88, 9.00 Uhr, meldete ich mich mit dem Telegramm auf dem VPKA-Dresden, Zimmer 27. Die Polizistin überflog kurz das Telegramm und fragte mich in barschem Ton, wieso meine Frau einen Nervenzusammenbruch habe. Ich erklärte ihr, daß unser Familienleben intakt sei und ich mir nur erklären kann, daß meine Frau die von uns nachweislich nicht erwünschte Berufsausbildung ihrer eigenen Tochter wahrscheinlich nicht verkrafte. Mir wurde durch die Polizistin der Vorwurf gemacht, daß es doch ungewöhnlich sei, die eigene Tochter auszubilden.

Anschließend nahm die Polizistin meinen Personalausweis und ging in das Nachbarzimmer. Nach ca. 3 Minuten erklärte mir diese Person, zynisch lächeln, wortwörtlich:

- 'für sie gibt es keine Reisegenehmigung
- an Nervenzusammenbruch stirbt man nicht
- wenn sie die lata[e]inischen Bezeichnungen nicht verstehen, müssen sie es sich von dem Arzt in deutsch schreiben lassen, damit sie es verstehen
- wenn es schlimmer wird, können sie sich mit einem neuen Attest bei uns melden
- das Telegramm geben sie auf der VP-Meldestelle Dresden-Leuben ab'.

Damit war ich entlassen und erhielt keine Reiseanträge. Ich war dermaßen depremiert, daß ich keine passenden Antworten geben konnte.

Am 19.02.88 wendete ich mich, obwohl ich kein Genosse bin oder war, an die Bezirksleitung der SED Dresden, Defrientstraße.

In Herrn [Name] fand ich einen angenehmen und aufgeschlossenen Gesprächspartner, mit dem man offen und sachlich sprechen konnte. Er meldete mich auf dem VPKA an und erklärte mir, daß mein Problem nunmehr unter Parteikontrolle stehen würde. Ich durfte endlich die Reiseanträge ausfüllen und abgeben. Es wurde mir erklärt, daß frühestens am Ende der kommenden Woche eine Entscheidung telefonisch übermittelt werde.

Auf meine telefonischen Anfragen vom 16.02.88 und 18.02.88 erhielt ich, jeweils die Auskunft: 'Es liegt noch keine Entscheidung vor'.

Am 19.02.88 wurde ich gegen 10.45 Uhr informiert, daß meine Reise genehmigt sei und ich sofort auf das VPKA kommen soll.

Es wurden mir 5 Tage Aufenthalt in der Bundesrepublik Deutschland bewilligt.

Im Dezember 1987 beantragte ich für meinen Bruder und seine Ehefrau eine Einreisegenehmigung in die DDR, da es hieß, daß vor 1982 illegal ausgereiste ehemalige DDR-Bürger rehabilitiert sind. Mir wurde schriftlich, ohne Angabe von Gründen, mitgeteilt, daß meinem Bruder die Einreise nicht genehmigt werde. Daraufhin habe ich mich am 14.01.88 persönlich an das Ministerium des Inneren, Berlin, Mauerstraße, gewandt und erklärt, daß jeder Straftäter ein Urteil und eine bestimmte Strafzeit zu verbüßen habe und uns, d.h. meinem Bruder und mir die Gründe für seine Einreisesperre in die Heimat nicht bekannt sind.

Weiterhin fragte ich an, ob mein Bruder lebenslänglich habe.

Mir wurde ein schriftlicher Bescheid zugesichert, auf den ich bis zum 19.02.88 vergeblich gewartet habe. Es ist unzumutbar, daß zwischen Brüdern jeder normale Kontakt unterbunden wird.

Herr Honecker hatte offensichtlich diese Probleme nicht, da er wie auch in DDR-Massenmedien verbreitet, seine Schwester im Saarland besuchen konnte.

Mein Bruder und ich haben schon in unserer Jugendzeit auf manche berufliche Entwicklungschance verzichten müssen, da unser Vater seit 1955 in der Bundesrepublik Deutschland lebte und ich bin nicht gewillt, weitere Schikanen und Repressalien aufgrund der legalen Übersiedlung meines Bruders 1976 in die Bundesrepublik Deutschland in Kauf zu nehmen.

Aus den angeführten Gründen werden Sie verstehen, daß meine Frau und ich beschlossen haben, nicht mehr in die DDR zurückzukehren, zumal meine Frau in die Universitätsklinik München überführt wurde und sich ein langwieriger Genesungsprozess abzeichnet.

Aufgrund meiner Bitte um finanzielle Unterstützung veranlaßte mein Bruder eine Privatbehandlung meiner Frau, so daß keine Kosten für die DDR anfallen.

Ich beantrage hiermit für meine Frau, für meine in Dresden zurückgelassenen beiden Töchter, [Vorname Name, Geb.datum, Anschrift], sowie für mich die Entlassung aus der DDR-Staatsbürgerschaft und hoffe, daß wenn die Staatsorgane der DDR noch einen Schein von Humanität wahren wollen, diese Angelegenheit schnellstmöglich bearbeitet und einer baldigen Ausreisegenehmigung meiner beiden Töchter zugestimmt wird.

Ich habe meine in Dresden wohnende Mutter gebeten, daß sie sich für den Zeitraum um unsere Töchter kümmert und sie betreut.

Ich hoffe und wünsche, daß meinen Töchtern Schikanen und Represalien staatlicher Dienststellen der DDR erspart bleiben und unser Familienproblem in beiderseitigem Interesse schnellstmöglich gelöst wird.

Hochachtungsvoll

[Vorname Name Ehefrau und Ehemann]“[57]

57 SächsHStA, Staatsanwalt Stadt Dresden, Nr. 8487, Blatt 46 d. A. Die Reaktion und der Ausgang dieses Lebenssachverhaltes ist aus der Akte leider nicht ersichtlich.

Diese Stellungnahme zeigt vor allem die Verbitterung der Menschen in der DDR über die Bevormundung durch die Regierung und ihren ausführenden Organen. Soweit eine Genehmigung für die Ausreise erteilt wurde, war dies zugleich der einfachste Weg, um in die BRD zu gelangen und dort zu verbleiben. Der Grund hierfür war jedoch nicht in jedem Fall die Abkehr vom politischen System in der DDR, sondern vielfach auch der Wunsch nach besseren medizinischen Behandlungsmethoden und der Familienzusammenführung.

Vielfach wurden die Zurückgebliebenen unter Druck gesetzt, die sog. Verbleiber zur Rückkehr zu bewegen. Dies zeigt auch nachfolgender Brief eines Ehemannes an seine von einer Reise nicht zurück gekehrte Frau.

> „Liebe [Name]!
>
> Ich weiß nicht wie, und womit ich beginnen soll. Es ist alles so schwer und verworren. Das einzig klare ist Deine Entscheidung, uns für immer zu verlassen. Eine Entscheidung, die bei allen, denen ich es sagen muß auf Unverständnis stößt. Für [Name Sohn] ist eine bisher heile Welt zusammengebrochen. Er hat bitterlich geweint und ich hatte Angst das er durchdreht. Eine Prüfung in Theorie für Bremsscheiben konnte er nicht ablegen, weil er nervlich dazu einfach nicht in der Lage war. Ich weiß nicht wie er diesen Schlag verkraftet hätte, wenn er seine[n] Humor nicht gehabt hätte.
>
> Am Donnerstag mußte ich auf das Meldeamt. Der zuständige Leiter hat mir dringend empfohlen, Dir die ganze Tragweite Deines Schrittes darzulegen.
>
> Deine Entscheidung wird nach dem Strafgesetzbuch als Republikflucht gewertet. Nach den jetzigen Bestimmungen gibt es keine Möglichkeit der Familienzusammenführung bei Republikflucht. Selbst die bisher bestehende Regelung sich in einem soz. Nachbarstaat zu treffen sind vereitelt worden durch ein Abkommen über die Auslieferung von Flüchtlingen. Die Inhaftierung dauert 2 Jahre und danach werden diese Menschen wieder nach der BRD abgeschoben.
>
> Der frühste Zeitpunkt eines Wiedersehens wäre demnach, wenn keine Amnestie oder andere Neuregelung eintritt, nach Eintritt ins Rentenalter. Das bedeutet wir sehen uns 15 Jahre nicht. In dieser Zeit kann so viel geschehen, Krankheit und Tod können diese Jahre verkürzen, politische Ereignisse die Teilung erhärten, oder persönliche Ereignisse ein Wiedersehen nicht mehr wünschenswert machen. Ich will Dir keine Angst machen, oder dich unter Druck setzen. Mir geht es nur darum, Dir die bestehenden Fakten klarzulegen. Entscheiden mußt Du selbst. Noch kannst du zurückkommen, noch ist nicht alles endgültig. Überlege Deine Antwort genau, und denke auch an [Name Sohn]. Er wird doch immer Dein Sohn bleiben. Ganz gleich wie alt er wird oder wie alt Du als Mutter bist. Nach dem jetzigen Stand der Dinge wirst Du die ganze Zeit allein sein, ohne Familie und Freunde! Wenn Du jetzt in einer absehbaren Zeit den Entschluß rückgängig machst, wird Dir von Seiten der DDR kein Nachteil entstehen. Du gehst straffrei aus!
>
> Überlege genau. Wenn Du drüben in den 15 Jahren Alleinsein nicht klar kommst kann ich Dir nicht helfen.

Solltest Du aber bei der getroffenen Entscheidung bleiben, werde ich Dir helfen Deine Unterlagen zu bekommen. Das ist dann da letzte was ich für Dich tun kann. Ich bitte Dich nur vergiß daß Du noch einen Sohn hast. Auf seine Entscheidung wie er in Zukunft zu Dir steht habe [ich] aber keinen Einfluß. Glaub mir, ich werde Dich nie schlecht machen. Wie er Deinen Schritt wertet kann ich nicht sagen. Bestimmt schreibt er seine Meinung Dir selbst.

Für mich wirst Du immer meine Frau bleiben.

Eine Scheidung kommt nicht in Frage, da ich allein leben werde.

Bitte schreibe mir sachlich wie Du Dich entschieden hast, und wie Du Dir Dein weiteres Leben vorstellst. Solltest Du bleiben, also nicht zurückkommen, vermeide bitte die Worte, daß Du [Name Sohn] und mich liebst! Sie klingen sonst wie Hohn!

Denke daran: 'Es ist schwer: ein Leben zu zwein

Nur eins ist noch schwerer, einsam sein.' Kurt Tucholsky

Bleib gesund.

Es grüßt Dich [Name Ehemann]"[58]

Aus diesem Brief ist erkennbar, dass der Mann seiner Frau einerseits sagen will, dass er sie liebt und scheinbar auch Verständnis für ihre Vorgehensweise hat. Andererseits kann er dies nicht offen äußern, da er weiß, dass die ausgehenden Briefe überwacht werden und er daher Vieles verstecken muss. Dieses Zwischen-den-Zeilen-Lesen sowie -Schreiben war in der DDR keine Seltenheit. DDR Bürger waren vielmehr darauf „trainiert" hinter der tatsächlichen Aussage zu lesen und zu verstehen. Dies passierte nicht nur im kleinen privaten Bereich, sondern auch bei Texten von Bands oder Komikern.[59]

Im Ergebnis bestätigte sich damit die aufgeworfene These 6 nur hinsichtlich der Jugendlichen mit der Tatbestandsvariante der Flucht über das Drittland sowie die Gruppenbegehung. Bezogen auf die Erwachsenen musste festgestellt werden, dass hier vorrangig die Nichtrückkehr von genehmigten Reisen zum Verbleib in der BRD genutzt wurde. Mithin gerade nicht die Alternative des Grenzdurchbruchs durch Nutzung von Waffen, Fluchtfahrzeugen oder Verstecken. Es bestätigte sich allerdings die Begehungsform als Einzeltäter. Die Gruppenbegehung war, wie erwartet, nur marginal vertreten.

Im Folgenden wird daher auch das jeweils verwirklichte Tatbestandsstadium untersucht. Sie sollen weiteren Aufschluss darüber geben, ob die Jugendlichen risikobehafteter/spontaner und die Erwachsenen eher planvoller handelten.

---

58 SächsHStA, Staatsanwalt Stadt Dresden, Nr. 8633, Brief. Die Reaktion und der Ausgang dieses Lebenssachverhaltes ist aus der Akte leider nicht ersichtlich.

59 Vgl. insoweit auch den Song „Susann" von City aus dem Jahr 1987.

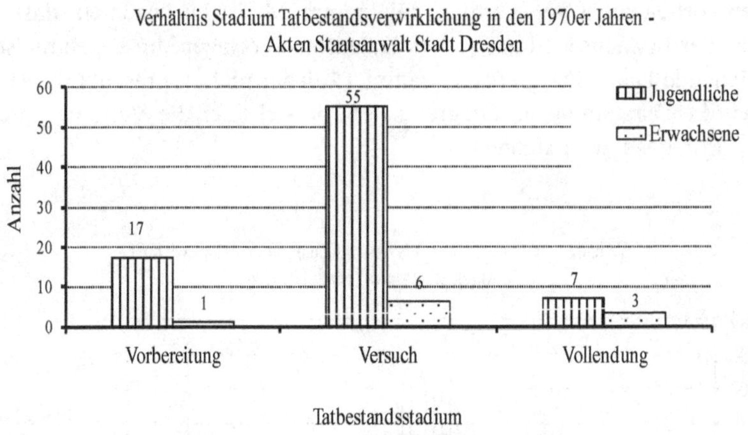

Diagramm 14: Vergleich Tatbestandsstadien 70er Jahre

Aus den untersuchten Akten ist erkennbar, dass hinsichtlich der Jugendlichen im Vergleich zu den Erwachsenen die versuchte Tatbestandsbegehung des § 213 besonders hoch ist. In den 70er Jahren waren es 55 Datensätze im Bereich der Jugendlichen im Vergleich zu 6 bei den Erwachsenen. Bezüglich der Darstellung der Erwachsenen in den 70er Jahren ist zu beachten, dass hier zwar nur sieben Personen zugrunde liegen. In drei Fällen wurde jedoch der § 213 mehrfach verletzt, so dass im Ergebnis zehn Tatbestandsstadien ermittelt wurden. In einem Fall lagen eine Versuchshandlung sowie eine Vorbereitungshandlung vor, im zweiten und dritten jeweils eine Vollendungs- und eine Versuchshandlung. Bei den letzten zwei Fallgruppen galt das Erschleichen einer Reisegenehmigung zugleich als Vollendung. Der Versuch begann hierbei mit dem Überschreiten der Grenze zu einem Drittland. Es lagen mithin zwei Handlungen vor, die sich nicht aufeinander bezogen und daher im Urteilsausspruch mit zwei Tatbestandsstadien Berücksichtigung fanden. Ähnlich war es bei den Jugendlichen. Hier lag ein Fall vor, in dem der Betroffene mit einer Tathandlung einen Versuch und mit einer anderen Tathandlung die strafbare Vorbereitung verwirklichte. Dementsprechend wurden 79 Tatbestandsstadien im Diagramm dargestellt.

Die ermittelten Vollendungshandlungen bei den Jugendlichen bezogen sich auf die illegale Überschreitung der Staatsgrenze der DDR zur ČSSR zumeist im Grenzbereich Bad Schandau. Da die Jugendlichen die BRD tatsächlich nicht erreichten, handelte es sich nicht um Vollendungen im engeren Sinne.

Bei der vorliegenden Auswertung, Diagramm 14, ist zu beachten, dass hinsichtlich der Erwachsenen nur sieben Datensätze vorlagen. Im Ergebnis ist die vergleichende Darstellung im Diagramm 14 daher nicht repräsentativ. Anders dagegen die Darstellung im Diagramm 15, da sich hier die Vergleichsgrößen gleichwertig gegenüber standen.

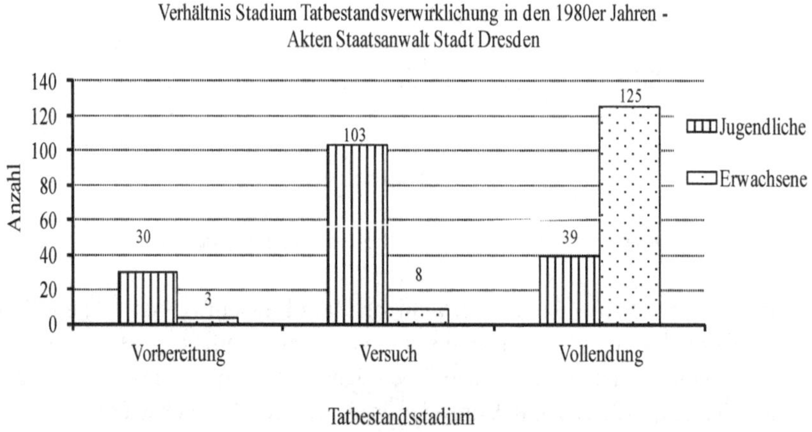

Diagramm 15: Vergleich Tatbestandsstadien 80er Jahre

Zu beachten ist bei dem Diagramm 15, dass hinsichtlich der Jugendlichen 172 Tatbestandsstadien dargestellt sind. Dies ergab sich daraus, dass acht Jugendliche den Tatbestand des § 213 mehrfach verletzten und in die Zählung mit einbezogen wurden. Insbesondere kam es zur Bestrafung von zwei Jugendlichen wegen mehrfacher Vorbereitungshandlungen (2) sowie eines Jugendlichen wegen zweifachen Versuches sowie wegen eines vollendeten illegalen Überschreitens der Grenze zur ČSSR.

Im Zeitabschnitt von 1980 bis1989 ergaben sich 103 Datensätze hinsichtlich der Jugendlichen im Rahmen des Stadiums des Versuchs im Vergleich zu 8 bei den Erwachsenen. Dies entsprach jedoch dem statistischen Ergebnis auf dem gesamten Gebiet der DDR. Im Rahmen einer Jahresanalyse von 1976 wurde seitens des MfS ebenfalls ermittelt, dass der Anteil der Jugendlichen bei versuchten ungesetzlichen Grenzübertritten sehr hoch war. Er belief sich für das Jahr 1976 auf 30,5%.[60] Im Gegensatz dazu war die vollendete Tatbe-

60 BStU, MfS, ZKG, Nr. 2164, Bl. 40.

standsverwirklichung im Bereich der untersuchten Datensätze bei den Erwachsenen sehr hoch.

Bei den nunmehr enthaltenen 39 Vollendungen ergaben sich 14 aufgrund der illegalen Einreise in die ČSSR. Dabei sind in den Vollendungshandlungen solche enthalten, die insbesondere durch Ausnutzung von Touristikreisen über das Drittland erfolgreich in die BRD gelangten. Von den 39 Vollendungshandlungen waren dies immerhin 25, im Verhältnis zu den Erwachsenen war das jedoch immer noch ein verschwindend geringer Anteil.

Fraglich ist, was zu diesem unterschiedlichen Ergebnis bei den Stadien des Versuchs und der Vollendung führte. Nach Ansicht der Verfasserin spiegelt sich hierin insbesondere die unüberlegte wenig planvolle Vorgehensweise von Jugendlichen im Rahmen von Deliktsbegehungen wider, weiterhin aber auch die Wahl einer risikobehafteteren Handlungsweise als derjenigen bei den Erwachsenen, wie sich in den vorangestellten Diagrammen 12 und 13 zeigt. Erwachsene nutzten überwiegend genehmigte Reisen in dringenden Familienangelegenheiten zum Verbleib in der BRD und Westberlin. Jugendliche wählten hingegen zumeist die Gruppenbegehung über das Drittland, vorrangig über die ČSSR, und damit das Risiko des Aufgreifens beim Überschreiten der Grenzen durch Grenzsicherungsorgane.

2. Statistiken des MfS

1982 reagierte die Bezirksverwaltung für Staatssicherheit in Dresden auf die Fluchtvariante der Nichtrückkehr von Reisen in dringenden Familienangelegenheiten mit einer entsprechenden Dienstanweisung.[61] Diese bezog sich insbesondere auf den Befehl Nr. 1/75, der bereits im Neunten Kapitel dieser Arbeit vorgestellt wurde. Hintergrund war, dass im Bezirk Dresden, hinsichtlich der Gesamtzahl der Delikte zum ungesetzlichen Grenzübertritt im 1. Halbjahr 1982, 69% durch Nichtrückkehr von genehmigten Reisen realisiert wurden.[62] Zur Bekämpfung dieser Tatbestandsvariante wurde angewiesen, dass

> „[…] alle Möglichkeiten der Diensteinheiten zur eindeutigen Klärung der Frage ‘Wer ist Wer?’, der wirksameren Einflußnahme auf die Qualität des Antrags-, Prüfungs- und Entscheidungsverfahrens und die exakte Durchsetzung staatlicher Weisungen durch die Leiter der Betriebe, Kombinate und Einrichtungen konsequenter […].“[63]

zu nutzen sind. Relevanz wies insbesondere auch die Möglichkeit der Rückgewinnung auf. Diese Variante hatte sogar Vorrang vor strafrechtlichen Verfolgungen. In der Dienstanweisung heißt es dazu wie folgt:

---

61 BStU, MfS, BV Dresden, Abt. IX, Nr. 2267.

62 BStU, MfS, BV Dresden, Abt. IX, Nr. 2267, Bl. 3.

63 BStU, MfS, BV Dresden, Abt. IX, Nr. 2267, Bl. 3.

„Durch die Leiter der Diensteinheiten ist im Zusammenwirken mit den Leitern der VPKÄ zu gewährleisten, daß der Informationsfluß zur BdVP storniert wird, solange Rückführungsmaßnahmen unserer Organe u.a. durch einzuleitende strafprozessuale Maßnahmen gefährdet werden können."[64]

Hinweise auf einen möglichen Missbrauch von genehmigten Reisen wurde insbesondere darin gesehen, dass

- falsche Angaben zu Verwandtschaftsverhältnissen getätigt wurden;
- fingierte amtsärztliche Bescheinigungen über lebensbedrohende Erkrankungen von Familienangehörigen bei der Antragstellung vorgelegt wurden oder auch
- Telegramme über vorgetäuschte Todesfälle als Grund für die beantragte Ausreise herangezogen wurden.[65]

Die Aussagen in der Dienstanweisung vom Juli 1982 erklären damit auch die, in dem vorgenannten ersten Brief aus dem Jahr 1988, geschilderte Reaktion der Polizistin bei Vorlage des Telegrammes zur Erkrankung der Ehefrau.[66] Dem Ehemann wurde insoweit kein Glaube geschenkt, dass tatsächlich eine lebensbedrohende Erkrankung vorliege und seine Anwesenheit notwendig sei.

Die Entwicklung des Reisemissbrauchs in dringenden Familienangelegenheiten gestaltete sich in der gesamten DDR über die Jahre 1982 bis zum 30. Juni 1988 wie folgt:

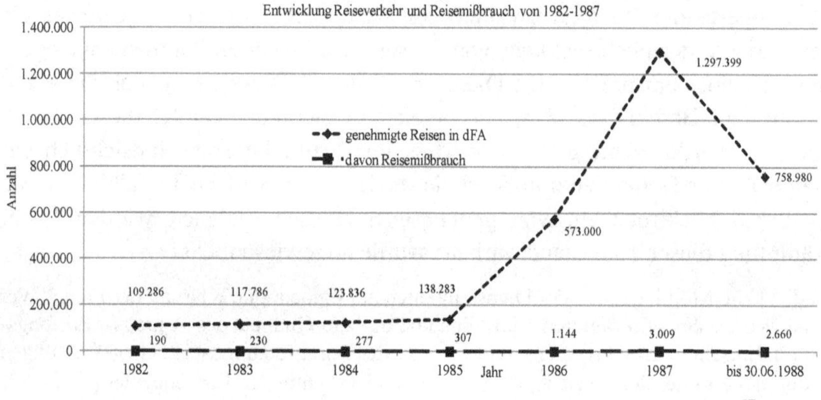

Diagramm 16: Entwicklung Reiseverkehrs und Reisemissbrauchs[67]

64 BStU, MfS, BV Dresden, Abt. IX, Nr. 2267, Bl. 5.

65 BStU, MfS, BV Dresden, Abt. IX, Nr. 2267, Bl. 6.

66 Vgl. obig wiedergegebene Fundstelle zu FN 58, SächsHStA, Staatsanwalt Stadt Dresden, Nr. 8487, Brief.

67 Diagramm entwickelt nach Daten des MfS aus: BStU, MfS, Sekr. Neiber, Nr. 307, Bl. 22/27 sowie BStU, MfS, Sekr. Neiber, Nr. 316, Bl. 44/45.

Aufgrund der erweiterten Genehmigungsmöglichkeiten in den 80er Jahren stieg auch die Anzahl der genehmigten Reisen, insbesondere ab 1985, erheblich an. Im Verhältnis dazu belief sich der Anteil der Nichtrückkehrer von 1982 auf 0,17% und im 1. Halbjahr 1988 bereits auf 0,35%. Diese prozentuale Gewichtung erscheint auf den ersten Blick sehr gering, da die Quote derjenigen, die die genehmigten Reisen missbrauchten, noch unter 1% lag. Allerdings wies diese Fluchtvariante eine steigende Tendenz auf. Zu berücksichtigen ist auch, dass Verwandte der Verbleiber, z.B. Ehegatten und/oder Kinder, nach kurzer Zeit Anträge auf Familienzusammenführung stellten. Unter Berücksichtigung dieser weiteren Personen, wurde seitens des MfS eingeschätzt, dass im Verhältnis zur Anzahl der erteilten Reisegenehmigungen ca. 1% der Bevölkerung den Staat verlässt.[68] Für den Zeitraum 1986/1987 waren dies ca. 10.000 Bürger der DDR.[69] Dieser Zusammenhang ergab sich auch aus den hier untersuchten Akten, wie bereits zuvor unter IV. 1. dargestellt. In den untersuchten Fällen folgten ca. 1/3 der Familienangehörigen den Verbleibern in die BRD.

Im Ergebnis bildete diese Tatbestandsvariante den Schwerpunkt des vollendeten ungesetzlichen Grenzübertritts bei Erwachsenen. Das zeigt ebenso die Auswertung der Akten durch die Verfasserin, insoweit wird auf den Punkt IV.1. dieses Kapitels verwiesen. Im Zeitraum vom 1. Januar 1986 bis 30. November 1987 verließen der Statistik des MfS zufolge insgesamt 4.731 Personen ungesetzlich die DDR. Der Anteil an Personen infolge Nichtrückkehr in dringenden Familienangelegenheiten betrug hierbei 3.811 Personen, mithin rund 81%.[70]

Das nachfolgende Diagramm zeigt, welche Berufe besonders häufig auf diese Tatbestandsvariante zurückgriffen. Von den 1986 betroffenen 1.144 Personen waren insgesamt 351 der sog. „Intelligenz" zuzuordnen, 1987 waren es von den betroffenen 3.009 Personen insgesamt 980 und bis zum 30. Juni 1988 von den bis dahin ermittelten 2.660 Personen insgesamt 835 aus dem Hoch- und Fachschulkaderbereich.[71] Der Anteil der sog. „Intelligenz" belief sich 1986 damit auf 30,6%, 1987 auf 32,6% sowie bis zum 30. Juni 1988 auf 31,4%.[72]

68 BStU, MfS, Sekr. Neiber, Nr. 307, Bl. 8.

69 BStU, MfS, Sekr. Neiber, Nr. 307, Bl. 8.

70 Zur Gesamten Statistik vgl. auch die Ausführungen in: BStU, MfS, Sekr. Neiber, Nr. 307, Bl. 7.

71 Zahlen entnommen aus: BStU, MfS, Sekr. Neiber, Nr. 307, Bl. 9 sowie BStU, MfS, Sekr. Neiber, Nr. 316, Bl. 46.

72 Zugrunde liegende Werte entnommen aus BStU, MfS, Sekr. Neiber, Nr. 307, Bl. 9 sowie BStU, MfS, Sekr. Neiber, Nr. 316, Bl. 46/47.

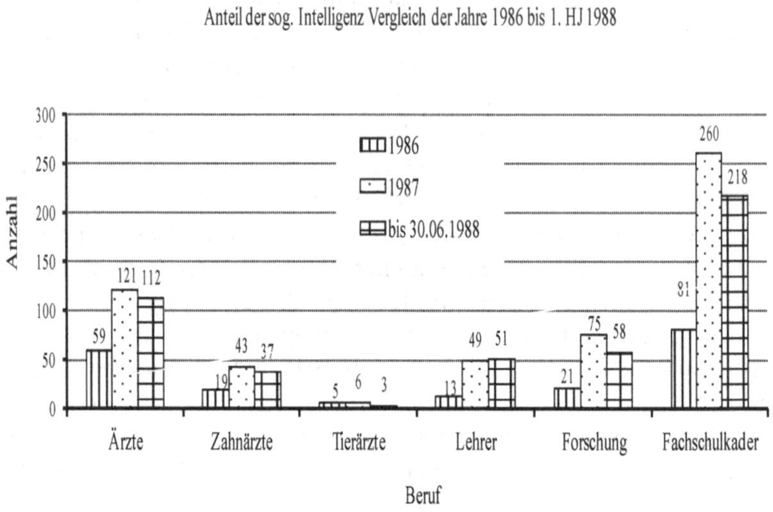

Diagramm 17: Ausschnitt des Anteils der sog. „Intelligenz" bei dFA[73]

Da der Personenkreis insbesondere aus dem medizinischen Bereich stammte, kam es zu einer Beeinträchtigung der gesundheitlichen Betreuung in bestimmten Territorien. Die Nichtrückkehr der vorgenannten Personen zog im Ergebnis die in der DDR verbliebenen Ehepartner sowie Lebensgefährten nach sich, welche ebenfalls in einer Vielzahl von Fällen eine abgeschlossene Hoch- bzw. Fachschulbildung aufwiesen.[74]

Die Struktur des Personenkreises, die als Ehepaar die DDR ungesetzlich verlassen hatte, setzte sich wie folgt zusammen:

73 Diagramm erstellt nach Werten aus: BStU, MfS, Sekr. Neiber, Nr. 316, Bl. 46.

74 Vgl. die Ausführungen in: BStU, MfS, Sekr. Neiber, Nr. 307, Bl. 10/11.

Personenkreis	**Geschlecht**	**1986**		**1987**		**1988 bis 31.05.**	
		absolut	**in %**	**absolut**	**in %**	**absolut**	**in %**
Ehepaare		17		134		245	
Personen		34		268		490	
bis 26 Jahre	männlich						
	weiblich			1	0,4	3	0,6
26-40 Jahre	männlich	1	2,9	7	2,6	29	5,9
	weiblich	3	8,8	21	7,8	37	7,5
40-60 Jahre	männlich	16	47	126	47	210	42,8
	weiblich	14	41,2	112	41,8	205	41,8
60-65 Jahre	männlich			1	0,4	6	1,2
	weiblich						
Arbeiter		6	17,6	73	27,2	113	23,1
Angestellte		10	29,4	68	25,4	117	23,9
mittl.med. Personal		1	2,9	8	3	19	3,9
Arzt		1	2,9	5	1,9	17	3,5
sonstige med. Intelligenz				2	0,7	1	0,2
technische Intelligenz		2	5,9	22	8,2	23	4,7
wissensch. Intelligenz				2	0,7	4	0,8
pädagog. Intelligenz		2	5,9	2	0,7	7	1,4
sonstige Intelligenz		2	5,9	3	1,1	15	3,1
Mitglieder von Produktionsgenossenschaften		1	2,9	6	2,2	11	2,2
Selbständige		6	17,6	25	9,3	30	6,1
Studenten						1	0,2
sonstige Berufe				44	16,4	107	21,8
zur Zeit ohne Beschäftigung		3	8,8	8	3	25	5,1
Mitglied der SED				20	7,5	12	2,4
Mitglied anderer Parteien				4	1,5	5	1

Tabelle 2: Struktur Personenkreises – Ehepaare mit Reisemissbrauch[75]

75 Werte der Tabelle entnommen aus BStU, MfS, Sekr. Neiber, Nr. 316, Bl. 27.

Aus dieser Statistik des MfS ist demgemäß ersichtlich, dass sich der Schwerpunkt des Personenkreises in der Altersstruktur 40 bis 60 Jahre bewegte. Das ergab auch die Auswertung der Akten durch die Verfasserin. In 117 Datensätzen von 136 aus den 80er Jahren, lag ebenfalls die Begehungsweise der Nichtrückkehr von Reisen in dringenden Familienangelegenheiten vor.

Aus weiteren Analysen des MfS ist ebenso ersichtlich, dass der Anteil der Männer und Frauen bei dieser Begehungsweise in einem ausgeglichenen Verhältnis zueinander stand. Im 1. Halbjahr 1988 waren es 1.435 Männer und 1.224 Frauen sowie 1 Kind.[76] Demgemäß liegt das Verhältnis bei 54% zu 46%. Ein ähnliches Ergebnis erhielt die Verfasserin auch über den Zeitraum der 80er Jahre, wie bereits unter C)I.1. dargestellt, mit einem Verhältnis von 57% zu 43%.

Die Zahl der sog. Verbleiber stieg in der nachfolgenden Zeit sprunghaft an. Vom 1. Januar bis 26. Februar 1989, mithin in einem Zeitraum von nur zwei Monaten, waren es schon 739 Personen, die die genehmigte Reise zum ständigen Verbleib in der BRD/Westberlin nutzten.[77]

In Dresden stellte sich die Entwicklung zunächst anhand der gesamten Zahlen der Begehungsweise des § 213 nach Analyse des MfS wie folgt dar:

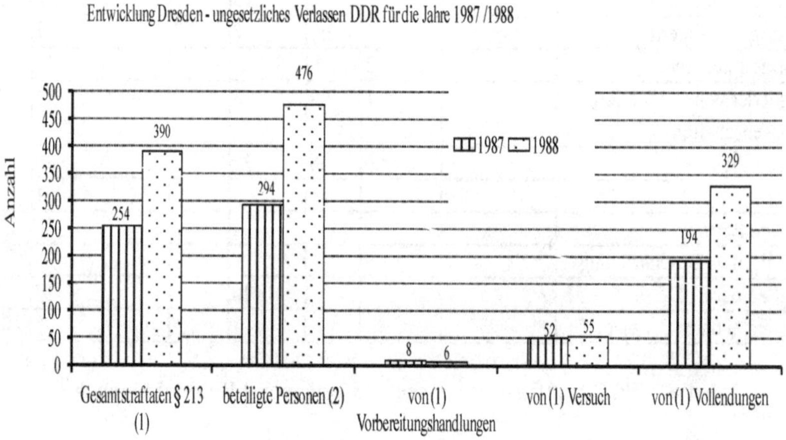

Diagramm 18: Entwicklung Dresden – Straftaten nach § 213[78]

76 BStU, MfS, Sekr. Neiber, Nr. 316, Bl. 53.

77 BStU, MfS, Sekr. Neiber, Nr. 316, Bl. 81.

78 Diagramm erstellt nach: BStU, MfS BV Dresden, KD Dresden-Stadt, Nr. 90483, Bl. 131/132.

Hinsichtlich der Begehungsweise durch die Nichtrückkehr von genehmigten Reisen in dringenden Familienangelegenheiten ergab sich nachfolgende Entwicklung:

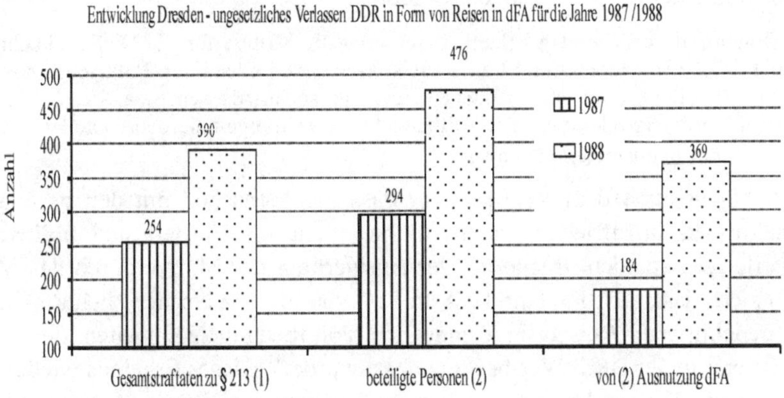

Diagramm 19: Entwicklung Dresden – Verbleiber in dFA[79]

Damit zeigt sich gegenüber dem Jahr 1987, in dem der Anteil der beteiligten Personen bei Reisen in dFA bei 63% lag, ein Zuwachs von 15% auf 78%. Der Hauptanteil der tatbeteiligten Personen unterlag der Altersstruktur der 31-bis 50-Jährigen, mit 72,3%.[80] Hinsichtlich der Betriebsstruktur lag der Schwerpunkt im medizinischen Bereich.[81] 1989 waren es schon im 1. Halbjahr 273 Straftaten gem. § 213, bei denen 313 Personen beteiligt waren, davon 236 Personen wegen Reisen in dFA.[82] Demzufolge lag auch 1989 der Schwerpunkt auf den Reisen in dFA.[83] Allerdings änderte sich 1989 die Altersstruktur etwas. Es wurde in der Gruppe der 18- bis 25-Jährigen ein Anstieg von

79 Diagramm erstellt nach: BStU, MfS BV Dresden, KD Dresden-Stadt, Nr. 90483, Bl. 131/132.

80 BStU, MfS BV Dresden, KD Dresden-Stadt, Nr. 90483, Bl. 133 sowie 147. Im Rahmen dieser Auswertung erfolgte auch eine zeitliche Bewertung. Bei dieser ergab sich, dass der Schwerpunkt der Tatbegehung auf den Zeitraum März bis Oktober 1988 entfiel. Durchschnittlich 35 Personen/Monat kehrten von Reisen in dringenden Familienangelegenheiten nicht zurück. BStU, a.a.O., Bl. 146.

81 BStU, MfS BV Dresden, KD Dresden-Stadt, Nr. 90483, Bl. 148.

82 BStU, MfS BV Dresden, KD Dresden-Stadt, Nr. 90483, Bl. 155 sowie 158.

83 BStU, MfS BV Dresden, KD Dresden-Stadt, Nr. 90483, Bl. 156.

25 Personen im 1. Halbjahr 1988, auf 82 Personen im 1. Halbjahr 1989, verzeichnet.[84] Im Ergebnis führte dies dazu, dass der Schwerpunkt sich nun auf die vorgenannte Gruppe sowie die 41- bis 50-Jährigen mit 81 Personen verlagerte.[85]

Es wurde auch eine Auswertung der Motive der Verbleiber vorgenommen. Dabei kam das MfS zu folgendem Ergebnis:

> „Nach den vorliegenden Erkenntnissen sind die Motive für die Nichtrückkehr in die DDR vielschichtig und tragen meist komplexen Charakter. Politische Motive, wie feindliche oder ablehnende Haltung zur sozialistischen Staats- und Gesellschaftsordnung oder einzelner Teilbereiche, spielen eine untergeordnete Rolle und treten nur in einzelnen Fällen auf."[86]

Folglich war auch dem Regime klar, dass die Menschen mit den gesamten Verhältnissen unzufrieden waren, mithin nicht im Vordergrund politische Einstellungen standen. Bezüglich der Auswertung der Motive durch das MfS ergab sich, dass z.B. im Jahr 1988 in 317 von 369 Fällen der Nichtrückkehr von genehmigten Reisen in dringenden Familienangelegenheiten der Entschluss erst in der BRD/Westberlin gefasst wurde.[87] Dieses Ergebnis wiederum negieren die Thesen 3 und 4, wonach die Erwachsenen in der Mehrzahl planvoll die Tatbegehung vorbereitet hatten. Vielmehr nutzte eine Vielzahl die sich bietende Möglichkeit zum Verbleib, nachdem sie sich durch eigene Wahrnehmung der westlichen Verhältnisse oder auch wegen der Pflege Angehöriger zum Dableiben entschlossen hatten. Diejenigen, die reisen durften, wurden vorab einer Überprüfung unterzogen. Es wurden Informationen aus dem Berufs- und Familienumfeld eingeholt. In den meisten Fällen waren keine Hinweise auf die Ausnutzung der Reisemöglichkeit ersichtlich. Dies ergab sich aus den in den Ermittlungsakten beigefügten Untersuchungsberichten zur Reiseantragstellung. In einer Analyse des MfS wurde hierzu ebenfalls ausgeführt:

> „Die Antragsteller entsprachen den Grundanforderungen zur Genehmigung einer Reise nach dem NSW und es hätte erwartet werden müssen, daß sie die DDR würdig vertreten und die gesetzlichen Bestimmungen einhalten."[88]

Demzufolge handelte auch die Mehrzahl der Erwachsenen, soweit sie die Begehungsweise der Nichtrückkehr wählten, i.d.R. kurzentschlossen und damit ohne große Vorbereitung. Nur eine geringe Anzahl hatte bereits vor der Reise den Entschluss zur Nichtrückkehr gefasst. In einem nachfolgenden Abschnitt,

84 BStU, MfS BV Dresden, KD Dresden-Stadt, Nr. 90483, Bl. 156.

85 Zahlen entnommen aus: BStU, MfS BV Dresden, KD Dresden-Stadt, Nr. 90483, Bl. 160.

86 BStU, MfS, Sekr. Neiber, Nr. 307, Bl. 11.

87 BStU, MfS BV Dresden, KD Dresden-Stadt, Nr. 90483, Bl. 149.

88 BStU, MfS BV Dresden, KD Dresden-Stadt, Nr. 90483, Bl. 149.

VI. Gründe/Motive, wird nochmals auf die Motivationslage der Menschen anhand der Auswertung der untersuchten Akten im Vergleich zu Analysen des MfS eingegangen.

Die DDR versuchte mit vielfältigen Mitteln der Abwanderungsbewegung entgegen zu wirken, dies u.a. mit Rückgewinnungsversuchen, vgl. obige Erläuterungen. Hierzu führte eine Information der Bezirksverwaltung Dresden wie folgt aus:

> „Die Rückgewinnungsmaßnahmen sind vorrangig zu konzentrieren auf
>
> - Personen mit einer hohen Qualifikation,
> - Personen, die in der Öffentlichkeit bekannt sind,
> - Personen, deren Aussagen öffentlichkeitswirksam in der DDR ausgewertet werden können bzw. deren Ausnutzung durch den Gegner für Verleumdungskampagnen gegen die DDR verhindert werden muß,
> - Personen, die aufgrund ihrer bisherigen Stellung und ihres Einblickes in politische, ökonomische und militärische Zusammenhänge für den Feind von besonderer nachrichtendienstlicher Bedeutung sind.“[89]

Demgemäß wurde hinsichtlich der Rückgewinnungsmaßnahmen ein hoher Wert auf medien- und damit öffentlichkeitswirksame Fälle gelegt. Wichtig war mithin zum einen, den Abbau der sog. „Intelligenz“ aufzufangen, aber auch, das Ansehen der DDR durch erfolgreiche Rückgewinnungsmaßnahmen zu heben.

Im Zeitraum von 1986 bis zum 30. November 1987 kehrten 139 Personen zurück. Der Anteil der gezielten Rückgewinnung betrug damit nach den Ausführungen in einem MfS Untersuchungsbericht für 1986 75%, sowie für 1987 57%.[90] In diesem Bericht wird nicht benannt, in wie vielen Fällen der Versuch einer gezielten Rückgewinnung unternommen wurde. Eine Überprüfung der prozentualen Angabe ist daher nicht möglich.

Hilfreich für die gezielten Rückgewinnungsversuche war insbesondere die Ablehnung der in der DDR gebliebenen Familienangehörigen und eine entsprechende Einflussnahme durch diese.[91] Insoweit wird auch auf den dargestellten Versuch im zweiten Brief unter C)III.1. verwiesen. Der geschilderte Rückgewinnungsversuch hatte jedoch nach der vorliegenden Aktenlage keinen Erfolg. Soweit Straffreiheit durch die Angehörigen beim Rückgewinnungsver-

89 BStU, MGS, BV Ddn., BdL/Dok. 654, Bl. 2.

90 Vgl. zum gesamten Abschnitt: BStU, MfS, Sekr. Neiber, Nr. 307, Bl. 16.

91 BStU, MfS, Sekr. Neiber, Nr. 307, Bl. 16.

such angekündigt wurde, schenkten die Betroffenen dieser Aussage wenig Glauben.[92]

3. Würdigung

Bei den Jugendlichen ist die Gruppenbegehung in Verbindung mit der Nichtrückkehr von einer genehmigten Reise als Tatbestandsvariante des § 213 vorrangig zu beobachten, wobei hier die Tatausübung zumeist im Stadium des Versuchs verblieb. Hinsichtlich der Erwachsenen ist überwiegend das Stadium der Vollendung durch den Verbleib in der BRD/Westberlin nach genehmigter Reise in dringenden Familienangelegenheiten gegeben gewesen. Im Wesentlichen sind dabei Einzeltäter auszumachen. Jedoch zog bei den Erwachsenen der Verbleib vielfach die weiteren Familienangehörigen nach, die sodann einen Antrag auf ständige Ausreise auf Grundlage der Familienzusammenführung stellten. Insbesondere bei den Erwachsenen war ein hoher Anteil der sog. „Intelligenz“ vertreten. Aufgrund des ermittelten kurzentschlossenen dauerhaften Verbleibs machte es diese Tatbegehung den Behörden der DDR schwer, Tatvorbereitungen und damit Täter vorab zu erkennen. Obwohl vor der Reisegenehmigung ein kompliziertes Untersuchungssystem griff. Dies führte dazu, dass durch den Anstieg der Verbleiber in den 80er Jahren die DDR mit einem enormen Fachkräftemangel zu kämpfen hatte. In Dresden betraf dies vor allem den medizinischen Bereich. Im Rahmen der Auswertung dieser These hat sich jedoch zugleich herauskristallisiert, dass auch hinsichtlich der Erwachsenen kein planvolles Vorgehen in den meisten Fällen erkennbar ist. Einzig das Risiko der Strafverfolgung durch den Verbleib in der BRD wurde ausgeschlossen. Der Entschluss selbst wurde jedoch in der überwiegenden Anzahl der Fälle erst in der BRD und damit ohne Vorbereitung gefasst, anders als die Jugendlichen, die ihren Entschluss bereits in der DDR fassten.

IV. Auswertung hinsichtlich der Höhe des Strafmaßes – These 6

These 6:

Ausgangspunkt ist die These, dass zwischen den gebildeten Vergleichsgruppen bei der Strafmaßanwendung in Form der Freiheitsstrafe eklatante Unterschiede feststellbar sein würden. Bei der Erwachsenengruppe lag die Annahme vor, dass sehr hohe Freiheitsstrafen, über zwei Jahre, ausgeurteilt würden, dagegen bei den Jugendlichen nur zu einem geringen Prozentsatz Freiheitsstrafen zum Ausspruch gelangen und deren Höhe auf ein Jahr beschränkt sein würde.

92 Auswertung durch das MfS in: BStU, MfS, Sekr. Neiber, Nr. 307, Bl. 16.

Die in der These angenommene Höhe des Strafmaßes orientierte sich an § 33 StGB-DDR, Verurteilung auf Bewährung. Danach kann nur bei angedrohten Freiheitsstrafen von höchstens zwei Jahren auf eine Bewährungsstrafe zurück gegriffen werden. In der Praxis erfolgte eine Bewährungsverurteilung jedoch nur selten, so dass zu Beginn der Untersuchung die Schlussfolgerung gezogen wurde, dass höhere Strafen verhängt worden sind. Hinsichtlich der Jugendlichen folgte die These der Überlegung, dass die Breite des Rechtsfolgenkatalogs des § 213 hier besonders ausgenutzt würde. Diese Annahme wurde aufgestellt, da Jugendliche im Strafrecht grundsätzlich eine besondere Stellung einnehmen und dieses, jedenfalls nach heutigem Rechtsverständnis, eine erzieherische Wirkung auf sie haben sollte.

Die These, in Form eines Vergleiches der beiden Gruppen, konnte nach Auswertung der evaluierten Datensätze weder bestätigt noch widerlegt werden. Vielmehr ergab sich nach Auswertung aller Daten, dass innerhalb der Erwachsenengruppe nur bei 13 Datensätzen von 143 für den gesamten Erhebungszeitraum Verurteilungen ausgesprochen wurden. Bei diesen Urteilen variierte der Urteilsausspruch von Freispruch (1), Freiheitsstrafe (11) bis zu Bewährungsstrafe (1). Die Freiheitsstrafe bewegte sich in einem Rahmen von acht Monaten bis zwei Jahren und vier Monaten. Im Durchschnitt ließ sich bei den elf Verurteilungen eine Freiheitsstrafe von einem Jahr und sechs Monaten ermitteln. Im Vergleich zu den Jugendlichen[93], waren bei Zugrundelegung dieser Datenauswertung kaum Unterschiede feststellbar. Allerdings ist das Ergebnis aus einem Datensatz von 13 Fällen (mithin nur 9%) als zu gering zu erachten, um diesen als repräsentative Vergleichsgröße heranzuziehen.

Im Übrigen wurden 91% der Verfahren der Erwachsenen im Erhebungszeitraum nach § 148 StPO-DDR im Hinblick auf Amnestiebeschlüsse eingestellt. Dies beruhte darauf, dass bei jener Personengruppe, 143 Datensätze, die Tat in 84% der Fälle in Folge der Nichtrückkehr aus der BRD nach einer genehmigten Reise in dringenden Familienangelegenheiten vollendet wurde. Bei den Jugendlichen hingegen kam es im Wesentlichen nur zur Erreichung des Versuchsstadiums. Vollendete Tatbestandsverwirklichungen lagen hier selten vor. Die Fälle der Erwachsenen wurden zunächst vorläufig, § 147 Ziff. 3 i.V.m. § 143 Ziff. 2 StPO-DDR 1968, und sodann in späterer Zeit endgültig gem. § 148 StPO-DDR 1968 aufgrund eines bis dahin ergangenen Amnestiebeschlusses eingestellt. Es handelte sich hierbei insbesondere um die Amnestie-

93 Vgl. hierzu auch die Ausführungen unter These 7 im nachfolgenden Abschnitt.

beschlüsse vom 17. Juli 1987 sowie vom 27. Oktober 1989.[94] Festgestellt werden konnte weiter, dass nur sieben Akten der Erwachsenengruppe aus der Zeit vor 1980 vorlagen. Nach Aktenlage ergibt sich damit das Bild, dass diese Gruppe sich erst sehr spät mit dem Gedanken der Flucht, mithin des illegalen Grenzübertritts, auseinandersetzte. Dieses Ergebnis wurde zu Beginn der Datenauswertung nicht erwartet, wobei nicht geklärt ist, ob dieses Aktenbild der Realität entsprach und der Aktenbestand im Hauptstaatsarchiv vollständig ist.

V. Angewandte Rechtsfolgen in Bezug auf die Jugendlichen – These 7

These 7:

Ausgangspunkt war die Erwartung, dass hier der vielfältige Rechtsfolgenkatalog hinsichtlich der Verurteilung der Jugendlichen genutzt werden würde.

Diese These wuchs aus dem Gedanken heraus, dass über § 62 Abs. 3 StGB-DDR 1968[95], die Möglichkeit gegeben war, eine außergewöhnliche Strafmilderung vorzunehmen, so dass eine Anwendung der Mindestfreiheitsstrafe von einem Jahr für die gemeinschaftliche Tatbegehung nicht zwingend war.

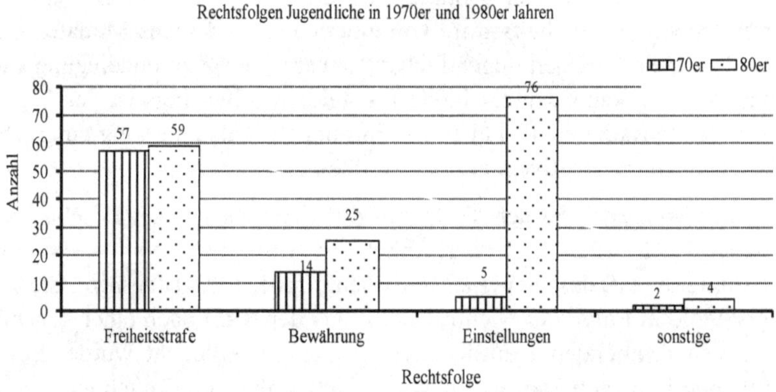

Diagramm 20: Rechtsfolgen Jugendliche 1970er und 1980er Jahre

94 Vergleiche hierzu die Ausführungen zu den Amnestiebeschlüssen im Siebten Kapitel dieser Arbeit.

95 GBl. DDR I 1968, S. 20. § 62 Abs. 3 lautete wie folgt:

„Sieht das verletzte Gesetz wegen erschwerender Umstände eine Strafverschärfung vor, ist sie nicht anzuwenden, wenn sich unter Berücksichtigung der gesamten Umstände die Schwere der Tat nicht erhöht hat.“

§ 62 wurde bis zum Außer-Kraft-Treten des Strafgesetzbuches der DDR nicht geändert.

Entgegen der aufgeworfenen These 7, dass der breite Rechtsfolgenkatalog des § 213 zur Anwendung kommen würde, ergab sich, dass der Schwerpunkt der Strafen auf der Freiheitsstrafe lag. Dem gegenüber stand nur noch die Verhängung einer Bewährungsstrafe. Dies zeigt auch das Diagramm 20.

Die ausgesprochenen Freiheitsstrafen variierten in den 70er Jahren von einem Jahr bis zu drei Jahre. Im Durchschnitt ergab sich damit eine Freiheitsstrafe von einem Jahr und sieben Monaten pro Person. In den 80er Jahren lag ein Rahmen von sechs Monaten bis ein Jahr zehn Monate zugrunde. Demzufolge wurde bei 59 untersuchten Datensätzen durchschnittlich pro Person eine Freiheitsstrafe von einem Jahr und einem Monat ermittelt. Zu beachten ist gleichwohl, dass bei den ausgesprochenen Freiheitsstrafen in den 70er Jahren in 34 Fällen Gesamtstrafen gebildet wurden, mithin ein Anteil von 59%. Diese Gesamtstrafen waren nicht in einzelnen Delikten zuzuordnende Einzelstrafen aufgeschlüsselt. Erkennbar war jedoch aus der Urteilsbegründung, dass in der Mehrzahl der Fälle der Schwerpunkt für die verhängte Freiheitsstrafe auf dem Tatbestand des § 213 lag. In den 80er Jahren waren es von den erfassten 59 Freiheitsstrafen noch 16 Gesamtstrafen. Demgemäß gab es in den 80er Jahren mehr Jugendliche, die allein wegen der Tatbegehung des § 213 abgeurteilt worden waren. Diese Aburteilung allein nach dem Tatbestand des § 213 führte jedoch auch zu einer Verringerung in der Höhe der Freiheitsstrafen. Es ergab sich zugleich, dass die Normierung des in der These aufgeworfenen § 62 Abs. 3 kaum angewandt wurde. In den 70er Jahren gab es nur einen Fall, in den 80er Jahren immerhin 18. Demgemäß kam es i.d.R. zur Anwendung der Mindestfreiheitsstrafe von einem Jahr bei Gruppenbegehung.

Im Rahmen der Urteilsbegründung erfolgte zwar mehrfach, wie nachfolgend beispielhaft aufgeführt, die Diskussion einer Anwendbarkeit des § 62 StGB-DDR.

> „Der Grad der Verwirklichung einer versuchten Straftat ist ein wesentlicher Umstand für die Bewertung der konkreten Tatschwere und damit für die Strafzumessung. Er wird bestimmt durch die konkrete Gefährdung bzw. Beeinträchtigung des angegriffenen Objekts, die Realisierungschancen sowie die zur Durchsetzung der Zielstellung aufgewandte Intensität. Der Grad der Verwirklichung der Tat, darüber hinaus auch die Beweggründe des Täters, die von ihm angestrebten oder für möglich gehaltenen Folgen [durchgestrichenes Wort] sowie die objektiven und subjektiven Gründe, aus denen die Tat nicht vollendet wurde, sind wesentliche Kriterien dafür, ob die außergewöhnliche Strafmilderung Anwendung finden kann […].“[96]

Jedoch wurde die Normierung zumeist mit folgender Begründung abgelehnt:

---

96 SächsHStA, Staatsanwalt Stadt Dresden, Nr. 1392, Urteil vom 25. Juli 1984, S. 3, Bl. 144 der Akte.

> „Unter Berücksichtigung des konkreten Tatgeschehens und des verletzten Strafgesetzes war für eine außergewöhnliche Strafmilderung kein Raum. Dies entspricht auch der Rechtsprechungspraxis und der Anleitung durch das Oberste Gericht der DDR. Der schwere Fall ist erfüllt, wenn die Tat zusammen mit einem anderen begangen wird, dabei ist nicht erforderlich, daß beide Täter bis an die Grenzsicherungsanlagen gelangen und sich dort gegenseitig Hilfestellung leisten, um Grenzsicherungsanlagen zu überwinden."[97]

Zur Begründung der Versagung des § 63 StGB-DDR wurde auch § 39 Abs. 2 StGB-DDR[98] herangezogen. Dies mit dem Ausspruch, dass aufgrund der schwerwiegenden Missachtung der staatlichen Ordnung die Freiheitsstrafe notwendig sei. Die Tat habe ein erhebliches gesellschaftswidriges Potenzial und sei geeignet einen Grenzkonflikt herbeizuführen.

Für eine Anwendung der Strafmilderung wurden folgende Begründungen herangezogen:

- Keine erhebliche Gesellschaftswidrigkeit, da kein persönlicher Vorteil mit der Tat erstrebt wurde.
- Die Jugendlichen seien nur kurz entschlossen gewesen, es habe wenig Vorbereitung gegeben. Dies schließe eine schwerwiegende Missachtung aus.
- Der geleistete Tatbeitrag sei wenig intensiv und damit auch nicht so schwerwiegend, dass der besonders schwere Fall Anwendung finden müsse.

In einem Fall in den 80er Jahren wurde explizit auf das Alter des Jugendlichen abgestellt. Hier führte das Gericht aus, dass aufgrund des Alters von 14 Jahren eine geringere Strafe angemessen sei. Den entwicklungsbedingten Besonderheiten sollte Rechnung getragen werden.[99]

Demzufolge konnte nicht beobachtet werden, dass bei Jugendlichen deren besonderer Entwicklungsstand bei den Verurteilungen zu einer Freiheitsstrafe in jedem Fall Eingang in das Strafverfahren gefunden und bei der Höhe eine

---

97 SächsHStA, Staatsanwalt Stadt Dresden, Nr. 3492, Urteil vom 4. September 1981, S. 7, Bl. 56 der Akte.

98 § 39 Abs. 2 StGB-DDR 1968 GBl. DDR I, S. 16, lautete:

„Die Freiheitsstrafe kann auch gegen Personen angewandt werden, die ein Vergehen begangen und damit besonders schädliche Folgen herbeigeführt oder in anderer Weise eine schwerwiegende Mißachtung der gesellschaftlichen Disziplin zum Ausdruck gebracht haben. Sie wird auch gegen Täter angewandt, deren Tat zwar weniger schwerwiegend ist, die aber aus bisherigen Strafen keine Lehren gezogen haben." Eine Änderung erfolgte durch das 5. Strafrechtsänderungsgesetz, GBl. DDR I 1985, S. 337, wobei nur in S. 2 das Wort „gegen *vorbestrafte* Täter" eingefügt wurde. Im Übrigen blieb § 39 Abs. 2 auch nach 1990 in dieser Fassung bestehen. Es erfolgte insoweit keine Aufhebung bzw. Aussetzung, vgl. GBl. DDR I 1990, 331 ff. sowie 526 ff.

99 SächsHStA, Staatsanwalt Stadt Dresden, Nr. 14488, Urteil vom 28. September 1981, S. 3, Bl. 94 der Akte.

entscheidende Rolle gespielt hätte. Vielmehr waren diese Fälle nur vereinzelt wahrnehmbar.

Auch aus der Betrachtung der Bewährung folgt nichts Anderes. Der Ausspruch der Bewährung nahm in den 70er Jahren einen Anteil von 18% ein und in den 80er Jahren einen Anteil von 15% bezogen auf die untersuchten Datensätze. Damit war der Ausspruch der Bewährung sogar rückläufig. Zu beobachten war jedoch, dass die Androhung der Freiheitsstrafe in den 70er Jahren im Durchschnitt von einem Jahr auf zehn Monate in den 80er Jahren geringfügig sank.

Allerdings ist im Vergleich der beiden Jahrzehnte auch zu beobachten, dass die Zahl der Einstellungen zunahm. Das Strafverfahren im Bereich der Jugendlichen endete damit nicht mehr mit einem Urteilsspruch. An den ermittelten Einstellungen in den 80er Jahren ist jedoch ein nicht unerheblicher Anteil auf die Anwendung des Amnestiebeschlusses vom 27. Oktober 1989 zurückzuführen. Von den 76 Einstellungen beruhten 43 auf der Amnestie vom Oktober 1989 sowie vier auf Amnestien aus dem Jahre 1987, mithin insgesamt 47 Einstellungen. Der Anteil dieser Einstellungsvariante beläuft sich damit auf 62%. Diese Zunahme lässt sich sehr einfach erklären. Die untersuchten Datensätze zu den Einstellungen waren im Wesentlichen im Zeitraum von Ende 1988 bis 1989 angesiedelt und fielen demzufolge genau in die Zeit, in der die DDR durch die friedliche Revolution zusammenbrach. Die in diesem Abschnitt noch eingeleiteten Ermittlungsverfahren wurden daher aufgrund der rasanten politischen Ereignisse nicht mehr weiter verfolgt.

Aufgrund der vorrangigen Verhängung von Freiheitsstrafen ist jedoch zumindest ersichtlich, dass die Normierung des § 213 ohne jeden Zweifel ein rein politischer Tatbestand war. Wäre dem nicht so, hätte der gesamte Rechtsfolgenkatalog des § 213 über die Möglichkeit des § 62 erheblich mehr Anwendung finden müssen. Vergehen mit politischem Hintergrund wiesen in der DDR jedoch eine hohe Brisanz auf. Dies zeigt auch die Stellung des MfS in diesen Verfahren.

VI. Gründe/Motive der verglichenen Personengruppen – These 8

These 8:

Gründe und Motive der verglichenen Personengruppen als Nachweis für den Ausgangspunkt „Spontanes Verhalten“ vs. „Planvolles Vorgehen“.

Im Hinblick auf diese These wurden die aus den Akten ersichtlichen Motive für die Tatbegehung herausgearbeitet. Diese sollten ebenfalls die These der spontanen Tatbegehung bei den Jugendlichen und dem planvollen Handeln der Erwachsenen stützen.

Schon in den vorgenannten Abschnitten dieses Kapitels wurden Motive der Beteiligten in die Auswertung einbezogen. Insoweit wird an die dortigen Erläuterungen angeknüpft.

Die Motivationslage kann nicht auf ein einziges Kriterium zurückgeführt werden. Vielmehr gaben vielfältige Faktoren den Ausschlag zum Handeln.

Bei den Jugendlichen waren es in den 70er Jahren zum größten Teil noch die angestrebte Entziehung vor Strafverfolgung, die Nutzung von Reisemöglichkeiten, die Aussicht auf einen besseren Lebensstandard sowie das Gefühl, in eigenen Grundrechten wie Meinungsfreiheit, freie Berufswahl und freie Entfaltung der Persönlichkeit durch den Staat eingeschränkt zu werden.

In den 80er Jahren wandelte sich dieses Bild etwas. Die Nutzung von Reisemöglichkeiten, der hohe Lebensstandard in der BRD sowie die Einschränkung der Grundrechte nahmen immer noch einen hohen Stellenwert ein. Hinzu kamen jedoch Gründe wie die Versorgungslücken in der DDR, insbesondere in Bezug auf Materialbeschaffung für die Reparatur von Kfz/Mopeds. Ein weiteres Kriterium, welches bei den Jugendlichen nun auch mehr Beachtung fand als noch im Jahrzehnt davor, waren Probleme im familiären sowie beruflichen Bereich. Der Grund der Entziehung vor der Strafverfolgung war demgegenüber nicht mehr prägend.

Aufgrund des geringen Datensatzes bei den Erwachsenen in den 70er Jahren wird hier keine Aussage zu den ermittelten Motiven getroffen, da diese als nicht repräsentativ anzusehen sind.

Hinsichtlich der 80er Jahre ist jedoch folgende Motivationslage ersichtlich:

- Vorrangig war als Grund der höhere Lebensstandard im Vergleich zur DDR angegeben.
- Als Unterfallgruppe des ersten Punktes rangierte danach die schlechte Versorgungslage in der DDR insbesondere hinsichtlich des Gesundheitssystem/medizinischer Versorgung, den Arbeitsmaterialien im beruflichen Bereich sowie der Beschaffung von Ersatzteilen für das private Kfz. Im Allgemeinen wurde die Mangelwirtschaft als ausschlaggebend angesehen.
- Diesen Punkten folgte die Pflege und Betreuung von Familienangehörigen in der BRD.
- Die Beschränkung von persönlichen Grundrechten sowie die politische Einflussnahme durch den Staat nahmen nicht den zu erwartenden vorderen Platz ein, sondern folgten erst nach dem 3. Punkt. Gleiches galt für den Wunsch nach Reisemöglichkeiten.

Der letzte Gesichtspunkt unterschied damit die Motivationslage von denen der Jugendlichen. Bei den Jugendlichen war die Reisemöglichkeit als ein vorrangiger Motivationsgrund zu erkennen. Dieser Wunsch trat bei den Erwachsenen hinter dem höheren Lebensstandard zurück.

Die Vorrangigkeit von Reisemöglichkeiten für die Jugendlichen trägt jedoch wieder die These, dass diese risikofreudiger sind und sich von Unbekanntem mehr angezogen fühlen. Demgemäß war erkennbar, dass die Erwachsenen eigene Einschränkungen in Form von Auseinandersetzungen mit einer Mangelwirtschaft oder die Trennung von Familienangehörigen mehr in den Vordergrund rückten, als eine Auseinandersetzung mit politischen Gegebenheiten. Erst aufgrund dieser eigenen – privaten – Einschränkungen erfolgte dann auch die politische Auseinandersetzung.

Ein Betroffener hat dies in den Akten in einem Brief aus der BRD wie folgt zusammengefasst:

„Name, Vorname 06.09.1988

VEB [Name]
Anschrift

Werter Herr [Name]!

Nach langer Überlegung und Abwägung aller objektiven und subjektiven Faktoren haben wir beschlossen unseren zukünftigen Wohnsitz in der Bundesrepublik Deutschland zu nehmen. Dies[e] Entscheidung ist uns schwer gefallen – nicht nur, weil dieser Schritt den geltenden DDR-Gesetzen zuwiderläuft – sondern auch, weil davon weder unsere Eltern, Verwandte noch Bekannte wußten.

Uns bzw. mich haben folgende Gründe bewogen:

1. 28 Jahre Tätigkeit in verschiedenen Betrieben des sozialistischen Handels und das daraus resultierende Wissen um die inneren Funktionsweisen und Abläufe des Wirtschaftssystems haben mich persönlich überzeugt, daß über kurz oder lang tiefgreifende Reformen unabänderlich notwendig werden. Der gegenwärtig praktizierte Arbeitsstil und die daraus resultierenden bürokratische Leitung einer Mangelwirtschaft führten zu einer sich ständig verstärkenden Unzufriedenheit in der täglichen Arbeit und zu Arbeitsaufgaben, die

a) viel Konzeptionelle Materialverarbeitung ohne reelle Chance auf Realisierung brachten

und was mich entscheidend bewegte

b) die persönliche Eigeninitiative und Arbeitsintensität (bis hin zum Nichtausgelastetsein!) hemmten.

Ich finde es uneffektiv, weitere 10–15 Jahre unter solchen Vorzeichen oder an der Umsetzung einer Wirtschaftsreform zu arbeiten, die, wenn überhaupt, in nicht absehbarer Zeit positive Auswirkungen hat.

2. Habe ich nie verstanden, daß nicht nur Leistungsbereitschaft, Leistung, Wissen und Können, Engagement für die Übernahme von Leitungsverantwortung ausschlaggebend sind, sondern daß sachlich vorhandene Voraussetzungen für persönliche und berufliche Entwicklungschancen allein nicht genügen. Dies, wie in meinem Falle, von einer Mitgliedschaft in der SED abhängig zu machen, bestätigt mir meine Perspektivlosigkeit.

3. Hat es uns sehr betroffen gemacht, als mich Mitarbeiter einer bestimmten Institution zur Mitarbeit und Weitergabe von Informationen dank meines Engagements und meiner guten persönlichen Kontakte zu Mitarbeitern aufforderten.

4. Meine langjährige Tätigkeit als Abteilungsleiter für Beschaffung und Absatz, längere Zeit in Personalunion als Abteilungsleiter Produktion und zuletzt als Abteilungsleiter Produktion des Kombinates und das erlebte Management, das von selbstgefälliger Arroganz, vordergründigen Prestigedenken und persönlicher Profilierungssucht einschließlich Vorteildenken zu Lasten der Gesamtaufgabenstellungen gekennzeichnet war, haben mich entscheidend zu meinem Entschluß bewogen.

Wir gehen davon aus, daß wir gehaltlich überzahlt wurden und das Kombinat finanzielle Forderungen an uns hat, die über unser lfd. Konto geregelt werden müssen.

Ihnen und Ihren Leitungsmitgliedern wünschen wir alles Gute und verbleiben mit freundlichen Grüßen

gez. [Name]“[100]

Auch aus den Analysen des MfS ergeben sich keine anderen Motivationslagen. Ersichtlich ist, dass, wie ebenso aus den Akten des Hauptstaatsarchivs erkennbar, vielfältige Kriterien vorlagen. Beispielhaft sei folgende Analyse aus dem Jahr 1989 herausgegriffen:

„Aus der Analyse der Grenzstraftaten sind folgende Motivgruppen erkennbar:

- Wunschvorstellungen von Leben, dem Lebensstandard und beruflicher Möglichkeiten, die sich unter den Einfluß westlicher Massenmedien herausgebildet und vertieft haben.
- Der Wunsch nach uneingeschränkten Reisemöglichkeiten.
- Angebote lukrativer Arbeitsstellen mit z.T. überdurchschnittlichen Verdienstmöglichkeiten.
- Erbschaften in z. T. erheblicher Höhe (z.B. 250 000 DM und Grundstück).
- Der Wunsch mit Eltern, Freund(-in) und anderen Verwandten enge familiäre Beziehungen zu unterhalten.

100 SächsHStA, Staatsanwalt Stadt Dresden, Nr. 8640, Brief.

- Ablehnende, zum Teil feindliche Einstellungen zur soz. Staats- und Rechtsordnung der DDR sowie zu ihren pol., ökon. und ideologischen Grundlagen.
- Versuch, auf diese Art persönliche Probleme in der Familie oder Beruf zu lösen. [sic] zu wollen.
- Hoffnung auf bessere ärztliche Betreuung oder bestimmte medizinische Spezialbehandlungen.“[101]

Gleichfalls weisen Analysen aus anderen Jahren keine andere Tendenz auf. Die Schlussfolgerung aus den Untersuchungen, die seitens der überwachenden Organe gezogen wurde, war jedoch keine Auseinandersetzung mit diesen Gründen in Bezug auf die eigenen Schwächen. Vielmehr wurde auf den folgenden Gedanken zurückgegriffen:

> „Bei der Herausbildung der Motivation zum ungesetzlichen Verlassen der DDR spielte bei den betreffenden Personen die Wirksamkeit der politisch-ideologischen Diversion des Gegners, besonders über seine Massenmedien, eine nicht zu unterschätzende Rolle. Eine mehr oder weniger intensive Beeinflussung erfolgt auch durch Verwandte oder Bekannte in der BRD und in Westberlin, darunter besonders durch ehemalige DDR-Bürger.“[102]

Es wurde mithin davon ausgegangen, dass DDR-Bürger durch Abwerbung in der BRD verblieben und damit ein Zutun seitens der DDR im Wesentlichen ausgeschlossen werden konnte. Dies obwohl die bereits unter A)I.2. angegebenen Fundstellen beweisen, dass die Verhältnisse, insbesondere die Arbeitsbedingungen unter der Mangelwirtschaft in der DDR, als untragbar empfunden wurden. Das wäre sogar ein Punkt gewesen, den die Organe selbst in der Hand gehabt hätten.

Die These 8 kam mithin nur für die Jugendlichen zum Tragen und konnte einen mittelbaren Zusammenhang zwischen Motivlage und risikobehaftetem Vorgehen nachweisen. Hinsichtlich der Erwachsenen konnte insoweit ein planvolles Vorgehen abgeleitet werden, dass eine lange Auseinandersetzung mit den Gegebenheiten in der DDR erfolgte, der Beschluss des Verbleibens in der BRD mithin nicht überstürzt gefasst wurde. Dies zeigt auch der Brief aus den Akten des Hauptstaatsarchivs. Allerdings konnte nicht nachgewiesen werden, dass ein längeres tatsächlich planvolles Vorgehen zur Nichtrückkehr in den meisten Fälle geführt hat.

.

101 BStU, MfS BV Dresden, KD Dresden-Stadt, Nr. 90483, Bl. 158/159.

102 BStU, MfS, Sekr. Neiber, Nr. 307, Bl. 13.

VIERTER TEIL:
WÜRDIGUNG UNTER DARSTELLUNG DER RECHTSPRECHUNG ZU § 213 NACH 1990

Zwölftes Kapitel: Diskussionsstand über die Urteile zu § 213 nach 1990 – Rechtsbeugung?

„Die Richtigkeit der Radbruch'schen Formel hängt u.a. davon ab, ob man bereit ist, Recht und Macht zu identifizieren. Am Beispiel gezeigt: Ist ein Regime so schwach, daß es Menschenrechtsverletzungen im Geheimen, nämlich entgegen den eigenen Gesetzen, begehen muß, so tun die handelnden Akteure nach ihrer Ansicht Unrecht. Werden aber die Mächtigen im Staat so mächtig, daß sie sogar durch Gesetz Menschenrechtsverletzungen gestatten oder anordnen können, so bleiben die danach handelnden Akteure nach der Grundannahme des Positivismus straflos, während die Radbruch'sche Formel sie gerade nicht schon deshalb für straflos erklärt, weil sie die Macht hatten, ihren Willen in die Form eines formellen Gesetzes zu fassen."

Manfred Maiwald[1]

Die Verurteilungen nach § 213 StGB-DDR sollten nach der Wendezeit nicht folgenlos bleiben. Die Folgen trafen jedoch nicht diejenigen, die vor dem Richtertisch standen, sondern gerade jene, die als Rechtspflegeorgane der DDR die Verfahren durch die Anklageerhebung einleiteten oder durch Erlass eines Strafurteils zum Abschluss brachten.

Für die Betroffenen begann damit eine intensive Auseinandersetzung mit dem gelebten Recht in der DDR.

Nach dem Mauerfall und der Wiedervereinigungen leitete die bundesdeutsche Justiz die Aufarbeitung der politischen Verfolgung in der DDR ein. Es wurden 374 Anklagen wegen Rechtsbeugung gegen Juristen der DDR erhoben.[2] Grundlage dieser Verfahren waren Einzelfallentscheidungen der DDR-Justiz.[3] Zum Verständnis des Rechtssystems der DDR sollte man sich jedoch vor Augen halten, dass dieses keiner Gewaltenteilung im klassischen Sinne unterlag. Vielmehr war die Rechtsprechung in ein einheitliches System der Kontrolle eingegliedert, welches gekennzeichnet war durch den Führungsanspruch der SED.[4]

---

1 *Maiwald*, NJW 1993, S. 1881 (1888).

2 Zit. nach *Marxen / Werle*, Strafjustiz und DDR-Unrecht, Bd. 5/1, S. XXIX mit Verweis auf *Marxen / Werle / Schäfter*, Strafverfolgung, Tab. 13, S. 28.

3 Zit. nach *Marxen / Werle*, Strafjustiz und DDR-Unrecht, Bd. 5/1, S. XXIX mit Verweis auf *Marxen / Werle / Schäfter*, Strafverfolgung, Tab. 13, S. 28.

4 Zur gesamten Problematik des Rechtssystems und seiner Stellung im Verfassungsgefüge in der DDR wird auf die Ausführungen im Ersten Teil, Zweites und Drittes Kapitel dieser Arbeit verwiesen. Eine Kurzfassung der Problemstellung findet sich auch in *Marxen / Werle*, Strafjustiz und DDR-Unrecht, Bd. 5/1, S. XXX.

A) Anwendbares Recht – DDR vs. BRD

Bevor Aussagen zur Rechtsbeugung getroffen werden können, wird aufgezeigt, welchem Recht die Beurteilung der in Frage stehenden Einzelentscheidungen unterliegt. Es kann nicht ohne Weiteres auf das nach der Wiedervereinigung geltende bundesdeutsche Recht zurückgegriffen werden. Dies schon deshalb, weil die Urteile zu § 213 aus einer Zeit stammten, zu der bundesdeutsches Recht auf dem Gebiet der ehemaligen DDR keine Geltung hatte. In Frage stand damit die Anwendbarkeit des Tatbestandes der Rechtsbeugung gem. § 336 [heute § 339] StGB oder des § 244 StGB-DDR.[5]

Den erforderlichen Abgrenzungsversuch unternahm die Rechtsprechung. Zunächst wurde das Verhältnis anhand des § 3 StGB untersucht, wobei der Normentext die Begriffe „Inland“ und „Ausland“ verwendet. Diese Begriffe passen jedoch nicht auf das Rechtsverhältnis der DDR zu der BRD.[6] Insoweit handelte es sich um zwei deutsche Staaten, die nach dem Grundrechtsverständnis des Grundgesetzes als Teilstaaten eines gesamteinheitlichen Deutschlands anzusehen waren. Andererseits stellte die DDR ein selbstständiges Völkerrechtssubjekt dar.[7] Dieser speziellen Situation musste bei der Ermittlung des richtigen Strafanwendungsrechts Beachtung geschenkt werden.

Der BGH führte hierzu aus:

> „Die sinngemäße Anwendung des § 3 StGB vor der Wiedervereinigung führt zu der Auslegung, daß Inland im Sinne dieser Vorschrift lediglich den damaligen räumlichen Geltungsbereich des StGB erfaßt hat, weil der Gebietsgrundsatz des § 3 StGB an das Funktionieren der Staatsgewalt anknüpft und die Bundesrepublik auf dem Gebiet der DDR keine Staatsgewalt ausübte (BGHSt 30, 1, 4).“[8]

Damit konnte über § 3 StGB die Rechtsanwendung nicht geklärt werden.

---

5 § 336 StGB lautete:

„Ein Richter, ein anderer Amtsträger oder ein Schiedsrichter, welcher sich bei der Leitung oder Entscheidung einer Rechtssache zugunsten oder zum Nachteil einer Partei einer Beugung des Rechts schuldig macht, wird mit Freiheitsstrafe von einem Jahr bis zu fünf Jahren bestraft.“

§ 244 StGB-DDR lautete:

„Wer wissentlich bei der Durchführung eines gerichtlichen Verfahrens oder eines Ermittlungsverfahrens als Richter, Staatsanwalt oder Mitarbeiter eines Untersuchungsorgans gesetzwidrig zugunsten oder zuungunsten eines Beteiligten entscheidet, wird mit Freiheitsstrafe bis zu fünf Jahren bestraft“.

6 BGH, NStZ 1994, S. 426 (426).

7 BGH, NStZ 1994, S. 426 (426).

8 BGH, NStZ 1994, S. 426 (426).

Aber auch eine Anwendung des § 7 StGB kam nicht in Betracht. Dieser normiert die Geltung des deutschen Strafrechts für Auslandstaten gegen Deutsche, § 7 Abs. 1 StGB, bzw. Geltung des deutschen Strafrechts für Auslandstaten von Tätern, die zur Zeit der Tat Deutsche waren oder es nach der Tat geworden sind, § 7 Abs. 2 Nr. 1 StGB. Nach dem BGH würde dies „auf eine umfassende Geltung des Strafrechts der BR Deutschland auf Straftaten in der DDR hinauslaufen, weil die meisten Straftaten in der DDR von Deutschen gegen Deutsche begangen worden sind“[9]. Mit diesem Ergebnis würde jedoch die in § 3 StGB statuierte Beschränkung auf in der BRD begangene Taten wieder ausgehebelt.[10]

Nach dem Einigungsvertrag, Art. 315 Abs. 1 EGStGB, ist jedoch auf Taten, die vor dem Beitritt der DDR begangen worden sind, § 2 StGB anwendbar – Art. 315 EGStGB wurde insoweit geändert. Gem. Art. 315 Abs. 4 EGStGB ist dies aber nicht der Fall, wenn für die Tat schon vor dem Beitritt das Strafrecht der BRD gegolten hat.[11] Die Rechtsprechung entschied sich bereits im Urteil des BGH vom 3. November 1992, 5 StR 370/92, dem sog. Beitrittsprinzip aus Art. 315 Abs. 1 EGStGB i.V.m. § 2 Abs. 3 StGB zu folgen. Dies galt gerade aus dem Grunde, da der Gesetzgeber trotz Kenntnis entgegenstehender Rechtsprechung[12] vorangegangener Jahre den Art. 315 EGStGB wie obig erläutert ausgestaltete und damit in das System des Rechtsanwendungsrechts eingriff.[13] Die höchstrichterliche Rechtsprechung erklärte demzufolge

9 BGH, NStZ 1994, S. 426 (426).

10 BGH, NStZ 1994, S. 426 (426).

11 Einigungsvertrag vom 31. August 1990, BGBl. 1990 II, S. 889 ff, dort Anlage I, Kap III C II Anlage I Kapitel III Sachgebiet C – Strafrecht und Ordnungswidrigkeitenrecht Abschnitt II, Ziff. 1b).

12 Dies betraf insbesondere die Urteile des BGH in NJW 1981, S. 351 sowie NJW 1984, S. 1764. Darin hatte der 3. Strafsenat statuiert, dass das Strafrecht der BRD auch für eine in der DDR unter DDR-Bürgern durch politische Verdächtigung bewirkte Freiheitsberaubung gelte. Dieser Bewertung lagen folgende Argumente zugrunde: „Zwar schütze das Strafrecht der Bundesrepublik Deutschland spätestens seit dem Grundlagenvertrag vom 21.12.1972 (BGBl II 1973, 421) nicht mehr alle in der DDR lebenden Deutschen in dem Sinne, daß die gegen sie auf dem Gebiet der DDR begangenen Taten ohne weiteres nach § 7 I StGB, mithin nach dem Strafrecht der Bundesrepublik Deutschland zu beurteilen seien. Etwas anderes gelte aber jedenfalls für Taten, in denen die mit politischer Verdächtigung oder Verschleppung verbundene Gefahr rechtsstaatswidriger Verfolgung in eine Verletzung, insbesondere in eine Freiheitsberaubung übergehe; der in § 5 Nr. 6 StGB gewährte umfassende Schutz (BGHSt 30, 1 = NJW 1981, 351) könne nach dem Zweck dieser Vorschrift nicht auf die Ahndung des Gefährdungstatbestandes beschränkt bleiben (BGHSt 32, 293 (298) = NJW 1984, 1764).“ Gesamter Abschnitt zit. nach: BGH, NJW 1993, S. 141 (142).

13 BGH, NJW 1993, S. 141 (143). Nach Ansicht des BGH sollte damit der Anwendungsbereich des Art. 315 Abs. 1 EGStGB nach dem Willen des Gesetzgebers breit sein und

§ 244 StGB-DDR über § 336 StGB für anwendbar, d.h. es wurde seitens der Rechtsprechung untersucht, ob sich der Betroffene nach § 244 StGB-DDR strafbar gemacht hat, und ob das Verhalten zugleich auch nach § 336 StGB strafbar wäre.[14] Der BGH ging also davon aus, dass über Art. 315 EGStGB i.V.m. § 2 Abs. 3 StGB eine Ahndung von Alttaten zulässig sei, wenn ein vergleichbarer Tatbestand wie im DDR-Strafrecht auch im BRD-Strafrecht existierte.

Diese Handhabung birgt jedoch die Problematik, dass bundesdeutsche Strafgerichte Normen des DDR-Gesetzgebers anwenden, obwohl sie nur an bundesdeutsches Recht gebunden sind.[15] Soweit eine Transformation des Rechts der DDR durch den Einigungsvertrag stattgefunden hat, verliert dieses Problem an Brisanz. Hinsichtlich der Tatbestände des Strafgesetzbuches der DDR ist dies jedoch, bis auf wenige Einzelfälle, nicht der Fall.[16] Folglich ist hinsichtlich der strafrechtlichen Aburteilung von Alttaten aufgrund der Aufhebung des DDR-Strafrechts die Rechtsprechung des BGH nicht konsequent. Soweit hinsichtlich des Art. 315 Abs. 1 EGStGB auf § 2 Abs. 3 StGB, der die Anwendung des milderen Gesetzes bestimmt, verwiesen und die Verweisung vom BGH auf alle Bestimmungen des DDR-Strafrechts übernommen wird, ist dies nicht folgerichtig.

Vormbaum äußerte sich zu dieser Problemstellung wie folgt:

> „Diese Vorschrift [§ 2 Abs. 3 StGB] auf die Fälle der sog. DDR-Alttaten auszudehnen, ist gerade der Zweck der Verweisung des Art. 315 Abs. 1 EGStGB auf § 2 StGB. Hierin liegt und erschöpft sich der Regelungsgehalt der Vorschrift, soweit sie unser Problem betrifft. Ihr kann nicht noch zusätzlich die Bedeutung vindiziert werden, Tatbestände mit staatsbezogenem Regelungsgehalt in der Weise zu ‘modifizieren’, daß sie, obwohl auf Gegebenheiten der Bundesrepublik Deutschland zugeschnitten, nun auch auf vergleichbare ‘DDR-spezifische’ Gegebenheiten passen. Gesetzessystematisch ist – wie gezeigt – eine solche Funktionsbestimmung für die Vorschrift nicht geboten; *gegen* sie spricht andererseits, daß die geforderte ‘Ähnlichkeitsprüfung’ bzw. ‘Vergleichbarkeitsprüfung’ mit dem Bestimmtheitsge-

---

die in Art. 315 Abs. 4 EGStGB normierte Ausnahme nicht unterlaufen werden. Dies wäre jedoch der Fall, wenn den vertretenen Auffassungen gefolgt würde, dass „Deutsche, die ihren Lebensmittelpunkt in der DDR hatten, ausnahmslos als Deutsche i.S. des § 7 I StGB aufzufassen […]“ wären, BGH, NJW 1993, S. 141 (143).

14 BGH, NJW 1994, S. 529 (529).

15 *Vormbaum*, Juristische Zeitgeschichte, Darstellungen und Deutungen, S. 62.

16 Vgl. insoweit auch die Ausführungen von *Vormbaum*, Juristische Zeitgeschichte, Darstellungen und Deutungen, S. 62. Nach dem Einigungsvertrag in Art. 8, Anlagen I B und II B, Kap II, Sachgebiet C, ist an die Stelle des Strafgesetzbuches der DDR das bundesdeutsche Strafgesetzbuch getreten.

bot in Kollision gerät und überdies, da sie für die Zeit *vor* dem Inkrafttreten des neuen Art. 315 EGStGB gelten soll, das Rückwirkungsverbot mißachtet.

Es bleibt somit dabei, daß die fraglichen Verhaltensweisen nur dann nach bundesdeutschem Recht strafbar sind, wenn sie bereits *zur* Tatzeit dessen Voraussetzungen erfüllt haben."[17]

Gerade der letzte Satz des angeführten Zitates macht die Anwendbarkeit des Rechtsbeugungstatbestandes nach § 244 StGB-DDR fraglich. Beide Normen, § 336 StGB sowie § 244 StGB-DDR, dienen dem Schutz des überindividuellen Rechtsguts der innerstaatlichen Rechtspflege. Zwischen beiden Tatbeständen besteht dementsprechend, nach Ansicht der Rechtsprechung, die notwendige Unrechtskontinuität.[18] Wortlaut und Wortsinn scheinen demgemäß auf den ersten Blick vergleichbar und damit den Erfordernissen des sog. Beitrittsprinzips zu entsprechen.[19] Allerdings bezieht sich der Schutz der Strafrechtspflege in den jeweiligen Tatbeständen auf die Rechtspflege des jeweiligen Staates, eine Ausdehnung auf andere Staaten ist nicht impliziert und durch das politisch geforderte Neutralitätsgebot auch nicht gewollt.[20] *Maiwald* setzte sich mit dieser Seite des Rechtsgutsschutzes wie folgt auseinander:

„Hat die Bundesrepublik Anlaß, Handlungen zu bestrafen, die sich gegen das Gedeihen der staatlichen Ordnung in der ehemaligen DDR richteten? [...] Für die Rechtsbeugung stellt sich das Problem infolge der instrumentellen Rechtsauffassung in der ehemaligen DDR in zugespitzter Form. Denn legt man das Staatsverständnis der ehemaligen DDR zugrunde, nach dem das Recht nur das Instrument zur Durchsetzung des Willens der Partei war, so ist die Bestrafung der Rechtsbeugung nichts anderes als die Bestrafung von Handlungen, die sich gegen den Willen der Partei richteten. Legt man hingegen für die Frage der Rechtsbeugung unseren Begriff von Recht zugrunde, so handelt die Bundesrepublik, wenn sie straft, streng genommen nicht als Rechtsnachfolgerin der DDR, da sie mit der Bestrafung dieser Handlungen nicht mehr den Zweck verfolgt, der zur Schaffung des Rechtsbeugungsstatbestandes in der ehemaligen DDR geführt hat. Es ist nicht dasselbe, ob man die Mißachtung des Parteiwillens bestraft oder die Verletzung von Rechtsprinzipien, die ihre Herkunft auch überpositiv legitimieren."[21]

Zum anderen darf bei der Anwendung des § 244 StGB-DDR nicht verkannt werden, dass dieser durch den Einigungsvertrag aufgehoben wurde. Aufgrund

---

17 *Vormbaum*, Juristische Zeitgeschichte, Darstellungen und Deutungen, S. 65.

18 So auch BGH, NJW 1994, S. 529 (531); Zusammenfassend BGH, NJW 1995, S. 3324 (3324).

19 *Vormbaum*, Juristische Zeitgeschichte, Darstellungen und Deutungen, S. 65. Es geht um denselben Täterkreis und es werden äußerlich vergleichbare Verhaltensweisen unter Strafe gestellt („Beugung des Rechts" bei § 336 StGB sowie „gesetzeswidrige Entscheidung zuungunsten eines Beteiligten" bei § 244 StGB-DDR), vgl. *Vormbaum*, a.a.O.

20 *Vormbaum*, Juristische Zeitgeschichte, Darstellungen und Deutungen, S. 73.

21 *Maiwald*, NJW 1993, S. 1881 (1883/1884).

des Vorgehens der Rechtsprechung über Art. 315 Abs. 1 EGStGB i.V.m. § 2 StGB wird sozusagen durch die Hintertür die Anwendung des zuvor aufgehobenen DDR-Strafrechts weiter betrieben. Zweifelhaft ist, ob der Gesetzgeber im Einigungsvertrag diese Rechtspraxis wirklich angestrebt hat, wie von der Rechtsprechung angenommen.

Der BGH hat sich in seiner Entscheidung vom 13. Dezember 1993, 5 StR 76/93, mit dem Meinungsstand in der Literatur intensiv auseinandergesetzt.[22] Der Senat blieb jedoch bei seiner Auffassung zur Rechtsbeugung anhand des DDR-Strafrechts. Die Unterschiede zwischen den geschützten Rechtsgütern seien dem 5. Senat bewusst gewesen, allerdings habe er diese als nicht so elementar angesehen, dass eine Anwendung ausscheiden müsse. Vielmehr sei die Rechtsprechung unabhängig von politischen Bezügen auch dem geordneten Zusammenleben der Menschen dienlich. Dieser übergeordnete Zweck führe im Wesentlichen zu einer einigermaßen neutralen Rechtsprechung, in der ein Missbrauch von Justizentscheidungen der Ausnahmefall sei.[23] Eine Anwendbarkeit des § 244 StGB-DDR wäre nach Ansicht des BGH nur dann entfallen, wenn das abzuurteilende Verhalten unter keine Strafvorschrift des StGB der BRD fiele, unterstellt dieses würde zur Tatzeit in der DDR gelten.[24] Erst in einem solchen Fall wäre das Recht der DDR und damit der § 244 StGB-DDR mit dem Inkrafttreten des Einigungsvertrages ersatzlos gestrichen und eine Bestrafung aufgrund des Rückwirkungsverbotes aus Art. 103 Abs. 2 GG nicht mehr möglich gewesen.[25]

Beide Meinungen sind sich damit im Ergebnis einig, dass eine Bestrafung an Art. 103 Abs. 2 GG scheitern könnte. Jedoch geht die Rechtsprechung von einem sehr weiten Rechtsgüterschutz hinsichtlich beider Tatbestände aus, so dass hierdurch die Vergleichbarkeit beider Normen hergestellt wird. Demgemäß verbleibt es, wie bereits durch *Vormbaum* herausgearbeitet, bei der Anwendbarkeit eines durch den Einigungsvertrag entfallenen Strafrechtsbereiches.

Bei der Bewertung von Einzelfallentscheidungen legte der BGH jedoch folgenden einschränkenden Maßstab zugrunde:

> „Bei der Prüfung, ob sich ein Richter der DDR-Justiz der Rechtsbeugung schuldig gemacht hat, ist – schon bei der Prüfung des objektiven Tatbestandes, im übrigen im Hinblick auf die innere Tatseite – zu berücksichtigten, daß es um die Beurteilung von Handlungen geht, die in einem anderen Rechtssystem vorgenommen

---

22 Abgedruckt in: BGH, NJW 1994, S. 529 (531).

23 Zum Ganzen BGH, NJW 1994, S. 529 (531).

24 BGH, NJW 1994, S. 3238 (3239) m.w.N.

25 BGH, NJW 1994, S. 3238 (3239) m.w.N.

worden sind. Die besonderen Züge dieses Rechtssystems sind bei der Frage, ob die Handlung gesetzwidrig i.S. des § 244 DDR-StGB gewesen ist bzw. i.S. des § 336 StGB das Recht gebeugt hat, zu beachten. An einer Gesetzwidrigkeit i.S. des § 244 DDR-StGB hat es grundsätzlich gefehlt, wenn die Handlung des Richters vom Wortlaut des Rechts der DDR gedeckt war. Das gilt grundsätzlich auch, soweit der Wortlaut des Gesetzes wegen seiner Unschärfe mehrdeutig war; solche Mehrdeutigkeit war häufig. Das System der auf Vereinheitlichung und Durchsetzung der sozialistischen Zielsetzung gerichteten Einflußnahmen ist zu berücksichtigen, da diese Einflußnahmen im Einklang mit der Staatszielbestimmung der DDR-Verfassung standen, kann eine Gesetzesverletzung i.S. des § 244 DDR-StGB nicht schon darin gefunden werden, daß sich der Richter von solchen Einflüssen bestimmen lassen hat. Zu diesen Einflüssen gehören wegen ihrer Verbindlichkeit Richtlinien und Beschlüsse des Obersten Gerichts [...]. Von Bedeutung können aber auch sonstige Verlautbarungen sein, namentlich die 'gemeinsamen Standpunkte' des Obersten Gerichts und anderer Staatsorgane, die 'Standpunkte' der Kollegien und einzelner Senate des Obersten Gerichts sowie die unter Beteiligung des Obersten Gerichts gegebenen 'Orientierungen'. [...] Bei der Auslegung von Normen kommt es auf die Auslegungsmethoden der DDR, nicht auf die der Bundesrepublik Deutschland an.

b) Unter Beachtung dieser Gesichtspunkte wird, abgesehen von Einzelexzessen, eine Bestrafung von Richtern der DDR wegen Rechtsbeugung auf Fälle zu beschränken sein, in denen die Rechtswidrigkeit der Entscheidung so offensichtlich war und insbesondere die Rechte anderer, hauptsächlich ihre Menschenrechte, derart schwerwiegend verletzt worden sind, daß sich die Entscheidung als Willkürakt darstellt. [...]

Nur bei Anlegung dieses strengen Maßstabes ist gewährleistet, daß eine Bestrafung nicht gegen das Rückwirkungsverbot (Art. 103 II GG) verstößt.

Als durch Willkür gekennzeichnete offensichtliche schwere Menschenrechtsverletzungen, bei der auch unter Beachtung des Art. 103 II GG eine Bestrafung wegen Rechtsbeugung in Betracht kommt, werden hiernach Fälle zu bewerten sein, in denen Straftatbestände unter Überschreitung des Gesetzeswortlauts oder unter Ausnutzung ihrer Unbestimmtheit bei der Anwendung derart überdehnt worden sind, daß eine Bestrafung, zumal mit Freiheitsstrafe, als offensichtliches Unrecht anzusehen ist; [...].“[26]

Diese Einschränkung durch den BGH, von *Vormbaum* auch als sog. Exzesstheorie[27] bezeichnet, führt zu einer unbestimmten Rechtsanwendungspraxis. Für den einzelnen Bürger ist, aufgrund der flexiblen Ausgestaltung der Tatbestände, nicht mit hinreichender Sicherheit vorhersehbar, welcher Fall der Rechtsbeugung unterfällt. Diese Unbestimmtheit wäre vermeidbar gewesen, soweit der Vergleichbarkeit der beiden Tatbestände gefolgt und der BGH – entsprechend der Ansicht *Bemmann's* – anhand des subjektiven Tatbestandes die

26 BGH, NJW 1994, S. 529 (531/532).

27 *Vormbaum*, Juristische Zeitgeschichte, Darstellungen und Deutungen, S. 76.

Einschränkung vorgenommen hätte.[28] *Bemmann* plädierte dafür, da es für den Menschen nachvollziehbarer sei, wenn aufgezeigt werde, jemand habe nicht gewusst, dass er Recht beugt, statt zu sagen, eine Rechtsbeugung habe gar nicht stattgefunden.[29]

Unabhängig von diesem subjektiven Ansatz erfolgte nach der Rechtsprechung des BGH die Untersuchung von Einzelfallentscheidungen der DDR-Justiz anhand des § 244 StGB-DDR, da sich dieser als das mildere Gesetz entsprechend § 2 Abs. 3 StGB darstellte.[30]

Getragen wurde die Rechtsprechung auch von dem Gedanken, dass ohne diese Auslegung des Art. 315 EGStGB und der daraus folgenden Unanwendbarkeit des § 336 StGB i.V.m. § 244 StGB-DDR eine Ahndung von Rechtsbeugungen durch Rechtspflegeorgane der DDR nicht möglich wäre.[31] Mit der weiten Auslegung des Willens des Gesetzgebers wurde dementsprechend ein übergeordneter Zweck verfolgt, der sich allein aus den vorliegenden Gesetzesmaterialien so nicht ergibt. Die Rechtsprechung schränkte allerdings ihre eigene weite Auslegung durch die oben genannten unbestimmten Kriterien wieder ein, so dass die Frage bleibt, was für den Bürger als Empfänger des Rechts ehrlicher gewesen ist.

Vormbaum fasste dies treffend zusammen:

> „Ich halte es für den Rechtsfrieden dienlicher, wenn den betroffenen damaligen DDR-Bürgern gesagt wird, aufgrund eines Fehlers des Gesetzgebers könnten ihre damaligen Richter nicht mehr wegen Rechtsbeugung zur Verantwortung gezogen werden, als wenn man ihnen sagt, ihre Richter hätten – jedenfalls in der Masse der Fälle – das Recht gar nicht gebeugt."[32]

B) Das politische Strafrecht der DDR und die Radbruch'sche Formel

Unabhängig von der eigenen Ansicht, wurde das DDR-Strafrecht über das sog. Beitrittsprinzip auch im bundesdeutschen Recht angewandt. Es stellt sich jedoch die Frage, in wie vielen Fällen es tatsächlich zur Verurteilung wegen

---

28 Vgl. insoweit *Vormbaum*, Juristische Zeitgeschichte, Darstellungen und Deutungen, S. 75/76 mit Verweis auf *Bemmann*, Zu aktuellen Problemen der Rechtsbeugung, in: Beiträge zur Strafrechtswissenschaft, S. 210.

29 Zitiert nach: *Vormbaum*, Juristische Zeitgeschichte, Darstellungen und Deutungen, S. 76, FN 53 mit Verweis auf *Bemmann*, a.a.O., S. 211 ff.

30 Insbesondere BGH, NJW 1993, S. 141 (143); BGH, NJW 1994, S. 3238 (3239) m.w.N.

31 BGH, NJW 1994, S. 3238 (3239) m.w.N.

32 *Vormbaum*, Juristische Zeitgeschichte, Darstellungen und Deutungen, S. 76, FN 53.

Rechtsbeugung kam. Der BGH hat sich zunächst mit der Frage auseinandergesetzt, inwieweit die reine Anwendung des politischen Strafrechts allein zur Bejahung der Rechtsbeugung führen könnte.

Bei allen bisher ergangenen Urteilen lehnte sich die Rechtsprechung an die sog. Radbruch'sche Formel an.[33] Diese besteht aus zwei Komponenten – der sog. Unerträglichkeitsthese und der Verleugnungsthese. Bei der Unerträglichkeitsthese hat „das positive, durch Satzung und Macht gesicherte Recht auch dann den Vorrang, wenn es inhaltlich ungerecht und unzweckmäßig ist, es sei denn, daß der Widerspruch des positiven Gesetzes zur Gerechtigkeit ein so unerträgliches Maß erreicht, daß das Gesetz als 'unrichtiges Recht' der Gerechtigkeit zu weichen hat"[34]. Hinzu tritt die Verleugnungsthese, welche besagt: „Wo Gerechtigkeit nicht einmal erstrebt wird, wo die Gleichheit, die den Kern der Gerechtigkeit ausmacht, bei der Setzung positiven Rechts bewußt verleugnet wurde, da ist das Gesetz nicht etwa 'unrichtiges Recht', vielmehr entbehrt es überhaupt der Rechtsnatur"[35]. Kurz gesagt, ein Recht ohne Streben nach Gerechtigkeit macht sich selbst zum Nicht-Recht. Seitens der Rechtsprechung wurde davon ausgegangen, dass Urteile, die auf § 213 oder § 214 Abs. 1 StGB-DDR fußen, nicht schlechthin so unerträglich sind, dass das geltende Recht der DDR als nicht verbindlich anzusehen gewesen wäre und somit der ausurteilende Richter sich der Rechtsbeugung schuldig gemacht hätte.[36]

> „Einen solchen schlechthin unerträglichen Verstoß gegen elementare Gebote der Gerechtigkeit und gegen die Menschenrechte, mithin gegen den 'Kernbereich des Rechts' [...] vermag der Senat in den Vorschriften des politisch motivierten Strafrechts der DDR nicht zu erblicken. Die Anwendung dieser Strafvorschriften durch Richter und Staatsanwälte der DDR begründet deshalb für sich allein noch nicht den Vorwurf einer gesetzwidrigen Entscheidung zuungunsten eines Beteiligten."[37]

Die Radbruch'sche Formel führt nur zur Nichtanwendung von gesetztem Recht, wenn es sich um extreme Ausnahmefälle handelt.[38] Dass die hier untersuchten Bestimmungen mit Menschenrechten, mithin der Ausreisefrei-

33 BGH, NJW 1995, S. 3324 (3326).

34 *Radbruch*, SJZ 1946, S. 105 (107).

35 *Radbruch*, SJZ 1946, S. 105 (107).

36 BGH, NJW 1995, S. 3324 (3327).

37 BGH, NJW 1995, S. 3324 (3327).

38 BGH, a.a.O.

heit[39] nicht im Einklang standen, heißt nicht, dass sie das von Radbruch geforderte Maß der Unerträglichkeit erreichten.[40]

> „Solches muß wegen des hohen Wertes der Rechtssicherheit auf extreme Ausnahmefälle beschränkt bleiben [m.w.N.]. Im Einklang mit dem 4. Senat [m.w.N.] sieht der Senat weder in der Ausreisegesetzgebung der DDR als solcher, einschließlich der zugehörigen Strafvorschriften, noch in einer Pönalisierung öffentlicher Kritik an dieser Gesetzgebung eine offensichtliche schwere Menschenrechtsverletzung, deren Anwendung zu einer Strafbarkeit wegen Rechtsbeugung führt. Unbeschadet der völkerrechtlichen Verankerung der von der DDR insoweit verletzten Menschenrechte und ungeachtet des Gewichts möglicher Eingriffe in die persönliche Freiheit [...] durch die Verhängung und Vollstreckung von Freiheitsstrafen wegen entsprechender Zuwiderhandlungen kommt den betr. Rechtspositionen nicht die elementare Bedeutung der Unantastbarkeit menschlichen Lebens zu, die in der allen zivilisierten Völkern gemeinsamen Grundüberzeugung vom allgemeinen Tötungsverbot wurzelt, und das Maß der Rechtsbeeinträchtigung geht nicht bis zum unwiederbringlichen Verlust eines höchsten Rechtsguts. Das menschliche Leben ist die Basis der Menschenwürde und die Voraussetzung aller anderen Grundrechte [m.w.N.]. Anders als eine Legalisierung der Tötung unbewaffneter Flüchtlinge ist ein Gesetz, auch wenn es in der genannten Weise zu empfindlicher Bestrafung politisch Andersdenkender führen kann, bei der erforderlichen Gesamtabwägung der widerstreitenden Gebote von Gerechtigkeit und Rechtssicherheit noch kein schlechthin unerträgliches Unrecht.“[41]

Infolge dieser Auslegung, keine Nichtigkeit der Normen des §§ 213, 214 Abs. 1 StGB-DDR, anhand der Radbruch'schen Formel und damit grundsätzliche Anwendbarkeit derselben, erfolgte seitens des BGH die Untersuchung der Rechtsbeugung anhand einzelner Fallgruppen.

Der BGH hat in seinem oben angeführten Urteil vom 13. Dezember 1993 drei Fallgruppen für das Vorliegen eines Rechtsbeugungstatbestandes herausgearbeitet, an denen sich auch die nachfolgenden Senate orientierten:

- Überdehnung des Gesetzeswortlautes oder Ausnutzung der Unbestimmtheit eines Straftatbestandes, in einer Art und Weise, dass die Rechtsfolge, insbesondere in Form der Freiheitsstrafe als offensichtliches Unrecht anzusehen ist;
- die verhängte Strafe steht in einem unerträglichen Missverhältnis zur zugrunde liegenden Handlung, so dass die Rechtsfolge auch bezogen auf das DDR-Strafrecht als grob ungerecht und schwerer Verstoß gegen die Menschenrechte erscheinen musste, sowie

39 Zur Darstellung der Ausreisefreiheit als Menschenrecht vgl. die Ausführungen im Ersten Teil, Zweites Kapitel.

40 So auch BGH, NJW 1995, S. 3324 (3327); BGH, VIZ 1998, S. 273 (274).

41 BGH, NJW 1995, S. 3324 (3327); Zustimmend *Limbach*, DtZ 1993, S. 66 (69).

- schwere Menschenrechtsverletzungen infolge der Art und Weise der Durchführung von Verfahren, in denen klar erkennbar war, dass das Verfahren politisch motiviert war und insbesondere der Eliminierung politischer Gegner diente.[42]

Bei der Untersuchung von Entscheidungen, ob eine oder mehrere dieser Fallgruppen vorlagen, ist nach Ansicht der Rechtsprechung eine Auslegung anhand des DDR-Rechts vorzunehmen.[43] In der überwiegenden Zahl der Fälle der durch die Rechtsprechung zu beurteilenden Entscheidungen entfiel schon der objektive Tatbestand aufgrund fehlender Gesetzwidrigkeit. Dies galt nicht nur in Bezug auf die erste Fallgruppe[44], sondern auch hinsichtlich des Strafmaßes.[45] Der BGH führte hierzu in einem Fall aus:

> „Eine Rechtsbeugung unter Beteiligung der Angekl. ist auch hier nicht im Hinblick auf das Strafmaß anzunehmen. Der BGH hat bislang nicht entschieden, wann eine

---

42 BGH, NJW 1994, S. 529 (532).

43 Zu beachten ist hierbei, wie bereits schon im Ersten Teil verdeutlicht, dass die DDR nicht dem klassischen Gewaltenteilungsbegriff unterlag. Weiterhin war die Gesetzeslage in der DDR vom Begriff der „sozialistischen Gesetzlichkeit“, Art. 19 Abs. 1 S. 2 DDR-Verf, geprägt. Für die Auslegung von Gesetzen wesentlich waren damit auch verbindliche Beschlüsse und Richtlinien des Obersten Gerichts sowie dessen herausgegebene Standpunkte und Orientierungen, obwohl diese keine Gesetzesqualität besaßen. Aus dem Begriff „sozialistische Gesetzlichkeit“ erwuchs damit eine „verfassungsimmanente Schranke“ für garantierte Grundrechte. Die Auslegung anhand des Grundgesetzes würde dieser besonderen Gesetzeslage nicht gerecht. Vgl. zum Gesamten BGH, NJW 1995, S. 3324 (3327). Ablehnend *Spendel*, NJW 1996, S. 809 (811). Dieser verweist auf den Widerspruch mit der älteren Rechtsprechung des BGH zur Interpretation von Gesetzen der NS-Diktatur. „Warum das, was für die Auslegung von NS-Gesetzen galt, heute nicht mehr für die von SED-Vorschriften gelten soll, ist nicht einzusehen“, *Spendel*, a.a.O.

44 Bejaht wurde diese Fallgruppe durch das KG Berlin, Beschluss vom 17. Februar 1997, 3 AR 29/96. Insoweit ging es um die Überdehnung des Begriffs der Vorbereitungshandlung bezogen auf § 213 Abs. 1, Abs. 2 Ziff. 1 und 3, Abs. 3 StGB-DDR. Das Gericht kommt hier zu dem Ergebnis, „daß ersichtlich auf jugendliche Unreife und Frustration zurückzuführende Spielereien mit unausgegorenen Fluchtgedanken und erste zaghafte Ansätze zu ihrer Verwirklichung, die für die Schutzgüter der genannten Normen gänzlich folgenlos blieben, mit mehrjährigen, voll zu verbüßenden Freiheitsstrafen belegt wurden“. Dem Gericht „drängt sich auf, daß es bei einer solchen Verurteilung nicht mehr um Sühne für individuelle Schuld, sondern darum ging, schon den bloßen Gedanken, die DDR ohne Erlaubnis verlassen zu wollen, von vorn herein zu unterbinden“. Ähnliche Fälle wie der vorgenannte ergaben sich auch im Rahmen der durchgeführten Aktenauswertung.

45 Im Rahmen des Tatbestandes der Boykotthetze, Art. 6 Abs. 2 DDR-Verf, wurde in einem Urteil das Strafmaß, Todesstrafe, unter die Fallgruppe 2 subsumiert und die Entscheidung als gesetzwidrig i.S.d. § 244 StGB-DDR angesehen, vgl. hierzu BGH, NJW 1996, S. 857 (858). Für einen Fall der Republikflucht wurde ein Strafmaß von drei Jahren und zwei Monaten als unerträglich angesehen und dementsprechend die Rechtsbeugung bejaht, da insoweit keine Erschwerungsgründe ersichtlich waren, vgl. BGH, VIZ 1998, S. 273 (275).

> Freiheitsentziehung wegen Vorbereitung (oder Versuchs) der Republikflucht eine schwere und offensichtliche Menschenrechtsverletzung ist [m.w.N.]. Der Senat neigt zu der Auffassung, daß die Verhängung einer Freiheitsstrafe in Höhe der hier verhängten zwei Jahre und sechs Monate ohne sonst gravierende Erschwerungsgründe aus Sicht der DDR-Justiz häufig bereits als unerträglicher Willkürakt angesehen werden müßte. Angesichts der Mehrzahl der geplanten Fluchtvorhaben nimmt der Senat die Strafe im vorliegenden Fall aber als noch nicht rechtsbeugerisch überhöht hin.“[46]

Soweit der objektive Tatbestand noch bejaht wurde, konnte eine Verurteilung wegen Rechtsbeugung am fehlenden subjektiven Element scheitern. Nur in wenigen tatsächlichen Ausnahmefällen kam der BGH zur Bejahung des Rechtsbeugungstatbestandes. Ein solcher Ausnahmefall wurde in folgendem Sachverhalt, dem eine Verurteilung nach § 214 Abs. 1 StGB-DDR zugrunde lag, gesehen:

> „Schließlich war auch die im Juli 1985 erhobene, auf ‘Beeinträchtigung staatlicher Tätigkeit’ [...] gestützte Anklage gegen L [...] gesetzwidrig i.S. des § 244 DDR-StGB. Der DDR-Bürger, der nach seiner Ehescheidung zu seiner kranken Mutter nach Berlin (West) hatte ausreisen wollen, dessen Ausreiseantrag zuvor jedoch abgelehnt worden war, hatte am 28.5.1985 gegen 0.25 Uhr an der Grenzübergangsstelle Chausseestraße in Berlin, wie es in der Anklage heißt, ‘provokatorisch’ seinen Personalausweis vorgelegt und die Ausreise nach Berlin (West) gefordert. Er wurde vom StadtbezirksGer. Berlin-Pankow zu einer Freiheitsstrafe von einem Jahr und zwei Monaten verurteilt.
>
> a) Bereits die Heranziehung der Strafnorm auf einen Fall der schlichten Äußerung eines Ausreisebegehrens unter Vorlage des Personalausweises legt hier die Annahme einer ‘Überdehnung’ des herangezogenen Straftatbestandes nahe. Der Vorlage des Personalausweises, verbunden mit dem geäußerten Ausreisebegehren durch eine Person, deren Ausreiseantrag zuvor abgelehnt worden war, mag die Bekundung einer Mißachtung der Gesetze [...] noch zu entnehmen sein. Mag das Verhalten des Betr. zudem zumindest eine gewisse Ähnlichkeit mit einer ‘demonstrativ-provokatorischen Handlung’ nach DDR-Verständnis aufweisen, sprechen die Umstände der Tat insgesamt eindeutig gegen das erforderliche Vorliegen eines Vorgehens ‘in einer die öffentliche Ordnung gefährdenden Weise’: Es ist nach den Feststellungen nicht belegt, daß außer den staatlich Bediensteten am Grenzübergang irgend jemand sonst vom Tun des Betr. Kenntnis erlangte. Bei einem parallel gelagerten Fall der schlichten Paßvorlage hatte das Oberste Gericht der DDR entschieden, daß eine Gefährdung der öffentlichen Ordnung nicht gegeben sei, wenn sich außer den Grenzsicherungskräften keine weiteren Personen an der Grenzübergangsstelle aufhielten [...].
>
> b) Zu einer offensichtlich schweren Menschenrechtsverletzung wird die gegen den Betr. gerichtete Strafverfolgung in diesem Grenzbereich des Tatbestandes – selbst wenn man die Annahme der Voraussetzungen der zweiten Variante des

---

46 BGH, NJW 1995, S. 3324 (3328/3329).

> § 214 I DDR-StGB noch nicht für sich als 'Überdehnung' ansehen wollte – jedenfalls durch das in einem unerträglichen Mißverhältnis zur 'Tat' stehende Strafmaß von einem Jahr und zwei Monaten Freiheitsstrafe. Die Verhängung der schärfsten in § 214 I DDR-StGB vorgesehenen Strafübels konnte keinen auch nur theoretisch an der Verwirklichung von Gerechtigkeit [...] orientierten Rechtsprechungsakt darstellen. § 214 I DDR-StGB sah neben Freiheitsstrafe bis zu drei Jahren als abgestufte mildere Sanktionen Haftstrafe, Verurteilung auf Bewährung, Geldstrafe und öffentlichen Tadel vor. Dies läßt erkennen, daß auch das SED-Regime den Unterschieden der möglichen tatbestandlichen Begehungsformen Rechnung tragen wollte. Die Beeinträchtigung staatlicher Tätigkeit durch Gewalt oder Drohung und die Bekundung einer Mißachtung der Gesetze waren danach ersichtlich nicht ohne weiteres mit einem hohen Strafbedürfnis verbunden. [...]."[47]

In der Literatur gab es einige Vertreter, z.B. *Schroeder*[48], die die Entscheidungen des BGH zur Rechtsbeugung für bedenklich hielten. Dies insbesondere im Hinblick auf den Grundsatz „nulla poena sine lege". Zum einen seien bei der Auslegung des dem ursprünglichen Urteil zugrunde liegenden Tatbestandes wie den §§ 213, 214 Abs. 1 StGB-DDR durch den BGH auch Anweisungen herangezogen worden, die der Geheimhaltung unterlagen. Dem BGH wird dabei vorgeworfen, diesen Gesichtspunkt nicht gewürdigt zu haben, denn die Geheimhaltung von Unterlagen hätte zumindest als Indiz für den Vorsatz einer Rechtsbeugung bewertet werden müssen.[49] Weiterhin wird eine Aufweichung darin gesehen, dass insbesondere der 4. Senat den Grundsatz „nulla poena sine lege" auf den Verstoß gegen überpositives Recht reduzierte.[50] Dies gelte gerade deswegen, da der Grundsatz als solcher bereits überpositives Recht darstellt. Diesen Widerspruch konnte der BGH nicht auflösen.

Im Rahmen der vielfachen Entscheidungen zur Rechtsbeugung hat der BGH insbesondere im Rahmen des objektiven Tatbestandes die unbestimmten Tatbestandsmerkmale anhand der Zugrundelegung von Wertmaßstäben der DDR weiter ausgeweitet.[51] Infolge dieser Ausweitungen ist für den Bürger, mithin den Normadressaten, die Rechtssicherheit in Zweifel gestellt. *Schroeder* warnt insbesondere vor folgender Problematik:

> „Sollte nach zwei Unrechtssystemen in Deutschland wieder einmal ein neues entstehen, so wird man sich wieder darauf gefaßt machen müssen, für den Protest gegen behördliche Entscheidungen wegen 'Bekundung der Mißachtung der Gesetze', 'öffentlicher Herabwürdigung', 'Aufforderung zur Bekundung der Mißachtung der

---

47 BGH, NJW 1995, S. 3324 (3331/3332).

48 *Schroeder*, NJW 1999, S. 89.

49 Vgl. zur gesamten Problematik: *Schroeder*, NJW 1999, S. 89 (91).

50 *Schroeder*, NJW 1999, S. 89 (91).

51 Vgl. insoweit auch die Fallanalyse bei *Schroeder*, NJW 1999, S. 89 (91/92).

> Gesetze' usw. verurteilt zu werden. Dabei wird einem dieses System noch vorhalten können, daß derartige Rechtssprüche von dem obersten Gericht des höchstentwickelten Rechtsstaats, den wir bisher in Deutschland hatten, gebilligt worden seien."[52]

Dem Rechtsfrieden dienlicher wäre es gewesen, gar nicht erst den Anwendungsbereich der Rechtsbeugung über Art. 315 EGStGB zu eröffnen.

C) Das strafrechtliche Rehabilitierungsgesetz für die Opfer der politischen Verfolgung

Soweit der Rechtsfrieden für die Opfer der politischen Verfolgung nicht im Rahmen der Urteile zur Rechtsbeugung erfolgen konnte, gewährleistete der bundesdeutsche Gesetzgeber zumindest die Rehabilitierung der zu Unrecht Verurteilten. Am 4. November 1992 trat das „Erste Gesetz zur Bereinigung von SED-Unrecht" in Kraft[53], mit welchem in Art. 1 ein „Gesetz über die Rehabilitierung und Entschädigung von Opfern rechtsstaatswidriger Strafverfolgungsmaßnahmen im Beitrittsgebiet", kurz StrRehaG, verabschiedet wurde.[54] Gewährt wird eine strafrechtliche Rehabilitierung auf Antrag des Betroffenen, § 1 Abs. 1 StrRehaG. Diese war notwendig, um soziale Ausgleichsleistungen zu erhalten. Bereits in diesem 1. SED-UnBerG[55] waren in Art. 1 § 1 Abs. 1 Regelbeispiele enthalten, die indizierten, dass eine Entscheidung, die der politischen Verfolgung gedient hat, i.d.R. mit wesentlichen Grundsätzen einer freiheitlichen rechtsstaatlichen Ordnung unvereinbar ist, für rechtsstaatswidrig zu erklären und aufzuheben ist.[56] Hintergrund war folgende Überlegung:

> „Die Rehabilitierung erfolgt durch eine Generalklausel und durch einen Regelaufhebungskatalog. Die Generalklausel erfaßt alle Unrechtsurteile, die mit den wesentlichen Grundsätzen einer freiheitlichen rechtsstaatlichen Ordnung unvereinbar sind. Die weite Formulierung ist notwendig, weil die Strafnormen der früheren DDR in fast allen Bereichen zur politischen Verfolgung mißbraucht werden konnten.

---

52 *Schroeder*, NJW 1999, S. 89 (93).

53 Erstes SED-Unrechtsbereinigungsgesetz vom 29. Oktober 1992, BGBl. I 1992, S. 1814.

54 BGBl. I 1992, S. 1814.

55 Eine Änderung des StrRehaG erfolgte durch das 2. SED-UnBerG vom 23. Juni 1994, BGBl. I 1994, S. 1311 (1320), in Art. 6. Diese Änderungen betrafen jedoch nicht den Umgang mit Urteilen nach § 213 StGB-DDR, sondern im Wesentlichen rechtsstaatswidrige Entscheidungen über Freiheitsentzug außerhalb des Strafverfahrens, § 2 StrRehaG. Daher wird hier nicht näher darauf eingegangen.

56 Soweit keine Aufhebung von Einzelentscheidungen erfolgte, blieb somit grundsätzlich eine Entscheidung der DDR-Gerichte wirksam, Art. 18 Abs. 1 S. 1, 19 S. 1 EinigungsV.

> Mit dem Regelaufhebungskatalog werden die Straftatbestände erfaßt, die nach den vorliegenden Erkenntnissen zur politischen Verfolgung gedient haben. Wenn ein Betroffener nach diesem Katalog verurteilt worden ist, kann das Gericht ohne eingehende Prüfung die Aufhebung des Urteils verfügen. Damit wird bei vielen rechtsstaatswidrigen Verurteilungen eine deutliche Beschleunigung der Verfahren erreicht und den Betroffenen auf diese Art und Weise geholfen."[57]

Zu diesen Regelbeispielen gehörte nach § 1 Abs. 1 Ziff. 1 Buchst. e) StrRehaG auch der ungesetzliche Grenzübertritt gem. § 213 Abs. 1, 2, 3 S. 2 Nr. 3 bis 6, oder Abs. 4 StGB-DDR, Stand 1988. Es handelt sich insoweit nur um eine widerlegbare gesetzliche Vermutung.[58] Mithin kann der Nachweis erbracht werden, dass trotz einer Verurteilung nach § 213 StGB-DDR kein politisches Motiv der Strafverfolgung zugrunde lag. Allerdings muss das Gericht im Rahmen des Antrages prüfen, ob anderweitige Gründe eine politische Verfolgung tragen.[59] *Heinatz* führt hierzu aus:

> „Es kommt eine Rehabilitierung in Betracht, wenn der Betroffene mit seinem ungesetzlichen Grenzübertritt in Richtung Osten ein politisches Zeichen setzen wollte oder die Verurteilung auf einem schwerwiegenden Verstoß gegen rechtsstaatliche Verfahrensgrundsätze beruhte und das DDR-Gericht versuchte, das Verhalten des zur Tatzeit erheblich alkoholisierten Betroffenen in den Entscheidungsgründen des Urteils aus politischen Erwägungen zu einem Staatsverbrechen aufzuwerten."[60]

Weiterhin kam eine strafrechtliche Rehabilitierung nach § 1 Abs. 1 Ziff. 2 StrRehaG in Betracht, soweit „die angeordneten Rechtsfolgen in grobem Mißverhältnis zu der zugrundeliegenden Tat stehen"[61]. Nicht entscheidend ist hierbei, ob nach bundesdeutschem Recht ein mildere Strafe zu erwarten gewesen wäre, d.h. es kommt nicht zu einem „Überstülpen" des Strafzumessungsrechts der BRD.[62] Vielmehr orientiert sich dieser Gedanke an dem Grundsatz der Verhältnismäßigkeit, so dass Rechtsstaatswidrigkeit anzunehmen sei, wenn die Grenze zum Unerträglichen überschritten wurde.[63]

Eine Vielzahl von Anträgen auf Rehabilitierung fand sich in den Ermittlungsakten im Hauptstaatsarchiv Dresden. Teilweise liegen die entsprechenden Beschlüsse zur Aufhebung der angefochtenen Entscheidung bei und belegen die Anwendung des Regelkataloges. Es ergab sich aus den Akten jedoch keine

---

57 *Kinkel*, Bundesminister der Justiz 1991 in: BT-Drs. Plenarprotokoll 12/64, S. 5370.

58 *Reinartz*, in: BT-Drs. Plenarprotokoll 12/64, S. 5388; *Heinatz*, NJW 2000, S. 3022 (3027).

59 *Heinatz*, NJW 2000, S. 3022 (3027).

60 *Heinatz*, NJW 2000, S. 3022 (3027).

61 BGBl. I 1992, S. 1814 (1814).

62 *Heinatz*, NJW 2000, S. 3022 (3029).

63 So auch *Heinatz*, NJW 2000, S. 3022 (3029).

Entscheidung, in der die gesetzliche Vermutung des § 1 Abs. 1 Ziff. 1e) StrRehaG entfallen wäre.

Im Hinblick auf die Rechtsprechung zum Rechtsbeugungstatbestand in Bezug auf die DDR-Justiz kommt dem SED-UnrBerG und somit vor allem dem StrRehaG eine besondere Bedeutung zu. Es schafft, was der BGH in seinen Urteilen zur Rechtsbeugung nur eingeschränkt geleistet hat. Denn mit dem StrRehaG gelingt es zumindest auf einer Ebene, den Opfern Rechtsfrieden zu verschaffen, wenn schon eine Bestrafung der damaligen Ankläger ausscheidet.

Dreizehntes Kapitel: Zusammenfassende Würdigung

Die strafrechtliche Verfolgung derjenigen, die nach dem heutigen Grundrechtsverständnis ihr Recht auf Reisefreiheit und Wahl des Lebensmittelpunktes geltend gemacht haben, erscheint mehr als zwei Jahrzehnte später noch immer unvorstellbar. Insbesondere unter dem Eindruck, dass es sich bei der DDR um einen Staat handelte, welcher doch durch Familienbande eng mit der BRD verknüpft war. Die Hintergründe für eine solche Vorgehensweise seitens der DDR und die Auswirkungen auf die Betroffenen wurden in den vorangegangenen Kapiteln aufgezeigt. Zusammenfassend kann jedoch Folgendes gesagt werden:

Das politische System der DDR begann aus der Vorstellung heraus, eine sozialistische Wirklichkeit zu schaffen, die jedem Menschen ermöglicht, in gleichem Maße an den Errungenschaften der Zivilisation teilzuhaben. Ursprünglich war diese Idee darauf ausgerichtet dem Volk zu dienen und diesem seinen Geltungsanspruch zu verschaffen. Die marxistisch-leninistische Lehre gab dabei den Rahmen vor, der zunächst durch die sowjetische Führung ausgefüllt wurde. Im Laufe der 40-jährigen Geschichte der DDR konnte der Machtanspruch der führenden Partei nur noch durch ein stark ausgeweitetes Kontrollsystem ermöglicht werden. Diese Kontrolle zog sich durch alle Bereiche des gesellschaftlichen Lebens und machte auch nicht vor der privaten Lebensführung durch Einsetzung von Familienmitgliedern als inoffizielle Mitarbeiter des MfS Halt. Auswirkungen hatte dieses System damit auch auf die Entwicklung des Strafrechts, insbesondere der §§ 213, 214 StGB-DDR. Diese zielten gerade darauf ab, das eigene Volk im Staat zu halten und zu kontrollieren. Befürchtet wurde durch die Regierung der DDR eine Abwanderung der Bevölkerung in dem Maße, dass die staatliche Existenz bedroht werde.

Die im Vierten Kapitel dargestellten Vorstufen der Normen zu §§ 213, 214 StGB-DDR belegen, dass zunächst nicht das Überschreiten der Grenze als solches sanktioniert werden sollte, sondern die damit einhergehenden Verhaltensweisen, wie z.B. die Auskunftserteilung gegenüber Behörden der BRD. Die Weiterentwicklung zu einem eigenen Tatbestand, der bereits das Überschreiten der Grenze an sich bestrafte, erfolgte in den weiteren Jahren.

Wesentlicher Vorgänger für die hier untersuchten Normen der §§ 213, 214 war jedoch das Passgesetz von 1957, wie im Fünften Kapitel aufgezeigt. Erst 1968 erfolgt mit Einführung des Strafgesetzbuches die Normierung der Strafbarkeit des ungesetzlichen Grenzübertrittes in § 213.

Die im Siebten Kapitel aufgezeigten Reformierungen des § 213 sind in einem engen Zusammenhang mit den politischen Veränderungen und den Aktivitäten in der Bevölkerung zu sehen. § 213 als politisches Steuerungsinstrument erfuhr immer dann eine Anpassung, wenn entweder die Zahlen hinsichtlich der Fluchtbewegung anstiegen bzw. die DDR auf politischer Ebene gezwungen war, Freiräume anzuerkennen, wie z.B. im Rahmen der KSZE.[1]

Aufgrund der Teilung Deutschlands 1949 war die DDR dem Konflikt hinsichtlich der Anerkennung als Staat mit eigener Rechtspersönlichkeit im Gefüge der Staatengemeinschaften und der Aufrechterhaltung des sozialistischen Systems ausgesetzt. Diesen Spannungen wurde mit Strafschärfungen begegnet.

Die Schaffung des § 214 Abs. 1 war eine weitere Folge der Ereignisse auf dem internationalen Parkett ab 1975 und der dadurch eröffneten Möglichkeiten für die Bürger der DDR. Die SED sah sich – aufgrund des Anstiegs der Zahlen der Ausreiseantragsteller – zu einem strafrechtlichen Handeln gezwungen. Die Nutzung des Strafrechts als Regulierungsinstrument hat jedoch im Ergebnis den menschlichen Willen zum Ausbruch aus diesem System nicht dem Willen der Regierung unterworfen, sondern dazu beigetragen, politische Missstände offen zu legen und im Ergebnis sogar den Zusammenbruch des Regimes begünstigt. Aufgrund der Verlagerung der Probleme an die Front der Flüchtigen und Ausreisewilligen wurden Reserven an Stellen eingesetzt, die für die Stabilisierung des politischen Systems und ein damit einhergehendes Umdenken vonnöten gewesen wären.

Zu beachten ist, dass Ausreiseanträge durch § 214 Abs. 1 letztlich von einem legalen Verhalten aufgrund der politischen Dimensionen zur Illegalität herabgestuft wurden.

Die Fluchtversuche und Ausreiseanträge bildeten umgekehrt zugleich die Grundlage für ein neuartiges, aber auch bislang einzigartiges Verfahren – den Häftlingsfreikauf –, welches vielen Menschen in der DDR die Freiheit verschaffte. Und brachte zugleich den Nebeneffekt des Aufeinanderzugehens der beiden deutschen Staaten.

Die Etablierung des Freikaufverfahrens als feste Größe in den innerdeutschen Beziehungen, führte allerdings nicht zu einem Rückgang der Zahl der Freigekauften, sondern aufgrund der maroden finanziellen Lage der DDR eher zu

---

1 Vgl. hierzu auch die Ausführungen im Ersten Teil, Zweites Kapitel.

ihrem Anstieg.[2] Begünstigt wurde diese Entwicklung auch durch den Wegfall der sowjetischen Subventionen 1981. Die Folge war eine erhöhte Abhängigkeit der DDR von den Deviseneinnahmen aus dem Häftlingsfreikauf.[3] Zugleich wurde durch die Abschiebung der politisch Inhaftierten und der beschleunigten Genehmigung von Ausreiseanträgen die Zahl der Neuanträge erhöht. Es kam damit zu einer Destabilisierung durch Abwanderung, die rechtlichen Instrumentarien zur Bekämpfung der Ausreisebewegung konnten aufgrund der internationalen Verträge nur noch begrenzt eingesetzt werden und die zunehmende Verschuldung band die DDR immer enger an die Ökonomie der BRD.[4]

Zudem kalkulierten auch die Betroffenen diese Chance auf „Ausreise" mit ein. Die DDR-Regierung hat folglich unterschätzt, dass das Verfahren den Betroffenen die Hoffnung auf Änderung gab.

Die eigene Auswertung der archivierten Ermittlungsakten, im Hauptstaatsarchiv Dresden beinhaltete zum einen die Untersuchung kriminologischer Ansatzpunkte und zum anderen die Analyse der strafrechtlichen Ausgestaltung des Tatbestandes in der Praxis.

Hinsichtlich des kriminologischen Ansatzes wurden insbesondere geschlechts- und altersspezifische Besonderheiten sowie soziale Aspekte untersucht. Als sozialer Hintergrund waren kinderreiche Familien bei den hier untersuchten Jugendlichen nicht ungewöhnlich. Vorwiegend stammten diese aus dem Arbeitermilieu. Bei den Erwachsenen ergab sich keine andere Tendenz. Die eigene These von einem Überwiegen der Schicht der sog. „Intelligenz" konnte nicht belegt werden.

---

2 *Passens*, MfS Untersuchungshaft, S. 275. So auch Aris / Heitmann-*Wölbern*, Via Knast in den Westen, S. 48. Waren es bis Ende der 60er Jahre noch pro Jahr unter 1.000 Freigekaufte, wurde dieser Wert in den 70er sowie 80er Jahren nicht mehr unterschritten. Auffällig war auch, dass in der ersten Phase viele Freigekaufte an ihren Wohnort in der DDR entlassen worden sind. In der zweiten Phase des Häftlingsfreikaufs war jedoch die Entlassung in die BRD vorrangig zu verzeichnen. Vgl. hierzu Aris / Heitmann-*Wölbern*, Via Knast in den Westen, S. 48. Hintergrund für diese Spaltung der Entlassungsorte war die Nichtaufklärung des MfS gegenüber den Häftlingen zur freien Wahl hinsichtlich des Entlassungsortes. Spätestens seit Mitte der 70er Jahre wurden die Betroffenen jedoch über ihr Wahlrecht informiert, was zu einem Anstieg der Entlassungen in die BRD führte. Seit 1986 kam eine interne Dienstanweisung hinzu, die vorsah, dass die engeren Angehörigen innerhalb von zwei Monaten ebenfalls die Ausreise antreten konnten. Vgl. insoweit die Ausführungen in: Aris / Heitmann-*Wölbern*, Via Knast in den Westen, S. 52.

3 *Raschka*, Justizpolitik im SED Staat, S. 231.

4 Vgl. insoweit *Raschka*, Justizpolitik im SED Staat, S. 231.

Allerdings zeigen die ermittelten Werte, gemessen am Anteil der Schicht der sog. „Intelligenz“ am gesamten Bevölkerungsanteil, dass diese einen hohen Rang einnahmen.

Trotz des Gleichlaufs im Bildungsstand offenbarte sich, dass bei den Jugendlichen Impulsivität und Spontanität zur Tatbegehung beitrugen. Kurzfristige Belastungen durch familiäre oder berufliche Probleme führten dazu, sich diesen durch Weggang zu entziehen. Hinzu kam, dass die Begehung hauptsächlich in einer Gruppe erfolgte und sich vielfach Jugendliche anschlossen ohne zu wissen, worauf sie sich einließen. Gerade aus diesem Gruppenverhalten entstand eine eigene Dynamik und Impulsivität. Im Gruppenverband wurde ein Ausgleich sowie die eigene Bestätigung gesucht. Dieses aus der Gruppe heraus gewährte Selbstwertgefühl verleitete zu Taten, die allein nicht unternommen worden wären. Erwachsene handelten demgegenüber zumeist als Einzeltäter.

Aus der Auswertung ergab sich zugleich, dass in 99% der Fälle der weiteren Strafverfolgung ein Geständnis zugrunde lag. Dies wurde zum einen durch Isolation und Zwang erwirkt, aber auch infolge von wiederholenden Fragestellungen, bis die gewünschte Antwort erfolgte. Aufgrund dieser Herangehensweise und der Zusammenführung von Informationen aus anderen Ermittlungsverfahren durch die im Elften Kapitel erwähnte Datenbank, konnten sehr kurze Verfahrenszeiten erreicht werden. Durch die Informationen aus anderen Verfahren wurde dem Betroffenen außerdem suggeriert, dass man schon alles über den Tatplan wisse. Dies führte zu Stresssituationen für die Betroffenen, die über die Anspannung in normalen Vernehmungssituationen hinausgingen.

Hinsichtlich der Analyse der strafrechtlichen Ausgestaltung des § 213 in der Praxis wurde zum einen der Tatbestand als solcher in den Blick genommen, aber auch die Rechtsfolgenseite.

In Bezug auf die Tatbestandsvariante kristallisierte sich bei den Jugendlichen die Flucht über das Drittland sowie die Gruppenbegehung heraus. Bezogen auf die Erwachsenen musste festgestellt werden, dass vorrangig die Nichtrückkehr von genehmigten Reisen zum Verbleib in der BRD genutzt wurde. Mithin gerade nicht, wie zu Beginn der Auswertung vermutet, die Alternative des Grenzdurchbruchs durch Nutzung von Waffen, Fluchtfahrzeugen oder Verstecken.

Bei den Erwachsenen zog der Verbleib vielfach die weiteren Familienangehörigen nach, die sodann einen Antrag auf ständige Ausreise auf Grundlage der Familienzusammenführung stellten. Aufgrund des ermittelten kurzentschlossenen dauerhaften Verbleibs, erschwerte diese Form der Tatbegehung den

Behörden der DDR, Tatvorbereitungen und damit potentielle Täter vorab zu erkennen. obwohl vor der Reisegenehmigung ein kompliziertes Untersuchungssystem griff. Letztlich führte das dazu, dass durch den Anstieg der Verbleiber in den 80er Jahren die DDR mit einem enormen Fachkräftemangel zu kämpfen hatte. In Dresden betraf dies vor allem den medizinischen Bereich.

Hinsichtlich der Rechtsfolgenseite konnte nicht beobachtet werden, ob bei Jugendlichen deren besonderer Entwicklungsstand bei den Verurteilungen zu einer Freiheitsstrafe in jedem Fall Eingang in das Strafverfahren gefunden und bei der Höhe eine entscheidende Rolle gespielt hätte. Vielmehr waren diese Fälle nur vereinzelt wahrnehmbar.

Aufgrund der vorrangigen Verhängung von Freiheitsstrafen wird deutlich, dass § 213 einen reinen politischen Tatbestand darstellte. Wäre dem nicht so, hätte der gesamte Rechtsfolgenkatalog des § 213 über die Möglichkeit des § 62 größere Anwendung finden müssen. Vergehen mit politischem Hintergrund wiesen in der DDR jedoch eine hohe Brisanz auf. Das zeigt auch die Stellung des MfS in diesen Verfahren.

Die verschiedenen im Archiv untersuchten Fälle machten deutlich, dass in der DDR der Einzelne dem Gesamtgefüge untergeordnet wurde. Es wurde zwar seine konkrete Situation beleuchtet, dies jedoch immer im Kontext des sozialistischen Machtgefüges. Sein Tun wurde gemessen an politischen Zielen und Bedürfnissen und damit das eigentliche Handeln sowie die Wünsche des Betroffenen nicht hinreichend ernst genommen. Dies zeigt auch folgender Ausschnitt aus einem Urteil:

> „[...] Diese Verurteilung ist notwendig, da die Persönlichkeit des Angeklagten eine erhebliche soziale Fehlentwicklung offenbart. Alle bisherigen Hinweise der staatlichen Organe im eigenen Interesse zum Beispiel für eine Weiterbildung besorgt zu sein, waren nutzlos. [...] Damit sich beim Angeklagten die bereits bestehende soziale Fehlentwicklung nicht noch weiter ausprägt, ist es unbedingt erforderlich über einen längeren Zeitraum die Erziehungsmethoden anzuwenden, die ihn letztenendes doch noch zu einer sozialistischen Persönlichkeit formen. Der Angeklagte muß sich auch darüber im klaren werden, dass er durch seine Handlungen die Sicherheit im Grenzgebiet gefährdete. Auch wollte er den Staat verraten, der ihm bisher jegliche Fürsorge zuteil werden ließ [...].“[5]

Allen denjenigen, die in diese Maschinerie hineingezogen worden sind, ist nur zu wünschen, dass mit der Wiedervereinigung Deutschlands die Ziele und Wünsche, wofür sie gekämpft haben, in Erfüllung gegangen sind sowie die Erinnerungen an die Zeit in den Untersuchungshaftanstalten und Gefängnissen der DDR verblassen konnten. Ich habe mir selbst mit dem ehemaligen Ge-

5 SächsHStA, Staatsanwalt Stadt Dresden, Nr. 29, Urteil vom 2. Juni 1972, Bl. 90 der Akte.

fängnis in Berlin – Hohenschönhausen einen solchen „Zeitzeugen“ angesehen. Bis heute strahlt dieses Gebäude eine Grausamkeit aus, die von den dort erlittenen Schrecken berichten. Diesen ersten Eindruck unterstrich die ehrenamtliche Führung durch Zeitzeugen, die es sich zur Aufgabe gemacht haben, dem Besucher die vergangene Zeit plastisch vor Augen zu führen. Durch diese persönlichen Führungen wird der Besucher in die Zeit zurück versetzt. Mir jedenfalls hat es geholfen, die Aktenschicksale bildlich vor mir zu sehen und für mich die Tatbestände der §§ 213, 214 Abs. 1 StGB-DDR vom menschlichen Aspekt und nicht nur von der rechtlichen Seite her zu betrachten.

ANHANG

Gesetzestexte – Rechtsquellen

§ 213 StGB-DDR, Stand 1968 „Ungesetzlicher Grenzübertritt" (GBl. DDR I 1968, S. 40)

(1) Wer widerrechtlich in das Gebiet der Deutschen Demokratischen Republik eindringt oder sich darin widerrechtlich aufhält, die gesetzlichen Bestimmungen oder auferlegte Beschränkungen über Ein- und Ausreise, Reisewege und Fristen oder den Aufenthalt nicht einhält oder wer durch falsche Angaben für sich oder einen anderen eine Genehmigung zum Betreten oder Verlassen der Deutschen Demokratischen Republik erschleicht oder ohne staatliche Genehmigung das Gebiet der Deutschen Demokratischen Republik verläßt oder in dieses nicht zurückkehrt, wird mit Freiheitsstrafe bis zu zwei Jahren oder mit Verurteilung auf Bewährung, Geldstrafe oder öffentlichem Tadel bestraft.

(2) In schweren Fällen wird der Täter mit Freiheitsstrafe von einem Jahr bis zu fünf Jahren bestraft. Ein schwerer Fall liegt insbesondere vor, wenn

1. die Tat durch Beschädigung von Grenzsicherungsanlagen oder Mitführen dazu geeigneter Werkzeuge oder Geräte oder Mitführen von Waffen oder durch die Anwendung gefährlicher Mittel oder Methoden durchgeführt wird;
2. die Tat durch Mißbrauch oder Fälschung von Ausweisen oder Grenzübertrittsdokumenten, durch Anwendung falscher derartiger Dokumente oder unter Ausnutzung eines Verstecks erfolgt;
3. die Tat von einer Gruppe begangen wird;
4. der Täter mehrfach die Tat begangen oder im Grenzgebiet versucht hat oder wegen ungesetzlichen Grenzübertritts bereits bestraft ist.

(3) Vorbereitung und Versuch sind strafbar.

Anmerkung: Zuwiderhandlungen gegen die gesetzlichen Bestimmungen oder auferlegte Beschränkungen über Ein- und Ausreise oder Aufenthalt können in leichten Fällen als Ordnungswidrigkeit verfolgt werden.

§ 213 StGB-DDR, Stand 1974 „Ungesetzlicher Grenzübertritt" (GBl. DDR I 1974, S. 591 [596])

(1) Wer widerrechtlich in das Gebiet der Deutschen Demokratischen Republik eindringt oder sich darin widerrechtlich aufhält, die gesetzlichen Bestimmungen oder auferlegte Beschränkungen über Ein- und Ausreise, Reisewege und Fristen oder den Aufenthalt nicht einhält oder wer durch falsche Angaben für sich oder einen anderen eine Genehmigung zum Betreten oder Verlassen der Deutschen Demokratischen Republik erschleicht oder ohne staatliche Genehmigung das Gebiet der Deutschen Demokratischen Republik verläßt oder in dieses nicht zurückkehrt, wird mit Freiheitsstrafe bis zu zwei Jahren oder mit Verurteilung auf Bewährung, **Haftstrafe**, Geldstrafe oder öffentlichem Tadel bestraft.

(2) In schweren Fällen wird der Täter mit Freiheitsstrafe von einem Jahr bis zu fünf Jahren bestraft. Ein schwerer Fall liegt insbesondere vor, wenn

1. die Tat durch Beschädigung von Grenzsicherungsanlagen oder Mitführen dazu geeigneter Werkzeuge oder Geräte oder Mitführen von Waffen oder durch die Anwendung gefährlicher Mittel oder Methoden durchgeführt wird;
2. die Tat durch Mißbrauch oder Fälschung von Ausweisen oder Grenzübertrittsdokumenten, durch Anwendung falscher derartiger Dokumente oder unter Ausnutzung eines Verstecks erfolgt;
3. die Tat von einer Gruppe begangen wird;
4. der Täter mehrfach die Tat begangen oder im Grenzgebiet versucht hat oder wegen ungesetzlichen Grenzübertritts bereits bestraft ist.

(3) Vorbereitung und Versuch sind strafbar.

Anmerkung: Zuwiderhandlungen gegen die gesetzlichen Bestimmungen oder auferlegte Beschränkungen über Ein- und Ausreise oder Aufenthalt können in leichten Fällen als Ordnungswidrigkeit verfolgt werden.

§ 213 StGB-DDR, Stand 1979 „Ungesetzlicher Grenzübertritt" (GBL. DDR I 1979, S.139 [143])

(1) Wer widerrechtlich **die Staatsgrenze** der Deutschen Demokratischen Republik **passiert oder Bestimmungen des zeitweiligen Aufenthalts in der Deutschen Demokratischen Republik sowie des Transits durch die Deutsche Demokratische Republik verletzt**, wird mit Freiheitsstrafe bis zu zwei Jahren oder mit Verurteilung auf Bewährung, Haftstrafe oder mit Geldstrafe bestraft.

(2) Ebenso wird bestraft, wer als Bürger der Deutschen Demokratischen Republik rechtswidrig nicht oder nicht fristgerecht in die Deutsche Demokratische Republik zurückkehrt oder staatliche Festlegungen über seinen Auslandsaufenthalt verletzt.

(3) In schweren Fällen wird der Täter mit Freiheitsstrafe von einem Jahr bis zu **acht Jahren** bestraft. Ein schwerer Fall liegt insbesondere vor, wenn

1. **die** Tat **Leben oder Gesundheit von Menschen gefährdet;**

   die **Tat unter Mitführung von Waffen oder** unter Anwendung gefährlicher Mittel oder Methoden erfolgt;
2. **die Tat** mit **besonderer Intensität durchgeführt wird**;
3. **die Tat** durch **Urkundenfälschung (§ 240), Falschbeurkundung (§ 242) oder durch Mißbrauch von Urkunden** oder unter Ausnutzung eines Verstecks erfolgt;
4. die Tat zusammen **mit anderen** begangen wird;
5. der Täter **wegen ungesetzlichen Grenzübertritts bereits bestraft** ist.

(4) Vorbereitung und Versuch sind strafbar.

§ 214 StGB-DDR, Stand 1977 „Beeinträchtigung staatlicher oder gesellschaftlicher Tätigkeit“ (GBl. DDR I 1977, S. 100 [101/102])

(1) Wer die Tätigkeit staatlicher Organe durch Gewalt oder Drohungen beeinträchtigt oder in einer die öffentliche Ordnung gefährdenden Weise eine Mißachtung der Gesetze bekundet oder zur Mißachtung der Gesetze auffordert, wird mit Freiheitsstrafe bis zu zwei Jahren oder mit Verurteilung auf Bewährung, Haftstrafe, Geldstrafe oder öffentlichem Tadel bestraft.

(2) Ebenso wird bestraft, wer gegen Bürger wegen ihrer staatlichen oder gesellschaftlichen Tätigkeit mit Tätlichkeiten vorgeht oder solche androht.

(3) Wer sich an einer Gruppe beteiligt, die Gewalttätigkeiten gegen Bürger wegen ihrer staatlichen oder gesellschaftlichen Tätigkeit verübt oder androht, wird mit Freiheitsstrafe bis zu fünf Jahren bestraft.

(4) Ist die Tatbeteiligung von untergeordneter Bedeutung, kann der Täter mit Verurteilung auf Bewährung, Haftstrafe oder Geldstrafe bestraft werden.

(5) Der Versuch ist strafbar.

§ 214 StGB-DDR, Stand 1979„Beeinträchtigung staatlicher oder gesellschaftlicher Tätigkeit“ (GBl. DDR I 1979, S. 139 [144])

(1) Wer die Tätigkeit staatlicher Organe durch Gewalt oder Drohungen beeinträchtigt oder in einer die öffentliche Ordnung gefährdenden Weise eine Mißachtung der Gesetze bekundet oder zur Mißachtung der Gesetze auffordert, wird mit Freiheitsstrafe bis **zu drei Jahren** oder mit Verurteilung auf Bewährung, Haftstrafe, Geldstrafe oder öffentlichem Tadel bestraft.

(2) Ebenso wird bestraft, wer gegen Bürger wegen ihrer staatlichen oder gesellschaftlichen Tätigkeit oder wegen ihres Eintretens für die öffentliche Ordnung und Sicherheit mit Tätlichkeiten vorgeht oder solche androht.

(3) Wer zusammen mit anderen eine Tat nach den Absätzen 1 oder 2 begeht, wird mit Freiheitsstrafe bis zu fünf Jahren bestraft.

(4) Ist die Tatbeteiligung von untergeordneter Bedeutung, kann der Täter mit Verurteilung auf Bewährung, Haftstrafe oder Geldstrafe bestraft werden.

(5) Der Versuch ist strafbar.

KSZE Schlussakte von Helsinki 1975, S. 51–54

Zusammenarbeit in humanitären und anderen Bereichen

Die Teilnehmerstaaten,

Von dem Wunsche geleitet, zur Stärkung des Friedens und der Verständigung zwischen den Völkern und zur geistigen Bereicherung der menschlichen Persönlichkeit ohne Unterschied von Rasse, Geschlecht, Sprache oder Religion beizutragen,

Im Bewußtsein, daß eine Steigerung des Austausches auf dem Gebiet der Kultur und Bildung, eine größere Verbreitung von Information, Kontakte zwischen den Menschen und die Lösung humanitärer Probleme zur Erreichung dieser Ziele beitragen werden,

Daher entschlossen, unabhängig von ihren politischen, wirtschaftlichen und sozialen Systemen untereinander zusammenzuarbeiten, um in den oben genannten Bereichen bessere Bedingungen zu schaffen, bestehende Formen der Zusammenarbeit zu entwickeln und zu stärken sowie neue, diesen Zielen gemäße Mittel und Wege auszuarbeiten,

In der Überzeugung, daß diese Zusammenarbeit unter voller Achtung der die Beziehungen zwischen den Teilnehmerstaaten leitenden Prinzipien durchgeführt werden sollte, wie sie in dem einschlägigen Dokument aufgeführt sind,

Haben folgendes *angenommen*:

1. Menschliche Kontakte

Die Teilnehmerstaaten,

In der Erwägung, daß die Entwicklung von Kontakten ein wichtiges Element bei der Stärkung freundschaftlicher Beziehungen und des Vertrauens zwischen den Völkern ist,

In Bekräftigung der Bedeutung, die sie bei ihren gegenwärtigen Bemühungen, die Bedingungen in diesem Bereich zu verbessern, humanitären Erwägungen beimessen,

In dem Wunsch, in diesem Geist weitere Bemühungen im Zuge der Entspannung zu entwickeln, um weitergehenden Fortschritt auf diesem Gebiet zu erzielen

Und im Bewußtsein, daß die diesbezüglichen Fragen von den betreffenden Staaten unter gegenseitig annehmbaren Bedingungen geregelt werden müssen,

Setzen sich zum Ziel, freiere Bewegung und Kontakte auf individueller und kollektiver, sei es auf privater oder offizieller Grundlage zwischen Personen, Institutionen und Organisationen der Teilnehmerstaaten zu erleichtern und zur Lösung der humanitären Probleme beizutragen, die sich in diesem Zusammenhang ergeben,

Erklären ihre Bereitschaft, zu diesem Zweck Maßnahmen zu ergreifen, die sie für geeignet halten, und falls notwendig, untereinander Abkommen zu schließen oder Vereinbarungen zu treffen, und

Drücken ihre Absicht aus, nunmehr zur Durchführung des folgenden zu schreiten:

a) Kontakte und regelmäßige Begegnungen auf der Grundlage familiärer Bindungen

Um die weitere Entwicklung von Kontakten auf der Grundlage familiärer Bindungen zu fördern, werden die Teilnehmerstaaten Gesuche auf Reisen wohlwollend prüfen mit dem Ziel, Personen zu erlauben, in ihr Territorium zeitweilig und, wenn gewünscht, regelmäßig einzureisen oder aus ihm auszureisen, um Mitglieder ihrer Familien zu besuchen.

Gesuche auf zeitweilige Besuchsreisen zum Zweck von Begegnungen mit Mitgliedern ihrer Familien werden ohne Unterschied hinsichtlich des Herkunfts- oder Bestimmungslandes handelt werden; bestehende Bestimmungen hinsichtlich Reisedokumente und Visa werden in diesem Geiste angewendet werden. Die Ausstellung und Ausgabe solcher Dokumente und Visa werden innerhalb vernünftiger Fristen erfolgen; Dringlichkeitsfälle – wie ernste Erkrankung oder Todesfall – werden mit Vorrang behandelt werden. Sie werden die Schritte unternehmen, welche notwendig sein können, um zu gewährleisten, daß die Gebühren für amtliche Reisedokumente und Visa annehmbar sind.

Sie bestätigen, daß die Einreichung eines Gesuchs betreffend Kontakte auf der Grundlage familiärer Bindungen zu keiner Veränderung der Rechte und Pflichten des Gesuchstellers oder seiner Familienmitglieder führen wird.

b) Familienzusammenführung

Die Teilnehmerstaaten werden in positivem und humanitärem Geist Gesuche von Personen behandeln, die mit Angehörigen ihrer Familie zusammengeführt werden möchten, unter besonderer Beachtung von Gesuchen dringenden Charakters – wie solchen, die von kranken oder alten Personen eingereicht werden.

Sie werden Gesuche in diesem Bereich so zügig wie möglich behandeln.

Sie werden, wo notwendig, die im Zusammenhang mit diesen Gesuchen erhobenen Gebühren verringern, um sicherzustellen, daß sie gemäßigt sind.

Gesuche betreffend Familienzusammenführung, denen nicht stattgegeben wird, können auf entsprechender Ebene erneut eingereicht werden; sie werden von den Behörden des Aufenthaltslandes beziehungsweise des Aufnahmelandes in angemessen kurzen Zeitabständen von neuem geprüft; unter diesen Umständen werden Gebühren nur im Falle der Genehmigung des Gesuchs erhoben.

Personen, deren Gesuchen betreffend Familienzusammenführung stattgegeben wurde, können ihr Haushaltsgut und ihre persönliche Habe mitführen oder versenden; zu diesem Zwecke werden die Teilnehmerstaaten alle in den bestehenden Vorschriften enthaltenen Möglichkeiten nutzen.

Solange Angehörige derselben Familien nicht zusammengeführt sind, können Begegnungen und Kontakte zwischen ihnen entsprechend den Modalitäten für Kontakte auf der Grundlage familiärer Bindungen stattfinden.

Die Teilnehmerstaaten werden die Bemühungen der Gesellschaften des Roten Kreuzes und des Roten Halbmondes unterstützen, die sich mit den Problemen der Familienzusammenführung befassen.

Sie bestätigen, daß die Einreichung eines Gesuchs betreffend Familienzusammenführung zu keiner Veränderung der Rechte und Pflichten des Gesuchstellers oder seiner Familienmitglieder führen wird.

Der aufnehmende Teilnehmerstaat wird angemessene Sorge tragen hinsichtlich der Arbeitsbeschaffung für Personen aus anderen Teilnehmerstaaten, die in diesem Staat im Rahmen der Familienzusammenführung mit dessen Bürgern ständigen Wohnsitz nehmen, und darauf achten, daß ihnen die gleichen Möglichkeiten der Bildung, medizinischen Betreuung und sozialen Sicherheit wie den eigenen Bürgern gewährt werden.

c) Eheschließung zwischen Bürgern verschiedener Staaten

Die Teilnehmerstaaten werden wohlwollend und auf der Grundlage humanitärer Erwägungen Gesuche auf Bewilligung der Aus- oder Einreise von Personen prüfen, die beschlossen haben, einen Bürger aus einem anderen Teilnehmerstaat zu heiraten.

Die Bearbeitung und Ausgabe der Dokumente, die zu den oben genannten Zwecken und für die Eheschließung erforderlich sind, wird in Übereinstimmung mit den Bestimmungen erfolgen, die für die Familienzusammenführung angenommen wurden.

Bei der Behandlung von Gesuchen bereits verheirateter Ehegatten aus verschiedenen Teilnehmerstaaten, es ihnen und den minderjährigen Kindern aus ihrer Ehe zu ermöglichen, ihren Wohnsitz in einen Staat zu verlegen, in dem einer von ihnen normalerweise ansässig ist, werden die Teilnehmerstaaten ebenfalls die Bestimmungen anwenden, die für die Familienzusammenführung angenommen wurden.

d) Reisen aus persönlichen oder beruflichen Gründen

Die Teilnehmerstaaten beabsichtigen, Möglichkeiten für umfassenderes Reisen ihrer Bürger aus persönlichen oder beruflichen Gründen zu entwickeln; zu diesem Zweck beabsichtigen sie insbesondere:

- schrittweise die Verfahren für die Aus- und Einreise zu vereinfachen und flexibel zu handhaben,
- die Vorschriften für Ortsveränderungen von Bürgern aus den anderen Teilnehmerstaaten auf ihrem Territorium flexibler zu gestalten, unter gebührender Berücksichtigung von Sicherheitserfordernissen.

Sie werden sich bemühen, die Gebühren für Visa und amtliche Reisedokumente, wo notwendig, schrittweise zu senken.

Sie beabsichtigen, gegebenenfalls Mittel – einschließlich, sobald angebracht, des Abschlusses von multilateralen oder bilateralen Konsularkonventionen oder anderer einschlägiger Abkommen oder Absprachen – zu erwägen zur Verbesserung von Vereinbarungen über die Gewährung konsularischer Dienste, einschließlich des rechtlichen und konsularischen Beistands.

* * *

Sie bestätigen, daß religiöse Bekenntnisse, Institutionen und Organisationen, die im verfassungsmäßigen Rahmen der Teilnehmerstaaten wirken, sowie ihre Vertreter in den Bereichen ihrer Tätigkeit untereinander Kontakte und Treffen haben sowie Informationen austauschen können.

e) Verbesserung der Bedingungen für den Tourismus auf individueller oder kollektiver Grundlage

Die Teilnehmerstaaten sind der Auffassung, daß der Tourismus zu einer vollständigeren Kenntnis des Lebens, der Kultur und der Geschichte anderer Länder, zu wachsendem Verständnis zwischen den Völkern, zur Verbesserung der Kontakte und zur umfassenderen Freizeitgestaltung beiträgt. Sie beabsichtigen, die Entwicklung des Tourismus auf individueller oder kollektiver Grundlage zu fördern; insbesondere beabsichtigen sie:

- Reisen in ihre Länder zu fördern, indem sie zu geeigneten Erleichterungen, zur Vereinfachung und Beschleunigung der für solche Reisen erforderlichen Formalitäten ermutigen;
- auf der Grundlage geeigneter, gegebenenfalls erforderlicher Abkommen oder Vereinbarungen die Zusammenarbeit bei der Entwicklung des Tourismus zu verstärken, indem sie insbesondere bilateral Möglichkeiten zur Erweiterung der Information über Reisen in andere Länder, über die Aufnahme von und den Service für Touristen sowie andere diesbezügliche Fragen gegenseitigen Interesses prüfen.

Übersichten

Schaubild Strukturschema des MfS, Stand 1. Oktober 1989[1]

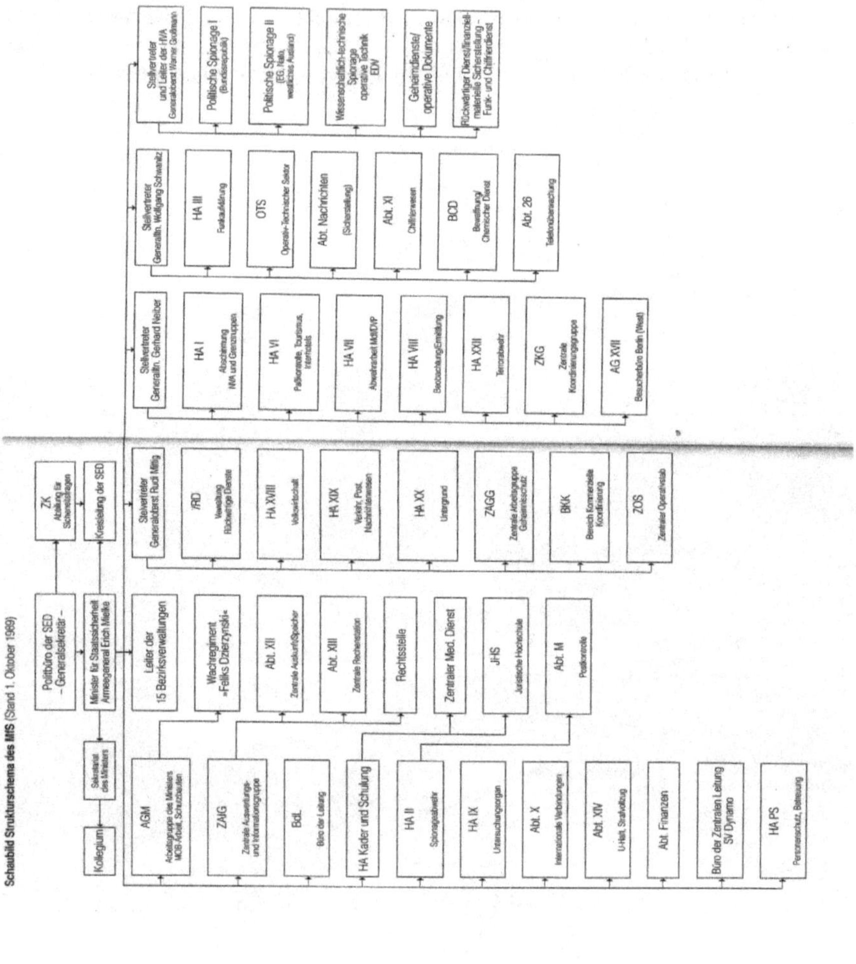

1 Entnommen aus Wilhelm Fricke, MfS intern, S. 22.

Gerichtssystem vereinfacht, Kontrollmechanismen zum 1. Teil, 3. Kapitel

Quelle: Staatsverlag DDR, Das Oberste Gericht der DDR

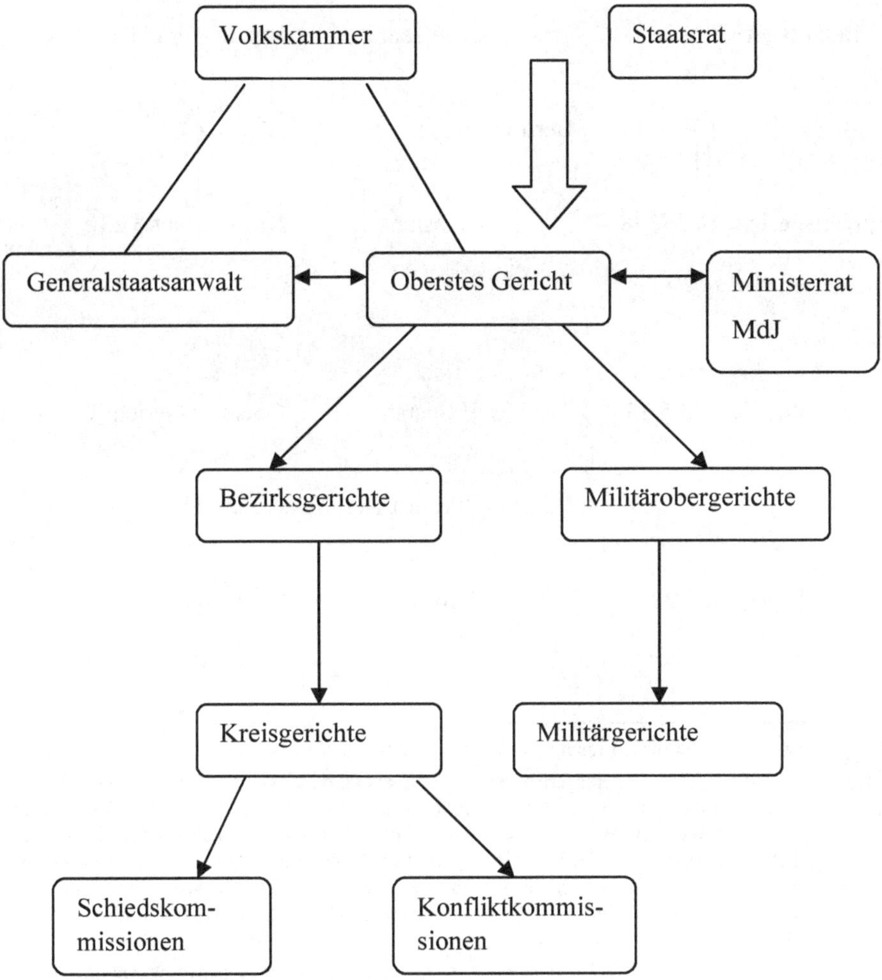

Legende der Pfeile:

- —— Wahl
- ⟶ Leitung
- ⟷ Zusammenarbeit
- ⇩ ständige Aufsicht

Instanzenzug 1952–1990 Strafsachen

GVG-DDR 1963/1968[2]		GVG-DDR 1974
Bezirksgericht § 28	II. Instanz	Bezirksgericht § 30 IV
⇧	Berufung/Protest/Beschwerde	⇧
Kreisgericht §§ 37, 38	I. Instanz	Kreisgericht § 23
Oberstes Gericht § 13	II. Instanz	Oberstes Gericht § 37 I
⇧	Berufung/Protest/Beschwerde	⇧
Bezirksgericht § 28	I. Instanz	Bezirksgericht § 30

2 Gesetzestext für die Zuständigkeit Bezirksgerichts I. Instanz:

§ 28 (1963): „Das Bezirksgericht ist zuständig als Gericht erster Instanz in Strafsachen für die Entscheidung über Staatsverbrechen; über vorsätzliche Tötungsverbrechen; über Verbrechen gegen die Volkswirtschaft, soweit nicht der Staatsanwalt Anklage beim Kreisgericht erhebt; über andere Strafsachen, die wegen ihrer Bedeutung, Folgen oder Zusammenhänge vom Staatsanwalt des Bezirks beim Bezirksgericht angeklagt oder vom Direktor des Bezirksgerichts vor Eröffnung des Hauptverfahrens durch das Kreisgericht an das Bezirksgericht herangezogen werden; [...].“

§ 28/30 (1968/74): „Das Bezirksgericht ist zuständig als Gericht erster Instanz in Strafsachen für die Entscheidung über Verbrechen gegen die Souveränität der Deutschen Demokratischen Republik, den Frieden, die Menschlichkeit und die Menschenrechte; über Verbrechen gegen die Deutsche Demokratische Republik: über vorsätzliche Tötungsverbrechen; über Verbrechen gegen die Volkswirtschaft, soweit nicht der Staatsanwalt Anklage beim Kreisgericht erhebt; über andere Strafsachen, die wegen ihrer Bedeutung, Folgen oder Zusammenhänge vom Staatsanwalt des Bezirkes beim Bezirksgericht angeklagt oder vom Direktor des Bezirksgerichts vor Eröffnung des Hauptverfahrens durch das Kreisgericht an das Bezirksgericht herangezogen werden“.

Besonderheit beim Obersten Gericht

bis 1987

Oberstes Gericht als I. und letzte Instanz

§§ 13 GVG-DDR 1963/68, § 37 IGVG-DDR 1974

⇧

Anklage durch Generalstaatsanwalt

Straftaten von besonderer Bedeutung

ab 1987

Oberstes Gericht als II. Instanz

Großer Senat

⇧

Oberstes Gericht als I. Instanz

⇧

Anklage durch Generalstaatsanwalt

Straftaten von besonderer Bedeutung

Literaturverzeichnis

Akademie für Staats- und Rechtswissenschaft der DDR (Hrsg.): Das Oberste Gericht der DDR. Rechtsprechung im Dienste des Volkes. 1. Auflage. Berlin 1989.

Apelt, Andreas. H. (Hrsg.): Flucht, Ausreise, Freikauf (Aus-)Wege aus der DDR. Halle (Saale) 2011.

Aris, Nancy / Heitmann, Clemens (Hrsg.): Via Knast in den Westen. Das Kaßberg-Gefängnis und seine Geschichte. Schriftenreihe des Sächsischen Landesbeauftragten für die Unterlagen des Staatssicherheitsdienstes der ehemaligen DDR. Band 12. Korrigierte Auflage. Leipzig 2013 [zit.: Aris / Heitmann-*Bearbeiter*, Via Knast in den Westen, S.].

Autorenkollektiv beim ZK der SED: Geschichte der Sozialistischen Einheitspartei Deutschlands. Abriß. Berlin 1978.

Bemmann, Günter: Zu aktuellen Problemen der Rechtsbeugung. *In*: Beiträge zur Strafrechtswissenschaft. 2. Auflage. Baden-Baden 1996.

Benjamin, Hilde: Zum Dessauer Prozeß. *In*: Neue Justiz Zeitschrift für Recht und Rechtswissenschaft. NJ 1950, S. 145 f.

Benjamin, Hilde: Grundsätzliches zur Methode und zum Inhalt der Rechtsprechung. *In*: Neue Justiz Zeitschrift für Recht und Rechtswissenschaft. NJ 1951, S. 150 f.

Benjamin, Hilde: Anmerkung zum Urteil des KG Berlin vom 11. Juli 1851, 1 Ss 82/51 (79/51). *In*: Neue Justiz Zeitschrift für Recht und Rechtswissenschaft. NJ 1951, S. 430.

Benjamin, Hilde: Die Weiterentwicklung unserer Gesetzgebung. *In*: Neue Justiz Zeitschrift für Recht und Rechtswissenschaft. NJ 1956, S. 97 f.

Benjamin, Hilde: Das neue sozialistische Strafrecht – ein wichtiger Baustein des sozialistischen Rechtssystems. *In*: Der Schöffe 1967, S. 81 f.

Berra, Xaver: Im Paragraphenturm. Eine Streitschrift zur Entideologisierung der Justiz. 1. Auflage. Berlin 1966.

Berthold, Lothar / Diehl, Ernst (Hrsg.): Revolutionäre deutsche Parteiprogramme. Vom kommunistischen Manifest zum Programm des Sozialismus. Institut für Marxismus-Leninismus beim ZK der SED. 3. Auflage. Berlin 1967.

Beyer, Karl-Heinz: Maßnahmen der strafrechtlichen Verantwortlichkeit. *In*: Der Schöffe 1968, S. 88 f.

Biermann, Frank: Gesetzliches Unrecht in der DDR und Rückwirkungsverbot – am Beispiel von § 27 des DDR-Grenzgesetzes. Göttingen 1998.

Böhme, Fritz: Das Paßgesetz in der Praxis der Strafgerichte. *In*: Der Schöffe 1958, S. 87 f.

Brunner, Georg: Neue Grenzregelungen der DDR. *In*: Neue Juristische Wochenschrift. NJW 1982, S. 2479 f.

Buchholz, Irmgard / Herrmann, Rudolf / Luther, Horst: Strafverfahrensrecht – Lehrbuch. 1. Auflage. Berlin 1977 [zit.: Buchholz / Herrmann / Luther-*Bearbeiter*, Lehrbuch Strafverfahrensrecht (1977), Kapitel, S.].

Buchner, Silke: Die Rechtswidrigkeit der Taten von „Mauerschützen" im Lichte von Art. 103 II GG unter besonderer Berücksichtigung des Völkerrechts. Frankfurt am Main 1996.

Bundesministerium für Gesamtdeutsche Fragen (Hrsg.): Der Volksaufstand vom 17. Juni 1953. Denkschrift über den Juni-Aufstand in der sowjetischen Besatzungszone und in Ostberlin. Bonn 1953.

Bundesministerium für gesamtdeutsche Fragen (Hrsg.): Unrecht als System. Dokumente über planmäßige Rechtsverletzungen im sowjetischen Besatzungsgebiet. Späterer Titel: Dokumente über planmäßige Rechtsverletzungen in der Sowjetzone Deutschlands. Teile I, II und IV. Bonn 1952, 1955, 1958, 1962 [zit.: Bundesministerium für gesamtdeutsche Fragen, Unrecht als System, Teil, Dokument Nr., S.].

Bundesministerium für gesamtdeutsche Fragen (Hrsg.): Die Flucht aus der Sowjetzone und die Sperrmaßnahmen des kommunistischen Regimes vom 13. August 1961 in Berlin. Berlin 1986. Faksimilierter Nachdruck der Denkschrift von 1961.

Bürgerkomitee Leipzig: STASI intern. Macht und Banalität. 3. Auflage. Leipzig 1998.

Chruschtschow, Nikita Sergejewitsch: Rede auf dem 2. Verhandlungstag 16. Januar 1963. In: Protokoll der Verhandlungen des VI. Parteitages der SED. Bd. 1, 1. bis 3. Verhandlungstag. 1. Auflage. Berlin 1963. [zit.: *Bearbeiter*, Protokoll der Verhandlungen des VI. Parteitages der SED, S.].

Dähn, Horst: Das politische System der DDR. 1. Auflage. Berlin 1985.

Dähn, Ulrich: Strafen ohne Freiheitsentzug. *In*: Neue Justiz Zeitschrift für Recht und Rechtswissenschaft. NJ 1967, S. 118 f.

Der Bundesbeauftragte für die Unterlagen des Staatssicherheitsdienstes der ehemaligen Deutschen Demokratischen Republik: Analysen und Berichte. Ausreisen oder Dableiben? Regulierungsstrategien der Staatssicherheit. Reihe B Nr. 1/97. 2. Auflage. Berlin 1998.

Deutsche Akademie für medizinische Fortbildung Kassel (Hrsg.): Jugendkriminalität und Resozialisierung. Kongreßbericht 1974. Stuttgart 1975. [zit.: Deutsche Akademie-*Bearbeiter*, Jugendkriminalität und Resozialisierung, S.].

Deutscher Bundestag (Hrsg.): Materialien der Enquete-Kommission. Aufarbeitung von Geschichte und Folgen der SED-Diktatur in Deutschland. (12. Wahlperiode des Deutschen Bundestages). 1. Auflage. Baden-Baden 1995. [zit. *Bearbeiter* in: Materialien der Enquete-Kommission, Titel, Bd./ Unterband, S.].

Doernberg, Stefan: Kurze Geschichte der DDR, 2. Auflage, Berlin 1964.

Dölling, Dieter: Anmerkung zum Beschluss des BGH vom 6. Dezember 1995, 3 StR 410/95. *In*: Neue Zeitschrift für Strafrecht. NStZ 1997, S. 77 f.

Donovan, James B.: Geheimnummer auf der Visitenkarte – Wie der Sowjet-Spion Abel in Berlin gegen U-2-Pilot Powers ausgetauscht wurde. *In*: Der Spiegel. Ausgabe Nr. 20/1964 vom 13. Mai 1964, S. 66 f.

Eisenfeld, Bernd: Die Zentrale Koordinierungsgruppe. Bekämpfung von Flucht und Ausreise (MfS-Handbuch). HG BStU. 2. Auflage. Berlin 1996.

Eisenfeld, Bernd / Engelmann, Roger: 13.8.1961: Mauerbau – Fluchtbewegung und Machtsicherung. HG BStU. 2. Auflage. Berlin 2001.

Elm, Ludwig / Keller, Dietmar / Mocek, Reinhard (Hrsg): Ansichten zur Geschichte der DDR. Bd. IX Enquete-Kommission. 1. Auflage. Bonn/Berlin 1998. [zit.: Elm / Keller / Mocek-*Bearbeiter*, Ansichten zur Geschichte der DDR, S.].

Eppelmann, Rainer / Faulenbach, Bernd / Mählert, Ulrich: Bilanz und Perspektiven der DDR-Forschung. 1. Auflage. Paderborn 2003.

Fechner, Max (Hrsg.): Beiträge zur Demokratisierung der Justiz. 1. Auflage. Berlin 1948.

FLORATH, Bernd / MITTER, Armin / WOLLE, Stefan (Hrsg.): Die Ohnmacht der Allmächtigen, Geheimdienste und politische Polizei in der modernen Gesellschaft. 1. Auflage. Berlin 1992.

FRICKE, Karl Wilhelm: MfS intern. Macht, Strukturen, Auflösung der DDR-Staatssicherheit. 1. Auflage. Köln 1991.

FRICKE, Karl Wilhelm: „Schild und Schwert“: Die Stasi. Funkdokumentation des Deutschlandfunks. Köln 1993.

FRIEDRICH-EBERT-STIFTUNG (Hrsg.): Einheit oder Freiheit? Zum 40. Jahrestag der Gründung der SED. 1. Auflage. Bonn 1986.

FRIEDRICHSEN, Gisela: „Ein hochrangiges Werkzeug“. In: Der Spiegel Nr. 46/1994 vom 14. November 1994, S. 75 f.

FROMME, Friedrich Karl: Das Verfahren ist geeignet aus erzieherischen Gründen gegen Smolka die Todesstrafe zu verhängen. In: Frankfurter Allgemeine Zeitung. FAZ vom 21. Mai 1991, S. 4.

GERATS, Hans / LEKSCHAS, John / RENNEBERG, Joachim (Hrsg.): Lehrbuch des Strafrechts der Deutschen Demokratischen Republik – Allgemeiner Teil. 1. Auflage. Berlin 1957. [zit.: Gerats / Lekschas / Renneberg-*Bearbeiter*, Lehrbuch des Strafrechts, Allgemeiner Teil (1957), S.].

GIESEKE, Jens: Die DDR-Staatssicherheit. Schild und Schwert der Partei. 1. Auflage. Bonn 2000.

GREBING, Helga (Hrsg.): Geschichte der sozialen Ideen in Deutschland. Sozialismus – Katholische Soziallehre – Protestantische Sozialethik. Ein Handbuch. 2. Auflage. Essen 2005.

GROTEWOHL, Otto: Bekanntmachungen der Regierung der DDR. *In*: Neues Deutschland vom 18. Juni 1953, Ausgabe Nr. 140, S. 1.

HAUSCHILD, Ingrid: Von der Sowjetzone zur DDR. Zum verfassungs- und staatsrechtlichen Selbstverständnis des zweiten deutschen Staates. 1. Auflage. Frankfurt am Main 1996.

HEILBORN, Hans / SCHLEGEL, Joachim: Einige Fragen der Rechtsanwendung nach dem neuen StGB. *In*: Neue Justiz Zeitschrift für Recht und Rechtswissenschaft. NJ 1968, S. 456 f.

HEINATZ, Michael: Zehn Jahre strafrechtliche Rehabilitierung in Deutschland – eine Zwischenbilanz. *In*: Neue Juristische Wochenschrift, NJW 2000, S. 3022 f.

Heinrich, W.: Zuchthaus und Gefängnis oder Einheitsstrafe? In: Neue Justiz Zeitschrift für Recht und Rechtswissenschaft. NJ 1947, S. 29 f.

Henke, Klaus-Dietmar / Steinbach, Peter / Tuchel, Johannes (Hrsg.): Widerstand und Opposition in der DDR. 1. Auflage. Köln 1999.

Herbst, Andreas / Stephan, Gerd-Rüdiger / Winkler, Jürgen (Hrsg.): Die SED. Geschichte-Organisation-Politik. Ein Handbuch. 1. Auflage. Berlin 1997.

Herzog, Felix (Hrsg.): Die strafrechtliche Verantwortlichkeit von Todesschützen an der innerdeutschen Grenze, Berlin 1993.

Heuer, Uwe-Jens (Hrsg.): Die Rechtsordnung der DDR. Anspruch und Wirklichkeit. 1. Auflage. Baden-Baden 1995.

Hiller, Horst: Sturz in die Freiheit. Von Deutschland nach Deutschland. München 1986.

Hirsch, Hans Joachim: Rechtsstaatliches Strafrecht und staatlich gesteuertes Unrecht. 1. Auflage. Opladen 1996.

Honecker, Erich: Rede vor der Volkskammer. *In*: Neues Deutschland vom 28. September 1974, A-Ausgabe, S. 1–2.

Institut für Theorie des Staates und des Rechts der Akademie der Wissenschaften der DDR (Hrsg.): Marxistisch-leninistische Staats- und Rechtstheorie. Lehrbuch. 3. Auflage. Berlin 1980.

Jahn, Gustav: Zu einigen Fragen des Tatbestandes der Diversion und Sabotage. *In*: Staat und Recht. StuR 1956, S. 78 f.

Jahn, Gustav: Das Verbrechen der Verleitung zum Verlassen der der Deutschen Demokratischen Republik. *In*: Wissenschaftliche Zeitschrift der Martin-Luther-Universität Halle-Wittenberg. WZ 1959, S. 1175 f.

Jenkis, Helmut: Der Freikauf von DDR-Häftlingen. Der deutsch-deutsche Menschenhandel. Zeitgeschichtliche Forschungen Bd. 45. Berlin 2012.

Joecks, Wolfgang / Miebach, Klaus (Hrsg.): Münchener Kommentar zum Strafgesetzbuch, Band 5, 2. Auflage. München 2014. [zit.: Münchner Kommentar zum StGB-*Bearbeiter*, §, Rn, Stand].

Kaiser, Monika: Machtwechsel von Ulbricht zu Honecker – Funktionsmechanismen der SED-Diktatur in Konfliktsituationen 1962 bis 1972. 1. Auflage. Berlin 1997.

Kanzlei des Staatsrates der DDR (Hrsg.): Das neue Strafrecht – bedeutsamer Schritt zur Festigung unseres sozialistischen Rechtsstaates. Aus der

Tätigkeit der Volkskammer und ihrer Ausschüsse. Heft 4, 5. Wahlperiode, 1968. [zit.: *Redner*, Beitrag Aus: Kanzlei des Staatsrates der DDR – Das neue Strafrecht, S.].

KELLER, Dietmar: Die historische Wahrheit zwischen den deutschen Stühlen. Die Machthierarchie in der SED. *In*: Neues Deutschland vom 1. März 1993, S. 11.

KIELMANSEGG, Peter Graf: Das geteilte Land. Deutsche Geschichte. 1945–1990. 1. Auflage. München 2007.

KLEINE, Helene / KRUTZSCH, Walter: Die strafrechtliche Beurteilung von Staatsverbrechen. *In*: Neue Justiz Zeitschrift für Recht und Rechtswissenschaft. NJ 1954, S. 71 f.

KNAUER, Sebastian: Vom Tigerkäfig in den Wunderbus. Geldmaschine Knast: Die DDR verdiente Milliarden durch Zwangsarbeit und Häftlingsverkauf. *In*: Der Spiegel. Ausgabe Nr. 51/1999 vom 20. Dezember 1999, S. 136 f.

KOCH, Alexander: Der Häftlingsfreikauf. Eine deutsch-deutsche Beziehungsgeschichte. Diss. München 2014.

KÜHLIG, Gerhard: Zu den Tatbeständen der Spionage und der Verleitung zur Republikflucht. *In*: Neue Justiz Zeitschrift für Recht und Rechtswissenschaft. NJ 1956, S. 428 f.

LEIM, Ernst / LÖWENTHAL, Heinrich: Ziel-(Angriffs)richtung und Zielsetzung. *In*: Neue Justiz Zeitschrift für Recht und Rechtswissenschaft. NJ 1958, S. 306 f.

LEKSCHAS, John / RENNEBERG, Joachim: Strafrecht Allgemeiner Teil. Lehrbuch. 1. Auflage. Berlin 1976.

LIMBACH, Jutta: Vergangenheitsbewältigung durch die Justiz. *In*: Deutsch-Deutsch Rechts-Zeitschrift. DtZ 1993, S. 66 f.

LISCHKE, Hans / KEIL, Helmut: Zur rechtlichen Beurteilung von Gruppenstraftaten gegen die staatliche Ordnung. *In*: Neue Justiz Zeitschrift für Recht und Rechtswissenschaft. NJ 1969, S. 177 f.

LISCHKE, Hans: Merkmale des schweren Falles eines ungesetzlichen Grenzübertritts (§ 213 Abs. 2 Ziff. 4 StGB). *In*: Neue Justiz Zeitschrift für Recht und Rechtswissenschaft. NJ 1969, S. 209 f.

LISCHKE, Hans / KEIL, Helmut / SEIDEL, Dietmar / DETTENBORN, Harry: Zum Gruppenbegriff im StGB und seiner Anwendung in speziellen Tatbeständen. *In*: Neue Justiz Zeitschrift für Recht und Rechtswissenschaft. NJ 1970, S. 15 f.

Lochen, Hans-Hermann / Meyer-Seitz, Christian (Hrsg.): Die geheimen Anweisungen zur Diskriminierung Ausreisewilliger. Dokumente der Stasi und des Ministeriums des Innern. 1. Auflage. Berlin 1992.

Lohmann, Ulrich: Gerichtsverfassung und Rechtsschutz in der DDR. 1. Auflage. Opladen 1986.

Maiwald, Manfred: Rechtsbeugung im SED-Staat. *In*: Neue Juristische Wochenschrift. NJW 1993, S. 1881 f.

Marxen, Klaus / Werle, Gerhard (Hrsg.): Strafjustiz und DDR-Unrecht Dokumentation. Band 5/1. Teilband. Rechtsbeugung. Berlin 2007.

Mathes, Regina: Volksrichter – Schöffen – Kollektive. Zur Laienmitwirkung an der staatlichen Strafrechtspflege der SBZ/DDR. Diss. Frankfurt am Main 1999.

Maunz / Dürig (Hrsg.): Kommentar zum Grundgesetz. 73. Ergänzungslieferung 2014.

Melsheimer, Ernst: Sozialistische Gesetzlichkeit im Strafverfahren. *In*: Neue Justiz Zeitschrift für Recht und Rechtswissenschaft. NJ 1956, S. 289 f.

Melsheimer, Ernst: Das Strafrechtsergänzungsgesetz – ein Gesetz der sozialistischen Demokratie. *In*: Neue Justiz Zeitschrift für Recht und Rechtswissenschaft. NJ 1958, S. 41 f.

Meyer, Michael: Freikauf – Menschenhandel in Deutschland. 1. Auflage. Wien/Hamburg 1978.

Meyer, Michael: Ein Akademiker kostet 120 000 Mark. Der geheime Handel mit DDR-Häftlingen. *In*: Der Spiegel. Ausgabe Nr. 12/1977 vom 14. März 1977, S. 164 f.

Ministerium der Justiz (Hrsg.): Strafrecht der Deutschen Demokratischen Republik. Lehrkommentar zum Strafgesetzbuch. Band I. 1. Auflage. Berlin 1969. [zit.: Ministerium der Justiz-*Bearbeiter*, Strafrecht der DDR – Lehrkommentar. Band I (1969), §, Ziff., S.].

Ministerium der Justiz (Hrsg.): Strafrecht der Deutschen Demokratischen Republik. Lehrkommentar zum Strafgesetzbuch. Band II. 1. Auflage. Berlin 1969. [zit.: Ministerium der Justiz-*Bearbeiter*, Strafrecht der DDR – Lehrkommentar. Band II (1969), §, Ziff., S.].

Ministerium der Justiz (Hrsg.): Strafrecht der Deutschen Demokratischen Republik. Kommentar zum Strafgesetzbuch. 3. Auflage. Berlin 1981. [zit.: Ministerium der Justiz, Strafrecht der DDR – Kommentar (1981), §, Ziff., S.].

Ministerium der Justiz (Hrsg.): Aufgaben und Arbeitsweise der Rechtspflegeorgane. Rechtspflegeerlaß, Gerichtsverfassungsgesetz, Militärgerichtsordnung, Staatsanwaltschaftsgesetz und zugehörige gesetzliche Bestimmungen. 1. Auflage. Leipzig 1963.

Ministerium der Justiz (Hrsg.): Strafrecht der Deutschen Demokratischen Republik. Kommentar zum Strafgesetzbuch. 5. Auflage. Berlin 1987. [zit.: Ministerium der Justiz, Strafrecht der DDR – Kommentar (1987), § , Ziff., S.].

Mohr, Jürgen: Der Straftatbestand der „Republikflucht" im Recht der DDR. Diss. 1. Auflage. Berlin 1971.

Müller, Frohmut: Kriminalitätsvorbeugung und Gesetzlichkeitsaufsicht. 1. Auflage. Berlin 1971.

Ohne Verfasser: Historische Sitzung im Kreml. *In*: Neues Deutschland vom 20. September 1955, A-Ausgabe, S. 1.

Ohne Verfasser: Entwurf der Verfassung der Deutschen Demokratischen Republik. *In*: Neues Deutschland vom 2. Februar 1968, Republikausgabe, S. 1–5.

Ohne Verfasser: Heute tagt die Volkskammer. Punkt 1 der Tagesordnung: Bericht über die Volksaussprache zum Verfassungsentwurf. *In*: Neues Deutschland vom 26. März 1968, S. 1.

Ohne Verfasser: Demokratische Entscheidung des Volkes. *In*: Neues Deutschland vom 8. April 1968, S. 1.

Ohne Verfasser: Der Vorsitzende des Staatsrates verkündet die Verfassung. *In*: Neues Deutschland vom 9. April 1968, S. 1 f.

Ohne Verfasser: Errungenschaften des Volkes in der Verfassung verankert. Ablichtung des Verfassungstextes. Stand 1974. *In*: Neues Deutschland vom 28. September 1974, A-Ausgabe, S. 1–6.

Ohne Verfasser: Häftlingsauslösung gegen Südfrüchte. *In*: Der Spiegel. Ausgabe Nr. 42/1964 vom 14. Oktober 1964, S. 31 f.

Ohne Verfasser: Bonner Käufe. *In*: Der Spiegel. Ausgabe Nr. 37/1977 vom 5. September 1977, S. 18 f.

Ohne Verfasser: DDR-Transit – Auf der Lauer. *In*: Der Spiegel. Ausgabe Nr. 1/1979 vom 1. Januar 1979, S. 23 f.

Ohne Verfasser: Häftlingsfreikauf. Dann wohl cash. *In*: Der Spiegel. Ausgabe Nr. 45/1979 vom 5. November 1979, S. 32 f.

Ohne Verfasser: „Ich hätte mit dem Teufel paktiert“. Spiegel-Interview mit dem Ost-Berliner Anwalt Wolfgang Vogel über die deutsch-deutschen Freikäufe. *In*: Der Spiegel. Ausgabe Nr. 15/1990 vom 9. April 1990, S. 61 f.

Ohne Verfasser: Verantwortung abgelehnt. *In*: Der Spiegel. Ausgabe Nr. 37/1990 vom 10. September 1990, S. 17 f.

Ohne Verfasser: Freikäufe. Stempel der Unmoral. Bonner Milliarden für den Häftlings-Freikauf hat die DDR keineswegs, wie behauptet, für humanitäre Zwecke verwendet. Die Stasi hat mitkassiert. *In*: Der Spiegel. Ausgabe Nr. 14/1991 vom 1. April 1991, S. 65 f.

Ohne Verfasser: Devisen für die DDR-Grenze. Wie die sozial-liberale Bundesregierung mit der SED kungelte. *In*: Der Spiegel. Ausgabe Nr. 17/1993 vom 26. April 1993, S. 62.

Ohne Verfasser: Der Deutsch-Deutsche Filz, Die Bundesregierungen haben sich mit der SED viel weiter eingelassen als bekannt. Acht Milliarden Mark zahlte Bonn offenbar insgeheim für den Freikauf von DDR-Häftlingen – und hielt mit dem Geld das marode SED-Regime am Leben. Auch die Kirchen verdienten beim Menschenhandel mit. *In*: Der Spiegel. Ausgabe Nr. 50/1993 vom 13. Dezember 1993, S. 18 f.

Ohne Verfasser: Menschenhandel – Zusätzliche Aufklärung. Verwirrung um die Freikauf-Milliarden: Wieviel hat Bonn wirklich gezahlt? *In*: Der Spiegel. Ausgabe Nr. 51/1993 vom 20. Dezember 1993, S. 28 f.

Ohne Verfasser: Freikauf – Verschrottete Geschichte. *In*: Der Spiegel. Ausgabe Nr. 35/2004 vom 23. August 2004, S. 18 f.

Pahl Rugenstein Verlag (Hrsg.): BRD – DDR. Vergleich der Gesellschaftssysteme. 5. Auflage. Köln 1976. [zit.: Pahl Rugenstein Verlag-*Bearbeiter*, BRD – DDR Vergleich der Gesellschaftssysteme, S.].

Passens, Katrin: MfS-Untersuchungshaft. Funktionen und Entwicklung von 1971 bis 1989. 1. Auflage. Berlin 2012.

Patzelt, Werner J. / Schirmer, Roland (Hrsg.): Die Volkskammer der DDR. Sozialistischer Parlamentarismus in Theorie und Praxis. 1. Auflage. Wiesbaden 2002.

Poppe, Ulrike / Eckert, Rainer / Kowalczuk, Ilko-Sascha (Hrsg.): Zwischen Selbstbehauptung und Anpassung. Formen des Widerstandes und der Opposition in der DDR. 1. Auflage. Berlin 1995. [zit.: Poppe / Eckert / Kowalczuk-*Bearbeiter*, Zwischen Selbstbehauptung und Anpassung – [Titelauszug], S.].

PÖTZL, Norbert F.: Der Grenzgänger – Im Kalten Krieg, als die Regierungen der beiden deutschen Staaten jeden offiziellen Kontakt mieden, wurde der Ost-Berliner Rechtsanwalt Wolfgang Vogel zum einzigartigen Vermittler zwischen Ost und West. Spiegel Geschichte Ausgabe Nr. 2/2009 vom 31. März 2009, S. 138 f.

PRESSE- UND INFORMATIONSAMT DER BUNDESREGIERUNG (Hrsg.): Die Berlin-Regelung. Das Viermächte-Abkommen über Berlin und die ergänzenden Vereinbarungen. 1. Auflage. Bonn 1971.

PRIEPKE, Walther: Die politische Treuepflicht des Richters. *In*: Deutsche Richterzeitung. DRiZ 1991, S. 4 f.

RADBRUCH, Gustav: Gesetzliches Unrecht und übergesetzliches Recht. *In*: Süddeutsche Juristenzeitschrift. SJZ 1946, S. 105 f.

RASCHKA, Johannes: Justizpolitik im SED-Staat. Anpassung und Wandel des Strafrechts während der Amtszeit Honeckers. 1. Auflage. Köln 2000.

RASCHKA, Johannes: Für kleine Delikte ist kein Platz in der Kriminalitätsstatistik – Zur Zahl der politischen Häftlinge während der Amtszeit Honeckers. 1. Auflage. Dresden 1997.

RASCHKA, Johannes: Am Ende des realen Sozialismus (5). Zwischen Überwachung und Repression – Politische Verfolgung in der DDR 1971–1989. 1. Auflage. Opladen 2001.

RASCHKA, Johannes: Einschüchterung, Ausgrenzung, Verfolgung. Zur politischen Repression in der Amtszeit Honeckers. Berichte und Studien Nr. 14. Hannah-Ahrendt-Institut. Dresden 1998.

RAUSCH, Heinz (Hrsg.): DDR. Das politische, wirtschaftliche und soziale System. 7. Auflage. München 1988.

RAUTENBERG, Erardo Cristoforo / BURGES, Gerd: Anfangsverdacht wegen Rechtsbeugung gegen Staatsanwälte und Richter der früheren DDR – ein Beitrag zum Meinungsstand in der Praxis. *In*: Deutsch-Deutsch Rechts-Zeitschrift. DtZ 1993, S. 71 f.

RAUTENBERG, Erardo Cristoforo: Anmerkung zum Beschluss des BG Potsdam, Besonderer Senat, vom 8. November 1993, 6 Ws 33/93 (GStA des Landes Brandenburg). *In*: Neue Justiz Zeitschrift für Recht und Rechtswissenschaft. NJ 1994, S. 88 f.

REDAKTION „AUS ERSTER HAND" (Hrsg.): Recht und Gesetz in der DDR. Eine Information über sozialistische Strafrechtspflege. 2. Auflage. Berlin 1971.

REHLINGER, Ludwig: Freikauf. Die Geschäfte der DDR mit politisch Verfolgten 1963–1989. 2. Auflage. Halle (Saale) 2011.

RENNEBERG, Joachim: Die neuen Strafbestimmungen zum Schutze der Deutschen Demokratischen Republik. *In*: Neue Justiz Zeitschrift für Recht und Rechtswissenschaft. NJ 1958, S. 6 f.

RISTOW, Charlotte: Aktuelle Probleme des Wirtschaftsstrafrechts in der sowjetischen Besatzungszone. *In*: Neue Justiz Zeitschrift für Recht und Rechtswissenschaft. NJ 1947, S. 125 f.

ROGGEMANN, Herwig: Die DDR-Verfassungen. Einführung in das Verfassungsrecht der DDR. Grundlagen und neuere Entwicklung. 4. neu bearbeitete und erweiterte Auflage. Berlin 1989.

RÖMER, Axel / HENNIG, Walter: Die Verbrechen gegen die Deutsche Demokratische Republik. *In*: Schriftenreihe der Deutschen Volkspolizei. SRDVP 1958, Heft 23, S. 51.

RÖSSLER, Ruth-Kristin: Justizpolitik in der SBZ/DDR 1945–1956. 1. Auflage. Ius Commune, Sonderheft 136, Frankfurt am Main 2000.

ROSENTHAL, Walther: Das neue politische Strafrecht der »DDR«. 1. Auflage. Berlin 1968.

ROSENAU, Henning: Tödliche Schüsse im staatlichen Auftrag. Die strafrechtliche Verantwortung von Grenzsoldaten für den Schusswaffengebrauch an der deutsch-deutschen Grenze. 2. Auflage. Berlin 1998.

ROTTLEUTHNER, Hubert: Steuerung der Justiz in der DDR. Einflußnahme der Politik auf Richter, Staatsanwälte und Rechtsanwälte. 1. Auflage. Köln 1994. [zit.: Rottleuthner-*Bearbeiter*, Steuerung der Justiz in der DDR, S.].

RUMMLER, Toralf: Die Gewalttaten an der deutsch-deutschen Grenze vor Gericht. Berlin 2000.

SÄCHSISCHES STAATSMINISTERIUM DER JUSTIZ (Hrsg.): Sächsische Justizgeschichte. Sächsische Justiz in der sowjetischen Besatzungszone und der frühen DDR. 1945 bis 1957. Bd. 8. 1. Auflage. Bautzen 1998.

SCHMEITZNER, Mike / DONTH, Stefan: Die Partei der Diktaturdurchsetzung. KPD/SED in Sachsen 1945–1952. 1. Auflage. Köln 2002.

SCHMELING, Dirk: Das Studium in der ehemaligen DDR. Ein Beitrag zur Diskussion um die Studienverkürzung. Beiträge zur Hochschulforschung 4–1991. Leipzig 1991.

SCHMIDT, Helmut / WEBER, Hans: Straftaten und Verfehlungen. *In*: Neue Justiz Zeitschrift für Recht und Rechtswissenschaft. NJ 1967, S. 110 f.

SCHÖNKE, Adolf (Hrsg.): Sammlung Außerdeutscher Strafgesetzbücher in deutscher Übersetzung. Strafgesetzbuch der Russischen Sozialistischen Föderativen Sowjet-Republik. Übersetzt von Dr. Wilhelm Gallas. Berlin 1953.

SCHROEDER, Friedrich-Christian: Der Bundesgerichtshof und der Grundsatz „nulla poena sine lege". *In*: Neue Juristische Wochenschrift. NJW 1999, S. 89 f.

SCHROEDER, Klaus: Der SED-Staat. Geschichte und Strukturen der DDR. 1. Auflage. München 1998.

SCHULLER, Wolfgang: Geschichte und Struktur des politischen Strafrechts der DDR bis 1968. 1. Auflage. Ebelsbach am Main 1980.

SEKRETARIAT DER VOLKSKAMMER DER DEUTSCHEN DEMOKRATISCHEN REPUBLIK (Hrsg.): Errungenschaften des Volkes in grundlegenden Rechtsakten verankert. Aus der Tätigkeit der Volkskammer und ihrer Ausschüsse. Heft 11. 6. Wahlperiode 1974.

SIMMA, Bruno / FASTENRATH, Ulrich (Hrsg.): Menschenrechte. Ihr internationaler Schutz. 2. Auflage. München 1985.

SPENDEL, Günter: Rechtsbeugung und BGH – eine Kritik. *In*: Neue Juristische Wochenschrift. NJW 1996, S. 809 f.

STAATSVERLAG DER DEUTSCHEN DEMOKRATISCHEN REPUBLIK (Hrsg.): Staatsrecht der DDR. Lehrbuch. 1. Auflage. Berlin 1977.

STEPHAN, Gerd-Rüdiger / HERBST, Andreas / KRAUSS, Christine / KÜCHENMEISTER, Daniel / NAKATH, Detlef (Hrsg.): Die Parteien und Organisationen der DDR. Ein Handbuch. 1. Auflage. Berlin 2002.

STILLER, Gerhard: Die Staatsverbrechen. Beiträge zum Strafrecht. Heft 3. Berlin 1959, Nachdruck 1995 (2. unveränderte Auflage).

STILLER, Gerhard / KÜGLER, Rolf: Zu den subjektiven Voraussetzungen eines Sabotageverbrechens – ein Problem der Abgrenzung zu den Wirtschaftsverbrechen. *In*: Schriftenreihe der Deutschen Volkspolizei. SRDVP 1963, S. 449 f.

STRENG, Franz: Jugendstrafrecht. Schwerpunktbereich. 2. Auflage. Heidelberg/München/Landsberg/Berlin 2008.

SÜß, Walter: Die Staatssicherheit im letzten Jahrzehnt der DDR. Geschichte der Staatssicherheit, Teil III. HG BStU. Berlin 2009.

Tantzscher, Monika: Die verlängerte Mauer. Die Zusammenarbeit der Sicherheitsdienste der Warschauer-Pakt-Staaten bei der Verhinderung von „Republikflucht". HG BStU. Reihe B. Analysen und Berichte Nr. 1/1998. 2. Auflage. Berlin 2001.

Thränhardt, Dietrich: Geschichte der Bundesrepublik Deutschland. 2. Auflage. Frankfurt am Main 1996.

Thüringer Institut für Lehrerfortbildung und BStU (Hrsg.): Fluchtgeschichten – Materialien zur Aufarbeitung der DDR-Geschichte. Themenreihe des ThILLM. Heft 51. Bad Berka 2001.

Timmermann, Heiner (Hrsg): Die DDR – Politik und Ideologie als Instrument. Bd. 86. 1. Auflage. Berlin 1999.

Ulbricht, Walter: Grundfragen der ökonomischen und politischen Entwicklung in der DDR. Referat des Ersten Sekretärs des Zentralkomitees der SED, Genossen Walter Ulbricht, auf der 33. Tagung des Zentralkomitees der SED. *In*: Neues Deutschland vom 20. Oktober 1957, Ausgabe A, S. 1 f.

Ulbricht, Walter: Der Kampf um den Frieden, für den Sieg des Sozialismus, für die nationale Wiedergeburt Deutschlands als friedliebender, demokratischer Staat. *In*: Protokoll der Verhandlungen des V. Parteitages der SED. Bd. 1, 1. bis 5. Verhandlungstag. 1. Auflage. Berlin 1959. [zit.: *Bearbeiter*, Protokoll der Verhandlungen des V. Parteitages der SED, Bd., S.].

Ulbricht, Walter: Das Programm des Sozialismus und die geschichtliche Aufgabe der Sozialistischen Einheitspartei Deutschlands. *In*: Protokoll der Verhandlungen des VI. Parteitages der SED. Bd. 1, 1. bis 3. Verhandlungstag. 1. Auflage. Berlin 1963. [zit.: *Bearbeiter*, Protokoll der Verhandlungen des VI. Parteitages der SED, S.].

Ulbricht, Walter: Referat auf dem VII. Parteitag der SED. *In*: Neues Deutschland vom 18. April 1967, Republik-Ausgabe, S. 1–16.

Ulbricht, Walter: Erklärung zur Ausarbeitung der sozialistischen Verfassung der Deutschen Demokratischen Republik. *In*: Neues Deutschland vom 2. Dezember 1967, S. 3–5.

Ulbricht, Walter: Die gesellschaftliche Entwicklung in der Deutschen Demokratischen Republik bis zur Vollendung des Sozialismus. *In*: Protokoll der Verhandlungen des VII. Parteitages der SED. Bd. 1, 1. bis 3. Verhandlungstag. 1. Auflage. Berlin 1967. [zit.: *Bearbeiter*, Protokoll der Verhandlungen des VII. Parteitages der SED, S.].

Verlag Wissenschaft und Politik (Hrsg.): Die neue Verfassung der DDR. 1. Auflage. Köln 1974.

Vogt, Jörgen: Rede auf dem VI. Parteitag der SED als Generalsekretär der Kommunistischen Partei Norwegens. *In*: Protokoll der Verhandlungen des VI. Parteitages der SED. Bd. 2, 4. bis 6. Verhandlungstag. 1. Auflage. Berlin 1963. [zit.: *Bearbeiter*, Protokoll der Verhandlungen des VI. Parteitages der SED, S.].

Vollnhals, Clemens (Hrsg.): Die Kirchenpolitik von SED und Staatsicherheit. Eine Zwischenbilanz. 2. Auflage. Berlin 1997.

Vormbaum, Thomas: Juristische Zeitgeschichte – Darstellungen und Deutungen. 1. Auflage. Berlin 2011.

Weber, Hermann: DDR – Grundriß der Geschichte 1945–1990. 2. Auflage. Hannover 1991.

Weber, Jürgen (Hrsg.): Der SED-Staat: Neues über eine vergangene Diktatur. 1. Auflage. München 1994.

Wengst, Udo / Wentker, Hermann (Hrsg.). Das doppelte Deutschland. 40 Jahre Systemkonkurrenz. 1. Auflage. Berlin 2008.

Wentker, Hermann (Hrsg.): Volksrichter in der SBZ/DDR 1945 bis 1952. 1. Auflage. München 1997.

Werkentin, Falco: Recht und Justiz im SED-Staat. 2. Auflage. Bonn 2000.

Werkentin, Falco: Politische Strafjustiz in der Ära Ulbricht. 1. Auflage. Berlin 1995.

Werkentin, Falco: Justizkorrekturen als permanenter Prozeß – Gnadenerweise und Amnestien in der Justizgeschichte der DDR. *In*: Neue Justiz Zeitschrift für Recht und Rechtswissenschaft. NJ 1992, S. 521.

Wilhelmi, Bernd (Hrsg.): Sozialistische Gesetzlichkeit. 1. Auflage. Jena 1987.

Wölbern, Jan Philipp: Für unsere Republik. Zwischen 1963 und dem Zusammenbruch der DDR im Herbst 1989 kaufte die Bundesrepublik mehr als 33000 Häftlinge aus DDR-Gefängnissen frei. Eine Bilanz. *In*: Frankfurter Allgemeine Zeitung, Ausgabe Nr. 179/2011 vom 4. August 2011, S. 7 f. [zit.: *Wölbern*, FAZ Nr. 179/2011 vom 4. August 2011, S.].

Wölbern, Jan Philipp: Der Häftlingsfreikauf aus der DDR 1962/63-1989. Zwischen Menschenhandel und humanitären Aktionen. Wissenschaftliche Reihe des Bundesbeauftragten für die Unterlagen des Staatssicherheitsdienstes der ehemaligen Deutschen Demokratischen Republik (BStU). Band 38. Göttingen 2014.

Wünsche, Kurt (Hrsg.): Grundlagen der Rechtspflege. 2. Auflage. Berlin 1986.

Zentralkomitee der DDR / Sozialistische Einheitspartei Deutschlands (Hrsg): Bericht des Zentralkomitees der Sozialistischen Einheitspartei Deutschlands an den VI. Parteitag. 2. Auflage. Berlin 1963.

Ziegler, Walter: Verbrechen gegen die Deutsche Demokratische Republik. *In*: Neue Justiz Zeitschrift für Recht und Rechtswissenschaft. NJ 1955, S. 677.

Quellenverzeichnis

Onlinepublikationen/Internetquellen

Buthmann, Reinhard: Die Arbeitsgruppe Bereich kommerzielle Koordinierung (MfS-Handbuch). HG BStU. Berlin 2004. http://nbn-resolving.org/urn:nbn:de:0292-97839421301894.

Förster, Günter: die Juristische Hochschule des MfS (MfS-Handbuch). HG. BStU. Berlin 1996.http://www.nbn-resolving.org/urn:nbn:de:0292-97839421302265.

Funken, Michael / Reichardt, Stefan: Reportage im ZDF. Unsere Geschichte. Massenflucht über Ungarn. Sommer 1989: Der erste Schritt zur Wende. Stand 23. Oktober 2007. http://www.zdf.de/massenflucht-ueber-ungarn-5239544.html?view=print.

Lern- und Gedenkort Kaßberg-Gefängnis e.V.: Startseite. Stand 26. August 2015. http://www.gedenkort-kassberg.de/index.php/startseite.

Mitteldeutscher Rundfunk (Hrsg.): DDR geheim: Vom Chemnitzer Kaßberg in den Westen. Reportage vom 13. Dezember 2012. http://www.mdr.de/doku/edo254.html. Stand 13. Dezember 2012 [zit.: Reportage im MDR vom 13. Dezember 2012 „DDR geheim: Vom Chemnitzer Kaßberg in den Westen“].

Münkel, Daniela (Hrsg.): Die DDR im Blick der Stasi. Die geheimen Berichte an die SED-Führung 1953–1989. Im Auftrag der BStU. Stand 2014. http://www.ddr-im-blick.de/Hubert_Co%7CBStUINTERNET/html/78198ivhfknvg_/S1018_600_de_1154501941/MAINTAB%5Etoc_sheet/_OLINK_TOC+PM+141963.

Ohne Verfasser: Freies Wörterbuch online für jedermann. http://www.quickdict.de/showlat.php/23536_lat_de_transire.html. Stand 25. August 2015.

Schmölzer, Gabriele: Geschlecht und Kriminalität: Zur kriminologischen Diskussion der Frauenkriminalität. Veröffentlicht 2003. Auf: querelles-net Rezensionszeitschrift für Frauen und Geschlechterforschung. Stand 18. Februar 2014. http://www.querelles-net.de/index.php/qn/article/view/228/236.

Schroeder, Klaus: Faktencheck DDR: Partei entschied über Lernen an Hochschulen. In: Thüringer Allgemeine Zeitung vom 5. Januar 2011.

Stand 26. August 2015. http://www.thueringer-allgemeine.de/web/zgt/politik/detail/-/specific/Faktencheck-DDR-Partei-entschied-ueber-Lernen-an-Hochschulen-1377361879.

Wiedmann, Roland: Die Organisationsstruktur des Ministeriums für Staatssicherheit 1989. (MfS-Handbuch). HG. BStU. Berlin 2010. http://www.nbn-resolving.org/urn:nbn:de:0292-97839421302710.

Gerichtsentscheidungen/Rechtsprechung

Bezirksgericht Cottbus: Urteil vom 28. April 1955, 1 Ks 50/55. *In*: Neue Justiz Zeitschrift für Recht und Rechtswissenschaft. NJ 1955, S. 416 f.

Bezirksgericht Karl-Marx-Stadt: Urteil vom 9. August 1955, 1 Ks 157/55. *In*: Neue Justiz Zeitschrift für Recht und Rechtswissenschaft. NJ 1956, S. 25 f.

Bezirksgericht Suhl: Urteil vom 16. April 1956, 1 Ks 24/56. In: Neue Justiz Zeitschrift für Recht und Rechtswissenschaft. NJ 1956, S. 479 f.

Bezirksgericht Halle: Urteil vom 13. Juni 1957, 1 Ks 91/57. *In*: Neue Justiz Zeitschrift für Recht und Rechtswissenschaft. NJ 1957, S. 410 f.

Bundesgerichtshof: Urteil vom 3. November 1992, 5 StR 370/92. *In*: Entscheidungssammlung des Bundesgerichtshofs in Strafsachen. BGHSt 39, S. 1 f. sowie *in*: Neue Juristische Wochenschrift. NJW 1993, S. 141 f.

Bundesgerichtshof: Urteil vom 28. August 1997, 4 StR 110/97. *In*: Neue Zeitschrift für Strafrecht. NStZ 1998, S. 36.

Bundesgerichtshof: Beschluss vom 6. Dezember 1995, 3 StR 410/95. *In*: Neue Zeitschrift für Strafrecht. NStZ 1996, S. 275 f.

Bundesgerichtshof: Urteil vom 29. April 1994, 3 StR 528/93. *In*: Neue Zeitschrift für Strafrecht. NStZ 1994, S. 426 f.

Bundesgerichtshof: Urteil vom 13. Dezember 1993, 5 StR 76/93. *In*: Neue Juristische Wochenschrift. NJW 1994, S. 529 f.

Bundesgerichtshof: Urteil vom 15. September 1995, 5 StR 713/94. *In*: Neue Juristische Wochenschrift. NJW 1995, S. 3324 f.

Bundesgerichtshof: Urteil vom 9. Mai 1994, 5 StR 354/93. *In*: Neue Juristische Wochenschrift. NJW 1994, S. 3238 f.

Bundesgerichtshof: Urteil vom 11. April 1997, 3 StR 576/96. *In*: Zeitschrift für Vermögens- und Immobilienrecht. VIZ 1998, S. 273 f.

Bundesgerichtshof: Urteil vom 16. November 1995, 5 StR 747/94. *In*: Neue Juristische Wochenschrift. NJW 1996, S. 857 f.

Bundesverfassungsgericht: Urteil vom 16. Januar 1957, 1 BvR 253/56. *In*: Neue Juristische Wochenschrift. NJW 1957, S. 297 ff.

Kammergericht: Urteil vom 11. Juli 1951, 1 Ss 82/15 (79/51). *In*: Neue Justiz Zeitschrift für Recht und Rechtswissenschaft. NJ 1951, S. 428 f.

Kreisgericht Berlin: Beschluss vom 17. Februar 1997, 3 AR 29/26. *In*: BeckRS 1997, 15115.

Landgericht Berlin: Urteil vom 26. April 1996, (512) 30 Js 751/91 KLs (32/93). *In*: Neue Justiz Zeitschrift für Recht und Rechtswissenschaft. NJ 1997, S. 36 f.

Landgericht Berlin: Urteil vom 5. Februar 1992, (518) 2 Js 63/90 KLs (57/91). *In*: Neue Zeitschrift für Strafrecht. NStZ 1992, S. 492 f.

Oberstes Gericht: Urteil vom 29. April 1950, 1 ZSt I 1/50. *In*: Neue Justiz Zeitschrift für Recht und Rechtswissenschaft. NJ 1950, S. 306 f.

Oberstes Gericht: Urteil vom 4. Oktober 1950, 1 ZSt (I) 3/50. *In*: Neue Justiz Zeitschrift für Recht und Rechtswissenschaft. NJ 1950, S. 452 f.

Oberstes Gericht: Urteil vom 8. Dezember 1950, 1 ZSt (I) 2/50. *In*: Entscheidungssammlung des Obersten Gerichts in Strafsachen. OGSt 2, S. 45 f.

Oberstes Gericht: Urteil vom 18. Oktober 1951, 2 ZSt 40/51. *In*: Neue Justiz Zeitschrift für Recht und Rechtswissenschaft. NJ 1952, S. 79 f.

Oberstes Gericht: Urteil vom 14. Mai 1952, 1 ZSt (I) 5/52. *In*: Neue Justiz Zeitschrift für Recht und Rechtswissenschaft. NJ 1952, S. 369 f.

Oberstes Gericht: Urteil vom 25. Mai 1952, 1 ZSt (I) 6/52. *In*: Neue Justiz Zeitschrift für Recht und Rechtswissenschaft. NJ 1952, S. 320 f. (Auszugsweise). In: Entscheidungssammlung des Obersten Gerichts in Strafsachen. OGSt 1, S. 37 f. (vollständig).

Oberstes Gericht: Urteil vom 14. November 1952, 1a USt 18/52. *In*: Neue Justiz Zeitschrift für Recht und Rechtswissenschaft. NJ 1952, S. 614 f.

Oberstes Gericht: Urteil vom 13. Januar 1953, 1a USt 167/52. *In*: Neue Justiz Zeitschrift für Recht und Rechtswissenschaft. NJ 1953, S. 82 f.

Oberstes Gericht: Plenarentscheidung vom 27. Februar 1953,1 ZSt – Pl – II 1/53. *In*: Neue Justiz Zeitschrift für Recht und Rechtswissenschaft. NJ 1953, S. 215 f.

Oberstes Gericht: Plenarentscheidung vom 28. November 1953,1 ZSt – Pl – II 16/53. *In*: Neue Justiz Zeitschrift für Recht und Rechtswissenschaft. NJ 1954, S. 140 f.

Oberstes Gericht: Plenarentscheidung vom 30. Januar 1954, ZSt – Pl – I 1/54. *In*: Neue Justiz Zeitschrift für Recht und Rechtswissenschaft. NJ 1954, S. 118 f.

Oberstes Gericht: Urteil vom 21. November 1958, 1 b USt 230/58. *In*: Neue Justiz Zeitschrift für Recht und Rechtswissenschaft. NJ 1959, S. 140 f.

Oberstes Gericht: Urteil vom 18. April 1966, 1 ZSt (I) 2/66. *In*: Neue Justiz Zeitschrift für Recht und Rechtswissenschaft. NJ 1966, S. 257 f.

Oberstes Gericht: Urteil vom 10. August 1966, 1 ZSt (I) 3/66. *In*: Neue Justiz Zeitschrift für Recht und Rechtswissenschaft. NJ 1966, S. 513 f.

Oberstes Gericht: Urteil vom 1. Juli 1968, 1a USt 16/68. *In*: Neue Justiz Zeitschrift für Recht und Rechtswissenschaft. NJ 1968, S. 535 f.

Oberstes Gericht: Probleme der Rechtsanwendung. Einige Fragen der Anwendung des 3. Strafrechtsänderungsgesetzes. *In*: Informationen des Obersten Gerichts der DDR. Jahrgang 1979. Heft 5. S. 3 f.

Oberstes Gericht: Schulungsmaterial – Erläuterungen zum Gesetz zur Änderung und Ergänzung straf- und strafverfahrensrechtlicher Bestimmungen (3. Strafrechtsänderungsgesetz). *In*: Informationen des Obersten Gerichts der DDR. Jahrgang 1979. Heft Sonderdruck. S. 1 f.

Oberstes Gericht: Probleme der Rechtsanwendung – Einige Fragen der Anwendung des 3. Strafrechtsänderungsgesetzes (Fortsetzung). *In*: Informationen des Obersten Gerichts der DDR. Jahrgang 1980. Heft 1. S. 2 f.

Oberstes Gericht: Rechtsprechung – Strafrecht. Urteil vom 12. Februar 1980, 1 OSK 1/80. *In*: Informationen des Obersten Gerichts der DDR. Jahrgang 1980. Heft 3. S. 16 f.

Oberstes Gericht: 17. Plenartagung des Obersten Gerichts am 25. September 1980 – Bericht des Präsidiums an die 17. Plenartagung des Obersten Gerichts. Über die Wirksamkeit der Rechtsprechung der Gerichte bei Verbrechen gegen die Deutsche Demokratische Republik und bei Straftaten gegen die staatliche und öffentliche Ordnung. *In*: Informationen des Obersten Gerichts der DDR. Jahrgang 1980. Heft 6. S. 2 f.

Oberstes Gericht: Gemeinsame Standpunkte des Obersten Gerichts der Deutschen Demokratischen Republik und des Generalstaatsanwalts der

Deutschen Demokratischen Republik zu einigen Problemen der rechtlichen Beurteilung von Verbrechen gegen die DDR und von Straftaten gegen die staatliche und öffentliche Ordnung vom 17. Oktober 1980. *In*: Informationen des Obersten Gerichts der DDR. Jahrgang 1980. Heft Sonderdruck. S. 3 f.

OBERSTES GERICHT: Gemeinsamer Standpunkt des Obersten Gerichts der DDR und des Generalstaatsanwalt der DDR zur Anwendung des § 213 StGB vom 15. Januar 1988. *In*: Informationen des Obersten Gerichts der DDR. Jahrgang 1988. Heft 2. S. 9 f.

OLG GERA: Urteil vom 13. Juli 1949, 3 Ss 233/49. *In*: Neue Justiz Zeitschrift für Recht und Rechtswissenschaft. NJ 1949, S. 327.

OLG POTSDAM: Urteil vom 24. Juli 1951, II Ss 61/51. *In*: Neue Justiz Zeitschrift für Recht und Rechtswissenschaft. NJ 1951, S. 526 f.

OLG POTSDAM: Urteil vom 17. April 1951, II Ss 7/51. *In*: Neue Justiz Zeitschrift für Recht und Rechtswissenschaft. NJ 1952, S. 43 f.

OLG HALLE: vom 22. Februar 1952, ERKs 4/52 (5). *In*: Neue Justiz Zeitschrift für Recht und Rechtswissenschaft. NJ 1952, S. 419 f.

Protokolle

PARTEITAGE DER SED

Protokoll der Verhandlungen des V. Parteitages der Sozialistischen Einheitspartei Deutschlands, Bd. 1, Berlin 1959.

Protokoll der Verhandlungen des VI. Parteitages der Sozialistischen Einheitspartei Deutschlands, Bd. 1 und 2, Berlin 1963.

Protokoll der Verhandlungen des VII. Parteitages der Sozialistischen Einheitspartei, Bd. 1, Berlin 1967.

BUNDESTAGSDRUCKSACHEN

Plenarprotokolle 12. Wahlperiode

Ungedruckte Quellen

AKTEN AUS DEM BESTAND BSTU

Abteilung XIX und IX (Abt.)

Auswertungs- und Kontrollgruppe (AKG)

Bezirksverwaltung Dresden (BV Dresden)

Büro des Leiters (BdL)

Hauptabteilung IX (HA IX)

Juristische Hochschule des MfS (JHS)

Kreisdienststelle Dresden-Stadt (KD)

Parteiinformation (PI)

Sekretariat Neiber (Sekr. Neiber)

Zentrale Auswertungs- und Informationsgruppe (ZAIG)

Zentrale Kontrollgruppe (ZKG)

SÄCHSISCHES HAUPTSTAATSARCHIV DRESDEN, STAATSANWALT STADT DRESDEN – ERMITTLUNGSAKTEN BESTAND 13026 (SÄCHSHSTA, STAATSANWALT STADT DRESDEN)

JUGENDLICHE

Akten-Nr.:

1151; 3099; 4545; 4674; 4993; 12390; 12391; 493; 992; 1344; 2550; 3985; 4144; 1392; 1773; 1809; 5005; 529; 697; 1546; 1842; 2062; 2430; 7450; 1192; 2714; 5038; 7933; 8333; 8416; 1974; 2705; 2778; 3656; 5268; 5289; 5333; 5384; 8051; 14951; 3678; 4584; 5503; 5548; 5613; 7692; 7870; 8055; 8414; 8480; 8614; 9378; 3898; 3949; 4089; 4254; 4417; 6848; 7673; 8097; 8106; 8143; 8147; 8158; 8328; 8352; 8427; 8513; 8536; 10904; 11698; 14819; 14824; 1636; 1731; 2749; 3194; 3211; 3334; 9929; 10096; 11691; 14023; 1165; 1758; 1765; 3069; 11119; 11651; 14852; 1753; 2687; 2703; 3179; 3220; 3260; 3508; 11324; 11347; 11588; 11974; 11992; 12073; 12115; 14208; 14325; 14334; 14378; 14408; 14415; 14549; 2652; 3492; 3700; 3729; 4629; 9119; 11274; 14040; 14488; 14502; 730; 3; 79; 29; 66; 3271; 3405; 3414; 12489; 223; 3294; 3320; 14891; 361; 3303; 3326; 3426; 9752; 2929; 2936; 2937; 2938; 2947; 767; 1279; 2044; 2896; 2898; 2906; 2909; 2917; 2966; 2972; 3368; 3395; 10578

Zugang 1 Akten Nr.:

4; 22; 42; 46; 52; 122; 153; 194; 195; 233; 250; 267; 272; 274; 368; 376; 378; 527

ERWACHSENE

Akten-Nr.:

3322; 2933; 12233; 3825; 14503; 7343; 7613; 8292; 6950; 7586; 7655; 7504; 7930; 7124; 7420; 7443; 7494; 7588; 7743; 7927; 7990; 8175; 8453; 8530; 8599; 8679; 7664; 7793; 7917; 8134; 8467; 8477; 8478; 8486; 8498; 8549; 8724; 3323; 7951; 7188; 6960; 7387; 7898; 7384; 7461; 6983; 7347; 7356; 7378; 7943; 7985; 7030; 7108; 7354; 7391; 7579; 7591; 7605; 7698; 7700; 7886; 8046; 8182; 7665; 7672; 7677; 7749; 7810; 7815; 7821; 8024; 8043; 8204; 8410; 8430; 8445; 8469; 8608; 8611; 8640; 8810; 7831; 8130; 8160; 8183; 8234; 8377; 8379; 8564; 8632; 8787; 8794; 8805; 164; 7865; 7893; 7944; 7834; 7835; 8077; 8151; 8170; 8172; 8314; 8472; 8487; 7682; 7732; 8148; 8248; 8348; 8591; 8633; 8734; 8777; 8782; 8792; 3365; 8189; 8330; 3552; 3622; 3558; 5785; 7110

Zugang 1 Akten Nr.:

33; 130; 153; 177; 198; 253; 74; 354; 316

Sonstige Quellen

JURITZA, Cliewe: Interview mit der Verfasserin vom 26. April 2014 in der Gedenkstätte Hohenschönhausen, Berlin.

Juristische Zeitgeschichte

Herausgeber: Prof. Dr. Dr. Thomas Vormbaum, FernUniversität in Hagen

Abteilung 1: Allgemeine Reihe

1 *Thomas Vormbaum (Hrsg.):* Die Sozialdemokratie und die Entstehung des Bürgerlichen Gesetzbuchs. Quellen aus der sozialdemokratischen Partei und Presse (1997)
2 *Heiko Ahlbrecht:* Geschichte der völkerrechtlichen Strafgerichtsbarkeit im 20. Jahrhundert (1999)
3 *Dominik Westerkamp:* Pressefreiheit und Zensur im Sachsen des Vormärz (1999)
4 *Wolfgang Naucke:* Über die Zerbrechlichkeit des rechtsstaatlichen Strafrechts. Gesammelte Aufsätze zur Strafrechtsgeschichte (2000)
5 *Jörg Ernst August Waldow:* Der strafrechtliche Ehrenschutz in der NS-Zeit (2000)
6 *Bernhard Diestelkamp:* Rechtsgeschichte als Zeitgeschichte. Beiträge zur Rechtsgeschichte des 20. Jahrhunderts (2001)
7 *Michael Damnitz:* Bürgerliches Recht zwischen Staat und Kirche. Mitwirkung der Zentrumspartei am Bürgerlichen Gesetzbuch (2001)
8 *Massimo Nobili:* Die freie richterliche Überzeugungsbildung. Reformdiskussion und Gesetzgebung in Italien, Frankreich und Deutschland seit dem Ausgang des 18. Jahrhunderts (2001)
9 *Diemut Majer:* Nationalsozialismus im Lichte der Juristischen Zeitgeschichte (2002)
10 *Bianca Vieregge:* Die Gerichtsbarkeit einer „Elite". Nationalsozialistische Rechtsprechung am Beispiel der SS- und Polizeigerichtsbarkeit (2002)
11 *Norbert Berthold Wagner:* Die deutschen Schutzgebiete (2002)
12 *Miloš Vec:* Die Spur des Täters. Methoden der Identifikation in der Kriminalistik (1879–1933), (2002)
13 *Christian Amann:* Ordentliche Jugendgerichtsbarkeit und Justizalltag im OLG-Bezirk Hamm von 1939 bis 1945 (2003)
14 *Günter Gribbohm:* Das Reichskriegsgericht (2004)
15 *Martin M. Arnold:* Pressefreiheit und Zensur im Baden des Vormärz. Im Spannungsfeld zwischen Bundestreue und Liberalismus (2003)
16 *Ettore Dezza:* Beiträge zur Geschichte des modernen italienischen Strafrechts (2004)
17 *Thomas Vormbaum (Hrsg.):* „Euthanasie" vor Gericht. Die Anklageschrift des Generalstaatsanwalts beim OLG Frankfurt/M. gegen Werner Heyde u. a. vom 22. Mai 1962 (2005)
18 *Kai Cornelius:* Vom spurlosen Verschwindenlassen zur Benachrichtigungspflicht bei Festnahmen (2006)
19 *Kristina Brümmer-Pauly:* Desertion im Recht des Nationalsozialismus (2006)
20 *Hanns-Jürgen Wiegand:* Direktdemokratische Elemente in der deutschen Verfassungsgeschichte (2006)
21 *Hans-Peter Marutschke (Hrsg.):* Beiträge zur modernen japanischen Rechtsgeschichte (2006)

22 *Katrin Stoll:* Die Herstellung der Wahrheit (2011)
23 *Thorsten Kurtz:* Das Oberste Rückerstattungsgericht in Herford (2014)
24 *Sebastian Schermaul:* Die Umsetzung der Karlsbader Beschlüsse an der Universität Leipzig 1819–1848 (2013)

Abteilung 2: Forum Juristische Zeitgeschichte

1 *Franz-Josef Düwell / Thomas Vormbaum (Hrsg.):* Themen juristischer Zeitgeschichte (1) – Schwerpunktthema: Recht und Nationalsozialismus (1998)
2 *Karl-Heinz Keldungs:* Das Sondergericht Duisburg 1943–1945 (1998)
3 *Franz-Josef Düwell / Thomas Vormbaum (Hrsg.):* Themen juristischer Zeitgeschichte (2) – Schwerpunktthema: Recht und Juristen in der Revolution von 1848/49 (1998)
4 *Thomas Vormbaum:* Beiträge zur juristischen Zeitgeschichte (1999)
5 *Franz-Josef Düwell / Thomas Vormbaum:* Themen juristischer Zeitgeschichte (3), (1999)
6 *Thomas Vormbaum (Hrsg.):* Themen juristischer Zeitgeschichte (4), (2000)
7 *Frank Roeser:* Das Sondergericht Essen 1942–1945 (2000)
8 *Heinz Müller-Dietz:* Recht und Nationalsozialismus – Gesammelte Beiträge (2000)
9 *Franz-Josef Düwell (Hrsg.):* Licht und Schatten. Der 9. November in der deutschen Geschichte und Rechtsgeschichte – Symposium der Arnold-Freymuth-Gesellschaft, Hamm (2000)
10 *Bernd-Rüdiger Kern / Klaus-Peter Schroeder (Hrsg.):* Eduard von Simson (1810–1899). „Chorführer der Deutschen" und erster Präsident des Reichsgerichts (2001)
11 *Norbert Haase / Bert Pampel (Hrsg.):* Die Waldheimer „Prozesse" – fünfzig Jahre danach. Dokumentation der Tagung der Stiftung Sächsische Gedenkstätten am 28. und 29. September in Waldheim (2001)
12 *Wolfgang Form (Hrsg.):* Literatur- und Urteilsverzeichnis zum politischen NS-Strafrecht (2001)
13 *Sabine Hain:* Die Individualverfassungsbeschwerde nach Bundesrecht (2002)
14 *Gerhard Pauli / Thomas Vormbaum (Hrsg.):* Justiz und Nationalsozialismus – Kontinuität und Diskontinuität. Fachtagung in der Justizakademie des Landes NRW, Recklinghausen, am 19. und 20. November 2001 (2003)
15 *Mario Da Passano (Hrsg.):* Europäische Strafkolonien im 19. Jahrhundert. Internationaler Kongreß des Dipartimento di Storia der Universität Sassari und des Parco nazionale di Asinara, Porto Torres, 25. Mai 2001 (2006)
16 *Sylvia Kesper-Biermann / Petra Overath (Hrsg.):* Die Internationalisierung von Strafrechtswissenschaft und Kriminalpolitik (1870–1930). Deutschland im Vergleich (2007)
17 *Hermann Weber (Hrsg.):* Literatur, Recht und Musik. Tagung im Nordkolleg Rendsburg vom 16. bis 18. September 2005 (2007)
18 *Hermann Weber (Hrsg.):* Literatur, Recht und (bildende) Kunst. Tagung im Nordkolleg Rendsburg vom 21. bis 23. September 2007 (2008)
19 *Francisco Muñoz Conde / Thomas Vormbaum (Hrsg.):* Transformation von Diktaturen in Demokratien und Aufarbeitung der Vergangenheit (2010)
20 *Kirsten Scheiwe / Johanna Krawietz* (Hrsg.): (K)Eine Arbeit wie jede andere? Die Regulierung von Arbeit im Privathaushalt (2014)

Abteilung 3: Beiträge zur modernen deutschen Strafgesetzgebung. Materialien zu einem historischen Kommentar

1 *Thomas Vormbaum / Jürgen Welp (Hrsg.):* Das Strafgesetzbuch seit 1870. Sammlung der Änderungen und Neubekanntmachungen; Vier Textbände (1999–2002) und drei Supplementbände (2005, 2006)
2 *Christian Müller:* Das Gewohnheitsverbrechergesetz vom 24. November 1933. Kriminalpolitik als Rassenpolitik (1998)
3 *Maria Meyer-Höger:* Der Jugendarrest. Entstehung und Weiterentwicklung einer Sanktion (1998)
4 *Kirsten Gieseler:* Unterlassene Hilfeleistung – § 323c StGB. Reformdiskussion und Gesetzgebung seit 1870. (1999)
5 *Robert Weber:* Die Entwicklung des Nebenstrafrechts 1871–1914 (1999)
6 *Frank Nobis:* Die Strafprozeßgesetzgebung der späten Weimarer Republik (2000)
7 *Karsten Felske:* Kriminelle und terroristische Vereinigungen – §§ 129, 129a StGB (2002)
8 *Ralf Baumgarten:* Zweikampf – §§ 201–210 a.F. StGB (2003)
9 *Felix Prinz:* Diebstahl – §§ 242 ff. StGB (2003)
10 *Werner Schubert / Thomas Vormbaum (Hrsg.):* Entstehung des Strafgesetzbuchs. Kommissionsprotokolle und Entwürfe. Band 1: 1869 (2002); Band 2: 1870 (2004)
11 *Lars Bernhard:* Falsche Verdächtigung (§§ 164, 165 StGB) und Vortäuschen einer Straftat (§ 145d StGB), (2003)
12 *Frank Korn:* Körperverletzungsdelikte – §§ 223 ff., 340 StGB. Reformdiskussion und Gesetzgebung von 1870 bis 1933 (2003)
13 *Christian Gröning:* Körperverletzungsdelikte – §§ 223 ff., 340 StGB. Reformdiskussion und Gesetzgebung seit 1933 (2004)
14 *Sabine Putzke:* Die Strafbarkeit der Abtreibung in der Kaiserzeit und in der Weimarer Zeit. Eine Analyse der Reformdiskussion und der Straftatbestände in den Reformentwürfen (1908–1931), (2003)
15 *Eckard Voßiek:* Strafbare Veröffentlichung amtlicher Schriftstücke (§ 353d Nr. 3 StGB). Gesetzgebung und Rechtsanwendung seit 1851 (2004)
16 *Stefan Lindenberg:* Brandstiftungsdelikte – §§ 306 ff. StGB. Reformdiskussion und Gesetzgebung seit 1870 (2004)
17 *Ninette Barreneche†:* Materialien zu einer Strafrechtsgeschichte der Münchener Räterepublik 1918/1919 (2004)
18 *Carsten Thiel:* Rechtsbeugung – § 339 StGB. Reformdiskussion und Gesetzgebung seit 1870 (2005)
19 *Vera Große-Vehne:* Tötung auf Verlangen (§ 216 StGB), „Euthanasie" und Sterbehilfe. Reformdiskussion und Gesetzgebung seit 1870 (2005)
20 *Thomas Vormbaum / Kathrin Rentrop (Hrsg.):* Reform des Strafgesetzbuchs. Sammlung der Reformentwürfe. Band 1: 1909 bis 1919. Band 2: 1922 bis 1939. Band 3: 1959 bis 1996 (2008)
21 *Dietmar Prechtel:* Urkundendelikte (§§ 267 ff. StGB). Reformdiskussion und Gesetzgebung seit 1870 (2005)
22 *Ilya Hartmann:* Prostitution, Kuppelei, Zuhälterei. Reformdiskussion und Gesetzgebung seit 1870 (2006)

23 *Ralf Seemann:* Strafbare Vereitelung von Gläubigerrechten (§§ 283 ff., 288 StGB). Reformdiskussion und Gesetzgebung seit 1870 (2006)
24 *Andrea Hartmann:* Majestätsbeleidigung (§§ 94 ff. StGB a.F.) und Verunglimpfung des Staatsoberhauptes (§ 90 StGB). Reformdiskussion und Gesetzgebung seit dem 19. Jahrhundert (2006)
25 *Christina Rampf:* Hausfriedensbruch (§ 123 StGB). Reformdiskussion und Gesetzgebung seit 1870 (2006)
26 *Christian Schäfer:* „Widernatürliche Unzucht" (§§ 175, 175a, 175b, 182, a.F. StGB). Reformdiskussion und Gesetzgebung seit 1945 (2006)
27 *Kathrin Rentrop:* Untreue und Unterschlagung (§§ 266 und 246 StGB). Reformdiskussion und Gesetzgebung seit dem 19. Jahrhundert (2007)
28 *Martin Asholt:* Straßenverkehrsstrafrecht. Reformdiskussion und Gesetzgebung seit dem Ausgang des 19. Jahrhunderts (2007)
29 *Katharina Linka:* Mord und Totschlag (§§ 211–213 StGB). Reformdiskussion und Gesetzgebung seit 1870 (2008)
30 *Juliane Sophia Dettmar:* Legalität und Opportunität im Strafprozess. Reformdiskussion und Gesetzgebung von 1877 bis 1933 (2008)
31 *Jürgen Durynek:* Korruptionsdelikte (§§ 331 ff. StGB). Reformdiskussion und Gesetzgebung seit dem 19. Jahrhundert (2008)
32 *Judith Weber:* Das sächsische Strafrecht im 19. Jahrhundert bis zum Reichsstrafgesetzbuch (2009)
33 *Denis Matthies:* Exemplifikationen und Regelbeispiele. Eine Untersuchung zum 100-jährigen Beitrag von Adolf Wach zur „Legislativen Technik" (2009)
34 *Benedikt Rohrßen:* Von der „Anreizung zum Klassenkampf" zur „Volksverhetzung" (§ 130 StGB). Reformdiskussion und Gesetzgebung seit dem 19. Jahrhundert (2009)
35 *Friederike Goltsche:* Der Entwurf eines Allgemeinen Deutschen Strafgesetzbuches von 1922 (Entwurf Radbruch) (2010)
36 *Tarig Elobied:* Die Entwicklung des Strafbefehlsverfahrens von 1846 bis in die Gegenwart (2010)
37 *Christina Müting:* Sexuelle Nötigung; Vergewaltigung (§ 177 StGB) (2010)
38 *Nadeschda Wilkitzki:* Entstehung des Gesetzes über Internationale Rechtshilfe in Strafsachen (IRG) (2010)
39 *André Brambring:* Kindestötung (§ 217 a.F. StGB). Reformdiskussion und Gesetzgebung seit 1870 (2010)
40 *Wilhelm Rettler:* Der strafrechtliche Schutz des sozialistischen Eigentums in der DDR (2010)
41 *Yvonne Hötzel:* Debatten um die Todesstrafe in der Bundesrepublik Deutschland von 1949 bis 1990 (2010)
42 *Dagmar Kolbe:* Strafbarkeit im Vorfeld und im Umfeld der Teilnahme (§§ 88a, 110, 111, 130a und 140 StGB). Reformdiskussion und Gesetzgebung seit dem 19. Jahrhundert (2011)
43 *Sami Bdeiwi:* Beischlaf zwischen Verwandten (§ 173 StGB). Reform und Gesetzgebung seit 1870 (2014)
44 *Michaela Arnold:* Verfall, Einziehung und Unbrauchbarmachung (§§ 73 bis 76a StGB). Reformdiskussion und Gesetzgebung seit dem 19. Jahrhundert (2015)

45 *Andrea Schurig:* „Republikflucht“ (§§ 213, 214 StGB/DDR). Gesetzgeberische Entwicklung, Einfluss des MfS und Gerichtspraxis am Beispiel von Sachsen (2016)

Abteilung 4: Leben und Werk. Biographien und Werkanalysen

1 *Mario A. Cattaneo:* Karl Grolmans strafrechtlicher Humanismus (1998)
2 *Gerit Thulfaut:* Kriminalpolitik und Strafrechtstheorie bei Edmund Mezger (2000)
3 *Adolf Laufs:* Persönlichkeit und Recht. Gesammelte Aufsätze (2001)
4 *Hanno Durth:* Der Kampf gegen das Unrecht. Gustav Radbruchs Theorie eines Kulturverfassungsrechts (2001)
5 *Volker Tausch:* Max Güde (1902–1984). Generalbundesanwalt und Rechtspolitiker (2002)
6 *Bernd Schmalhausen:* Josef Neuberger (1902–1977). Ein Leben für eine menschliche Justiz (2002)
7 *Wolf Christian von Arnswald:* Savigny als Strafrechtspraktiker. Ministerium für die Gesetzesrevision (1842–1848), (2003)
8 *Thilo Ramm:* Ferdinand Lassalle. Der Revolutionär und das Recht (2004)
9 *Martin D. Klein:* Demokratisches Denken bei Gustav Radbruch (2007)
10 *Francisco Muñoz Conde:* Edmund Mezger – Beiträge zu einem Juristenleben (2007)
11 *Whitney R. Harris:* Tyrannen vor Gericht. Das Verfahren gegen die deutschen Hauptkriegsverbrecher nach dem Zweiten Weltkrieg in Nürnberg 1945–1946 (2008)
12 *Eric Hilgendorf (Hrsg.):* Die deutschsprachige Strafrechtswissenschaft in Selbstdarstellungen (2010)
13 *Tamara Cipolla:* Friedrich Karl von Strombeck. Leben und Werk – Unter besonderer Berücksichtigung des Entwurfes eines Strafgesetzbuches für ein Norddeutsches Staatsgebiet (2010)
14 *Karoline Peters:* J. D. H. Temme und das preußische Strafverfahren in der Mitte des 19. Jahrhunderts (2010)
15 *Eric Hilgendorf (Hrsg.):* Die ausländische Strafrechtswissenschaft in Selbstdarstellungen. Die internationale Rezeption des deutschen Strafrechts (2016)
16 *Hannes Ludyga:* Otto Kahn-Freund (1900–1979). Ein Arbeitsrechtler in der Weimarer Zeit (2016)

Abteilung 5: Juristisches Zeitgeschehen.
Rechtspolitik und Justiz aus zeitgenössischer Perspektive

Mitherausgegeben von Gisela Friedrichsen („Der Spiegel“)
und RA Prof. Dr. Franz Salditt

1 *Diether Posser:* Anwalt im Kalten Krieg. Ein Stück deutscher Geschichte in politischen Prozessen 1951–1968. 3. Auflage (1999)
2 *Jörg Arnold (Hrsg.):* Strafrechtliche Auseinandersetzung mit Systemvergangenheit am Beispiel der DDR (2000)

3 *Thomas Vormbaum (Hrsg.):* Vichy vor Gericht: Der Papon-Prozeß (2000)
4 *Heiko Ahlbrecht / Kai Ambos (Hrsg.):* Der Fall Pinochet(s). Auslieferung wegen staatsverstärkter Kriminalität? (1999)
5 *Oliver Franz:* Ausgehverbot für Jugendliche („Juvenile Curfew") in den USA. Reformdiskussion und Gesetzgebung seit dem 19. Jahrhundert (2000)
6 *Gabriele Zwiehoff (Hrsg.):* „Großer Lauschangriff". Die Entstehung des Gesetzes zur Änderung des Grundgesetzes vom 26. März 1998 und des Gesetzes zur Änderung der Strafprozeßordnung vom 4. Mai 1998 in der Presseberichterstattung 1997/98 (2000)
7 *Mario A. Cattaneo:* Strafrechtstotalitarismus. Terrorismus und Willkür (2001)
8 *Gisela Friedrichsen / Gerhard Mauz:* Er oder sie? Der Strafprozeß Böttcher/Weimar. Prozeßberichte 1987 bis 1999 (2001)
9 *Heribert Prantl / Thomas Vormbaum (Hrsg.):* Juristisches Zeitgeschehen 2000 in der Süddeutschen Zeitung (2001)
10 *Helmut Kreicker:* Art. 7 EMRK und die Gewalttaten an der deutsch-deutschen Grenze (2002)
11 *Heribert Prantl / Thomas Vormbaum (Hrsg.):* Juristisches Zeitgeschehen 2001 in der Süddeutschen Zeitung (2002)
12 *Henning Floto:* Der Rechtsstatus des Johanniterordens. Eine rechtsgeschichtliche und rechtsdogmatische Untersuchung zum Rechtsstatus der Balley Brandenburg des ritterlichen Ordens St. Johannis vom Spital zu Jerusalem (2003)
13 *Heribert Prantl / Thomas Vormbaum (Hrsg.):* Juristisches Zeitgeschehen 2002 in der Süddeutschen Zeitung (2003)
14 *Kai Ambos / Jörg Arnold (Hrsg.):* Der Irak-Krieg und das Völkerrecht (2004)
15 *Heribert Prantl / Thomas Vormbaum (Hrsg.)*: Juristisches Zeitgeschehen 2003 in der Süddeutschen Zeitung (2004)
16 *Sascha Rolf Lüder:* Völkerrechtliche Verantwortlichkeit bei Teilnahme an „Peace-keeping"-Missionen der Vereinten Nationen (2004)
17 *Heribert Prantl / Thomas Vormbaum (Hrsg.)*: Juristisches Zeitgeschehen 2004 in der Süddeutschen Zeitung (2005)
18 *Christian Haumann:* Die „gewichtende Arbeitsweise" der Finanzverwaltung. Eine Untersuchung über die Aufgabenerfüllung der Finanzverwaltung bei der Festsetzung der Veranlagungssteuern (2008)
19 *Asmerom Ogbamichael:* Das neue deutsche Geldwäscherecht (2011)
20 *Lars Chr. Barnewitz:* Die Entschädigung der Freimaurerlogen nach 1945 und nach 1989 (2011)
21 *Ralf Gnüchtel:* Jugendschutztatbestände im 13. Abschnitt des StGB (2013)
22 *Helmut Irmen:* Stasi und DDR-Militärjustiz. Der Einfluss des MfS auf Militärjustiz und Militärstrafvollzug in der DDR (2014)
24 *Zekai Dağaşan:* Das Ansehen des Staates im türkischen und deutschen Strafrecht (2015)
25 *Camilla Bertheau:* Politisch unwürdig? Entschädigung von Kommunisten für nationalsozialistische Gewaltmaßnahmen. Bundesdeutsche Gesetzgebung und Rechtsprechung der 50er Jahre (2016)

Abteilung 6: Recht in der Kunst

Mitherausgegeben von Prof. Dr. Gunter Reiß

1 *Heinz Müller-Dietz:* Recht und Kriminalität im literarischen Widerschein. Gesammelte Aufsätze (1999)
2 *Klaus Lüderssen (Hrsg.):* »Die wahre Liberalität ist Anerkennung«. Goethe und die Juris prudenz (1999)
3 *Bertolt Brecht:* Die Dreigroschenoper (1928) / Dreigroschenroman (1934). Mit Kommentaren von Iring Fetscher und Bodo Plachta (2001)
4 *Annette von Droste-Hülshoff:* Die Judenbuche (1842) / Die Vergeltung (1841). Mit Kommentaren von Heinz Holzhauer und Winfried Woesler (2000)
5 *Theodor Fontane:* Unterm Birnbaum (1885). Mit Kommentaren von Hugo Aust und Klaus Lüderssen (2001)
6 *Heinrich von Kleist:* Michael Kohlhaas (1810). Mit Kommentaren von Wolfgang Naucke und Joachim Linder (2000)
7 *Anja Sya:* Literatur und juristisches Erkenntnisinteresse. Joachim Maass' Roman „Der Fall Gouffé" und sein Verhältnis zu der historischen Vorlage (2001)
8 *Heiner Mückenberger:* Theodor Storm – Dichter und Richter. Eine rechtsgeschichtliche Lebensbeschreibung (2001)
9 *Hermann Weber (Hrsg.):* Annäherung an das Thema „Recht und Literatur". Recht, Literatur und Kunst in der NJW (1), (2002)
10 *Hermann Weber (Hrsg.):* Juristen als Dichter. Recht, Literatur und Kunst in der NJW (2), (2002)
11 *Hermann Weber (Hrsg.):* Prozesse und Rechtsstreitigkeiten um Recht, Literatur und Kunst. Recht, Literatur und Kunst in der NJW (3), (2002)
12 *Klaus Lüderssen:* Produktive Spiegelungen. 2., erweiterte Auflage (2002)
13 *Lion Feuchtwanger:* Erfolg. Drei Jahre Geschichte einer Provinz. Roman (1929). Mit Kommentaren von Theo Rasehorn und Ernst Ribbat (2002)
14 *Jakob Wassermann:* Der Fall Maurizius. Roman (1928). Mit Kommentaren von Thomas Vormbaum und Regina Schäfer (2003)
15 *Hermann Weber (Hrsg.):* Recht, Staat und Politik im Bild der Dichtung. Recht, Literatur und Kunst in der Neuen Juristischen Wochenschrift (4), (2003)
16 *Hermann Weber (Hrsg.):* Reale und fiktive Kriminalfälle als Gegenstand der Literatur. Recht, Literatur und Kunst in der Neuen Juristischen Wochenschrift (5), (2003)
17 *Karl Kraus:* Sittlichkeit und Kriminalität. (1908). Mit Kommentaren von Helmut Arntzen und Heinz Müller-Dietz (2004)
18 *Hermann Weber (Hrsg.):* Dichter als Juristen. Recht, Literatur und Kunst in der Neuen Juristischen Wochenschrift (6), (2004)
19 *Hermann Weber (Hrsg.):* Recht und Juristen im Bild der Literatur. Recht, Literatur und Kunst in der Neuen Juristischen Wochenschrift (7), (2005)
20 *Heinrich von Kleist:* Der zerbrochne Krug. Ein Lustspiel (1811). Mit Kommentaren von Michael Walter und Regina Schäfer (2005)

21 *Francisco Muñoz Conde / Marta Muñoz Aunión:* „Das Urteil von Nürnberg“. Juristischer und filmwissenschaftlicher Kommentar zum Film von Stanley Kramer (1961), (2006)

22 *Fjodor Dostojewski:* Aufzeichnungen aus einem Totenhaus (1860). Mit Kommentaren von Heinz Müller-Dietz und Dunja Brötz (2005)

23 *Thomas Vormbaum (Hrsg.):* Anton Matthias Sprickmann. Dichter und Jurist. Mit Kommentaren von Walter Gödden, Jörg Löffler und Thomas Vormbaum (2006)

24 *Friedrich Schiller:* Verbrecher aus Infamie (1786). Mit Kommentaren von Heinz Müller-Dietz und Martin Huber (2006)

25 *Franz Kafka:* Der Proceß. Roman (1925). Mit Kommentaren von Detlef Kremer und Jörg Tenckhoff (2006)

26 *Heinrich Heine:* Deutschland. Ein Wintermährchen. Geschrieben im Januar 1844. Mit Kommentaren von Winfried Woesler und Thomas Vormbaum (2006)

27 *Thomas Vormbaum (Hrsg.):* Recht, Rechtswissenschaft und Juristen im Werk Heinrich Heines (2006)

28 *Heinz Müller-Dietz:* Recht und Kriminalität in literarischen Spiegelungen (2007)

29 *Alexander Puschkin:* Pique Dame (1834). Mit Kommentaren von Barbara Aufschnaiter/Dunja Brötz und Friedrich-Christian Schroeder (2007)

30 *Georg Büchner:* Danton’s Tod. Dramatische Bilder aus Frankreichs Schreckensherrschaft. Mit Kommentaren von Sven Kramer und Bodo Pieroth (2007)

31 *Daniel Halft:* Die Szene wird zum Tribunal! Eine Studie zu den Beziehungen von Recht und Literatur am Beispiel des Schauspiels „Cyankali“ von Friedrich Wolf (2007)

32 *Erich Wulffen:* Kriminalpsychologie und Psychopathologie in Schillers Räubern (1907). Herausgegeben von Jürgen Seul (2007)

33 *Klaus Lüderssen:* Produktive Spiegelungen: Recht in Literatur, Theater und Film. Band II (2007)

34 *Albert Camus:* Der Fall. Roman (1956). Mit Kommentaren von Brigitte Sändig und Sven Grotendiek (2008)

35 *Thomas Vormbaum (Hrsg.):* Pest, Folter und Schandsäule. Der Mailänder Prozess wegen „Pestschmierereien“ in Rechtskritik und Literatur. Mit Kommentaren von Ezequiel Malarino und Helmut C. Jacobs (2008)

36 *E.T.A. Hoffmann:* Das Fräulein von Scuderi – Erzählung aus dem Zeitalter Ludwigs des Vierzehnten (1819). Mit Kommentaren von Heinz Müller-Dietz und Marion Bönnighausen (2010)

37 *Leonardo Sciascia:* Der Tag der Eule. Mit Kommentaren von Gisela Schlüter und Daniele Negri (2010)

38 *Franz Werfel:* Eine blaßblaue Frauenschrift. Novelle (1941). Mit Kommentaren von Matthias Pape und Wilhelm Brauneder (2011)

39 *Thomas Mann:* Das Gesetz. Novelle (1944). Mit Kommentaren von Volker Ladenthin und Thomas Vormbaum (2013)

40 *Theodor Storm:* Ein Doppelgänger. Novelle (1886) (2013)

41 *Dorothea Peters:* Der Kriminalrechtsfall ‚Kaspar Hauser‘ und seine Rezeption in Jakob Wassermanns Caspar-Hauser-Roman (2014)

42 *Jörg Schönert:* Kriminalität erzählen (2015)

43 *Klaus Lüderssen:* Produktive Spiegelungen. Recht im künstlerischen Kontext. Band 3 (2014)
44 *Franz Kafka:* In der Strafkolonie. Erzählung (1919) (2015)
45 *Heinz Müller-Dietz:* Recht und Kriminalität in literarischen Brechungen (2016)

Abteilung 7: Beiträge zur Anwaltsgeschichte

Mitherausgegeben von Gerhard Jungfer, Dr. Tilmann Krach
und Prof. Dr. Hinrich Rüping

1 *Babette Tondorf:* Strafverteidigung in der Frühphase des reformierten Strafprozesses. Das Hochverratsverfahren gegen die badischen Aufständischen Gustav Struve und Karl Blind (1848/49), (2006)
2 *Hinrich Rüping:* Rechtsanwälte im Bezirk Celle während des Nationalsozialismus (2007)

Abteilung 8: Judaica

1 *Hannes Ludyga:* Philipp Auerbach (1906–1952). „Staatskommissar für rassisch, religiös und politisch Verfolgte“ (2005)
2 *Thomas Vormbaum:* Der Judeneid im 19. Jahrhundert, vornehmlich in Preußen. Ein Beitrag zur juristischen Zeitgeschichte (2006)
3 *Hannes Ludyga:* Die Rechtsstellung der Juden in Bayern von 1819 bis 1918. Studie im Spiegel der Verhandlungen der Kammer der Abgeordneten des bayerischen Landtags (2007)
4 *Michele Sarfatti:* Die Juden im faschistischen Italien. Geschichte, Identität, Verfolgung (2014)

FSC
www.fsc.org
MIX
Papier | Fördert gute Waldnutzung
FSC® C083411

Kolibri 360 GmbH
Ferdinand-Jühlke-Straße 7
99095 Erfurt, Deutschland
produktsicherheit@kolibri360.de